国家出版基金项目
NATIONAL PUBLICATION FOUNDATION

China's Neighborhood Diplomacy and
Sino-U.S. Relations in the Transition of International Order

国际秩序演变中的
中国周边外交与中美关系

仇华飞◎著

人民出版社

目　录

绪　言

国际问题研究早已超越单一学科领域,它同政治、经济、历史、军事、文化乃至自然科学等许多学科有着密切的关联;跨学科研究国际问题是国际关系学科本身发展的逻辑。今天,国际问题国内化,国内问题国际化已成为当代国际关系的重要特点。多极化趋势是当代国际政治格局演变的最基本特征,推动国际关系多极化进程,有助于建立一个平衡、稳定、民主、不对抗的国际新秩序,客观上符合世界各国的根本利益。当代国际秩序在保持相对稳定的同时,也经历着渐进式的变化,安全不断地被赋予一些新的含义。美国学者约瑟夫·奈(Joseph S.Nye,Jr)认为,当今世界没有一个国家能发挥超级作用,因为实力所包含的内容比过去要复杂得多。所有这些变化都影响着世界超级大国发挥其领导作用。在当今国际环境下,虽然国与国之间在文化价值观等方面存在很大差异,但它们仍然有一些共同的目标,如:权力的平衡、建立一个开放的国际经济体系和打破文化与政治的分歧,实现全球共同目标等。[1] 约瑟夫·奈的话隐含着对当今世界多极化趋势不可避免的认同。

2011 年 9 月,中国政府在《中国的和平发展》白皮书中正式提出了寻求实现综合安全、共同安全、合作安全的倡议,强调"既通过世界和平发展自己,又通过自身的发展维护世界和平"[2]。从历史逻辑看,这是全球化背景下中国传统"和合"文化精神追求的复兴。中国坚持自身利益与人类共同利益的一致性,追求自身发展的同时努力实现与他国发展的良性互动,而不搞对抗性的

---

① Joseph S.Nye, Jr. , "Recovering American Leadership", *Survival*, vol. 50, February/March, 2008,p.56.

② 国务院新闻办公室:《中国的和平发展》,载《人民日报》2011 年 9 月 7 日。

"零和博弈"。在"和谐世界"、"中国梦"、构建"新型大国关系"战略思想的指导下①,当今中国已同所有重要大国建立起战略合作关系。中国不断承担着作为崛起中的大国应当承担的责任,在联合国和其他国际组织中积极履行义务和责任,通过双边、多边机制处理和解决与他国的纠纷和冲突。中国加入WTO后,同世界经济发展的联系更加密切,中国经济已成为全球化经济的一个组成部分。中国经济的迅速发展、新兴国家的崛起,不仅对亚太区域经济、美国和欧洲经济的发展具有积极的影响,也对抑制持续深入的世界金融危机产生推动作用。中国积极参与各种国际经济对话、谈判机制,中国与欧盟、东盟以及拉美、非洲地区经济合作和贸易往来不断向纵深发展。中国的和平发展改变了地区力量对比的格局。"作为地区多边合作机制的积极倡导者、参与者,中国在国际舞台上的影响力在大大提高。"②

新兴国家在国际政治中的作用正在日益凸显,当今世界几乎所有重大国际问题,诸如反恐、伊朗和朝鲜核问题、地球温室效应、金融和能源危机等事关全球安全和发展全局的关键问题,如果没有新兴国家参与,几乎都得不到真正解决。新兴国家日益成为维护和促进世界和平与发展的重要支柱和中坚力量。美国独超实力趋弱和新兴大国崛起不可避免地促使世界战略格局发生了明显不利于美国单极支配而有利于多极化进程的变化。③ 新兴国家整体性崛起与美国在国际金融危机冲击下的战略调整正在深刻地改变现存国际秩序,导致中、美、俄等大国关系的互动出现了复杂而多变的趋势。

在新的国际环境下,中国在国际体系中的身份也出现不同的表述。从世界最大的发展中国家到崛起的新兴大国,中国正在成为当今全球治理的重要

---

① 习近平总书记在十二届全国人大一次会议闭幕式上重申:"中国梦就是民族梦、复兴梦,归根结底是人民梦。"见习近平:《习近平谈治国理政》,外文出版社 2015 年版,第 38—43 页。2013 年 6 月 8 日,习近平主席访问美国时指出构建"中美大国关系"的重要性,习近平主席关于构建中美新型大国关系的基本内涵包括:不冲突、不对抗;相互尊重;合作共赢。他还在与美国总统奥巴马会谈中提出四点建议,即:提升中美对话互信水平;开创务实合作新局面;建立大国互动新模式;探索管控分歧新办法,积极构建与中美新型大国关系相适应的新型军事关系。见《人民日报》2013 年 6 月 9 日。

② David Shambaugh, *Power Shift: China and Asia's New Dynamics*, University of California Press, 2006, p.6.

③ 尹承德:《新兴大国的崛起与国际秩序的重构》,载《南京政治学院学报》2009 年第 1 期。

行为体。国家身份对国家界定利益、确定战略目标和实施可持续外交政策具有至关重要的影响。国际秩序转变环境下国家战略的两难选择往往是国家基本身份的不确定和不同身份之间的张力造成的,是国家基本身份发生变化之时被认知的身份和实际身份之间的差距造成的。中国在改革开放 30 年的历程中最重大的变化是相对于国际体系和国际社会的身份变化①。中国不再置身于国际体系之外,不再以打破现存国际体系为目标,而是以一种自觉的主体意识、开放的全球视野适应国际体系的转变。如果说中国过去是国际体系外成员,甚至被视为体系挑战者和造反者的话,那么,今天的中国已成为国际体系内的重要的和负责任的成员,与各国一道共同构建新的国际政治、经济秩序。中国坚持走和平发展道路,遵守国际社会普遍公认的、体现在已经签订和批准的国际条约中的规则和规范,涉及国际贸易、军备控制、环境保护和维护人权等领域。作为世界人口最多的国家,中国参与几乎所有的国际组织,履行国际义务,接受和提供国际援助等,充分证明中国正在承担巨大的国际责任。② 中国积极主张,发展中国家享有平等参与决策国际事务的权利。各国应互相尊重,平等相待,而不应将自己的意志强加于人,不应将自身的安全与发展建立在牺牲他国利益基础之上。中国对稳定世界政治经济所作的贡献,使其软实力快速提升,国家形象显著上升。

国际秩序转变导致中国周边安全环境发生很大变化,中国和平崛起进程加快的同时,西方国家爆发冷战结束以来最严重的金融危机,中国经济快速发展与西方发达国家整体陷入制度困境现象的突出对比,中国 GDP 总量连续数十年的高速发展,总量排名为亚洲第一,世界第二③,并超过美国成为亚太地区所有国家最大的贸易伙伴。伴随着美国在亚太的影响力的持续下降,作为世界第二大经济体的中国,越来越多地掌握亚太区域的话语权,在区域经济一

---

① 秦亚青:《权力·制度·文化》,北京大学出版社 2005 年版,第 348—362 页。

② Gerald Chan, *China's Compliance in Global Affairs：Trade，Arms Control，Environmental Protection，Human Rights*, World Scientific Publishing Co.Pte.Ltd, 2006, pp.17-23.

③ 国家统计局数据显示,2003 年至 2011 年,中国经济年均增长 10.7%,而同期世界经济的平均增速 3.9%。中国经济总量占世界经济总量的份额,从 2002 年的 4.4% 提高到 2011 年的 10% 左右;中国经济总量在世界的排序,从 2002 年的第 6 位,上升至 2010 年的第 2 位,2011 年依然保持这一位置,见《人民日报》2012 年 6 月 4 日。

体化中的主导作用日益凸显。美国和中国周边国家越来越感到快速崛起的中国给他们带来心理和现实的强大压力。

21世纪国际秩序转变的主要特点是新兴国家的崛起,引发各国对如何构建公正合理的国际新秩序的思考,中国作为崛起的新兴国家,对国际秩序的转变有自己的主张,"中国梦"、构建"新型大国关系"是实现中国主张的集中体现。"中国梦"的核心是中华民族的伟大复兴,深入研究"中国梦"的精髓是我们研究国际问题不可或缺的理论指导。因此,本书主要从国际秩序转变与国家利益维护的关系、中国周边外交及中美"新型大国关系"构建维度,探讨当代中国外交战略的演变,研究新的国际环境下中国与周边国家以及亚太地区大国战略利益关系的发展逻辑。中国是世界最大的发展中国家,也是正在崛起的新兴大国,当代国际秩序的转变不仅是发展中国家面临的重要问题,也是中国和平崛起进程中所面临的理论与实践的重大课题。本书旨在提出对这些问题的研究与思考。

大国关系的平衡发展是世界多极化的重要表现。大国之间各种"战略关系"、"伙伴关系"已成为冷战后多极化进程中政治经济互动关系的主要模式。中国坚持推动以合作共赢为核心的新型国际关系,坚持不干涉别国内政原则,坚持通过对话协商以和平方式解决国家间的分歧和争端。但美国仍然试图建立以它为主导的单极体系,美国的"重返亚太"战略实质上是其维护全球霸权的重要部分。尽管国际格局发展演变极为复杂,但世界多极化向前推进的态势不会改变。当今国际体系中的竞争与合作互相交错,合作中有竞争,竞争中也有合作。大国之间应尽量避免直接对抗,特别是军事对抗,从两个相互矛盾的战略选择中寻求平衡。鉴于中美两国都将面临全球和地区问题,两国合作对彼此更有利。就中美战略关系而言,未来若干年的主要任务是避免因发生战略误判而导致冲突发生,以确保亚太地区繁荣与稳定。这相应地要求中美有一种更为深入和更为制度化的关系,它根植于承认竞争的现实、合作的重要性以及竞争与合作并非互相排斥这一事实的战略框架①。推动两国领导人设

①　Kevin Rudd, "Beyond the Pivot: A New Road Map for U. S. - Chinese Relations", *Foreign Affairs*, Vol. 92, No. 4, March/April, 2013.

置定期直接会晤的结构性议程,在亚太地区安全困境依然存在的国际环境下十分必要,习近平主席提出的"不冲突、不对抗、相互尊重、互利共赢"的中美新型大国关系理念具有重要而深远的历史意义和现实意义。

本书系上海市哲学社会科学研究课题的最终成果,2014年又被批准确定为国家出版基金主题出版项目。与其他社会科学研究方法一样,国际问题专题研究的基本路径体现在两个层面:实证研究和理论研究,具体表现为归纳法和演绎法的思维方式。归纳法表现为实证方式,以观察事实和归纳逻辑为基础,通过对现象的描述和解释概括出理论命题。本书研究在采用理论与实证研究相结合方法的同时,注重将史学研究方法与国际政治学研究方法有机地结合起来;一方面对已有的学术成果和文献资料进行深入分析,考察当代国际秩序转变中中国周边外交、中美关系的发展规律;另一方面将国际关系理论研究的重要方法、研究命题、理论假设和变量转换等运用到史实解读过程中,用史学和国际政治学的双重视角考察当代国际秩序转变中的中国周边外交与中美关系。

本书在论述当代国际秩序转变与中国亚太战略时,注重理论与实践的结合。把国际关系理论的阐述与对当代国际秩序转变、中国外交战略的形成与发展以及国际热点问题产生的根源和背景同国际关系的理论分析结合起来,使读者通过国际关系理论学习,能清楚地理解当今国际秩序发展演变的历史逻辑和客观逻辑。辩证地分析国际秩序演变与中国周边安全之间的逻辑关系,以中国亚太战略与周边外交作为考量中国国家利益的目标和手段,从国际政治学研究视角考察中国外交政策与战略问题;从全球视角看中国与国际秩序转变的关系;从中国的地区大国作用看中美战略关系发展演变;从中国的多边外交看中国的周边安全环境;以及社会化理论、建构主义、国内政治、定量分析、内容分析对中国外交战略决策的影响①。

本书在研究观念因素对国际秩序建设的重要作用时强调:国际秩序是观念分配的结果,中国已经并应继续在国际秩序的主流观念方面作出贡献。中

---

①　哈佛大学政治学与国际关系学教授江忆恩(Alastain Iain Johnston)和波士顿学院政治学与国际关系学教授陆伯彬(Robert S.Ross)等成功地运用西方国际关系理论作为研究方法,通过不同的研究视角和方法把中国外交放在当代国际关系研究框架中进行考察。

国的观念贡献主要体现在和平共处五项原则、新安全观、国际关系民主化、尊重文明多样性等诸多方面。本书在研究国际机制对国际秩序建设的作用时，认为：国际秩序是利益分配的产物。作为世界上最大的发展中国家，中国国际作用日益凸显，只有在维护全人类共同利益的同时，进一步拓展中国的国家利益，才能完善国际秩序，促进国际秩序积极变革。中国应以完善全球性国际制度的基本规则为着眼点，积极主动地倡议或主导国际机制的修改、完善和新机制的制定，提高议程创设能力，成为全球规则的参与者和主要制定者，以机制建设促进国际秩序的建设，并有效维护和促进中国国家战略利益。

本书旨在研究国际秩序转变中的当代中国周边安全和中美关系时，研究新的国际环境下中国如何维护自己的国家利益。外交体现国家的实力，国家实力的增强，不仅以硬实力的稳步上升为标示，也必须以软实力的增强为基础。今天，软实力外交已经成为中国树立国际形象、维护国家利益、稳定周边安全环境的重要手段，是中国周边外交战略的有机组成部分。[①]针对美国等西方国家提出的大国责任问题，本书既强调中国应树立积极的、负责任的、建设性的、可预期的国际秩序塑造者形象，也十分重视中国参与国际合作与协调、维护国际道义、维护国际法的责任。习近平主席提出构建中美"新型大国关系"的理念，是当代国际秩序转变下中国外交战略的重大创新，有利于构建公正合理的国际政治经济新秩序。

在当代国际秩序转变的环境下，中国对外政策仍然坚持"大国是关键，周边是首要，发展中国家是基础，多边关系是重要舞台"的战略格局。这个战略不仅符合我国的外交政策、国际环境和国家利益，也是本书立论的重要依据。在分析、论述国际秩序转变中的当代中国外交战略时，本书注重研究中国与周边国家、发展中国家、西方大国的战略关系，既强调维护国家利益的重要性，又关注地区安全、能源安全、环境保护、国际责任等各国所面临的挑战，强调中国和平崛起有利于构建互利共赢的国际政治经济新秩序。对于当今国际秩序转

---

① 习近平在中央外事工作会议上强调：要切实抓好周边外交工作，打造周边命运共同体，秉承"亲诚惠容"的周边外交理念，坚持与邻为善，以邻为伴、坚持睦邻、安邻、富邻，深化同周边国家的互利合作和互联互通。见《中央外事工作会议在京召开》，《人民日报》2014 年 11 月 30 日，第 1 版。

变下构建中美"新型大国关系"思想,本书从战略层面强调它对维护世界和平、地区安全尤其是亚太安全的必要性;用现实主义理论分析中美战略困境的必然性,美国"重返亚太"战略、中美在全球和亚太地区安全问题上的合作与冲突体现了两国不同的战略利益诉求。中美关系的发展是维护当代国际秩序稳定的重要保证。

周边环境的安全与稳定是体现国家利益的重要标志,近年来中国南海、东海的部分领海和岛屿主权不断受到挑战,这些岛屿历史上就是中国的领土;按照国际公约,其周围一定距离的海域,也是中国的领海,不容蚕食和侵占。这是保证中国领土主权完整和安全的长远国家利益,新形势下中国国家利益的维护不断面临挑战。根据西方国际政治学理论,实现国家利益的目标和手段主要有:第一,政治和外交手段;第二,经济手段;第三,道德文化手段;第四,军事手段①。在无政府状态的国际秩序条件下,权力仍然是实现维护国家利益目标的重要考量。因此,中国通过运用自己的权力来确保领土完整、政治独立和经济地位体现中国国家的核心利益。今天,中国坚持走和平发展道路,坚持互利共赢的开放战略,在"充分尊重各国维护本国利益的正当权利"的同时,"把中国人民的利益同世界各国人民的共同利益结合起来"②。中国正在制定科学、合理的对外战略,发展与周边国家互利共赢的经济合作关系,倡导构建中美、中俄、中印"新型大国关系",这不仅有利于改善中国的国际环境,也为维护中国的国家利益建立良好的周边环境。

运用国际关系理论分析国际秩序转变中当代中国周边外交与中美关系是本书理论建构的重要特点。本书不仅把中国周边外交战略放在西方国际关系理论研究的框架内进行分析和界定,把从卢梭、康德到斯坦利·霍夫曼、汉斯·摩根索、亨利·基辛格再到肯尼思·沃尔兹、罗伯特·基尔汉、约瑟夫·奈以及约翰·米尔斯海默等关于国际政治理论和方法运用到对现行国际秩序和中美关系的分析批判中;也十分重视把马克思、列宁、毛泽东和邓小平关于国际秩序与国际体系的论述运用到本书研究中,从马克思提出"国家体系"学

---

① Daniel S. Papp, *Contemporary International Relations: Frameworks for Understanding*, sixth ed., Boston: Addsion Wesley Longman, 2002, p.52.

② 国务院新闻办公室:《中国的和平发展》,载《人民日报》2011年9月。

说到列宁关于帝国主义理论；从毛泽东的三个世界划分理论、邓小平的建立国际政治经济新秩序思想到习近平的"中国梦"和"新型大国关系"理念，从理论上系统地论述国际秩序转变下中国周边外交与中美关系的发展演变。

本书强调构建中国特色国际关系理论和建立公正合理的国际新秩序的重要性，主张运用辩证唯物主义和历史唯物主义的基本理论，从整体、全局、战略上把握当代国际秩序发展的大趋势，辩证地理解国际体系与国际秩序、国际战略格局之间的关系。批判地吸收西方国际关系学各种学派、流派有关国际体系和国际秩序的理论精华，在此基础上进行理论探索和理论创新，使之顺应世界发展潮流，符合全人类共同利益和中国国家利益，以推动构建具有中国特色的国际秩序和国际关系理论。

本书属于国际问题研究范畴，但它涉及诸多学科领域，除政治学、经济学以外，还需要掌握有关历史、外交、文化、军事和金融等学科的专业知识。运用人文社会科学研究的基本原理，借助其他学科研究方法，进行交叉学科、跨学科研究，使本书研究在立意上有所创新，在理论上有所建树。突出战略研究，注重把宏观战略研究与微观对策研究有机地结合起来，不断跟踪国际形势的变化，关注国际秩序转变环境下美国"重返亚太"及其全球战略的特点，研究重心在于中国周边外交与中美"新型大国关系"构建，以符合本书基础理论和应用对策研究的基本特征。本书既要强调研究成果的学术性，又要注重研究成果实用性，基于上述定位，本书的立论和论证的基础建立在国际秩序转变和中国周边外交及中美关系两个层面，同时探讨权力转变与国家利益维护之间的逻辑关系。论述和分析国际秩序的内涵，阐述国际秩序转变中维护中国国家利益的重要性也是本书的重要关注点。

第一章 国际关系理论视阈下
国际秩序演变

著名国际关系理论家霍士第(K.J.Holsti)曾经指出:国际关系作为一门学科迄今仍无一共同认可的准确定义①。早在第二次世界大战前,关于国际关系学科的范围、重点和方法论的争论就时有出现。但作为政治学的一部分,国际关系和国际政治名称不同,实际上属同一学科。一般来说,在美国等西方国家的传统学派沿用前者,现代行为学派多采用后者。现实主义理论把研究国际安全作为立论依据,论述国际政治中的权力因素、国际秩序转变、国家交往中的谈判战略、国际体系中的无政府状态与国家主权、大国集团政治、外交决策、国际冲突、国际组织与国际法等。而美国著名国际关系学专家乔舒亚·戈德茨坦(Joshua S.Goldstein)则强调:国际安全与国际政治经济学是当代国际关系的两大主要问题领域,研究上述问题领域是有利于分析当代国际秩序转变的发展特征②。

①　K.J.Holsti, *The Dividing Discipline*: *Hegemony and Diversity in International Theory*, Boston: Allen & Unwin, 1985; Stanley Hoffmann, *An American Social Science*: *International Relations*, Daedalus 106 (3), 1977.

②　Joshua S.Goldstein, *International Relations*, New York: Longman, 2001; See also Daniel S. Papp, *Contemporary International Relations*: *Frameworks for Understanding*, New York: Addison Wesley Longman, Inc.2002; Frederic S.Pearson & J.Martin Rochester, *International Relations*: *The Global Condition in the Late Twentieth Century*, New York: Random House, 2000.这些著述分别从国家安全和国际政治经济学这两个领域来描述当代国际关系。乔舒亚·戈德茨坦提出的"长周期理论"曾受到国际政治学界高度重视。他认为"国际关系自从进入近代以来,战争与和平是在周期性交替进行的",尽管对于周期的规律、原因以及时间的长短之间存在各种不同观点。戈德茨坦指出:"如果强权战争周期最终被打破,21世纪的世界秩序将建立在没有强权政治的共同安全的基础上。"见 Joshua S.Goldstein, *Long Cycles*: *Prosperity and War in the Modern Age*, New Haven: Yale University Press, 1988, p.17。

根据国际关系理论逻辑,国际社会无政府状态并不意味着缺乏国际秩序、结构和规则。在许多方面,国际社会行为体像国内社会行为体一样,通过合作建立秩序①,因此研究国际秩序转变涉及研究国家、国际组织、跨国机构、个人以及其他国际关系行为体之间的互动关系(包括国家精英阶层之间的交往),研究地理环境、历史文化对这些互动关系所产生的潜移默化的影响。从某种意义上讲,研究国际秩序与对外关系的手段与政治学、经济学、历史学、法学、社会学以及自然科学的一些学科有密切的联系。

第一节　问题领域研究

国际秩序转变与国家对外关系研究,既包含合作关系研究,也包括冲突关系研究;既有双边关系研究,也有多边关系研究。国际秩序中国家间关系十分宽泛,包括外交、安全战略、战争、国际贸易、集团联盟、文化交流、参与国际组织等。国际关系的"问题领域"(issue areas)开启了研究国际秩序与国家对外关系的新领域,在这个新领域里,合作与冲突、国际贸易谈判、地区安全合作机制、种族矛盾、环境污染、跨国犯罪等问题,影响国际秩序稳定。在国际秩序转变中各国,尤其是新兴大国越来越重视非国家行为体的作用,以及非国家行为体之间关系。后者如:联合国、国际货币基金组织、世界银行、跨国公司、绿色和平组织、大赦国际组织等。国际关系行为是个人或集团的社会行为,这些社会行为旨在影响另一个国家的个人或集团的存在或行动,或是受其影响而采取的行动。

在这种环境下,国际关系的每一个问题领域,都同各国自身利益密切相关,在这些领域里,国家之间合作与冲突并行存在。学者们通过对这些问题的研究,分析国际秩序转变对国家外交战略的发展变化的影响因素。

"比较政治研究"有利于分析国际秩序转变与国家对外关系之间的关系。就国内政治影响对外政策而言,比较政治学在很大程度上同国际政治学相互交织。研究国家对外战略和国际秩序的关系需要有不同学科领域研究视野,

---

① Joshua S.Goldstein,*International Relations*,p.293.

国家对外战略体现国家的根本利益。以美国为例,美国的对外战略不仅同国内政治紧密相联,而且体现了美国全球战略利益。由于美国仍然是世界最大的超级大国,国际秩序因美国全球实力对比的变化而变化,美国力量的消长有时甚至起决定作用。研究国际秩序与国家对外关系应把对国内政治的研究放在重要位置上考量,因为它有助于研究者们将微观分析与宏观考察有机地结合起来①。

　　研究国际秩序转变与国家对外关系应该同"国际安全"等问题联系起来,国际安全关注战争与和平、军事和外交手段的运用、条约的签订和结盟、军事力量的调动和部署等问题。20世纪50至60年代,国际安全问题支配整个国际关系领域,影响国际秩序的构建,它是国际关系研究的核心议题。② 70年代后,安全问题这一分支学科逐渐超出传统上关注军事力量以及超级大国的军备竞赛问题,安全问题中凸显地区冲突和种族冲突这两大重点。国际关系学的研究者们认识到外交政策研究本身就是宽泛的安全问题研究领域的一部分。同时,和平与安全问题的交叉研究为20世纪80年代美国及西方许多大学提供研究国际秩序转变的新的方法论。他们试图将安全问题放到一个更加宽泛的领域,像研究全球主义、建构主义以及女权主义一样,通过对战争与和平、国际合作机制的研究,使安全与国际政治、经济秩序问题已成为人们普遍关注的焦点。这种趋势促进国际政治学科的发展。③ 国际秩序转变研究体现了当代国际关系发展趋势的特点,对研究中国周边外交和中美战略关系具有重要意义。

　　今天非传统安全问题将人们的研究视角引向新的问题领域,能源危机、环

---

①　Joshua S. Goldstein, *International Relations*, p.5.

②　Ibid., p.5.

③　Stephen M. Walt, "The Renaissance of Security Studies", *International Studies Quarterly*, 35 (2), 1991, p.240; Barry Buzan, *People, States and Fear: An Agenda for International Security Studies in the Post-Cold War Ear*, 2nd ed., Bould, Company: Lynne Rienner Publishers, 1991; Michael T. Klare and Daniel C. Thomas, ed., *World Security Challenges for a New Century*, New York: St. Martin's Press 1994; Ronnie D. Lipschutz, eds., *On Security*, New York: Columbia University Press, 1995; Stuart Croft and Terry Terriff, ed., *Contemporary Security Policy: Critical Reflections on Twenty Years of Change*, Ilford (UK): Frank Cass, 2000.

境保护、气候变化、恐怖主义、核不扩散、网络安全、跨国犯罪、非法移民、疾病传播等使安全问题更加复杂、多变。安全问题的内涵在扩大,安全的结构出现多元趋势,复合安全理论应运而生,已经引起官方、非官方,尤其是学者们的高度重视。

当代国际秩序转变中关注的重点是全球环境下的政治安全与经济安全问题。战后,随着世界各国普遍关注本国经济环境的改善,国际经济问题愈益重要,对非国家行为体,尤其是国际组织、跨国公司在国际舞台上发挥巨大作用,经济上的相互依存,逐渐成为国际关系研究的重要议题。国际政治经济的发展对推动国际秩序的稳定具有积极意义。在研究国际组织和跨国公司等非国家行为体出现的同时,尤以新功能主义论点为依据的书籍和专题研究成果大量问世。这些文献推断世界各国间的相互依存性日益深化,对于相互依存理论、经济发展一体化、权力等概念的关系进行的理论探讨的重要性更显突出。国际政治经济学研究者们通过对国家间贸易及投资关系的研究,试图解释主权国家如何通过政治上的合作,来维持一种有效机制,以确定国际经济和金融之间的互动关系。国际政治经济学是 20 世纪 70 年代后期在西方兴起的一门学科,它建立了一种经济与政治相结合,即从国家与市场、权力与财富互动的角度来分析观察世界事务与国际关系的理论。20 世纪 80 年代末,国际格局发生巨大变化:苏联解体、冷战结束;世界格局向多极化转变。这个转变过程是以全球化的日益深入为背景的。世界各国面临的机会和风险并存,发达国家和发展中国家间贫富差距扩大,大国之间的竞争日趋激烈,包括中国在内的新兴国家通过对外开放、改革经济体制、吸收发达国家的资金、技术和管理经验,能够发挥后发优势,后来居上,从而确立多极化格局的经济基础,这些都为国际政治经济关系的发展带来机遇和挑战。

随着国际环境的变化,西方国际关系学话语表述中的"有形实力"(tangible power)和"无形实力"(intangible power)逐渐成为影响国际秩序转变与国家对外关系的重要因素。实力是一种共同产品,每个国家都具有这两种实力,但实力不会自身发生作用,它的作用在于有影响其他行为体的潜在能力。这种潜在的影响力是建立在国家所拥有的实力、国家所具备的社会和文化特征的基础上。其中"硬实力"(hard power),即"有形实力",是国家实力最基本体现，主要包括：领土、国民生产总值、军事力量等。"软实力"（soft power），也称"无形实力"，主要体现在国民素质、意识形态、宗教信仰等国家实力行为中，尤其是民族主义对国家在国际关系中的作用具有极大的潜在影响。① 一个国家的实力是相对于他国而言的，如果一个国家自身价值能对他国的行为产生广泛的影响，并且使对方按照自己的意愿行事，这将是实力效力的最大化。国家利益相对稳定是国际秩序稳定的重要前提。如美国的自由市场和自由贸易价值，战后被许多西方国家接受，成为指导国际贸易的理论与实践，这是美国实力运用于国际经济秩序构建中的具体表现。② "提高和增强有形实力"（硬实力）和"无形实力"（软实力）是中国开展周边外交和构建中美"新型大国关系"的重要基础。

第二节　研究国际秩序转变的三种主流理论

　　国际关系研究已经建立自身的理论体系和研究方法，尽管西方国际政治学界仍然对研究国际体系、国际秩序以及国家利益问题存在不同的观点。研究这些问题领域，先后出现现实主义、理想主义、全球主义等理论流派。虽然研究国际关系理论的各种流派名目繁多，不断翻新，但通常用来分析国际体系、国际秩序转变现状的理论方法主要有三种：现实主义、理想主义和激进主义③。在国际关系理论研究中，学者们多半使这三种理论视角相互补充，尽管运用的程度不同，但每一种理论都涵盖各种不同的研究视角。

　　现实主义：经典现实主义坚持维持现状，强调实力政治（realpoitik），认为实力政治是国际关系中的永恒规律，不重视国际体系、国际秩序中的变化因素④；新现实主义（结构现实主义）强调建立国际秩序的重要性，反对世界格局发生剧烈变化，以破坏现存的国际体系。经典现实主义忽视国际权力竞争中

---

① Joshua S.Goldstein, *International Relations*, p.61.

② Ibid., p.60.

③ Ibid., pp.8-9.美国学者亚历山大·温特（Alexander Wendt）的建构主义理论诞生后，日益成为中外国际关系学者们所青睐的理论。但是在美国，以乔舒亚·戈德茨坦（Joshua S.Goldstein）为代表的一批国际问题研究者仍然坚持激进主义为三大主流理论之一。

④ Ibid., p.9.

的合作因素的存在,如对第二次世界大战后西欧国家建立共同市场,实行经济合作,在国际关系中发挥作用的认识不足,他们强调无政府格局下的国际秩序是导致战争爆发的根源,有必要保持高度警惕;新现实主义理论也强调国际贸易的重要性,认为国际贸易是增强国家实力的潜在资源,但它是从"重商主义"的角度去认识国际贸易的重要性的①。

理想主义:与现实主义理论相对应;传统上被称为"自由主义"的理想主义理论并不承认它的研究方法是不现实的。理想主义强调国际法的重要性:认为国际关系准则中,道德、国际组织的建立比权力更重要②。作为对国际关系事件的主要影响要素,人的本质基本上是善良的。人类应该有良好的习惯举止,受过一定的教育,人类作为国际关系的重要组成部分,是国际秩序中和平与合作的基础。理想主义主张通过渐进改革改变国际秩序现状。构建理想主义理论核心是通过相互依存和互惠在国际关系中相互获得利益。理想主义认为在国际关系中获得财富比获得权力更重要。理想主义的理论基础是建立在国际政治经济学之上,因为贸易中的互惠互利能使各国充分利用产品和服务方面的优势,发展本国经济。理想主义强调自由主义的价值观念,特别是贸易自由和思想意识的自由。他们不认为战争是自然发展趋势,而是悲剧性错误。可以通过国际协调和国际组织的合作防止或至少降低战争发生的可能性③。运用理想主义理论分析当代国际秩序转变下的中国周边外交与中美关系具有十分积极的现实意义,尤其对于正确认识构建中美"新型大国关系"的时代意义是十分重要的。

激进主义:激进主义主张通过暴力革命或激进的变革来改变国际现状。他们主要关注国际秩序中的不公平、不合理的政治经济关系,尤其是不合理的南北经济关系。由于大多数第三世界国家反对战后由西方大国建立的不公平的国际政治经济秩序,这为激进主义者强调公平、公正提供了有价值的理论依

---

① Joshua S. Goldstein, *International Relations*, p.9.

② Ibid., p.57.

③ 理想主义自威尔逊提出 14 点计划到成立国际联盟、凯洛格-白里安非战公约,是这一理论提出和实践的重要时期,但第二次世界大战的爆发,表明理想主义在防止战争发生的问题上无所作为。见 William R. Keylor, *The Twentieth Century World*, New York: Oxford University Press, 1992。

据。激进主义者常常把战争看作是潜在的经济剥削关系的结果,认为改变不合理的经济关系是解决战争问题的关键①。激进主义为研究建立公正合理的国际政治经济新秩序产生积极的影响。

现实的世界政治使这三种观点以各种形式相互交错。如美国的许多保守政治家,在坚持以经典现实主义作为处理国际关系的理论基础时,甚至也会认同欧洲社会民主派和自由主义者强调的社会公正和道义。现代西方国际关系理论发展史上曾出现过三次大的论战。在第三次论战中,除了新现实主义和新自由主义之外还出现了相对主义、后实证主义、新马克思主义、后现代主义或建构主义等所谓"批评理论"。在这些批评理论中,建构主义博采众长,异军突起,并表现出挑战新现实主义和新自由主义等主流国际关系理论的咄咄逼人之势②。美国学者戈德茨坦认为,在当今的国际关系理论中,没有绝对的现实主义、理想主义和激进主义之分。他通过以下三个命题概括新现实主义国际关系理论框架:第一,国家是国际关系中最重要的行为主体(国家中心假设);第二,国家在追求自身利益时是以理性行为体起作用的(统一的理性行为体假设);第三,国家在无政府状态的国际体系内扮演角色(无政府状态假设)③。在国际安全领域,"新现实主义"坚持"一个国家可以理智地使用武力来追求自身利益"的观点。新现实主义理论对认识当代中国周边外交中的利益纷争、领土、领海权益等有重要参考价值。

理论上不断进行的争论是国际关系学科的一个基本特征,而且大多数理论至今仍无准确的定义。这就留给国际关系学者们一个不断探讨的学术空间。如国际政治经济学理论提出的许多自由主义的价值观念,至今一直影响人们对国际体系、国际秩序稳定的研究。而保守主义的研究方法,如:重商主义与人们日益关注自由市场经济发展的矛盾导致传统思维方法的影响力日益

① Joshua S.Goldstein,*International Relations*,p.9.列宁在《帝国主义是资本主义最后阶段》一书中提出"资本主义经济制度是导致殖民化和战争直接驱动力。""资本主义国家为寻求新的市场、廉价资源和劳动力等,把世界划分成他们获得利润的势力范围,资本主义的行为是导致战争的根源"。列宁的理论是激进主义者的思想基础。V.L.Lenin,*Imperialism:the Highest Stage of Capitalism*,Selected Works,Vol.V,New York:International Publisher,1943.

② 王公龙:《温特建构主义理论的贡献与缺失》,载《世界经济与政治》2002 年第 5 期。

③ Joshua S.Goldstein,*International Relations*,p.60.

减少。新自由制度主义(neoliberal institutionalism)运用了新现实主义的一些假设,但同时又对新现实主义关于国际合作的理论进行修正,使之更具合理性①。新近形成的许多新的激进观点也使现实主义理论面临严重的挑战。这一切都有待人们不断去探索,本书通过研究国际秩序转变中的中国周边外交与中美关系,为论证和分析当代国际关系理论提供可资借鉴的经验依据。

第三节　分析国际秩序转变的多元理论视角

国际关系理论探索的不同分析视角产生不同的方法争论。20世纪30年代,现实主义和理想主义这两个传统学派关于国际关系的基本特征、和平变革的可能性等问题的争论,导致人们对制止战争维护和平的不同认识。30年过后,传统主义学派和行为主义学派围绕方法论问题展开辩论,传统主义学派强调哲学、历史学、法学以及其他传统学科研究方法对分析国际问题的实用性;而行为主义学派则强调社会科学的概念分析、变量定性、推理假设,以及因果模式的建构等。历史分析、马克思主义的社会经济理论等研究国际关系的方法也被人们接受。在相互依存、充满竞争的国际政治经济环境下,现实主义、多元主义、全球主义不断为当代国际体系、国际秩序转变研究开辟新的问题领域。

国际秩序的基本政治环境是"安全困境"(security dilemma)。当今世界任何一个国家都不可能处在绝对安全环境中②。在国际安全困境中,各国都努力寻求摆脱困境的途径,以影响对本国安全构成威胁的环境。对于国际安全环境的理解,不同的研究取向使用不同的分析方法。理想主义学派强调把各国之间的相互依存视为维护本国安全的"公共产品"。而建构主义者认为"规范、秩序和价值观念制约国家对外政策的制定,甚至可以改变对国家利益本身的建构"③。

---

① Joshua S.Goldstein, *International Relations*, p.10.

② John Herz, *Political Realism and Political Idealism:A Study in Theories and Realities*, Chicago and London:The University of Chicago Press,1951,Introduction.

③ Peter J.Katzenstein, eds., *The Cultural of National Security:Norms and Identity in World Politics*, New York:Columbia University Press,1996,pp.45,60.

研究国际体系、国际秩序转变和国家对外战略,既要有严密的逻辑推理,也需要灵活的分析视角,国家间合作与竞争、对抗与妥协的双边或多边关系常常对国际秩序结构的演变产生积极和消极的影响。理性思考"结构"的形成过程,考量结构形成的内在关联性,对分析国际安全问题至关重要。今天人们不仅要跟踪世界安全热点问题的发展动态,也要关注、分析各种复杂的、影响国家安全的政治经济环境因素。美国学者丹尼尔·帕帕(Daniel S.Papp)在分析国际事件时指出:"行为和事件相互依存,人们应该分析产生相互依存背后的动因。看似不相关联的行为和事件有可能对正在发展的安全环境产生共性的影响"①。在今天这样的一个相互依存、充满竞争和对抗的国际安全环境中,关注和借鉴不同的分析方法,对于认识国际体系、国际秩序转变中安全困境的背景和动因、提高对"问题领域"研究的认识具有重要的理论意义。运用多元理论视角研究当代中国周边外交与构建中美"新型大国关系"是当代国际关系研究一个创新性尝试。

一　外交史、地缘政治战略

不同历史时期人们分析国际秩序转变与国家对外关系的视角表现不同的价值取向。19 世纪下半叶和 20 世纪初,研究者们把研究和分析的视角聚焦在外交领域。以"外交史"研究为基本方法,关注国家作为国际关系主要行为体的活动,以及特定环境下行为体之间交往的基本方式、特点。外交史研究重视对国家领导人外交行为和实践的评价。将外交史分析界定为"对一系列特定的事件的推论,研究国际秩序的演变,有利于为国际体系、国际秩序研究建构理论基础"②。外交史研究与地缘政治战略分析相呼应,成为分析国际秩序中安全困境研究的重要方法,至今乃在学术研究领域占有一席之地。

地缘政治战略以全球安全环境为分析视角。美国海军军官阿尔福莱德·马汉(Alfred Mahan)和英国地理学家哈福德·麦金德(Halford Mackinder)是地缘政治战略分析的积极倡导者。马汉把海洋称为海上"高速公路":"谁控

---

①　Daniel S.Papp, *Contemporary International Relations:Frameworks for Understanding*, 2002, p.16.

②　Ibid.,p.16.

制这个高速公路、控制海上战略通道,谁就具备控制世界的大国地位。"①马汉的海权思想同美国现代海军的发展强大紧密相联,他鼓吹建立美国海军的重要性,要求把建立海外基地作为为对外扩张的先决条件。马汉海权理论形成的时代,已是英国控制世界海上主要交通线的年代,他的战略思想为19世纪末美国在夏威夷、菲律宾等地建立海军基地、最终确立美国海洋强权提供了理论依据。此外,马汉还重视实现世界大国地位的其他因素:地理位置、领土结构、人口和政府管理国家的能力等②。19世纪末美国的海外扩张政策实践了马汉的建立海洋帝国的理论。

麦金德的陆权战略与马汉的海权思想形成鲜明对比。麦金德强调,任何国家,只要它控制欧亚大陆的中心地区,它将不可避免的控制世界的政治和经济。麦金德称这些地区为"中心地带"(heartland),中心地带外围是被海岸所环绕的边缘地带(rimland),麦金德认为,国家只要控制中心地带,占据有利的地缘战略位置,才能对边缘地区施加有效的战略影响。他认为近代欧洲国际关系史,就是"各国都想占据中心地带、都在竭力阻止对方占据中心地带的历史"③。根据麦金德理论,控制中心地带的国家,具有对边缘地带国家使用武力的实力,因为中心地理位置从战略上保证国家行动的成功。近代西方外交史研究的著述中,有许多运用海权战略与陆权思想分析国际安全问题的案例。无论是马汉的海权战略,还是麦金德的陆权战略,都体现了当时国际秩序环境下国家安全战略利益的最大化。中国周边完全环境既有海洋权益维护问题;又有陆地领土争端问题,运用外交史和地缘政治战略理论方法进行分析研究,有利于认识问题产生的历史地理环境因素。

---

① Alfred Thayer Mahan, *The Influence of Sea Power Upon History*, *1660-1783*, Boston: Little, Brown and Company, 1897, pp. 281-329. See also Margaret T. Sprout, "Mahan: Evangelist of Sea Power", Edward Mead Earle, eds. , *Makers of Modern Strategy: Military Thought from Machiavelli to Hitler*, Princeton: Princeton University Press, 1943, pp.415-445.马汉和当时任美国海军部助理部长、后来担任美国总统的西奥多·罗斯福有十分密切的关系,曾担任罗斯福的海军顾问。

② James E.Dougherty & Robert L.Pfaltzgraff, Jr. , *Contending Theories of International Relations*, New York: J.B.Lippincott Company, 1971, p.52.

③ Sir Halford Mackinder, *Democratic Ideas and reality*, New York: Holt, Rinehart and Winston, 1919.See also Christopher J.Fettweis, Sir Halford Mackinder, "Geopolitics, and Policymaking in the 21th Century", *Parameters*, Summer 2000, pp.58-71.

从已有的研究成果看,外交史、地缘政治战略分析,对研究国际体系、国际秩序转变的因果关系、国际关系的经济与社会结构内在逻辑联系还存在方法论上的缺陷,尤其是分析变革时期的国际安全环境缺乏足够的理论支撑。而国际关系的社会经济理论为分析上述问题提供了具有时代特色的分析方法。

二　马克思主义社会经济理论

马克思主义关于政治、经济和社会理论分析革命与战争形成原因的理论,在近现代国际关系研究中一直占据重要位置。马克思主义视"一切政治现象,包括帝国主义和战争为经济力量影响的产物"[①]。第一次世界大战爆发的政治经济环境,第二次世界大战后的亚非拉国家独立运动,为运用马克思、列宁的社会经济理论的基本假设提供了分析的依据。

在分析形成近现代国际政治经济结构和环境时,国际关系的社会经济理论分析为学者们提供了一个国际秩序变迁的新视角。马克思是社会经济理论学派的最具影响的代表[②]。马克思和恩格斯认为,生产力与生产关系的矛盾所引发的国际阶级矛盾与国家冲突是国际关系的根本动力。因为:"一切历史冲突都根源于生产力和交往形式之间的矛盾。"[③]在批判资本主义旧世界的同时,马克思和恩格斯对各国无产阶级政党应争取建立一个什么样的新世界作出了预判,提出了许多目的性要求,为无产阶级政党应对国际局势指明了方向。在"和平主义"的语境下,无产阶级致力于维护"世界新秩序",应该有以下特征:一是保证每个民族国家的独立、自主。任何一个民族都永远不会优越于其他民族。[④] 独立自主"是一切国际合作的基础"。在此基础上,各国彼此合作共同发展。二是奉"道德、正义"为最高准则,努力使"道德和正义的准

---

① James E.Dougherty & Robert L.Pfaltzgraff, Jr., *Contending Theories of International Relations*, p.175.

② One of the best introductory explanations of Marxism is R.N.Carew-Hunt, *The Theory and Practice of Communism*, Baltimore: Penguin Books, 1963.See also Theodore Dan, *The Origins of Bolshevism*, New York: Schocken Books, 1970; Daniel S.Papp, *Contemporary International Relations: Frameworks for Understanding*, 2002, p.17.

③ 《马克思恩格斯全集》第3卷,人民出版社1960年版,第83页。

④ 《马克思恩格斯全集》第2卷,人民出版社1957年版,第194—195页。

则,成为各民族之间的关系中的至高无上的准则"①。三是新世界以"和平"为国际原则,同经济贫困和政治昏聩的旧社会相对立,正在诞生一个新社会,而这个新社会的国际原则将是和平②。马克思恩格斯强调:"世界是一个体系,它的形成与资本主义的发展密不可分,而殖民扩张与商业争夺揭开了现代国际关系的序幕。"在《德意志意识形态》和《共产党宣言》中,马克思恩格斯从资本主义生产方式世界性扩张出发,分析了世界性生产关系的变革以及由此产生的世界政治关系(世界城市对农村的统治)和世界性精神生产,指出了由此创造的资本主义世界体系及其社会矛盾、阶级冲突与发展趋向。③

马克思、恩格斯和列宁的政治经济理论不仅适用于分析人类社会发展的规律,也适用于国际问题的研究。美国边疆史学家特纳(Frederick Jackson Turner)曾以"边疆史"理论阐述美国大陆扩张政策产生的原因。特纳的"边疆史"理论所研究的范围已由美国西部的边疆转向西方世界的边疆,其中的"扩张论"不仅为美国的扩张主义提供了理论依据,还为美国推行对外扩张行为制造舆论,似乎美国的对外扩张是正当的和不可避免的④。马克思的社会经济理论对美国大陆扩张的原因也有精辟的分析。马克思认为:"美国的西进运动同人口过剩、城市农村大量人员失业造成社会压力密切相关,帝国的扩张直接导致了战争"。马克思强调,人类的历史是不同经济地位群体斗争的历史,人类社会的每一个阶段都反映了支配社会经济结构的人类一切活动:政治、法律、宗教、商业、体育活动、战争、文学创作等都是经济结构支配的产物。"阶级冲突是一切非共产主义社会所不可避免的现象"⑤。用马克思的理论分析两次世界大战前后世界各国的政治经济结构和环境,有助于认识战后国际秩序发展演变的特征。

列宁继承了马克思关于经济结构和阶级分析理论,他是运用社会经济理

---

① 《马克思恩格斯全集》第 2 卷,人民出版社 1995 年版,第 607 页。

② 《马克思恩格斯全集》第 3 卷,人民出版社 1995 年版,第 19 页。

③ 《马克思恩格斯全集》第 42 卷,人民出版社 1979 年版,第 380 页。

④ 乐嘉辉:《特纳边疆学说中的扩张理论对美国外交政策的影响——以 19 世纪末 20 世纪初的美国在太平洋地区的扩张政策为例》,载《中央社会主义学院学报》2004 年第 5 期。

⑤ James E.Dougherty & Robert L.Pfaltzgraff, Jr., *Contending Theories of International Relations*, pp.174-175; Daniel S.Papp, *Contemporary International Relations*, p.17.

论揭示资本主义时代国际体系、国际秩序的直接实践者。资本主义经济制度是殖民主义、帝国主义和战争的直接动力。资本主义国家为了寻求新的市场，廉价资源和廉价劳动力，把世界划分成他们可以获取利润的巨大殖民市场。因此，当欧洲列强寻求重新划分其殖民地、抢夺高额资本利润的世界市场时，帝国扩张直接导致了第一次世界大战的爆发。体现列宁帝国主义理论主要思想的《帝国主义是资本主义最高阶段》一书，是社会经济理论分析国际体系和国际秩序的经典之作。第一次世界大战的爆发使列宁坚信：资本主义不可避免地导致帝国主义，帝国主义不可避免地导致战争，共产主义最终将代替一切剥削制度①。第一次世界大战后，尤其是俄国十月革命的胜利，社会经济理论分析方法接受了实践的检验。社会主义国家体系形成后，马克思、列宁的理论被这些国家"广泛接受"②。中国主张改变当代国际体系中不公正、不合理的南北关系，主张变革国际秩序中大国、小国、强国、弱国的权力分配关系成功地实践马克思主义社会经济理论的基本思想。

在探讨运用地缘政治战略、国际关系社会经济理论来分析国际秩序转变与国家外交战略的关系，寻求避免新的世界冲突发生的途径时，两种具有鲜明政治特色的理论——"政治理想主义"和"国家主义"不断影响国际关系研究的基本价值取向。丹尼尔·帕帕认为："这两种学派都有强烈的政策导向性，但他们推断出的结论完全不同。"③

三　毛泽东邓小平国际战略思想

毛泽东的反对霸权和国际战略思想保留了传统和平思想的合理成分，将之融入社会主义的阶级理想中。他结合对西方主权国际关系体系和殖民体系的认识，从而形成变革国际体系的和平主义思想。毛泽东在国际事务中站在被压迫民族和弱国的立场上，反对大国主义，支持正义斗争。对发展中国家根据国际主义原则进行无私援助，坚决支持国际上共同反对帝国主义、殖民主

---

① Vladimir Ilyich Lenin, *Imperialism : The Highest Stage of Capitalism*, *Selected Works*, Vol. V, New York : International Publishers, 1943.

② Daniel S. Papp, *Contemporary International Relations : Frameworks for Understanding*, p.18.

③ Ibid., p.18.

义、霸权主义的斗争。将和平共处五项原则作为处理国际关系的新准则。毛泽东指出:"我们的外交政策是以和平共处五项原则为基础的。为了和平和建设的利益,我们愿意和世界上一切国家,包括美国在内,建立友好关系。"①

　　冷战期间,毛泽东对国际格局持有美苏对峙及两者之间存在广大"中间地带"的看法,并以建立国际反美统一战线作为自己的政策路线。他认为,美苏冷战的真正目的在于控制中间地带,美苏之间的妥协与斗争都和争夺中间地带有关。毛泽东还将中间地带具体划分为发展中国家的第一中间地带和美苏之外发达国家的第二中间地带,两者都是维护和平、制约战争的力量。20世纪70年代,毛泽东提出三个世界理论,并明确支持第三世界建立世界新秩序的主张。②

　　随着国际形势的变化,邓小平的国际战略思想集中体现在他关于建立公正合理国际政治经济新秩序的主张。邓小平在 1988 年 12 月 21 日会见来访的印度总理拉吉夫·甘地时指出:"世界总的局势在变,各国都在考虑相应的新政策,建立新的国际秩序。霸权主义、集团政治或条约组织是行不通了,那么应当用什么原则来指导新的国际关系呢?"邓小平强调说,一个是建立国际政治新秩序,一个是国际经济新秩序③。20 世纪 90 年代,国际格局发生巨大变化,邓小平清醒地告诫全党说,过去两霸争夺世界,现在比那个时候(局势)要复杂得多,乱得多。第三世界有一些国家希望中国当头,但是我们千万不要当头,这是一个根本国策。中国永远站在第三世界一边,中国永远不称霸,中国也永远不当头。但在国际问题上无所作为不可能,还要有所作为。做什么?我看要积极推动建立国际政治经济新秩序,按和平共处五项原则办事,在原则上把握住④。毛泽东、邓小平关于建立国际政治经济新秩序的思想为当代中国外交战略提供重要理论依据,是把马克思主义国际关系理论与中国外交具体实践相结合的理论创新。

---

　　① 《建国以来毛泽东文稿》第 6 册,中央文献出版社 1992 年版,第 148 页。
　　② 《毛泽东外交文选》,中央文献出版社、世界知识出版社 1994 年版,第 690 页。周恩来曾经说过,关于三个世界划分的思想,毛泽东从开始到正式提出,花了几年时间酝酿和思考,这个战略思想是毛泽东深思熟虑的结果。
　　③ 《邓小平文选》第三卷,人民出版社 1993 年版,第 281—283 页。
　　④ 同上书,第 363—365 页。

四　政治理想主义和国家主义

20 世纪欧洲风云变幻，国际关系理论思潮层出不穷，各种流派互相竞争。一战后，围绕国际秩序稳定和如何防止爆发新的国际冲突问题，出现两种不同的理论分析方法——政治理想主义和国家主义。前者强调建立国际合作机制共同防止战争的重要性；后者则主张通过建立国家权力，以实力应对生存环境的挑战。

政治理想主义本身存在许多不同价值取向。主流意识强调："人类基本上是善良友好的，人类通常在寻求自身利益的同时也在关注他人的利益。""世界范围内不合理的结构和制度安排是导致人性异化、好斗的基本因素。"①政治理想主义者们认为，只有建立公正合理的社会经济结构和制度安排，才能维持国际秩序的稳定，避免战争的爆发。

政治理想主义者们主张建立国际行为规范，通过建立国际合作机制维护国际秩序的稳定。第一次世界大战后建立的国际联盟，曾经起过调解各国争端的作用。集体安全原则使成员国保持一致，明确表示反对侵略战争。但第二次世界大战的爆发，关于国际合作原则的可行性遭受普遍质疑。

政治理想主义者们认为，只有国际化主导下的国际社会才会给世界带来和平。1928 年的《非战公约》（*the Kellogg-Briand Pact* 或译成《凯洛格—白里安协定》）做了很好的尝试。根据协定：所有签字国都必须宣布放弃以战争作为实行国家对外政策的手段，除非国家的行为是合法的自卫。事实上，1899 年的海牙会议制定的"国际公约"和 1907 年提出制定"战争法"都是针对战争的，然而，这一系列制度安排都没有起到阻止战争爆发的目的。

政治理想主义者们还提出"武器是导致战争爆发的根源"的论点。他们把德国武器制造商克虏伯（Friedrich Krupp）看做是发动战争的同谋者，因为

① 大多数政治理想主义者们反对"人的自私、好斗、愚蠢是导致了国际冲突的根源"这一观点。可以从以下的著述中找到答案。Kenneth N. Waltz, *Man, the State, and War*, New York: Columbia University Press, 1959; Konrad Lorenz, *On Aggression*, New York: Harcourt Brace Jovanovich, 1963; David Long and Peter Colin Wilson, *Thinkers of the Twenty Years Crisis: Interwar Idealism Reassessed*, New York: Oxford University Press, 1995; Daniel S. Papp, *Contemporary International Relations: Frameworks for Understanding*, 2002.

"该家族是武器生产和销售的最大赢利者"①。美国国会参议员杰拉尔德·奈（Gerald Nye）也曾提出"美国的武器制造商是战争巨大利润的获得者"的观点②。政治理想主义者们把军火商比作"死亡制造商"，只有阻止武器销售，才有可能避免战争的发生。在政治理想主义者看来，华盛顿海军协定（the Washington Naval Treaties）最大的成功就在于通过协定制约大国的扩军备战，"按比例来限定美、英、日、法、意海军吨位数"③。这种机制性安排的合作协定，使第一次世界大战后的国际秩序一度处在相对稳定之中。政治理想主义还把国内政治制度变革、财富的重新分配、自由贸易体系的建立以及在世界范围内确立民族自决准则视为维护国际秩序稳定、防止战争的重要途径。④ 但政治理想主义的分析方法与国际政治的现实存在巨大差距。

国家主义强调政策导向，鼓吹国家权力的重要性，主张无限制扩张国家权力。20 世纪 30 年代国家主义在欧洲风靡一时，德国国家主义是臭名昭著的纳粹主义，在纳粹主义支配的政治环境下，整个国家的民族工业和生产能力、所有的人力资源都用来强化国家力量。宪政基础上确立的国家体制被推翻，掌握权力的军事领导人具有至高无上的地位。对外扩张领土被视为国家制度优越性的体现。作为一种国际秩序理论构建的分析方法，国家主义认同"强势就是正义"（might makes right）逻辑。根据这个逻辑，强大的民族国家有权支配弱小的民族国家。为了这个"正义"，德国和意大利提出，重新划分势力范围。他们提出战争"不可避免性"，鼓吹："如果要避免战争，就必须赢得战争"。⑤

德日意是 20 世纪 30 年代世界战争的策源地。体现其"强势就是正义"逻辑的是一系列侵略行动。日本入侵中国、意大利入侵埃塞俄比亚、德国从提

---

① 弗里德立克·克儒珀（1787—1826）德国钢铁军火制造家族创始人，他 1811 年在德国埃森（Essen）建立起军火制造工业，他的后代一直将该家族企业维持到第二次世界大战。

② Daniel S. Papp, *Contemporary International Relations: Frameworks for Understanding*, fourth ed., New York: Macmillan College Publishing Company, 1994, p.17.

③ 《华盛顿海军协定》将美国、英国、日本、法国和意大利的海军吨位数比例定为 5—5—3—1.75—1.75，作者注。

④ Daniel S. Papp, *Contemporary International Relations: Frameworks for Understanding*, 2002, p.19.

⑤ Adolf Hitler detailed his view of the world in *Mein Kampf*, Boston: Houghton Mifflin, 1943. See also Daniel S. Papp, *Contemporary International Relations: Frameworks for Understanding*, 2002, p.19.

出修改《凡尔赛和约》到改变莱茵地区现状、占领奥地利,使整个欧洲和东亚地区处于战争困境中。英法等国从本国自私利益出发,对德国实行绥靖政策,《慕尼黑协定》以牺牲捷克斯洛伐克为代价,试图阻止德国发动世界大战的计划,最终以德国入侵波兰而宣告破产。第二次世界大战的爆发,政治理想主义的建立公正合理的国际秩序、制定国际法、限制武器生产、以防止爆发国际冲突的理想机制受到现实的巨大挑战。国家主义理论指导下的强权政治主导了20世纪30年代的欧洲国际关系,它为那些主张改变国际秩序现状的政治野心家和强权者提供了行为的依据。

五　政治现实主义

对于政治现实主义者们来说,政治理想主义者们的假设是天真和荒谬的,因为他们认定,人并不具备"生来即善"的天性。战后,以汉斯·摩根索、莱因霍尔德·尼布尔(Karl Paul Reinhold Niebuhr)①、乔治·凯南、基辛格等为代表的美国政治现实主义学派,逐渐成为分析当代国际关系、国际秩序的主流学派。② 他们否定人性"生来即善"的论调,认为人类不是天生的善良,人类的善与恶的本性是相等的。人性的另一面是一种统治对方的本能欲望,因此,战争始终存在于人类社会,只是爆发的环境不同而已。

德文中的"现实政治"或"实力政治"(Realpolitik)是政治现实主义的话语来源。意思指"国家间实力对实力的政治"(power to power politics among states)③。在现代国际关系中,政治现实主义视国家为行为核心,其核心地位

---

① 莱因霍尔德·尼布尔(Reinhold Niebuhr,1892—1971)是20世纪美国最有影响的基督教神学家,也是美国本土著名的神学家。20世纪中期美国神学在危机中得以继续发展,主要归功于尼布尔的努力。尼布尔的思想影响美国基督教伦理学界达40年之久,他所倡导的基督教现实主义对美国的思想和文化产生了深远的影响。莱因霍尔德·尼布尔主要代表作有《道德的个人与不道德的社会》。

② 政治现实主义的著名著作参见 Hans J. Morgenthau, *Politics Among Nations*, New York: Alfred A. Knopf, 1948;Reinhold Niebuhr, *Moral Man and Immoral Society*, New York:Charles Scribner's Sons, 1947;George Kennan ("X"), "The Sources of Soviet Conduct", *Foreign Affairs*, July 1947;Henry A.Kissinger, *Nuclear Weapons and Foreign Policy*, New York:Harper & Row, 1957。

③ Paul R.Viotti, Mark V.Kauppi, *International Relations Theory:Realism, Pluralism, Globalism*, New York:MaCmillan Publishing Company, 1987, p.37.

建立在四种假设基础上：一是国家是最重要的国际关系行为体，国家代表国际关系分析的主要单位；二是国家是国际关系的单一行为体；三是国家是理性的国际关系行为体；四是国际社会是权力等级社会，在现实的、可能存在的行为体之间冲突中，国际安全稳定状态的维持或打破取决于国家实力的大小①。因此，实力是政治现实主义者们崇尚的原则。军事安全和战略问题通常被视为"高端政治"（high politics），而社会、经济等问题则处于"低端政治"（low politics）地位。

在当代国际关系研究中，政治现实主义学派强调国家有责任维护自身安全和主权。集体安全原则作为一种理论经典曾受到政治理想主义者们的推崇，根据这个原则建构国际组织和国际联盟被视为维护公正的"规范"。但两次世界大战的经验证明，集体安全并没有起到制止战争爆发的作用。在政治现实主义者们看来，国家政策和行为明智于否，主要在于政策和行为是否有利于维护国家利益。在无政府状态下的国际体系和国际秩序环境下，政治现实主义的理论逻辑强调实力的重要性，军事实力尤其重要，只有实力才能保证和平的实现，各国对外政策都是建立在对现实世界客观认识和国家利益维护的基础上的。为了保持实力均衡，各国在寻求自身安全的基础上参加不同的联盟，以制衡实力强大的敌对国家。

实力均衡是政治现实主义者建构国际秩序环境的重要考量，汉斯·摩根索对政治现实主义理论方法的界定包含实力均衡原则②。今天，实力均衡仍然被政治评论家们、政治现实主义者们视为国家制定对外战略、增加国防预算、维护国家利益的理论根据。

政治现实主义理论方法表现为：外交政策的制定是国内政策的延续，国家是国际体系、国际秩序转变中处于首要地位的行为体，国家要保持强大的军事实力，必须重视民族主义的作用。由于国家独立决策的特征，国家的对外决策必须理性化，因为国家安全是最重要的决策，是国家利益的首要因素。政治现

①　Paul R. Viotti, Mark V. Kauppi, *International Relations Theory: Realism, Pluralism, Globalism*, p.7.

②　Hans J. Morgenthau, *Politics Among Nations*, p.161; Ernst B. Haas, "The Balance of Power: Prescription, Concept or Propaganda", *World Politics* 5, No.2, July 1953, p.422.

实主义理论主导战后美国的对外政策,除卡特和克林顿政府外,美国政府的几乎所有决策者们的政治信条都是建立在实力政策基础上的。①

核威慑时代政治现实主义强调保持核力量的平衡是防止爆发战争、避免国家灭亡的重要战略。但是政治现实主义分析方法在解释战后欧洲如何走向经济一体化、政治联合等问题上存在缺馅。欧洲一体化进程的加快,使人们对政治现实主义理论的假设提出质疑。"当对国家边界、国家利益的界定因国际政治、经济环境的变化而发生变化时,合作和冲突对维护国家利益的利弊权衡逐渐凸显。"②第二次世界大战后,随着越来越多的国家和地区摆脱殖民统治获得独立,当一些国家因国内出现民族认同、要求分而自治时,民族国家内部的地区问题引起人们的关注。在许多情况下,政治现实主义的理论分析很难界定民族国家内部的民族自决和国家利益的矛盾。政治现实主义过分地依赖假设、变量,使其局限性更加明显。这正是一些评论家们提出政治现实主义需要更加科学性的原因③,因为它对于分析国际体系、国际秩序中合作与冲突利益两难困境还缺乏有效的方法。

六 行为主义

对国际体系和国际秩序转变研究的许多新视角既是对以往各种理论假设的批判,也是对新的理论假设的建构。国际关系传统的理论分析是建立在实力均衡、集体安全的基础上,这些理论假设长期以来一直存在争议。随着地区层面、全球层面的国际组织、国际合作的不断发展,跨国经济合作范围的不断扩大,为研究国际秩序转变与国家外交战略的关系提供了许多新的分析空间。当代国际问题研究对概念、假设、理论建构、文献资料检验、信息收集等方法的要求,使以民族国家为主要行为体的传统国际关系理论假设变得更加局限,这种变化也存在于其他学科的研究中。

第二次世界大战后形成了新的国际体系和秩序,从两极对抗走向多极共

---

① Daniel S. Papp, *Contemporary International Relations: Frameworks for Understanding*, 2002, p.20.

② Ibid., p.20.

③ Ibid., p.20.

存,国际政治经济秩序也发生了巨大的变化。人口迅速增长,经济飞速发展,跨国工业污染、海洋、河流水质降低、能源大量消耗、全球气候变暖等因素,导致人与自然环境之间的矛盾日益凸显①。环境问题已不仅仅是一个经济发展的条件因素,而成为影响国际关系中各国相互依存、维护共同利益、防止脆弱的全球生态体系继续恶化的重要问题,国际关系的无政府状态不可避免地导致这种安全困境的逻辑。当代人类面临的各种环境问题需要各国加强合作,可持性发展有利于解决世界各国之间的财富、权利、资源分配等问题。人们的行为和自然环境变化导致以因果关系为前提的"行为量化研究"(behavioral-quantitative research)方法的出现。行为量化研究的假设、概念、方法的建构同其他学科,如:社会学、社会心理、公共管理学、心理学、人类学、经济学和数学等存在方法论的关联,它有利于分析国际关系的现象和本质②。通过运用概念、理论、命题对国际体系、国际秩序转变与国家外交战略关系的量化研究,认识建立当代国际政治经济新秩序的特点。

行为量化研究还涉及对有关分析层面、国际体系内在因素比较、资料数据收集、方法论的研究范围、意识与理论建构的关联、相关研究标准的提出等。实际上,行为量化研究本身不仅具有行为主义方法的一面,也包含对传统理论的借鉴。

尤其重要的是,行为量化分析研究关注比较分析层面。包括宏观理论、国际体系与国际秩序、国家利益、大战略理论和中长期战略比较研究等。在研究国际秩序与国家对外关系时,运用比较研究,一是对当代国际秩序转变现象分析的宏观比较;二是通过对历史背景中国际秩序转变的系统比较,在当代国际秩序转变的现实和历史现象中获得比较结果,以利于科学地认识国际秩序转变的内在发展规律。

人们强调研究因果联系的重要性,认为"行为主义"是强调科学研究国际关系的新方法。虽然在如何运用上还存在分歧,但越来越多的理论家和分析

---

① 20 世纪 50 年代以来世界各国经济增长总量的 4/5 不是通过可持续发展而获得的,见 Jim MacNeill, Peter Winsemius & Taizo Yakushiji, *Beyond Interdependence: The Meshing of the World's Economy and the Earth's Ecology*, Oxford: Oxford University Press, 1991, p.3.

② James E Dougherty & Robert L. Pfaltzgraff, Jr., *Contending Theories of International Relations*, p.382.

家们认同国际关系研究的系统性、严密性和科学性①。就行为主义方法本身而言,研究国际秩序与国家对外战略关系必须包括对国际、国内问题的清晰阐述、对问题变量的仔细分析、对各种变量之间关系的准确把握、对变量关系影响的国际国内环境的深入讨论。行为主义学派提出,事实不仅完全适合理论定律,而且行为理论的分析必须与事实依据一致②。

　　行为量化研究对问题的范围、方法论、理论的特征以及国际关系学与相关学科之间的关联等方面还缺乏深入研究。一些理论研究的批评家们对事件和其他政治现象存在相似性、研究者的理论假设能力持怀疑态度。他们怀疑国际关系中最重要的问题是否能在量化分析的特征显示中产生效应③。他们认为无论是传统的方法还是行为主义的研究方法对研究国际秩序转变影响国家对外关系问题还存在明显的局限性。一些分析国际秩序转变对国家利益关系的研究视角甚至存在不确定性,问题不是方法、理论模式、分析焦点是否适合特定国际国内环境,而是相互依存、方法论的选择、理论建构的范围如何推动研究的发展,这是一个值得探讨的课题。

　　行为主义分析方法本身不断地遭到批判。行为主义者偏向于研究量化的事件,这就导致了行为主义分析方法限制了对国际关系"真实世界"相关问题研究的批判。一些批评者们指出,尽管行为主义分析的目的值得提倡,但他们的研究结果往往与问题领域出现偏离。即使行为主义研究方法具备区别各种量变之间关系的条件,当代国际体系、国际秩序的转变,也会使现实政策与历史事件在客观性上不相关联。行为主义分析方法对研究中国周边外交和中美关系有一定的参考价值。

---

　　① 　J.David Singer, eds., *Human Behavior and International Politics*, Chicago: Rand McNally, 1965; James N.Rosenau, *The Scientific Study of Foreign Policy*, New York: The Free Press, 1971; Dina Zinnes, *Contemporary Research in International Relations: A Perspective and a Critical Appraisal*, New York: The Free Press, 1976; Karl W.Deutsch and Richard L.Merritt, "Effects of Events on National and International Images," in Herbert C.Kelman, eds.*International Behavior*, New York: Holt, Rinehart and Winston, 1965.

　　② 　Daniel S.Papp, *Contemporary International Relations: Frameworks for Understanding*, 2002, p.21.

　　③ 　Klaus Knorr and James N.Rosenau, ed., *Contending Approaches to International Politics*, Princeton: Princeton University Press, 1969, p.11.

七　多元主义

研究国际秩序转变影响国家外交战略制定离不开理论指导。从现实主义与理想主义、行为主义与传统主义、新现实主义与新自由主义、理性主义与建构主义、结构主义与后结构主义、女性主义与后现代女性主义等比较中发现其价值取向。有些"主义"围绕"本质、解释、规范"等问题展开分析；有些则在"本体论、认识论、方法论"上做文章。有些学者还提出折中主义的研究方法①。这些所谓的"主义"有些是人们提出的新认识，有些则是对以往方法的修正和完善。如：新现实主义是对现实主义理论创新和变革。按照新现实主义理论，考察国际权力分配有利于解释国际安全困境问题。新现实主义运用博弈理论分析国际关系，认为"在实现国家利益目标的竞争环境下，国家的决策依据是建立在理性行为的假设基础上的"②。由于强调国际体系的结构，相比之下新现实主义缺少对权力、外交、等现实主义理论核心要素的重视。当然，它们关注的本质仍然是权力。

第二次世界大战后，作为解释国际关系的重要理论方法——"功能主义"崭露头角。功能主义认为：由于促使国家共同努力实现目标克服困难的跨国政治经济机制的建立，为推动世界和平和稳定提供条件。功能主义者，以及许多国际社会群体，他们把促进世界和平与稳定的希望寄托于联合国、世界银行和其他国际组织。冷战期间的美苏对抗的现实证明功能主义的期望过于乐观。但继新现实主义出现之后，"新功能主义"也加入到 20 世纪后期的国际关系理论争论行列中。新功能主义主张，"通过国际社会专业组织实现和平和稳定的目标是不够的，而应通过更多一般性的、具有广泛程度的政治经济权力机构，如欧盟来实现这些目标"③。

女性主义是以研究性别在国际关系中的作用为特征的方法，20 世纪下半叶，女性主义扎根于欧洲和美国自由主义运动的土壤上，民权运动使许多具有

---

① Peter J.Katzenstein & Rudra Sil, "Rethinking Asia Security: A Case for Analytical Eclecticism", in J.J.Suh, etc.ed.*Rethinking Security in East Asia: Identity, Power, and Efficiency*, Stanford, California: Stanford University Press, 2004, pp.2–33.

② Daniel S.Papp, *Contemporary International Relations: Frameworks for Understanding*, 2002, p.21.

③ Ibid., p.22.

理想主义的年轻妇女们感到震撼,她们不愿再充当受男性支配的秘书和性伙伴,她们意识到"自己的痛苦所在是因为男人成为她们在这个世界的代言人"①。20 世纪 60 年代西方世界出现新妇女运动把关注的焦点集中在"政治、经济、社会和平等关系"上。女性主义运动直接影响到国际问题研究领域。"国际关系的女性主义研究视角"(feminist perspective on international relations)随之出现②。研究方法认为,"历史上国际关系的研究和实践一直是建立在男性思维支配的基础上的。然而,当今世界确有一些女性在国际外交活动和国际决策领域显示才能"。女性主义提出,"男性支配国家事务将会引发对外挑衅程度的增强,甚至可能引发冲突"③。从分析角度上讲,男性支配世界会产生导向性的偏见。国际关系研究与实践中出现的能力偏离和差异常常会使国家和国际关系的其他行为主体政策实施失去平衡。只有让更多的女性参与研究和实践国际关系,才能克服由于男性支配所导致的偏见。关于女性主义国际关系研究方法今天仍然存在着争论。

冷战结束后,"外交政策分析"成为研究国家间互动关系和其他的国际行为体的一种包罗万象的研究方法,它重视分析和解释行为体的行动、立场和目的。外交政策是一种行为方式,它涉及"目标选择"、"实现目标的手段运用"、"动用资源实现选择目标"等三个方面④。外交政策与一般的"决策方式"(decision-making approach)有不同之处。因为后者不包括"政策实施"、"资源运用"、"实现目标"等因素。外交政策分析应关注行为体之间和国际环境的变化等因素。行为体的行为和互动影响国际环境,反过来国际环境又影响行

---

① Nicole Hahn Rafter & Frances Heidensohn ed.,*International Feminist Perspectives in Criminology*,Philadelphia:Open University Press 1995,p.3.

② See V.Spike Peterson,eds.,*Generated States：Feminist（Re）Visions of International Relations Theory*,Boulder,CO:Lynne Rienner Publishers,1992; Christine Sylvester,*Feminist Theory and International Relations in a Postmodern Era*,New York:Cambridge University Press,1994; Georgina Waylen,*Gender in Third World Politics*, Boulder,CO.:Lynne Rienner Publishers,1996; V.Spike Peterson and Anne Sisson Runyan,*Global Gender Issues*,Boulder,CO.:Westview Press,1998.

③ Daniel S.Papp, *Contemporary International Relations：Frameworks for Understanding*, 2002, p.22.

④ Howard H.Lentner,*Foreign Policy Analysis：A Comparative and Conceptual Approach*,Charles E.Merrill Publishing Company,1974,p.3.

为体之间的互动①。一般来说,外交政策分析并非总是针对某一个具体国家,而是针对整个外部世界和其他行为体对外交政策所涉及的目标、主张和行为的回应②。运用这个多元取向和方法,进行比较外交政策分析,事件资料分析,社会和政治心理分析,认知和文化分析③。官僚政治、国内政策分析等是外交政策分析的主要切入点。外交政策分析也适用与对区域问题、决策理论、经济战略等问题展开分析。外交政策分析是描述性的、解释性的、预测性的。

然而,一些外交政策分析家们认为,"它不是一个分析的'真正'的学派,因为他具有折中主义和包罗万象的特征"④。而支持它作为一种方法的人们认为:外交政策分析有利于在一个单一研究领域内,分析国家之间以及其他行为体之间所有相关问题。"外交政策分析为多视角地研究和认识国际安全问题和国际体系提供了很好的选择⑤。

经验性的研究证明了任何一种研究分析方法都存在局限性。人们怎样才能理性地分析国际关系的各种问题? 许多理论假设都声称自己是最好的分析方法,但缺少经验性的依据支持他们的假设。今天,一些政治理想主义和政治现实主义选择认同传统主义,而一些行为主义者认为他们已经进入到后行为主义时代。对此,美国学者丹尼尔·帕帕认为:在先进的信息技术已经对国家决策领域产生巨大影响时,人们还没有提出一种被大多数人认同、能全面地分析当代国际安全困境的研究方法,虽然已有的分析假设对研究国际问题是有用的⑥。

同西方国际关系理论一样,马克思主义国际关系理论、毛泽东、邓小平国际战略思想都是具有相对独立性的、与时俱进的学科体系,这些理论和思想为

① Howard H.Lentner,*Foreign Policy Analysis:A Comparative and Conceptual Approach*,p.6.

② Deborah J.Gerner,"Foreign Policy Analysis:Exhilarating Eclecticism,Intriguing Enigmas",*International Studies Notes*,Fall 1991-Winter,1992,p.4.

③ Eric Singer & Valerie M.Hudson,ed.*Political Psychology and Foreign Policy*,Boulder,CO.:Westview Press,1992;Daniel S.Papp,*Contemporary International Relations:Frameworks for Understanding*,2002,p.22.

④ Daniel S.Papp,*Contemporary International Relations:Frameworks for Understanding*,2002,p.22.

⑤ Ibid.,p.23.

⑥ Ibid.,pp.23-27,141.

研究当代国际秩序转变中的中国周边外交与中美关系提供分析框架和理论支点,为进一步拓宽对当代世界形势和格局变化规律的认识视野和研究领域提供一种思考,具有重要理论研究价值和现实意义。

第四节　影响国际秩序转变的合作机制理论

国际合作机制的构建影响着国际秩序转变的进程。在国际政治经济领域,行为体的行为规范对于国际安全是非常重要的。因为大量的政治、经济交往、行为体之间的利益平衡都是通过维持一种相对稳定的结构实现的。当代国际政治经济领域普遍重视的合作机制(regime)理论就是建立这种稳定结构的产物,维持稳定结构的关键是机制的有效性和对国际秩序转变的制约性,这些是检验国际合作机制规则的重要标准。构建国际秩序转变下的中美"新型大国关系"需要合作机制理论指导。

为了建立稳定的国际秩序,西方国家普遍重视国际经济环境对国际合作机制建立的作用。由于人们不满足于现成国际秩序、权威、组织等过去曾占主导地位的概念,所以,国际合作机制作为一种新的调适方式和协作组织形式得到各国的广泛关注。作为国际关系研究的一个新的问题领域,国际合作机制在其内涵的界定上存在明显差异,它是 20 世纪 80 年代国际关系学中经验性研究和理论上争论的一个焦点问题。

一　合作机制的理论界定

关于合作机制的定义,虽然西方学界存在不同看法,但美国学者斯蒂芬·克拉斯纳(Stephen D.Krasner)和英国学者苏珊·斯特兰奇(Susan Strange)的观点具有普遍意义[1]。克拉斯纳认为:合作机制是"一系列隐含的或明确的原则、规范、规则以及决策程序,行为主体(actor)对某个特定国际关系领域的期

---

[1]　斯蒂芬·克莱斯纳(Stephen D.Krasner),美国斯坦福大学教授,当代制度问题研究的代表人物,曾著有《结构冲突:第三世界反对全球自由主义》,加利福尼亚大学出版社 1985 年版,《国家主权:制度展望》(手稿)等;苏珊·斯特兰奇,英国著名国际政治经济学家,著有《国际政治经济学导论——国家与市场》,伦敦印刷出版公司 1987 年版。

望,围绕着它们而聚合在一起"①。这里的"特定领域"主要体现在影响当代国际体系、国际秩序稳定的国际贸易谈判、裁军和核不扩散、海洋法机制、防治大气污染、南极开发等。克拉斯纳试图在秩序和明确的义务之间寻找一条中间道路,他特别强调合作机制的规范性方面。根据以上界定,期望的聚合实际上是指国际体系的参与各方对于治理其共同行为的规则有相似的认同。今天的国际交往比以往任何一个时期都更加密切,行为主体可以通过合作机制更有效地解决冲突与纠纷,以维护国际秩序的稳定。

广义上讲,合作机制存在于国际关系的每一个问题领域(issue area),只要存在行为的规范性,就必然会存在适用于合作机制的某种原则、准则或规则。合作机制也可以指国家间达成的多边协议,目的在于规范国家在某个问题领域内的行动,它所表明的是一系列由"明确制约规定的国家可以采取的行动"。② 合作机制通过使期望规则化而推动国际生活的各个组成部分的制度化(Regimes aid the "institutionalization" of Portion of international life by regularizing expectations)。中国与周边国家在处理涉及双边和多边利益交叉时采取机制性合作立场,体现了合作机制构建的原则和规则。

美国制度理论研究代表人物约翰·鲁杰(John Ruggie)把合作机制说成是"被一群国家已经接受的一系列共同的期望、规则、规定、计划、组织能力和财政义务"③。这种机制包括建立在原则和规范基础上的"共同的价值,共同的期望,以及对法律的认同性。从而构成对权利和义务信念和定义的陈述"④。从组织层面上讲,合作机制采用的是明确的限定或禁止某项行动的规则,这些规则是通过建立决策程序来实施的。战后至 70 年代的"石油合作机制"就是遵循某种生产、开采和销售"规则",从而控制着国际石油价格和彼此

---

① Stephen D.Krasner(eds) , "International Regimes" ,Charles Lipson, "Why Are Some International Agreements Information" ,*International Organization* , vol.45 , winter, 1991 ,pp.495−538.

② Stephen Haggard and Beth Simmons, "Theories of International Regimes" , *International Organization* , vol.41 , Summer,1987.

③ John G.Ruggie, "International Response of Technology: Concepts and Trends" , *International Organization* ,Vol.29 , no.3 ,1975 , p.570.

④ Gordon C.Schloming, *Power and Principle International Affairs* , New York: Harcourt Brace Jovanovich Publishers,1991 , p.115.

相互依赖的大公司的市场活动的,对稳定国际政治经济秩序发挥了积极的作用。

严格地说,合作机制既不像国际结构那样宽泛,也不像国际组织那样狭隘。在分析合作机制的行为时,应该看到国家行为模式是受规则影响的,但是那种规范化的(norm-governed)行为又完全是与追求国家利益相一致。从这个意义上讲,对合作机制问题的研究实际上是一种将理想主义和现实主义传统结合起来的尝试。但在合作机制功能问题上,无论是新现实主义、新自由主义还是建构主义,都提出不同的解释。新现实主义强调权力是国际关系中唯一的独立变量,强调权力结构的决定性作用,将国际机制视为权力的附属品,维护权力的工具,或内生于国家权力结构的产物[1]。认为:"国际机制相当于经济学中的市场或现实主义的结构,一旦建立,就成为自在和独立的建构"[2]。

新自由主义称:"国际机制可以直接影响国家利益的形成和国家的国际行为。"将国际政治中国家行为的选择视为制度的选择[3]。建构主义则认为:"国际机制一旦建立,就会无条件地制约国家的行为。"[4]三者相比,建构主义认为合作机制在国际关系中作用最大;新现实主义认为国际机制不是一个独立变量,其作用最小。处于中间的是新自由主义观点。实际上,国际机制的建立并非容易,有时确实需要霸权国的主导乃至强制,但是它一旦建立,则成为国际关系中自在的结构。"就像世界经济中的市场一样,有自己的运行规律。甚至对国家权力的行使形成一定的限制。"[5]

所谓国家间多边协议被界定为合作机制,目的在于规范国家在某个问题领域内的行动。在国际经济领域,合作机制甚至会起支配作用。在国际贸易、货

① Robert M.Crawford & Darryl S.L.Jarvis, *Regime Theory in the Post Cold War World:Rethinking Neo-liberal Approaches to International Relations*, State University of New York Press, 2000, pp.4-6,57.

② 秦亚青:《霸权体系与国际冲突:美国在国际武装冲突中的支持行为(1945—1988)》,上海人民出版社 1999 年版,第 83 页。

③ Robert Keohane and Lisa L.Martin, "The Promise of International Theory", *International Security*, vol.2, No.1, Summer, 1995, pp.39-51.

④ Andreas Hasenclever, Peter Mayer and Volker Rittberger, *Theories of International Regimes*, London:Cambridge University Press, 1977, p.208.

⑤ Chris Brown, *Understanding International Regimes*, Houndmills: Macmillan Press, 1997, p.127.

币关系、民用航空、通讯等问题领域,国际合作机制作为特定的合作行为模式普
遍存在。就像关贸总协定已经建立的会议议程是为了制定一系列规则来解决
国际贸易问题,国际货币基金组织用以协调解决货币与汇兑问题一样,西方发达
国家一年一度的首脑会议同样起着合作机制的调适作用,是维持现存的国际政治
经济秩序、维护本国利益的重要合作机制。中国在南海问题上倡议建立南海各国
行为准则就是希望通过构建合作机制来协商解决各利益攸关国的海洋权益。

二　合作机制影响国际秩序稳定的制度效应

要理解国际秩序稳定与合作机制发生的条件,就必须理解合作机制运行
及存在的条件。合作机制并非总是能促进全球基础上的合作;相反,大量的合
作机制的建立,包括最明显的军事合作,国际关系的行为主体都是为了借助这
一手段,在政治军事冲突中取得优势。在当今国际秩序中,合作机制所关注的
问题很多:构建新型大国关系、20 国集团、多边国际组织、环境保护、防止非常
规性疾病蔓延、南极资源的共同开发、公海捕捞、反对恐怖主义等尤为重要。
国际合作机制的建立是在某种制度性环境下发生的,这种环境可能会,也可能
不会对合作机制的建立起到促进作用。所以要更好地理解合作机制的功能,
就必须对合作机制影响国际体系、国际秩序的稳定的制度性效应有一定的认
识。因为国际合作中,维持稳定的国际秩序关键就在于机制的稳定性,这是检
验合作机制规则的首要标准。

合作机制所影响的范围有时相当狭窄,如公共产品中"特别产品供应"的
管理问题。但大多数情况下表现得较为宽泛。因为信息技术的发展不断增强
合作机制的功能,解决国际冲突问题的合作机制、裁军、实行维和行动和其他
非常规解决冲突的途径,都得益于信息技术的发展。合作机制一般通过各种
集体的、私人的资源,如:条约、行政协定以及其他国际法章程、规则、决定和国
际政府组织等方面产生制度效应。国际、国内的法律也对国家的对外政策、跨
国公司的活动和非政府组织产生很大影响。集体行动的共同需求,体现在对
外贸易补贴、核武器部署、对敌对国家实施制裁等方面的机制功能。国际合作
机制是通过谈判解决各国面临的问题,或在那些坚持实现共同利益的伙伴中
承担义务的一种手段。它将国际社会成员国制约在各国所愿意接受的行为规

范之中。这些规则将阻止每个成员国自由行动,它们必须承担相等的负担。

合作机制是合作性行为的"模式",并推动"合作的发展"。① 新自由主义代表人物罗伯特·基欧汉(Robert Keohane)在他的《霸权之后》一书中写道:"合作机制是用来协调各国间经济、政治紧张关系的一种手段。国际政策的协调对于世界经济的相互依赖是非常有益的,但国际政治领域内的合作却特别困难。"②这就需要合作机制在某些特定问题领域体现其制度性效应,特别是在集体行动不能取得满意的情况下制度性更加凸显,如国家愿意提供双边对外援助和贷款,这样,它们可以支配偿付条件。但当债务问题发展成为足以威胁国际金融市场稳定的情况下,提供贷款的国家就会迅速制定合作计划,以保持相互间的调适关系。国家寻求秩序和安全,但当通过传统的主权手段不能获得这些时,为了自身利益需要迫使国家转而寻求国际合作机制的决策职能,以维持这种制度效应。不过,有时合作是可以在不确立合作机制的情况下实现的。西方八国集团首脑会议制订发展经济的一揽子措施,就不是合作机制的产物。在这里"期望的聚合"可能需要,也可能不需要明确的协议③。尽管如此,具有制度性能的合作机制,通过对国际秩序演变的自身约束,有时甚至起到国际组织不能起的作用。在中国周边及大国外交中,如:APEC 峰会机制、④中国—东盟对话机制、朝核问题六方会谈机制、中美战略与经济对话机制等为维护中国周边安全、亚太地区乃至世界的和平与稳定提供了制度性保障。

在维护当代国际秩序稳定中,合作机制不否定权力的作用,它常常将国际

---

① Stephen Haggard and Beth Simmons, "Theories of International Regimes", *International Organization*, vol.41, Summer, 1987.

② Robert O.Keohane, *After Hegemony: Cooperation and Discord in the Worl Political & Economy*, Princeton: N.J.Princeton University Press, 1984, p.49.

③ Stephen Haggard and Beth Simmons, "Theories of International Regimes", *International Organization*, vol.41, Summer, 1987.

④ 亚太经济合作组织是经济合作的论坛平台,其运作是通过非约束性的承诺与成员的自愿,强调开放对话及平等尊重各成员意见,不同于其他经由条约确立的政府间组织。成立之初是一个区域性经济论坛和磋商机构,是亚太区内各地区之间促进经济成长、合作、贸易、投资的论坛,经过十几年的发展,已逐渐演变为亚太地区重要的经济合作论坛,也是亚太地区最高级别的政府间经济合作机制。

权力关系规范化、制度化。如核不扩散机制维护了军备控制的现状,在只有少数国家拥有弹道导弹的合作机制下,一旦合作能得到有效的实施,它将能有效地防止实力次强国家获得它们用来反对实力强大国家的杠杆。由于合作机制是依靠国家权力实现合作,霸权稳定自然成为合作机制的一种有效的手段。WTO 谈判机制在解决国际贸易纠纷时更凸显制度化效应。当一个国家的权力占支配地位,它将会单方面地实施规则和规范,避免公共产品分配时出现问题。根据西方学者的观点,霸权能够稳定自由贸易,促进世界经济增长。这种观点把第二次世界大战后几十年的和平与繁荣归结为美国的霸权。美国"长周期理论"(long—cycle theory)研究的代表人物乔舒亚·戈德茨坦(Joshua S. Goldstein)坚持这种观点,他认为:"霸权稳定机制建立和维持一个全球经济关系支撑下的相对稳定和自由的国际贸易,同样,霸权稳定下的全球安全框架能有效地防止大国之间爆发战争。"①实际上,各国在解决国际经济矛盾时建立起来的双边或多边对话机制使合作机制协调、维护国际秩序稳定与国家对外战略关系更具有制度效应。

三　国际合作机制与公共产品

当代国际合作机制在各个问题领域发挥作用,但它同时面临很多问题。首先,各国在寻求合作时,都最大限度地追求利益,却不愿意为了建立一个永久的国际决策机构而让渡一部分属于国家主权范围内的权力。其次,合作机制面对的最大难题是关于"公共产品"(collective goods)的分配问题,这是因为各国都把成本与收益的大小作为参与合作的前提。合作机制可以通过增加透明度来帮助解决公共产品问题,使每一个参与者都知道不合作将会付出代价。这样,在减少资源消耗、军控、防止污染、控制战略能源花费等问题上,愿意遵守合作机制规则的国家都会获得益处。东盟与中日韩三方对话机制是确立上述国家开展自由贸易的合作机制,这种论坛机制也是亚太各国的公共产品。但有些国家利用多数国家遵守合作规则,合作机制起作用的情况下试图摆脱以上的限制,从中获得收益。如:为了防止公海鲸数量的减少,国际海洋

---

① Joshua S.Goldstein,*International Relations*,Priscilla McGeehan Publisher,2001,p.118.

法严格限制捕鲸活动。海洋法体现了合作机制所定义的规则和规范,它对领海、公海以及海底资源的管理进行规范。但是,日本、冰岛等国一直拒绝遵守国际禁止捕鲸的规定,因两国从捕鲸业中可获得大量的利润①。这样,合作机制面临的困境是,在某些国家受到现实利益驱使的情况下,怎样让每个成员国都能遵守共同规定,合作机制如何发挥作用。

公共产品问题存在于合作机制之中,它是有形的也是无形的,集团内某个成员收益,并非要考虑这个成员国在集团内的贡献大小。合作与安全属于公共产品方面,合作与安全的保证对每个成员国来说不是对等的,每个成员国都希望以最小的成本换取最大利益。但如果多数参与国都从本国利益出发,而不考虑他国利益,因此,公共产品是不能满足普遍要求的。公共产品在规模较大的集团内比在规模较小的集团内容易提供,在小的集团内,不合作者很难隐藏,因为不合作行为对公共产品分配产生的影响十分清楚,也更容易受到惩罚。在无政府状态的国际体系、国际秩序环境下,公共产品的均匀分配是很难实现的。因为多数国家都希望在成本与收益问题上"搭便车"(free rider)。"搭便车"是指享受了"公共产品"却不支付"公平的"维护费,搭便车者总是比提供维护者划算②。一般情况下,维持一种多边合作机制是很困难的。罗伯特·吉尔平(Robert Gilpin)认为:"由于没有一个真正的'世界政府',则应由一个霸权国家来作'世界警察',维护自由经济制度,促使其他国家分担维持机制的成本。"③美国国会经常以联合国为他国"搭便车"为由而有意拖欠美国所承担的会费。在中国加入世贸组织问题上,美国不顾世界上大多数国家的要求,于1994年正式提出中国不是发展中国家的官方立场,不同意中国按发展中国家的标准入关。实际上,这也是担心中国在世界贸易体制中"搭便车"占便宜④。对中国来说,并非不愿支付"公共产品"的成本费用,而是要支付适应本国发展水平的成本费用。当今中国几乎参与所有国际合作机制,

---

① Gordon C.Schloming, *Power and Principle international Affairs*, p.115.

② 彭澎:《国际政治经济学》,社会科学文献出版社2001年版,第81—82页。

③ Robert Gilpin, *The Political Economy of International Relations*, New Jersey: Princeton University Press, 1987, pp.74-75.

④ 彭澎:《国际政治经济学》,第81—82页。

中国为维护世界和地区和平作出重要贡献,在处理与周边国家的关系中,中国坚持合作共赢的原则,与大多数周边国家建立起良好的互信关系。

当代国际经济关系中"搭便车"问题普遍存在。瑞士如果在其国家边境对化学毒气渗漏污染的水域源头采取控制措施,这些控制行动将会殃及其水域上流德国的利益,同时也会增加瑞士化学制造品的成本。巴西如果限制在热带雨林伐木,尽管巴西一国独自承受减少对外出口木材,延缓经济增长速度的直接代价,但这将对整个森林生态有利。这种成本与收益之间出现的不对称是导致合作机制面临困境的主要原因。

"搭便车"的困境起因于公共产品的特性,这些公共产品不可能只向集团内某一个成员国提供而不顾及其他国家。西方资本主义国家税收机构的主要功能是确保每个人在公共消费产品成本中平均承担,如:国防、公共教育、公共交通、大气层和水源的净化等。西方国家的巨大国防开支,政治民主、政治自由是提供给国家每一个人的公共产品,即使是那些不愿意为国防开支缴纳的税款,不参加到民主进程活动中来,不愿意争取政治自由的人也同样享受公共产品①。

在当代国际秩序转变环境中,由于行为体之间存在权力和资源分配方面的不平等性,由于集体行动的利益很少是公平分配,所以合作机制不可能完全建立在自愿的基础上,大多数合作机制是通过霸权国家利用外交和军事手段强行实施其规则,并且有可能对那些不情愿合作者进行援助或提供补贴来维持。东北亚地区的朝核问题曾出现过类似的情形,美国同意向朝方提供制造轻水反应堆的援助,目的就是为了迫使朝鲜冻结研制核武器计划,以维持东北亚地区的安全合作机制。霸权稳定机制提供的是一种强制的领导,它以消极和积极的制裁等手段来激励合作机制的稳定或强制实施机制规则。霸权国家在维护国际秩序的稳定方面和利益的不平均分配方面能得到大量的利益,所以霸权国家愿意提供一定的公共产品,甚至是愿意承担大量的费用以援助那些"搭便车者"。为了克服"搭便车"的心理,国际关系中需要通过伦理和道德力量来维持合作机制的稳定。因为"简单的成本——收益方法无法解释克服

---

①　Joshua S.Goldstein, *International Relations*,p.118.

'搭便车'行为"①。

安全合作以及联盟也属于公共产品。每个联盟成员国都面对让其伙伴支付集体行动所要支付的成本的诱惑。如核武器部署,对所谓战争威胁国实施封锁,或者是对愿意遵守协议的国家进行贸易补贴等。国际合作机制通过谈判解决各国面临的问题,它是在那些坚持实现共同利益的伙伴中承担义务的一种手段。它将国际社会的成员国制约在各国所愿意接受的行为规范之中。这些规则将限制每个成员国的"搭便车"行为,以便使每个国家均等地承担应尽的义务。然而,承担义务也意味着获得相应的收益,美国著名国际政治经济学家查尔斯·金德尔伯格(Charles Kindleberger)②以中国为例,他指出:"像中国这样的新兴工业发展国家,只有发达国家自愿向其提供必要的技术援助作为回报,才能劝其加入为防止导致全球性臭氧层枯竭而禁止二氧化碳过分排放的合作机制中来。"③

许多方法可以用来体现公共产品的联合行动。实力较强的国家可以运用奖励和惩罚等手段使得较弱的国家成为其合作的伙伴,成为国际合作机制的成员。美国可以通过联合国实施对外援助项目,或者通过北约的军事部署提供新的援助来实现自己的目的。同样,美国也可以通过扣压向国际组织缴纳费用,威胁从欧洲撤军等方法来实现它的目的。提供援助、军事威胁、军事合作或建立互惠机制,导致公共产品不断制约着合作机制作用的发挥。"9·11"事件后,美国希望通过反恐行动,在全世界建立一个国际反对恐怖主义的合作机制,然而,这种机制又因美国断然对伊拉克发动战争失去效力,这个机制严重影响了国际秩序的稳定,是美国不顾国际法原则、维护美国全球霸权利益的表现。近年来,面对棘手的朝核问题,中国主动承担协调六方会谈事宜,同美、俄、韩、日等国一起,促使朝鲜在接受国际社会的监督,避免事态进一步

---

① [美]道格拉斯·诺斯的《经济史中的结构与变迁》中关于国家理论和意识形态理论,见中国社会科学院经济研究所编:《政治经济学大词典》,经济科学出版社 1998 年版,第 966 页。

② 美国著名国际政治经济学家查尔斯·金德尔伯格(Charles Kindleberger),著有《权力和金钱:国际政治的经济学和国际经济的政治学》,拜司克书局 1970 年版。

③ Charles P.Kindleberger,"Dominance and Leadership in the International Economy",*International Studies Quarterly*,vol.25,1981,p.252.

扩大方面有所妥协。

合作机制可以改变行为主体的兴趣或取向。如 20 世纪 70 年代,联合国贸易与发展会议为第三世界对现存的国际经济秩序的批评提供制度性场所。联合国贸发会议实际上成为发展中国家的 77 国集团的秘书处,它所起的作用对确定单个不发达国家在国际讲坛上的立场起着至关重要的作用。在当时情况下,合作机制的规则与国家行为之间并不总是一致的。首先,合作机制特征所"制定出"的规范不可能具有权威性约束力,它只有宽泛的集体认同感,实际上发挥不了多大作用。其次,合作机制的规则与国家行为的分离。国家参与合作机制的谈判可能造成对这一机制的破坏目的,或者是有意识地迫使他人采取服从的态度,以便从中获得更大的利益①。最后,当达成或支持某个国际协议的一方由于其国内政治的制约而无法履行其义务时,就会出现"非自愿性背离"(involuntary defection)。在当代世界政治经济中,合作机制规则与国家行为的背离是一种普遍现象。20 世纪 80 年代,工业化国家中"新贸易保护主义"兴起,针对第三世界商品出口国家,对某种产品进行数量上的限制,这种"有秩序市场销售协议"和"自愿出口限制"是与关贸总协定的规则相违背的。尤其是违反了非歧视性规则(non discrimination norm)。② 以上这些"背离"行动是国内政治与国际合作冲突的结果,这些政治冲突使一般制度性的合作机制难以解决。

在国内政治的压力下,商品生产国和贸易伙伴会同时对其保护的程度进行一定的限制。这些措施转而又影响到机制的性质,因为国际合作机制对各国使用选择性自我保护条例协定并无约束力。20 世纪 90 年代国际货币基金组织稳定计划的谈判就是在一种互不信任的气氛中进行的,参加谈判的国家并不打算将这一计划付诸实施。

四　影响当代国际秩序的转变

相互依存产生共同的国际环境和利益,霸权稳定机制为国家从相互独立

---

① Stephen Haggard and Beth Simmons,"Theories of International Regimes",*International Organization*, vol,41,Summer,1987.

② Ibid.

到相互协调行动提供动力。很明显,在欧洲的一体化进程中,美国的援助至关重要,就像战后为了实行自由贸易机制而建立的布雷顿森林体系的世界经济结构那样,合作机制在世界经济结构中是至关重要的。西方各国的理想主义和现实主义者们虽然不愿承认国际合作机制是对不断发展的相互依存理论的主要回应。但他们都认同合作机制有利于更大的政策协调,有利于大国在寻求稳定的国际秩序时,可以将它们的霸权行为转变为新的规范或有利于建立国际秩序的新过程。

国际合作不仅是国家间相互关系的结果,而且是超越国家疆界的国际国内博弈与合作间的相互作用。国内政治过程对国际合作机制具有重要影响,反过来国际合作机制又影响国家的政策选择。合作机制的约束力和力量与这一影响有着密切的关系。一般认为合作机制从两个方面影响国家的行为。一方面是国家间的相互作用,从而使合作更有可能。其中增强国内决策的透明度,改变收益结构的方法,限制博弈者的数量等。变更国际环境可以增强合作的动力,以降低双方协调的交易成本;另一方面,合作机制是否真正与理论上确定的国内决策相关联,尤其是当建立合作机制并要求参与方服从时,国内决策者是否真正关注他们的声誉,是否真正重视减少交易成本和需要的透明度,这是影响合作机制构建的国内政治因素。

国际合作机制的变革同国际关系中相互依存理论紧密相关。相互依存不断消除国际合作与国内政治的界线,使国内政治浸入到国际政治中。同时,对外政策有其国内的基础与后果,国家在对建立合作机制和服从机制进行抉择时,应尽可能地维持合作机制可能带来的收益,最大限度地减少可能给国内重要政治集团带来的代价。另外,某些政策的分权化,例如美国国家银行规则和税收政策,正不断阻止国际合作机制的形成。弱小国家国内制度的发展,影响着这些国家适应一个受自由化的国际和地区秩序支配的能力。日益增长的相互依存预示着国内层次的群体正在逐步拥有国际合作机制的利益。

国际关系的学者们从不同层面分析研究合作机制,他们用国际政治学中最普遍的概念即现实主义与理想主义来解释合作机制的性能。现实主义的理论将国家视为最重要的行为体,在无政府状态下的国际体系下,国家是实现自身利益最大化的代表机构①。在国家间能够直接通过单边的杠杆作用实现自身利益时,合作机制的作用是难以实现的。

所以,研究合作机制不应忽视国内政治过程。因为对国内政治过程的忽略将会影响合作机制如何影响国家的政治选择问题,这是一个与机制的约束力和力量有着密切关系的问题。从广义上讲,国际合作与国内政治因素有密切关系。要求公开国内政治的暗箱操作既有方法论的理由,也有理论上的原因。以往,人们对国内政治与经济领域的忽视已经使人们付出沉重的代价,其中包括对致使国家更愿意寻求合作的根本问题的忽视,和对导致合作机制变革的基本力量的忽视。为了说明存在的这些问题,进行一项旨在将国际合作不仅看作是国家间相互关系的结果,而且是超越国家疆界的国际国内博弈与合作的相互作用的研究是必不可少的。

虽然合作机制在促进国际社会趋向规范化、制度化、世界相互依存方面发挥着越来越重要的作用。但人们同时也应该认识到现存的国际合作机制来源于西方,特别是美国的政治文化观念,其基本原则、规则、规范乃至决策程序都主要是西方文化的产物,与西方利益有着天然的联系。② 罗伯特·夸拉福特(Robert M.Crawford)指出:"西方(美欧)长期垄断着国际关系的主导权和国际合作机制的制定权,迄今为止的国际合作机制在建构中仍难以超越这些机制规则所奠定的思维框架。"③今天,美国等一些西方国家的实力仍然是主导国际体系、国际秩序稳定的主导因素,西方国家仍然安排国际合作机制的建构趋向,国际合作机制主要体现着美国等西方国家的愿望和需求,并维护着美国和欧洲等国家的利益。但随着中国等新兴大国的崛起,国际合作机制的构建越来越离不开新兴国家的参与,这是当代国际秩序转变的一个显著特征。

在当今传统安全威胁与非传统安全威胁相互交织的国际政治经济环境

---

① Raymond Aron, *Peace and War: A Theory of International Relations*, the book was translated by R.Howard and A.B.Fox, New York: Doubleday, 1966.

② Robert M. Crawford & Darryl S. L. Jarvis, *Regimes Theory in the Post Cold War World: Rethinking Neo-liberal Approaches to International Relations*, Dartmouth: Darmouth Publishing Company, 1996, pp.4-6.

③ Ibid., p.57.

中,如何运用合作机制手段促进人类生存与发展条件的改善,这是各国都必须认真思考的问题。非国家行为的国际恐怖主义、环境保护、资源匮乏、疾病传播、毒品贩运等占了主导地位,传统的安全观失去了其原有的地位,国际合作机制的有效性受到严重挑战,制度性的制约功能受到影响,局限性越发凸显。国际合作机制虽然是一种独立变量,但在国内外条件的制约下,未来合作机制能否适应新的国际体系、国际秩序转变的挑战,是国际政治学研究领域的一项重要课题。研究中国周边外交与中美关系离不开合作机制理论的指导,中国主张不冲突、不对抗、相互尊重、互利共赢的大国关系的新思维推动当代国际政治经济新秩序的构建,有效地抵制了少数西方大国的强权政治行径,中国坚持互信、互利、平等、协作的新安全观,倡导全面安全、共同安全、合作安全理念,推进同周边国家的安全合作,主动参与区域和次区域安全合作,深化有关合作机制,增进战略互信①,对当代国际关系的和平与稳定产生积极的影响。

---

① 习近平:《习近平谈治国理政》,外文出版社 2015 年版,第 296—299 页。

第二章　国际秩序转变与国家利益维护

国际秩序伴随着民族国家而出现,以《威斯特伐利亚和约》为开端的传统国际秩序体现以下主要特征:首先,世界由主权国家组成,主权国家不承认任何更高的权威。其次,国际法的目的是确立国家之间和平共处的最低限度原则,所有国家在法律面前享受平等。最后,国家之间的争端常常以武力方式解决,国际法中几乎不存在对运用武力的限制,对国家自由的限制被降到最低限度①。此后,国际秩序变迁大体经历三个阶段:一是从民族国家形成到第二次世界大战的爆发,国际秩序由西方列强主导。二是从第二次世界大战结束到冷战结束,国际秩序主要特征是东西方对立、美苏争霸。三是从冷战结束到"9·11"事件、国际金融危机爆发,国际秩序发生深刻变化。美国等西方大国主导世界的地位明显下降,新兴大国和发展中国家的地位和作用明显上升。中国在当代国际秩序转变中坚持维护国际公平公正,在追求本国利益时兼顾他国合理关切,在谋求本国发展中促进各国共同发展,建立更加平等均衡的新型全球发展伙伴关系,增进人类共同利益。②

第一节　国际秩序的理论界定

秩序(order)指"促进某些特定目标或价值的社会生活安排。"国际秩序(international order)是指"维护国家社会(society of states)或国际社会(inter-

---

①　David Held et al., *Global Transformation*: *Politics*, *Economics* and *Culture*, London: Polity Press, 1999, pp.37-38.

②　胡锦涛:《坚定不移沿着中国特色社会主义道路前进为全面建成小康社会而奋斗——在中国共产党第十八次全国代表大会上的报告》,载《人民日报》2012 年 11 月 9 日。

national society)基本或主要目标的活动模式(*pattern*)"①。这个目标包括维护国际体系稳定、维护国家独立和主权完整等。冷战结束特别是进入 21 世纪以来,国际秩序权力结构正不断发生变化,中国崛起是催生变化的重要原因之一。亚太地区政治秩序总体上保持稳定发展趋势,但依然存在可能引发军事冲突的不定因素,如朝鲜核问题、台湾问题、恐怖主义袭击活动等。

1648 年的《威斯特伐利亚和约》确立了以国家为中心的世界秩序。主权国家是国际体系的主要行为体。威斯特伐利亚体系承认国家主权平等原则,为日后建立国际秩序奠定了最原始的政治基础。威斯特伐利亚体系包含产生核心价值的国家中心体系(公平逻辑 the logic of equality)和霸权稳定的现实(不公平逻辑 the logic of inequality)。冷战结束后,美国霸权主导下的国际秩序受到巨大挑战,不仅是来自传统安全领域的挑战,也面临恐怖主义、极端主义势力的威胁。当代国际秩序出现从传统安全观念上的寻求制衡、威慑、军事优势向以非传统安全的不确定性、跨国威胁方向转变②。在当代国际关系中,威斯特伐利亚体系具有双重参照价值,它既包含国际法基础下主权国家间平等关系的一面;也包含现代国际秩序中国家间等级性权力结构关系的一面③。它承认国际体系中国家享有领土主权完整的权利,也承认霸权机制主导下的国家间地缘政治支配关系④。

关于国际秩序,中外学者从不同层面进行界定。美国学者斯坦利·霍夫曼(Stanley Hoffman)认为,国际秩序是国家间建立和睦关系的一种理想化模式,是国家间友好共处的重要条件和规范行为的规章准则,是合理解决争端冲突、开展国际合作以求共同发展的有效手段和有序状态⑤。亚历山大·温特(Alexander Wendt)称国际秩序是"某一时期国际社会各行为体围绕一定的目

---

① Hans J.Morgenthau,"Another 'Great Debate':The National Interest of the United States", *American Political Science Review*,46 (4),1952,p.288.

② Jan Lodal,*The Price of Dominance*,New York:The Council on Foreign Relations,2001.

③ Richard A.Falk,*The Declining World Order:America's Imperial Geopolitics*,Routledge,2004, p.8.

④ Richard A.Falk,*The Declining World Order:America's Imperial Geopolitics*,p.8.

⑤ Stanley Hoffman,*Primacy or World Order:American Foreign Policy since the Cold War*,New York:McGraw-Hill Book Company,1978,pp.180-190.

标,在利益基础之上相互作用、相互斗争而确立的国际行为规则和保障机制。一定时期的国际秩序是否稳定,往往取决于主要大国在核心观念上能否达成和保持一致、默契或必要的妥协①。

中国学者认为"国际秩序主要是指在一定历史条件下,各种国际力量在一定的规范或机制下形成的某种相对稳定的状态或安排,它既包含力量对比的客观要素,也与国家对权力的追求有关"②。也有学者从国际秩序与对外关系层面进行阐述,指出"国际秩序是某一时期国际社会中的国际行为主体(主权国家)之间围绕一定目标在各自国家利益基础上相互作用、相互斗争而确立的国际行为规则和相应的保障机制"③。强调国际集团和国际组织在国际秩序中作用的学者认为,"国际秩序是指国际社会中的主权国家、国家集团和国际组织等行为主体按照某种原则、规则、目标和手段来处理彼此间的关系,以及所建立或维系的某种国际政治经济运行机制和整体态势"④。还有的学者从国际格局变迁层面进行分析,称"国际秩序是指以某一时期国际格局为基础的国际关系,特别是国家相互关系行为规范和相应保障机制的综合体,任何一次国际格局的变动都必然引起国际秩序的变迁"⑤。关于国际秩序的制度功能,有人认为它是指"在世界大多数国家所接受和认可的原理、原则的基础上建立起来的制度,这些制度在世界范围内约束各国的行为及规范国家间的关系"⑥。

国际秩序是一种国际公共产品(international public goods),它由国际关系中主要行为体尤其是大国提供,又体现并导致了大国之间的合作与冲突。国际秩序之争,实质上是权力、利益之争,又主要表现为观念之争、国际机制之争。鉴于大国实力的此消彼长是一种历史规律,在实力基础上的利益分配、观

　　① ［美］亚历山大·温特:《国际政治的社会理论》,上海人民出版社 2000 年版,第 467 页。
　　② 阮宗泽:《中国和平崛起发展道路的理论探讨》,载《国际问题研究》2004 年第 4 期。
　　③ 张重珩:《两种国际秩序观的斗争》,载《武汉科技大学学报》(社会科学版)1999 年第 5 期。
　　④ 杨泽伟:《国际秩序与国家主权关系研究》,载《西北政法学院学报》2004 年第 6 期。
　　⑤ 侯保龙:《20 世纪民族主义与国际秩序的变迁》,载《江南社会主义学院学报》2001 年第 1 期。
　　⑥ 唱新:《APEC 的进展与东北亚国际秩序的形成》,载《东北亚论坛》1997 年第 4 期。

念分配以及反映三种分配结构与进程(Process)的国际机制也将处于变动不居的状态之中,国际秩序是一个动态的概念,变革性是其本质特征之一。另外,权力结构、利益结构、观念结构、国际机制又存在某种程度的稳定性,乃至滞后性①。国际秩序是某一时段各主要行为体基于实力造就的格局,是"全球体系中的政治经济结构与管理机制"②。

一 国际秩序观

当代国际秩序观主要产生于西方国际关系学的土壤之中。国际关系学者对于国际秩序的看法不尽相同,主要分歧集中在是什么导致和维持了国际秩序。虽然霍布斯状态仍然是现实主义国际关系学者的基本观点,但承认世界是一个无政府但又有序的社会也已经是国际关系学界普遍接受的理念。所以,当今的国际秩序观基本集中在两个纬度上面。一是国际体系中的实力结构决定国际秩序,二是国际社会中的规则、制度、规范和认同维持着国际秩序。

1. 霸权秩序观:其核心内容是如果国际体系的格局呈霸权结构或是单极结构,国际体系的秩序就趋于稳定③。霸权秩序观认为任何秩序都是需要足够的实力作为保障的,都是需要一个超强的国家向全世界提供"稳定"这一公共产品的。从本质上说,霸权秩序观是不承认存在国际社会的。一些国际关系理论学者认为,只有美国保持超强的实力,才能维护国际秩序,使世界处于一种稳定的状态。

2. 均势秩序观:均势秩序观也认为国际体系中的实力结构决定国际秩序。在这一点上它与霸权秩序观是相同的,同属体系秩序范畴。但与霸权秩序观不同的是,均势秩序观认为,霸权不能维持国际秩序,只有均势才能保持比较稳定的国际秩序。权力均衡既是一种现实状态,又是一种政策目标。然而维持和平靠的不是均势本身,而是均势所基于的国际共同意向。④ 国家、尤其是

① 门洪华:《大国崛起与国际秩序》,载《国际政治研究》2004 年第 2 期。

② 朱云汉:《中国人与 21 世纪世界秩序》,载《世界经济与政治》2001 年第 10 期,第 54—59 页。

③ Robert Gilpin, *War and Change in World Politics*, Cambridge:Cambridge University Press, 1981.

④ 崔海宁:《现实主义权力理论比较分析》,载《国际关系学院学报》2004 年第 1 期。

大国之间才能相互制衡，国际秩序才能得到维护，国际形势才能稳定。持多极稳定观点的人多是均势秩序观的支持者。比如，有的学者认为，冷战后的世界已经初步形成多极态势，只有继续追求多极，并在多极之间形成实力均衡的状态，才能保持世界的基本和平，建立稳定的国际秩序。

3. 法制秩序观：法制秩序观的基本假定是世界诸国之所以能够在一个星球上共生，是因为存在一个国际社会。既然是社会，就不是单凭实力可以将各国和各种行为体联系在一起的。社会不仅需要权力的支撑，也需要法律、制度、规则等因素，规范社会成员的行为。任何国家，无论其实力多么强大，都无法单独管理世界，治理国际社会。2013 年 3 月 23 日，习近平主席在莫斯科国际关系学院发表演讲时指出："世界的命运必须由各国人民共同掌握。各国主权范围内的事情只能由本国政府和人民去管，世界上的事情只能由各国政府和人民商量来办。这是处理国际事务的民主原则，国际社会应该共同遵守。"①全球性问题日益增多的今天，更应当加强对话与合作，通过国际社会成员的协商，制定相应的国际规则来治理世界。所以，法制秩序观在某种程度上超越了以"极"定义格局的思维模式。

4. 文化秩序观：它强调的也是社会意义上的秩序，但它关注的重点不是利益，而是文化，因为只有在一定的文化结构中才能建立真正的稳定秩序。比如，在霍布斯文化中是难以实现真正的稳定秩序的，而在康德文化中，稳定秩序则是这一文化的必然反映②。

上面的四种秩序观，前两种都是体系秩序，而后两种反映了社会秩序。体系秩序是建立在实力基础上的秩序。历史上以"极"表示格局的做法之所以如此流行，是因为国家之间关系的互动平台被界定为体系。在以体系界定的国际空间中只有实力的对比才是唯一重要的因素。无论是单极，还是多极，都体现了实力的对比。结构自由主义和新现实主义在某种程度上都认同建立在权力结构基础上的当代国际秩序，但各自对国际秩序特征和作用的表述不尽

---

① 习近平：《习近平谈治国理政》，外文出版社 2015 年版，第 274 页。
② Alexander Wendt, *Social Theory of International Politics*, Cambridge：Cambridge University Press, 1999；Martha Finnemore, *National Interests in International Society*, Ithaca：Cornell University Press, 1996.

相同。以下图表显示两种界定的差异①：

结构自由主义的国际秩序观		新现实主义的国际秩序观	
特　征	作　用	特　征	作　用
相互约束性安全	减轻无政府状态压力	实力均衡	维持国家独立权
渗透性霸权	通过参与和共同决策提高国际地位	强制性霸权	提供公共产品、维护国际秩序
半主权国、不完全强国	安全问题国际机制化	充分主权、大国地位	主导国治理体系
经济开放	运用比较优势构建共存	依靠自身力量	保持军事动员实力
公民认同	协调冲突、促进一体化	国家认同	加强国家凝聚力、合法性及相互依存

二　国际秩序的层次分析

分析国际秩序变化,不仅要分析不同的国际秩序观,而且还要研究国际战略环境需要和国内政治压力的互动关系。观念、战略环境以及国内政治发展逻辑是解读国际秩序转变、稳定以及国际秩序的价值取向。可从三个方面分析国际秩序观:一是层面(level);二是类型(type);三是内容(content)。

首先是国际秩序观的层面,国家既具有共体特征(property of group)的国际秩序观,又能体现个体特征(property of individual)的国际秩序观,如国家精英的国际秩序观。由于国家领导人主导国家对外政策,所以,国际秩序观具有个体的心理偏爱。集体特征(property of collective),主要体现组织团体的国际秩序观,它具有影响组织内个人的共体特征。"文化有助于集体认同及合理行为产生,它能在许多涉及个人计划、行为中更为密切的协调,比如:外交政策。"②其次是国际秩序观的类型,如:国家认同;国家利益;社会道德价值。观念影响国家利益目标的实现,它是实现国家战略利益的前提。巴瑞·珀森

---

① G.John Ikenberry,*Liberal Order and Imperial Ambition*, New York:Polity Press,2006,p.90.

② David M.Kreps,"Corporate Cultures and Subcultures:An Analysis of Organizational knowledge",*Administrative Science Quarterly*,vol.37,no.1,1992.

（Barry Posen）的国家安全"大战略"（grand strategy）观①，有利于分析国际秩序观的类型。最后是国际秩序观的主要内容。国家对待国际社会的态度影响其对外政策导向，特别是对大国的卷入、大国在国际冲突中达成共识的程度。

国家从各个不同的层面参与国际社会，根据国家在国际秩序中所处的不同地位，国际秩序观体现以下的主张：

1. 国际秩序的一体化主义主张：在当今国际社会中接受或坚持合作参与原则。某种意义上讲，一体化主义与民族主义没有根本利益冲突，国际社会中坚持一体化程度的大小，同国家利益的维护有直接的影响。一体化主义不是指一般意义上的国家参与国际活动的水平，而是指国家参与国际政治领域的程度，它们可以避开现存的机制和规则。总体上讲，一体化隐含着国际秩序中大国的合作与协调的目标，但它不意味着武力和强制的缺失②。

2. 国际秩序的分离主义主张：其特征是将国家置于现行的国际秩序之外，分离主义国家抵制现行的国际基本秩序和规范，很大程度上坚持脱离现行国际秩序。在西方学者看来，晚清时期中国的朝贡制度；历史上美国长期与欧洲体系相分离等具有分离主义特征。而当代的朝鲜、不丹则接近于分离主义的极端③。

3. 国际秩序的改变现状主义主张：要求改变国际秩序现状的国家拒绝接受在特定的国际社会内占主导地位的国际规范；确信改变现状后的国际秩序有利于国家利益。历史上拿破仑时代法国，希特勒德国，斯大林时代苏联都是把通过颠覆现行的国际体系作为维护国家利益的最好途径。冷战时期的苏联虽深深地卷入国际事务，但它拒绝接受国际秩序占支配地位的国际规则。"9·11"恐怖主义袭击事件发生后，美国国内不断出现关于美国自己是否会成为国际秩序的现状改变者的争论。一体化主义、分离主义、改变现状主义由

---

① Barry Posen, *The Sources of Military Doctrine France, Britain and Germany between the World Politics*, Cornell University Press, 1984.

② Jeffrey W. Legro, *Rethinking the World: Great Powers Strategies and International Order*, Ithaca and London: Cornell University Press, 2005, p.9.

③ Ibid., p.9.

于国际秩序中地缘地理、历史、文化环境的差异具有不同的特征①。

现实主义理论坚持"国际秩序通过权力均衡来维持"，认为"均势"是一种有效的机制，强调维持国际秩序是通过建立联盟来阻止强权国家支配国际秩序。现实主义主张建立霸权稳定体系，以确立大国的强权地位。均势和霸权的内涵不同，前者的目的是防止一国主宰国际秩序；后者的前提是建立在对现存支配国的假设基础上的②。19世纪的英国全球称霸既是建立在强大海军实力基础上，也是由于英国巧妙地运用均势战略，阻止欧洲以及其他地区出现挑战国及挑战国联盟。冷战期间的美国也是均势与霸权战略并用且取得成效的国家。

传统概念上的安全同国际秩序相关联，从理论界定层面看，安全通常针对国家和共同体而言；而国际秩序适用于地区和全球层面。这两个概念逻辑上相互加强，如："所有国家均感到安全的环境有利于国际秩序的稳定。"③自由主义强调国际法对国际秩序的影响。国际法具有制约国际秩序的某种功能，如"国际惯例"以及国际条约。由于国际关系的无政府状态，使国际法实施缺乏有效的执行机制，这就意味着国家只有在它愿意接受国际法制约的情况下才能证明它的有效性。国际组织在维护国际秩序中的作用日益凸显，无论国际组织是通过集体安全还是通过多边外交形式，体现在国际机构中的谈判、国家间互动规则有助于规范无政府状态的国际秩序④。当今，国际组织结构呈多样化趋势，政府间组织、非政府组织、跨国公司等构成当代国际政治中特定的行为体，它对国际秩序的维护起着平衡器作用。

中国主张建立公正合理的国际政治经济新秩序。其基本内容包括：各国

---

① 关于国际社会的不同形式，可参见 Hedley Bull and Adam Watson,（ed.）,*The Expansion of International Society*, Oxford：Oxford University Press,1984；Christian Reus-Smit, *The Moral Purpose of the State Culture,Social Identity,and Institutional Rationality in International Relations*,Princeton：Princeton University Press,1999；Gerrit Gong,*The Standard of Civilization in International Society*,Oxford：Oxford University Press,1984,pp.14-21。

② Alasdair Blair and Steven Curtis,*International Politics：An Introductory Guide*,Edinburgh University Press,2009,p.251.

③ Ibid.,p.250.

④ Ibid.,p.252.

政治上应相互尊重,共同协商,而不应把自己的意志强加于人;经济上应相互促进,共同发展,而不应造成贫富悬殊;文化上应相互借鉴,共同繁荣,而不应排斥其他民族的文化;安全上应相互信任,共同维护,树立互信、互利、平等和协作的新安全观,通过对话和合作解决争端,而不应诉诸武力或以武力相威胁。

第二节　国际秩序的历史变迁

1648 年《威斯特伐利亚条约》的签署承认了国家主权平等的原则,为日后所建立的国际政治秩序奠定了最原始的政治基础。19 世纪最为突出的现象就是,英帝国崛起为世界霸主,同时美国崛起为世界第一经济强国,日本也通过明治维新成功崛起为亚洲强国。德国通过统一实现崛起,并成为这一体系的挑战性力量。这些强国通过战争互动的结果就是第一个全球性国际秩序的出现。它以国际联盟的建立为依托,以凡尔赛—华盛顿体系的确立为标志。可以说,这一全球性国际秩序的确立是 20 世纪第一次新秩序的诉求。

第一次世界大战结束后,美国虽已登上世界舞台,但并未改革欧洲列强主宰世界的局面。特别是英法在建立凡尔赛体系、操纵国联、宰割战败国扩大殖民地等方面扮演着主要角色[1]。第一次世界大战后建立的凡尔赛体系,目的是企图稳定重新瓜分世界后的国际"新秩序"。随着 20 世纪二三十年代德国的重新崛起和德、日、意法西斯主义思想的泛滥,冲击该秩序的力量和意愿已经磨刀霍霍,一场新的世界大战不可避免。第二次世界大战后的雅尔塔会议,以及此后的一系列协定,其中建立以维持世界和平与安全,促进国际合作作为宗旨的国际组织——联合国的决定,是雅尔塔体系的积极成果[2]。但雅尔塔体系后建立起来的国际秩序很快进入由美苏两大国集团均势基础上的冷战对抗阶段。

---

① 沈永兴:《关于雅尔塔体制的一点看法》,载《世界历史》1991 年第 1 期,第 6 页。

② 张宏毅:《评价雅尔塔体系应坚持正确的方法论》,载《世界历史》1991 年第 1 期,第 12 页。

历史发展的辩证法是,"任何领域的发展不可能不否定自己从前的存在形式"①。战后第三世界政治力量日益成长壮大,在国际事务中发挥越来越大的作用。它们向雅尔塔体系提出挑战,要求建立以和平共处五项原则为基础的国际政治和经济新秩序。用和平共处五项原则衡量雅尔塔体系,它的最大问题是维持了大国强权政治。这一点没有根本改变。针对西方大国操纵国际社会,毛泽东指出:"世界上的事就是要商量,国内的事就要国内人民自己解决,国际间的事要大家商量解决,不要由两个大国来决定。"②雅尔塔体系的解体,美苏两极世界秩序的改变标志着现代国际关系中一个时代的结束。尽管美苏合作或争夺仍然是影响未来国际关系格局的一个重要因素,雅尔塔体系的某些遗产仍将影响世界格局③。

当前的国际秩序是一个新与旧、消极与积极并存的混杂物。从实力角度看,随着全球化的深入,权力进一步出现分散化,国家之外的其他国际行为体有了更多参与国际秩序的能力、机遇。这种变化必然体现在利益诉求的多元化,全球利益也会得到更多的关注。与此相适应,构成国际秩序的基本观念也在变革之中,相互依赖观念、国际治理观念、国际合作理念、国际关系民主化理念等得到了进一步的确认。从国际机制的角度看,尽管国际机制在趋向维护普遍性利益,但现有的国际机制体系是美国主导建立的,有着不公正、不平等、欠稳定等特点,这种局面形成的必然是局部全球化世界,而不是全球性秩序。

国际体系结构正在发生变化。中国、印度、俄罗斯、巴西等国家都在迅速崛起,是否会从根本上颠覆所谓的"美国治下和平",从而导致国际失序状态抑或产生另外一种秩序。一旦发生这样的结构性变化,或者说权力转移,国际秩序会可能会发生相应变化。

贫穷与富裕差距的拉大显然是威胁国际秩序的重要因素。这种差距愈大,国际社会的秩序就愈难以得到保证,稳定程度也就愈低。第二次世界大战以后,资本主义国家普遍进行了深刻的调整,国内第二次分配的比重很大,萎

---

① 《马克思恩格斯全集》第 4 卷,人民出版社 1995 年版,第 329 页。
② 毛泽东 1972 年元旦讲话,《人民日报》1972 年 1 月 1 日。
③ 黄安年:《雅尔塔体系与美苏两极格局》,载《世界历史》1991 年第 1 期,第 15 页。

形社会结构缓解了资本主义社会的矛盾。而全球范围内的状况则恰恰与之相反。占世界人口20%的发达国家占有世界生产总值的80%；世界1/3的人口生活在绝对贫困之中①。一旦矛盾的焦点集中到少数的富裕国家和民族，国际秩序就有着崩溃的危险。

全球化使世界各国面临诸多问题，如果说国家实力的消长是体系秩序观所重视的核心问题，那么，贫富差距和全球问题就是社会秩序观所关注的焦点。这就是当今国际秩序的问题与现实。虽然它们不是传统意义上的安全威胁，但同样严重威胁了国际秩序的稳定。自然灾害、恐怖主义活动猖獗、环境污染、流行疾病、已成为国际社会关注的重大问题。仅仅使用军事实力无法成功地反恐，因为这是一种治标不治本的做法。② 由于不公正、不合理的国际政治经济旧秩序使得发展中国家至今仍遭受发达国家的盘剥，严重影响发展中国家的发展，造成贫富差距的扩大和南北关系紧张的局面。

第三节　中国与国际秩序

国际机制是建构和维持国际秩序的决定性变量，国际秩序是国际社会中主要行为体尤其是大国权力分配、利益分配、观念分配的结果，而其主要表现形式就是全球性国际机制的创立与运行。国际秩序由各主要行为体尤其是大国提供，又体现并导致了大国之间的合作与冲突。国际秩序之争，实质上是权力、利益之争，又主要表现为观念之争、国际机制之争。鉴于大国实力的此消彼长是一种历史规律，在实力基础上的利益分配、观念分配以及反映三种分配结构与进程(process)的国际机制也将处于变动不居的状态之中，变革性是其本质特征之一。另外，权力结构、利益结构、观念结构、国际机制又存在某种程度的稳定性，乃至滞后性。

中国被西方的坚船利炮强行纳入世界体系，开始了中国融入国际社会的历程。期间，中国的角色几经变换，从身处边缘、被动、消极参与到积极参与、

① 王缉思主编：《中国学者看世界》(国际秩序卷)，新世界出版社2007年版。
② 秦亚青：《全球视野中的国际秩序》(代序)，新世界出版社2007年版。

主动建构、中国与国际秩序的互动等过程。这个过程恰恰伴随着中国走过百年艰辛、开始民族复兴与崛起、走向现代化。冷战结束以来，国际秩序进入新的转型时期，西方大国、国家集团、发展中国家纷纷就构建国际政治经济新秩序提出各种各样的建议，且付诸实践。中国现代化进程、崛起与国际秩序的发展几乎相约而行，这既给中国的未来发展提出了重大挑战，也为之提供了广阔的全球空间。

新中国成立之初，美国等主要西方国家拒绝承认中华人民共和国，继续承认盘踞台湾的国民党政府，支持国民党政府窃据联合国等国际组织的席位，新中国被排除在国际政治秩序之外。中国领导人在权衡利弊后制定"一边倒"外交战略，打破美国等西方国家的封锁①。对此，中国政府坚决主张建立新型的国际关系和国际秩序。1953 年底，周恩来总理在会见印度政府代表团时，第一次提出了互相尊重主权和领土完整、互不侵犯、互不干涉内政、平等互利、和平共处的五项原则②。为建立公平、公正合理的国际秩序指明方向。中国提出并倡导和平共处五项原则逐步为世界绝大多数国家所接受，不但在中国同这些国家签署的条约、公报、宣言、声明等双边关系文件中得到确认，而且在许多重要的国际会议上和一系列国际文件中也不断被引用或重申。这是中国对国际关系基本原则的重大贡献，也是中华人民共和国完善国际秩序原则的第一次重要尝试。

一 中国的国际秩序观

第二次世界大战结束后，国际社会呈现出不同力量相互牵制的垂直权力关系，各种力量之间的互动和博弈构成了当时国际社会的基本存在方式。战后地缘政治重新布局，相对于英国丘吉尔的"铁幕"演说，毛泽东的"中间地带"理论是对当代国际格局的新界说③。20 世纪 60 年代末，毛泽东权衡了中

---

① 宫力：《中国外交决策机制变迁研究（1949—2009）》，载《世界经济与政治》2009 年第11 期。

② 中华人民共和国外交部，中共中央文献研究室编：《周恩来外交文选》，中央文献出版社1990 年版，第 63 页。

③ 《毛泽东选集》第四卷，人民出版社 1991 年版，第 1193—1194 页。

美苏三大力量之间的关系,作出了"中苏矛盾大于中美矛盾,美苏矛盾大于中苏矛盾。美苏之间的矛盾和斗争是经常的尖锐的"判断①。为了防止美苏联合对付中国,毛泽东联合美国压制苏联的"一条线、一大片"的战略构想由此而生②。针对冷战时期的两极体系,美苏争霸格局,毛泽东主张,国家无论大小、贫富、强弱,都应当相互尊重,平等相待,友好相处,各个国家的事情应当由各个国家的人民自己去管,任何外国无权干涉。毛泽东提出"三个世界划分",其战略初衷是为了利用大国及霸权国之间的矛盾,维护本国的国家利益,以建立缓和的国际关系格局。"三个世界划分"理论成为指导中国"和平发展""和谐世界""中国梦""新型大国关系"战略思想形成的理论基础。

20 世纪 80 年代,邓小平科学地分析国际局势发生的重大而深刻的变化,及时提出必须建立公正合理的国际政治经济新秩序。他特别强调,应以和平共处五项原则为基础建立国际政治经济新秩序。③ 这一主张在 90 年代得到了进一步的深化和发扬。中国成为国际新秩序的积极倡导者。随着中国的崛起,中国在国际秩序建设中的作用也将愈发受到重视。中国曾经是被排斥在国际秩序的决策之外,它在国际秩序中的作用经历了一个从旁观到参与、从消极到积极的过程。期间,中国对国际秩序的认识得以逐步深化。

2002 年,江泽民在中国共产党十六大报告中阐明了中国在新世纪建立国际政治经济新秩序的主张,指出:各国政治上应相互尊重、共同协商,而不应把自己的意志强加于人;经济上应相互促进,共同发展,而不应造成贫富悬殊;文化上应相互借鉴,共同繁荣,而不应排斥其他民族的文化;安全上应相互信任,共同维护,树立互信、互利、平等和协作的新安全观,通过对话和合作解决争端,而不应诉诸武力或以武力相威胁④。

2003 年 5 月 28 日,胡锦涛在莫斯科国际关系学院发表演讲,阐述了对推

---

① 熊向田:《打开中美关系的前奏》,载《中共党史资料》第 42 卷,中共党史出版社 1992 年版。

② 史云、李丹慧:《中华人民共和国史》第 8 卷,香港中文大学当代中国文化研究中心 2008 年版,第 116、122—123 页。

③ 中央文献研究室编:《邓小平思想年谱》,第 412 页;《邓小平文选》第三卷,第 282、328、359—360 页。

④ 中共中央文献编辑委员会编:《江泽民文选》第三卷,人民出版社 2006 年版,第 567 页。

动建立公正合理的国际政治经济新秩序的五项主张。胡锦涛指出，各国人民共同生活在一个"地球村"里，应该携手合作、共同努力，推动建立公正合理的国际政治经济新秩序。为此应该从五个方面进行努力：促进国际关系民主化；维护和尊重世界的多样性；树立互信、互利、平等和协作的新安全观；促进全球经济均衡发展；尊重和发挥联合国及其安理会的重要作用①。这五项主张结合了当今世界的新的特点，并涉及人类世界深层次的差异，代表了中国探究世界新秩序的最新思想。

中国关于建立国际政治经济新秩序的主张表明，中国承认现有国际秩序是消极与积极共存的产物，主张以渐进、和平、民主的方式促进国际秩序的建设，而不是另起炉灶；中国愿意以积极的姿态融入国际体系，以负责任大国的身份参与国际新秩序的建设与变革，以区域秩序优化为基点促进世界秩序的建设与变革；在国际新秩序的建设过程中，主张着重关注国际机制的创立、修改与完善，从基本规则入手，充分发挥联合国的积极作用，并积极促动联合国改革，"使之成为未来国际秩序的调节与控制机构"②。中国崛起已经冲击并改变着国际实力格局、利益格局；中国倡导的和平共处五项原则、新安全观、国际关系民主化、文明多样性等也成为影响国际秩序变革的重要观念性因素；随着中国全面融入国际社会，中国不仅成为全球性国际机制的全面参与者，而且积极参与并主导区域性国际机制的创立，中国与国际机制之间呈现良性互动，这些都促进了国际秩序的建设。

2013年3月27日，习近平主席在金砖国家领导人第五次会议上作主旨演讲时指出："不管全球治理体系如何变革，我们都要积极参与，发挥建设性作用，推动国际秩序朝着更加公正合理的方向发展，为世界和平稳定提供制度保障。"③他还在20国集团领导人会议上强调："各国要树立命运共同体意识，真正认清'一荣俱荣、一损俱损'的连带效应，在竞争中求合作，在合作中共赢。在追求本国利益时兼顾别国利益，在寻求自身发展时兼顾别国发展。完

---

① 《人民日报》2003年5月29日。

② 中欧社会论坛：《和谐世界：中国的国际秩序和全球治理观》，http://www.china-europa-forum.net/bdfdoc-1012_zh.html.

③ 习近平：《习近平谈治国理政》，外文出版社2015年版，第324页。

善全球经济治理,使之更加公平公正。构建国际金融安全网,改善全球经济治理的重要力量。"①

　　中国几代领导人的国际秩序观是伴随着中国综合国力的提升和国际地位的增强而不断与时俱进的。客观上看,中国的崛起不可避免地影响当代国际政治经济新秩序的构建,而现有国际秩序恰处于转型时期,中国崛起与国际秩序的变革几近同步而行,中国有必要也有机会就如何建立国际秩序提出自己的见解,力争成为未来国际秩序的重要塑造者。

二　中外国际秩序观比较

　　冷战结束后,建立什么样国际秩序成为当代国际关系演变的重要问题。美国与各国的国际秩序观渐行渐远,分歧突出体现在秩序的目标和建立的手段上:美新秩序的目标瞄准单极世界,而多数国家则致力于多极世界;美国倾向以单边、军事、霸权等手段解决国际争端,而其他国家则主张用民主、和平、平等的方式摆脱危机。秩序之争的实质是在当前全球化和多极化的趋势下,世界主要力量间实力与利益的较量,是各国在新秩序建立过程中,争取最佳战略地位的利益之争。在新的国际环境下,世界面临的所有威胁都只是表象,深层次的问题是国际失序。一些西方学者认为:"以负责任为基本原则建设新的国际秩序,首先需要美国实行新的外交政策,加大对国际制度建设的投入。"美国应"实施理智的领导权"②。

　　国际新秩序的不同构想:国际新秩序主要是经济新秩序、政治新秩序两个方面。国际经济新秩序的内容有:各国有权选择符合本国国情的社会制度、经济模式和发展道路;各国有权对本国资源及其开发实行有效控制;各国有权参与处理国际经济事务;发达国家应尊重和照顾发展中国家的利益和需要,在提供援助时不应附加任何政治条件;加强南北对话与合作,在商品、贸易、资金、债务、货币、金融等主要领域作出必要的调整和改革。国际政治新秩序的内容

---

① 习近平:《习近平谈治国理政》,外文出版社 2015 年版,第 336—337 页。

② Bruce Jones, Carlos Pascual and Stephen John Stedman, *Power and Responsibility Building International Order in an Era of Transnational Threats*, Washington D. C.: Brookings Institution Press 2009, p.6.

有:各国不分大小、强弱、贫富,都应当作为国际社会的平等成员,参与国际事务的讨论与解决;各国有权根据各自的国情,独立自主地选择本国的社会、政治、经济制度和发展道路;互相尊重国家领土完整和边界不可侵犯的原则;国家之间发生争端应当通过和平方式合理解决,在国际关系中不得使用武力或以武力相威胁。建立国际经济新秩序和建立国际政治新秩序相辅相成,密切关联,缺一不可。

美国在未来国际秩序形成问题上有很大的主导能力,"9·11"事件客观上为其提供了利用反恐推进建立主导国际秩序的战略目标的机遇,但美国面临诸多牵制。半个多世纪以来,联合国作为当今世界最权威的政府间多边组织,在维护世界和平与稳定方面发挥了无可替代的作用,特别在冷战结束后,安理会作用有所提升,大国间加强了协调,有力牵制了美国单边主义和霸权主义。美国对联合国这一多边制约不满,布什政府公开提出,联合国要么帮助他对付萨达姆,要么将会"以一个无能的、不重要的辩论社团的形象逐渐在历史上消失"①。美国采取"有用则用,无用则弃"的实用主义态度,推动联合国朝有利于美国利益的方向改革,以减少牵制,巩固在联合国的地位。"9·11"后,一些大国如:印、德、日等国借机加速推进迈向政治大国的步伐,在联合国内争取分享更大权力。未来联合国的改革必定交织多种利益,其走向很大程度上受制于美国推动改革的力度。

发动伊拉克战争,美国与其西方盟友之间关系出现僵局。为了取得对伊战争的胜利,美国迅速组建反恐联盟,拉拢另一些盟友组建"志愿者联盟",表明美国注重从自身利益,根据不同需要,以不同方式,组建灵活的联盟,以提高主导世界事务的行动能力。美国与法、德等部分盟友的战略性分歧因此不断加深。美国在反恐等问题上需借助其他大国的合作,采取防范与利用并举。其他大国则避免与美正面对抗,对美关系中以谋求合作为主,防止矛盾激化,对美建立新秩序的企图,或通过多边领域予以牵制,或冀望参与其间,最好还能从中受益。

国际格局并未如美国预期的那样向单极发展,世界主要力量利用冷战结

---

① 陈明青:《国际秩序在伊拉克战后如何持续演变》,载《瞭望》2003 年第 21 期。

束后十余年总体和平的国际环境,大大提升了自己的综合国力。欧洲一体化进展深入发展、中国以及其他新兴发展中大国的崛起令世界颇为瞩目。秩序的建立以实力为后盾,这种趋势与美在 21 世纪确保和巩固独超地位的战略企图背道而驰。联合国仍是得到绝大多数国家认可的多边机制,在维护国际秩序上有无可争议与替代的作用①。

美国的"世界新秩序"主张:第一,在全世界实现"和平和安全、自由和法治"的目标,确定美国在世界范围内的领导地位。实质是实现美国在全世界的独霸地位。第二,强调美国同盟国建立伙伴关系,"以公平地分担责任和义务"。也应同其他国际力量相配合,同时注重利用联合国等国际组织为美国服务。第三,以美国价值观和理想为基础,并使其"在全世界盛行",以最终建立一个"完整而自由的世界"。实质是推进全球资本主义化。第四,建立以美国的军事力量为保障的国际安全结构。

日本、西欧国际秩序主张:第一,建立基于西方价值观念以及民主、人权和市场经济基础上的国际新秩序,同美国是一致的,目的是要建立资本主义的一统天下。第二,反对美国独霸的一极天下,要求在国际新秩序中分享领导权。美国、日本、西欧主张的"国际新秩序"虽有所不同,但从本质上说都是国际旧秩序的修改版,是国际旧秩序的加强与延伸。

发展中国家国际新秩序主张:建立和平、稳定、公正、合理的国际新秩序。战后,发展中国家最早提出建立国际新秩序的主张,并为此进行了长期的斗争。20 世纪 50 年代,万隆会议与会国提出建立和平合作的国际关系的十项原则。1964 年七十七国集团首先提出在世界范围内建立新的国际经济秩序的目标。同年 10 月,第二届不结盟国家首脑会议宣布要"为建立新的和公正的经济秩序贡献力量"。1973 年第四届不结盟国家首脑会议第一次提出"国际经济新秩序"的概念。

中国国际新秩序主张:20 世纪 80 年代中期,中国明确地提出既要建立国际经济新秩序,也要建立国际政治新秩序。中国主张:在和平共处五项原则的基础上建立国际新秩序。因为它符合联合国宪章的宗旨和原则,是国际社会

---

① 陈明青:《国际秩序在伊拉克战后如何持续演变》,载《瞭望》2003 年第 21 期。

普遍能够接受和行之有效的原则,它反映了新型国际关系的本质特征①。中国强调要充分发挥联合国的作用,使其成为未来国际新秩序的有效的控制机构。中国倡导多边主义,主张促进国际关系民主化。各国在处理国际事务中,应遵循平等协商、友好合作的民主精神,扩大共识,深化共同利益,应对共同挑战。维护和尊重世界的多样性。各种文明之间的竞争和交流是人类社会历史发展的重要推动力。树立以互信、互利、平等和协作为核心的新安全观。促进全球经济、社会的均衡和可持续发展。国际社会应共同努力,逐步解决贫富分化、生态环境恶化等突出问题。尊重和发挥联合国及安理会的重要作用②。

中国政府关于建立国际新秩序的主张,受到广大发展中国家的赞赏,也受到一些发达国家人士的支持。因为它是维护世界和平,促进各类国家经济社会发展的新秩序。建立国际新秩序必须以承认世界的多样性和主权国家平等为前提,因此,和平共处五项原则是建立国际新秩序的基础。建立国际新秩序的斗争是长期的、复杂的,必须反对霸权主义、强权政治。社会主义国家和发展中国家是反对霸权主义、强权政治,建立国际新秩序的基本动力。中国在建立国际新秩序中应当而且也可以作出较大的贡献。西方国家担心中国崛起后,是否会把改变当今国际秩序作为目标。国际秩序的权力结构转变是否会因中国实力上升而其他国家实力下降而引发国际冲突③。这种担心在西方学者国际关系研究的著述中普遍存在。

国际秩序不仅受国家实力消长的影响,而且受全球性问题兴起的制约。国家对外战略观念转变影响国际秩序的规范。权力是体现国际政治特征的基础,但如何运用权力在观念上各国存在巨大差异。中国崛起、实力上涨将影响国际政治的基本特征。中国提出的国际新秩序不仅考虑到中国自身利益的维

---

① 中华人民共和国外交部:《在和平共处五项原则基础上建立国际新秩序》,http://www. jiapeiheng.cn/chn/pds/ziliao/wjs/2159/t8981.htm。

② 中华人民共和国外交部:《中国关于建立国际新秩序的主张》,http://www.fmprc.gov. cn/chn/pds/ziliao/tytj/t24778.htm。

③ Richar Bernstein and Ross Munroe, *The Coming Conflict with China*, New York: Alfred A. Knopf, 1997; Thomas Christensen, "Posing Problems without Catching Up: China's Rise and Challenges for U.S.Security Policy", *International Security*, vol.25, no.4, 2001; John J.Mearsheimer, *The Tragedy of Great Power Politics*, New York: W.W.Norton & Company, 2003, pp.396-402.

护,更是基于维护广大发展中国家的根本利益,同时也兼顾发达国家的利益。关于和谐世界理论的提出,充分反映了中国维护世界和平,建立公正持久的国际政治经济新秩序的主张。

第四节　国家利益维护的理论与实践

像国际政治中的"权力"概念一样,"国家利益"也是国际关系研究中颇具争议的概念。国家利益是国家政策方向的重要指标,国家政策通常是以提升国家利益、促进民众福祉为主要目标,因此国家利益又常和国家安全(national security)密不可分。国家利益通常是由权力界定的,国家利益为决策者们提供理性的、具有永恒指导价值的条件。"国家间的利益之争随着时间变化而改变,有些时候经济权力占主导地位,有些时候军事、文化权力占主导地位。"①国际关系实践与理论表明,国家利益必须是民族国家对外政策的首要目标。米勒(T.B.Millar)认为,"国家利益"总体上讲,是民主政府下公众意见一致界定的"国家概念"②。按照这个观点,国家领导人的作用必须考虑国内存在的各种个人、社会和局部利益,并且把这些利益运用到一整套连贯政策中,从而展示给本国公民和外部世界。

一　国家利益衡量标准与目标

国家利益的衡量标准有"经济标准"(economic criteria)、"意识形态标准"(ideological criteria)、"权力标准"(power criteria)"军事安全标准"(military security criteria)、道德和法律标准(morality and legality criteria)等③。国家利益维度体现它的"客观性"(objectivity)和"主观性"(subjectivity)。客观性包括"地理位置、自然资源、人口数量"等要素。主观性主要指"文化、意识形态、宗

---

① Hans J.Morgenthau,"Another ' Great Debate' :The National Interest of the United States",A-merican Political Science Review ,46 (4) ,1952,p.288.

② Thomas B.Millar,*Australia in Peace and War*,Canberra,1978,p.40.

③ Daniel S. Papp, *Contemporary International Relations : Frameworks for Understanding*, pp.51-53.

教、民族认同"等①。国际关系中,国家利益的重要性主要体现在两个方面:首先,决策者通过对国家利益维度的理解,确认国家对外政策的追求目标;其次,决策者通过对国家利益功能的理论建构,使国家行为具有合法性并获得政治上的支持②。

现实主义认为权力在国家利益中占据主导地位,其次才是经济、社会和文化等其他领域的问题,权力是支配性的核心利益,其他是从属性的利益,政治与军事权力决定其他内容。摩根索指出:"用权力界定的利益概念是帮助现实主义找到穿越国际政治领域的道路的主要路标。"③米尔斯海默强调军事权力在国际政治中的优先地位,称:"一国的有效权力是指它的军事力量所能发挥的最大作用,以及与对手的军事实力对比的情况。"④因此,民族国家首要的利益是生存。社会所有成员,无论他们之间利益区别多大,核心利益总是一致的。维护国家主权和领土完整、抵御外来入侵是他们的共同利益。国家利益是永恒的,国家的自然资源、经济资源是国家永久捍卫的战略利益。国家安全可以从战略理论和防卫力量结构方面进行考量,从地缘战略上认知,维护周边安全,对于减轻外界威胁程度、使国家利益最大化有重要影响⑤。一些西方国际关系学者把国家利益上升到国家对外政策客观性关切的程度,他们认为国家的最大利益是"客观现实"(the objective reality)⑥,客观主义者不特别关注研究取向、方法论及其哲学基础,而是注重分析客观现实之间的关联。

在当代国际关系研究中,国家利益一般以两种相互关联的方式出现:首先,用来证明国家对外政策的正当性和敌对国家对外政策的不正当性。其次,

①　Joseph Frankel, *National Interest*, New York: Praeger Publishers, 1970, p.27.

②　Jutta Weldes, "Constructing National Interests", *European Journal of International Relations*, 2/3 September, 1996, p.276.

③　Hans J. Morgenthau, *In Defense of the National Interest*, New York: Alfred A. Knopf, 1951, p.172.

④　John J. Mearsheimer, Instability in Europe After the Cold War, *International Security*, 15 (1) Summer, pp.6–7.

⑤　J.B.Rosenau, "Intervention as a Scientific Concept", *The Journal of Conflict Resolution*, 13 (2), 1969, p.157.

⑥　D.L.Sills, (eds.), *International Encyclopedia of Social Science*, Vol.II, New York, 1964, p.35.

被民族国家用来评价或解释对外行为的工具①。政治现实主义者们以战略权力来表明国家利益,以此区分把对外政策专门同国家的内部的社会经济特征联系起来的分析。摩根索、华尔兹和米尔斯海默关于国家利益的立论依据、认识范式和核心观念基本上一致,集中体现的是以权力决定利益的现实原则。

斯蒂芬·克莱斯纳(Stephen D. Krasner)认为,国家利益由一套可变化的国家关于促进社会总体发展优先选择的安排组成。根据他的“经验性归纳模式”(empirical-inductive formulation),国家利益可以从国家权力决策者的言行里演绎出来,但必须满足两个标准,第一,领导人的行为必须同国家总体目标相关联,而不是任何特定团体或阶层的偏爱,或者是私人权力的驱动器。第二,政策优先选择的次序必须长久化②。克莱斯纳强调,国家利益是不可分割的,不能归类为特定利益和利益团体的偏爱。

权力与国家利益是由国际社会共同观念建构的,国家的若干外部行为也将因为这些观念而受到局限。欧盟的整合经验是基于欧洲各国愿意放弃以武力来解决权力分配的冲突,欧洲共同体(European Community)/欧盟(European Union)的出现代表了欧洲安全共同体(Security Community)的到来,因为这些处在共同体内的国家不仅形成了稳定的秩序(stable order),并且事实上也形成了稳定的和平(stable peace)。此外,国家利益的内涵由政治传统和国家构建其对外政策的整个文化环境决定,因此,国家利益概念包含两个要素,一种是逻辑上的需要(概念上讲是必要的);另一种是变量,由环境来决定③。而变量不仅包含历史上、环境上的偶然性,还包括国别差异,个性要素、部门利益和公众舆论要素。

实现国家利益的目标和手段主要有:第一,政治和外交手段;第二,经济手段;第三,道德文化手段;第四,军事手段。国家对外战略的核心在于通过运用

---

① Scott Burchill, *The National Interest in International Relations Theory*, Palgrave Macmillan, 2005, p.26.

② Stephen D. Krasner, *Defending the National Interest: Raw Materials Investments and US Foreign Policy*, Princeton, N.J.: Princeton University Press, 1978, pp.35-36.

③ Hans J. Morgenthau, “Another ‘Great Debate’: The National Interest of the United States”, *American Political Science Review*, Vol.46 (4), 1952, p.287.

自己的权力来确保领土完整,政治独立和经济地位等重要国家利益。在无政
府状态下的国际关系条件下,实力仍然是实现上述目标的重要考量。因此,增
强国家实力、捍卫"国家优先"原则依然是国家长远的利益关切。今天,国际
金融危及其引发的全球经济衰退是对以美国为主导的国际秩序的严峻挑战。
美国及西方国家的综合国力遭到削弱,金融危机也给发展中国家造成严重损
害,但并未逆转近几年来发展中国家作为一个整体,在经济总量和人均 GDP
上与发达国家差距不断缩小的趋势。发展中国家,尤其是新兴经济体在国际
事务中影响力扩大,从而加速了世界格局和国际秩序的调整和变化。

　　国家利益既具有普世性内涵,又具有个别和特殊性内涵;既具有永恒的内
涵,又具有动态的内涵。在全球化不断深入的今天,国家利益的内涵已变得更
加复杂,仅从现象上就纷繁迷离。因为,对国家利益的界定不仅要依据本国的
历史积淀、发展情况、面临的环境和战略目标来判断,还要依据相互依存的国
家间关系来判断[①]。

二　国际秩序与国家利益的关联

　　冷战时期国际秩序很大程度上是通过霸权稳定(hegemonic stability)来实
现"权力平衡"(the balance of power),美苏两人强权通过提供公共产品
(public goods)来稳固集团内部的向心力,激发集团成员国的政治信念,主导
集团内的经贸秩序。两极格局解体后,冷战式安全威胁逐渐消失,随着两大集
团内部权力结构发生变化,以意识形态和地缘政治作为利益基础的美苏两大
机制化联盟开始动摇[②]。西方自由主义相互依赖的经济发展方式、市场经济
体制已逐步成为全球共识,大多数国家逐步选择经济开放的发展模式来重新
确定后冷战时期的国家发展道路,各国经济发展的相互依赖进一步促进全球
经济的再分工与经济的再生长,全球化时代的各国政治经济实力的消长正在

---

①　王逸舟:《国家利益再思考》,载《中国社会科学》2002 年第 2 期。

②　Gordon C.Schloming,*Power and Principle in International Affairs*,New York;Harcourt Brace
Jovanovich Publishers,1991,p.107.根据戈登·斯勒明(Gordon C.Schloming)的观点,国际体系自 60
年代后就开始出现所谓"松散的"两极格局(loose bipolar system),其立论的理由是"西欧、日本、
中国以及发展中国家政治经济权力在国际体系中的影响力不断上升"。

改变国际体系的权力结构。

由于美国等少数西方大国主导当代国际政治经济秩序,导致国际政治经济秩序的不合理、不公正,建立公正合理的国际政治经济新秩序已成为发展中国家的普遍愿望和要求。在不合理的国际政治经济秩序中,社会主义国家、发展中国家、尤其是弱小国家的利益受到很大损害。

冷战结束以来,世界政治、经济形势发生了深刻变化,世界政治多极化、经济全球化、国际关系民主化已成为不可逆转的发展趋势,其影响已为国际社会所广泛关注。但当今的国际体系仍然是一个笼罩着霸权主义和强权政治阴影的体系,所谓的国际社会仍然是一个以西方价值观和欧美制度文明为中心的社会,全球化作为一个客观的历史进程恰好与所谓的"美国世纪"同步推进并深受其影响,占世界人口多数的广大发展中国家要想实现自身的真正发展和进步,不可能完全指望、更无法依附现有的国际政治经济秩序①。

温家宝指出:"和平发展道路的精髓是什么? 就是争取和平的国际环境来发展自己,又以自己的发展促进世界和平。走和平发展道路,是我国必须长期坚持的战略选择,也是必须长期坚持的外交方针,绝不是权宜之计。"②20 世纪90 年代中期以来,由于中国已经融入国际体系,中国一方面加强了与国际社会的交流与合作,增进了与别国的共同利益;另一方面通过对国际制度的制定和修正向世界展现了中国的和平发展性质,大大提高了中国在国际上的地位和影响。随着中国综合国力的增强,国际影响力的扩大,国际责任也随之扩大。

国家安全利益是一国生存和发展的基本条件,是最核心的利益。当今世界各种矛盾冲突更加复杂,中国正面临日益增多的非传统安全威胁,如恐怖主义、极端分裂势力、大规模杀伤性武器扩散、人权问题、冷战思维、环境安全等。这些都是制约和影响中国和平发展和威胁中国安全的重要因素。

国际秩序与国家利益有逻辑性关联:国际秩序因国家之间力量对比发生变化,而国家地位的上升与下降决定着国家在国际政治中利益的消长。冷战

---

① 庞朴:《全球化与化全球》,载《二十一世纪》2000 年 10 月号,香港中文大学发行,第76—77 页。

② 温家宝:《关于社会主义初级阶段的历史任务和我国对外政策的几个问题》,载《人民日报》2007 年 2 月 27 日。

结束后,社会主义阵营不复存在,国际政治经济秩序由美国等少数西方大国主导,导致国际政治经济秩序的不合理、不公正,建立公正合理的国际政治经济新秩序已成为发展中国家的普遍愿望和要求。在不合理的国际政治经济秩序中,发展中国家,尤其是广大弱小国家的利益受到极大损害。大国之间形成不同的秩序观,客观上反映出不同的国家利益。

维护国家利益与参与国际秩序建设的关系:国家实力的增强,不仅以硬实力的稳步上升为标示,也必须以软实力的增强为基础。国际秩序是利益分配的产物,只有进一步拓展中国的国家战略利益,保证发展中国家的利益不受损害,提高发展中国家国际竞争能力,才能使现行的国际秩序进一步完善,才能促进国际秩序积极变革。

观念因素对国际秩序建设的重要性:国际秩序是观念分配的结果,中国已经并应继续在国际秩序的主流观念方面作出贡献。中国的观念贡献主要体现在和平共处五项原则、新安全观、国际关系民主化、尊重文明多样性等诸多方面。中国正在树立的积极的、负责任的、建设性的、可预期的国际秩序塑造者形象。加强国家间合作与协调,维护国际道义,维护国际法的基本原则,是树立道义大国形象的重要途径,也是中国国家利益扩展到全球的前提条件。

国际机制对国际秩序建设的作用:中国应以完善全球性国际制度的基本规则为着眼点,积极主动地倡议或主导国际机制的修改、完善和新机制的制定,提高议程创设能力,成为全球规则的参与者和主要制定者,以机制建设促进国际秩序的建设,并有效维护和促进中国国家战略利益。

国家利益本质上是一个逐步实现的过程,是一个在相互作用中才能理解的范畴。拿中国的外交与国际战略来说,我国在亚洲太平洋地区逐步实现了主导性大国地位。首先,完成民族国家的建设尤其是“四个现代化”。其次,在争取不造成任何大的震荡和外部冲突的条件下,保障我国领土领海的完整和不受侵犯。最后,不仅要发挥亚太地区重要大国的主导作用(首先是争取大中华区的展开,然后有与欧美抗衡的本区域一体化的实现①。

中国国家利益正发生很大变化。在当代国际秩序的变迁中,中国国家利

---

① 王逸舟:《国家利益再思考》,载《中国社会科学》2002 年第 2 期。

益的排序是安全利益、政治利益、经济利益、文化利益。国家利益的变化主要是受到四个因素的影响：一是国家实力的地位在国际社会的升降，二是外部环境的改变，三是经济发展阶段，四是技术水平①。

从内容上讲，我国国家利益变化的方面很多。安全利益的内容不再局限于军事相关的传统安全问题，而是增加了经济安全、环境安全、社会安全等非传统安全内容。其中一些非传统安全问题又是与军事能力相关的，如恐怖主义和海盗威胁。

在政治利益的内容方面，20世纪90年代，我国加入了大量的国际组织，而加入世界贸易组织标志着我国融入世界的政治目标基本完成。中国融入世界被国际社会所接受，转变为现在的争取国际规则制定权。然而，由于"台独"势力搞拓展国际空间的活动，申请加入各种国际组织，削弱了中国在国际组织中可发挥的作用。

经济利益的内容与20世纪90年代比也有了多方面的变化，包括从吸引外资到对外投资，从出口能源到进口能源，从防范跨国公司到建立跨国公司，从占有低技术市场到开拓高技术市场，从仿制外国技术到保护自有知识产权，从增加外汇储备到控制外汇增长速度。从文化利益来讲，20世纪90年代中国主要是保护传统文化，今天则是在保护的基础上挖掘和弘扬中华文化。中国传统文化具有强大的生命力，近代以来，外来文化对中国传统文化的作用是丰富和发展。使中华文化更加适合构建和谐世界、构建当代国际政治经济新秩序的需要。

进入21世纪以来，国际政治的权力结构正在发生变化，权力分散、权力多元和霸权衰落的趋势日益明显，导致国家间关系发生了巨大的变化。美国著名的冷战专家史约翰·刘易斯·加迪斯（John Lewis Gaddis）提醒人们注意："9·11"恐怖主义袭击事件证明，全球化和相互依赖存在的黑暗面。冷战结束后美国推行的单边主义、傲慢自大以及褊狭和自私的政策导致美国软实力，尤其是美国形象的大大下降②。国际关系的权力转变正在产生更多的不确定

---

① 阎学通编：《中国国家利益分析》，天津人民出版社1997年版。

② John Lewis Gaddis，Strobe Talbott and Nayan Chanda，ed.，*The Age of Terror：America and the World After September* 11，New York：Basic Book，2001；see also W.Raymond Duncan，Barbara Jancar-Webster，Bob Switky，ed.，*World Politics in the* 21ˢᵗ *Century*，New York：Pearson Longman 2004，p.122.

因素。在迅速变化的全球权力分配中,世界似乎更趋于非理性,尤其是在两极格局解体和"9·11"恐怖主义袭击事件发生后①。软实力作用的上升,导致全球政治、经济多元化发展趋势日益明显。在新的国际环境下,各国为了维护本国的利益不断发展和壮大自己的硬实力和软实力。按照国际关系理论,国家利益问题关系到国家的定位,与国家政体、国家主权和国际秩序等有着本质性的联系,各主权国家的利益和权力不可调和。国家利益是由国家权力来界定的,一国实力的大小决定了该国所能追求的国家利益的多少。

三　中国国家利益问题

当今中国国家利益正在全球扩展,其根本原因是我国经济实力的增长速度快于其他国家。我国已成为外汇储备世界第一大国、国民生产总值世界第二大国(按世界银行购买力平价计算)、出国旅游人数世界第二大国、石油消费量世界第二大国、贸易总额世界第三大国②。于是,我国的安全、政治、经济和文化利益都在向全球拓展。能源需求使我们的经济利益从发达国家向亚非拉的发展中国家扩展。中国企业和游客走出国门,把我国的安全利益带到世界各地,中国参加国际维和行动成为一种需要。大国的责任推动我们从关注周边地区事务向参与全球事务进展。技术进步促使我们的利益从地球向太空延伸。我国弘扬中华文化正从华人团体向非华人团体扩展,孔子学院从国内走向国外,"汉语热"在国外开始兴起。

在国际政治、经济秩序酝酿变革的今天,中国面临着发展的机遇和挑战。中国的国际地位和作用明显增强,中国在亚太地区的重大事务处理上有着举足轻重的分量,世界大事的处理也离不开中国的参与。发展中国家对中国寄予很高期望,中国对维护和平发展的国际秩序起着积极作用。中国硬实力和软实力的增强是中国在当代国际秩序中发挥重要作用的保证,它是维护国家利益的重要基础。意识形态和文化的影响力是一个国家软实力的展示,它主

---

① Immanuel Wallerstein, "The Eagle Has Crash Landed", *Foreign Policy*, July/August, 2002, pp.60-68.

② 根据国家统计局 2010 年 1 月 21 日统计数字:2009 年中国 GDP 为 33.5 万亿元人民币,约为 4.9 万亿美元,在经济总量上赶上和超过日本,时间不会很长。

要体现为"文化感染、价值认同、民族精神、时代精神、理论思维、舆论引导、战略策略、制度设计、政策法规、国民形象等影响力、吸引力和说服力"①。在国际较量中,一个国家硬实力不行,可能一打就败;一个国家软实力不行,可能不打自败。

中国国家利益是崛起型,发展的目标是赶超世界强国。今天的中国人不应满足于世界二流国家的地位,更不能接受生活水平提高但国际地位下降的结果。"中国人民的总体国家利益是实现民族复兴。正是因为我国的国家利益是崛起型的,因此它与他国国家利益就可能会出现摩擦与冲突。这就增加了我国实现国家利益的难度。"②为了适应中国国家利益的变化,我们应重视综合国力的平衡发展。在硬实力方面,经济实力与军事实力建设同等重要,要防止重经济轻军事的倾向。提高软实力要从国内社会改革入手,加大和谐社会的建设力度。同时还应采取边缘切入的战略。由于崛起利益的特性,它容易引发冲突和突然事件,采取边缘切入战略可以降低利益冲突的烈度。在高政治和低政治利益冲突上,应选择从低政治切入。在边缘地区和中心地区利益冲突上,可选择从边缘地区切入。将两者结合就是,高政治利益从边缘地区切入,低政治利益可向核心地区发展③。

中国承认现有国际制度及条约的合法性和有效性,不谋求废除这些制度及条约。当然,中国一直认为现存的国际政治经济秩序中的不公平合理的部分需要调整和变化。中国人的态度的变化取决于两方面的原因,"内生变量"与"外生变量"④。

中国对自身的改变,是中国改变世界的最佳途径。20世纪70年代后期的改革开放,对于建构世纪之交的中国国家利益,具有关键的作用。正是这一事件,启动了人类史上最大规模的经济增长,满足了当今世界1/5人口的基本需求,推动中国全国范围的"四个现代化"迈向更高阶段。改革开放过程带来了社会生产方式和国家政体形态的深刻调整,它们使中国人的国家利益观有

---

① 张国祚:《中国文化软实力研究大有可为》,载《光明日报》2009年12月15日。
② 阎学通:《安全利益是中国的首要利益》,载《环球时报》2006年5月30日第11版。
③ 同上。
④ 王逸舟:《国家利益再思考》,载《中国社会科学》2002年第2期。

了质的变化。由传统的计划经济体制向新的社会主义市场经济的重大转变，由传统的"革命型政党"和高度集中的政治动员方式，向新的更加民主的共产党领导下的多党合作制度和依法治国方向的转变，使中国人看到自身进步与世界趋势的一致①。这当然不是指各国间的意识形态、治理方式和社会制度完全一样，而是说它们的国家利益沿着相同或类似的逻辑产生、发展和变化。全球化使各国不再像从前那样分割成两个阵营或两个市场，而是把它们整合到同样的信息网络环境、同样的市场竞争环境、同样的贸易和投资规则、同样的国际法及国际组织系统中。

中国国家利益主要体现在以下几个方面：首先，是国家的安全利益，领土完整。这是中国国家利益的最基本、最核心利益问题，这是其他中国国家利益的基础和出发点。其次是中国国家在国际社会中的经济利益问题，这不仅关系到中国在世界上的实力增长，也关系到中国在国际经济领域的话语权问题。再次是中国国家在国际中的政治利益问题，即中国的政治利益不再是求得承认，而是要争取更大的国际规则制定权。最后是中国的文化利益问题，即中国不仅要维护和扬弃自己传统的文化，继承和发扬中国文化的精髓，更重要的是如何将中国文化推向世界，使世界承认和接受中国的文化和中国方式的思维和理念。

四　中国国家利益维护的手段

国家对外战略的核心在于通过运用自己的权力来确保领土完整，政治独立和经济地位等重要国家利益。在无政府状态下的国际关系环境下，运用权力来捍卫"国家优先"原则依然是国家长远的利益关切②。

在国际秩序的权力转变中中国坚定地走和平发展道路，不仅有力地推动国际合作与安全，也有利于中国树立良好的国际形象，维护国家的根本利益。意识形态和文化的影响力是一个国家软权力的展示，在对外交往的实践中中国应充分运用软权力的影响力，尊重并吸收那些为国际社会大多数国家和民

---

① 王逸舟：《国家利益再思考》，载《中国社会科学》2002 年第 2 期。

② W.Raymond Duncan，Barbara Jancar-Webster，Bob Switky，ed.，*World Politics in the 21ᵗʰ Century*，p.118.

众所认同的文明准则、价值观与理想信仰,将它们作为建构新价值共识的重要资源①。同时在体现和平崛起的政治文化基础时,应凸显中国文明的主体性,从中国传统文化与历史经验中引申发展出新国际政治价值观。权力转变中国家利益维护有以下几种手段:

1. 政治和外交手段:国家利益是外交的出发点和归宿,外交谋求维护国家利益。中国外交正向世界提供一种全新的大国外交模式,并成为许多国家制定外交政策的不可忽视的参照模板②。中国应该利用硬权力的影响力,确保大国关系的平衡发展,推进、提升或改善中国同美、欧、俄、印、日等国的战略合作伙伴关系。构建符合中国国家利益的周边安全战略环境,保证"和谐周边"的建立。积极推动参与多边外交合作的形成,通过上海合作组织、朝核问题六方会谈、东亚峰会、东盟与中日韩对话机制、五国能源会议等形式,构建相对完整的多边体系。

国家利益是全体国民的最大公共利益,国家利益依靠国家意志去有效维护。一旦国家意志某一环节出现断裂缺失,不能使其落实到具体的国家利益领域,国家利益可能受损。关于中国国家利益的内涵,既着眼于物质性利益,也要认识观念性利益的重要性。观念与利益可以做二元划分,一些学者运用建构主义方法对国家利益形成问题的研究,具有积极的意义③。安全问题存在于所有国家利益领域,它是国家利益的核心要素。国家权力是国家安全的物质基础,权力变迁影响国家利益的维护,关系国家利益所有组成要素。美国把与中国的周旋视为"确保中国政治经济朝着符合美国利益的方向发展"④。而中国则通过实施和平发展战略,构建和谐的世界秩序和安全的周边环境,以实现国家利益的最大化。

2. 经济手段:随着中国经济从计划经济转入市场经济,中国价值观念应从以往阶级权观念转向法权观念。在公众契约意识之上的法权意识是现代观念

---

① 孔寒冰:《软实力与中国的崛起》,载《中国评论》2007 年第 6 期,第 7 页。

② Roger Cohen, "China vs US: Democracy Confronts Harmony", *The New York Times*, Nov. 22, 2006.

③ 《新视野下的国家利益观》,载《光明日报》2007 年 4 月 8 日。

④ 《参考消息》2000 年 4 月 15 日第 8 版。

的核心,也是当代主权国家间融合与对话的基础。如果国家的正当利益和要求,不能在相应的法权语境下表述,中国国家利益就很难得到别人的理解和支持。我们要学会用西方人可以理解的法权语境来申诉和保护中国的国家利益,并在这个过程中逐渐形成有利于在国际社会表明中国国家利益的话语体系①。

经济外交为加强中国与世界各国的经贸合作创造了良好的氛围。近年来,随着"粘性实力"影响的上升,国际金融市场的波动及主要国家的政策调整将直接影响中国经济的发展,中国金融银行领域风险正在加大,发达国家在经济和科技上占优势的压力将长期存在,相关国家与我国在资源、贸易等问题上的摩擦不断增加。"粘性实力"既使中国在世界经济一体化中得益,也给中国经济发展造成结构上的风险。随着中国经济实力的增长,中国在经济全球化过程中的主动权日益增大,中国的国家利益得到进一步的维护。

继续加强与主要经济体之间的双边经济关系,是中国国家经济发展利益的需要。中国应致力于寻求和所有国家建立"和谐共处"(harmonious coexistence)关系,包括发展与发展中国家关系,避免卷入大国权力斗争中②。要稳定中美建设性合作关系,深化中俄战略协作伙伴合作,发展与欧盟的全面战略伙伴关系,推动中日关系健康发展,加强与扩大中国在发展中国家的影响,增强我国在国际多边机制中的战略主动地位。维护周边稳定,促进共同发展,特别是要推进与东盟的10+1与10+3合作,促进上海合作组织在经贸领域的实质性合作③。中国在承担国际责任时,必须兼顾本国利益和国际利益,兼顾利己与利他,在两者之间找到平衡点。

3.道德和文化手段:文化和思想道德领域集中体现软实力的影响力,是综合国力的重要组成部分。近年来,大量奇谈怪论及文艺作品对人们的思想文化渗透正在产生效果,社会崇拜的内容已被颠覆,从英雄人格品德正义崇拜蜕

① 张文木:《如何准确传达中国的信息》,载《环球时报》2006年6月1日。
② Wang Yi, "Safeguard Peace, Promote Development, Create a New Situation For Diplomatic Work", *Shijie Zhishi*, January 16, 2003, pp. 8 - 10, in *FBIS*, CPP2003 - 0104000110, *World Politics*, 2006-2007, McGraw Hill Contemporary Learn Series, 2007, p.161.
③ 金人庆:《财政外交成为维护国家重大利益的手段》,载《中国财政报》2007年3月2日。

变为财富虚名崇拜,演艺明星和富翁因此而成为青少年的偶像。① 思想文化领域正潜移默化地侵蚀着一切国家利益领域。道德文化是否与一个国家某个时期的整体发展相适应,是评判一个国家发展水平的一个尺度。只有适时更新和重塑道德观念,才能维护国家的核心价值利益。中国应该找回属于自己的核心价值观,实现先哲们倡导的诸如仁爱、敬诚、忠恕、孝悌、信义等美德。围绕本民族特点争取国家的文化安全利益,我国应采取各种措施抵制来自外部的文化侵略,宣扬和保护本民族文化的精华,守护民族精神家园。增强中国文化对外的影响力、亲和力和吸引力,既代表中国传统战略文化的历史延伸,也展现了中国战略文化的现代嬗变。对外,中国和平发展、"和平共处五项原则""睦邻、安邻、富邻"的周边外交政策,以及新安全观的提出与发展,都体现了中国传统战略文化的现代回归。"合作外交"(cooperative diplomacy)战略②,既是中国传统战略文化现代转型与重构的集中体现,又可以向世界展示其软实力的力量。

今天,维护国家利益也面临的一个如何准确地传达自己信息的问题。中国与外界在各自用自己的一套话语体系表达外交思维时,两者的语境与思路没有交汇点,导致各自对对方的误解。在维护国家主权利益方面,中西之间存在不同的表述,如:主权问题,在西方人眼里,属于法权的范畴。"讲主权归属要讲法律根据。法权语境下的权利归属是以某个条约"签署并生效以来"的法律文本为依据。而不同于我们常说某个地方"自古以来就是我们的领土"③。因此,寻求在相同语境下向世界表达中国国家利益至关重要。同时利用现有信息源和网络来预见潜在危机,排解疏导矛盾,是演练和检验"软实力"的重要步骤,防止可能出现的对国家形象有重大负面影响的"媒体事件"缺乏应有的心理准备和应对措施。

---

① 杨芳洲:《统一强化国家意志、全面维护国家利益》,http://www.xinfajia.net/content/view/4190.page。

② Yong Deng and Thomas G. Moore, "China Views Globalization: Toward a New Great-Power Politics", *Washington Quarterly*, Vol. 27, No. 3, Summer, 2004, pp. 117－136; see also *World Politics*, 2006－2007, p. 166.

③ 张文木:《如何准确传达中国的信息》,载《环球时报》2006年6月1日。

4. 军事手段：军事手段是维护国家安全最终和最硬的手段。冷战结束后，军事安全地位下降，军事手段在维护国家安全中，已不再是一剂万能药方，世界各国越来越注重对包括政治、外交、经济、文化、宗教、军事、科技等各种手段的综合运用①。在保障安全手段上，更加强调军事手段和非军事手段的综合运用，不再一味地突出军事手段的作用，在不放弃军事手段的前提下，应更多地运用非军事手段来维护国家安全。硬权力体现国家军事实力的强制性，在今天大规模杀伤性武器盛行的时代，只有同时发挥硬实力、软实力和粘性实力的影响力，依靠相互依存这个可行的公共产品，才能实现通过军事手段维护国家利益的真正目的。

中国政府在《中国的军控、裁军与防扩散努力》白皮书中提到，在军控、裁军与防扩散领域，中国实践以互信、互利、平等、协作为核心的新安全观，致力于营造良好的国际和地区安全环境，维护世界和平，促进共同发展。中国在朝鲜半岛的政策始终致力于维护东北亚地区的和平与稳定，不仅树立了负责任大国的国际形象，也是消除周边安全困境，实现国家利益最大化的需要。虽然军事手段达到目的的成功系数很高，但国家仍然可以通过其他途径达到目的。如对国家间权力斗争施加某种规范性限制，使相关国家组成安全机制（security regime），在这个机制中，各个国家认同一定的原则与规则，这些规范性的原则可以使加入其中的国家互惠，并进而改善国家间斗争。当今世界，由于国家利益的扩大与安全威胁来源的不确定性，传统的安全模式不能安全防范来自非传统安全领域的威胁，必须寻求新的思路和新的安全模式。强调军事手段和非军事手段的综合运用，是解决安全困境的良方，而通过建立一个让所有国家都加入的集体安全体系，不失为确立人类理想安全模式的积极尝试。

第五节　中国和平崛起与国家利益维护

认识中国和平崛起与亚太安全合作的关系，是研究全球化时代中国对

---

① 张兆垠：《国际军事观察：世界主要国家积极调整安全战略》，载《解放军报》2004 年 7 月 14 日。

外战略的一个重要视角。"和平"与"安全"体现了亚太国际政治格局的基本特征。随着中国综合国力的快速增长,中国在国际政治经济舞台上的影响力不断增强,中国的国家利益在日益扩大,中国周边安全环境不断改善。中国和平崛起的过程,不仅意味着中国自身力量的变化,也意味着中国运用自身权力维护地区和平和安全作用的大大提升。和平崛起的中国对亚太安全秩序的构建至关重要,本节通过论述和平崛起时代中国对外战略及其对亚太安全合作的影响,揭示中国和平崛起和"合作外交"的理论意义和现实意义。

　　冷战结束后的欧洲,制度化的安全合作机制使这个地区长期保持稳定。亚太地区安全合作机制需要制度化保证,朝核问题六方会谈正在建构亚太地区制度性合作机制。美国在亚太地区占据重要的战略位置,但美国更关注全球反恐问题,美国霸权地位的衰弱客观上正促使世界向多极化转变,伊拉克战争表明即使是具有超强军事实力的美国,对于"实施可持性基础上的预防性战争政策也显得力不从心"①。面对中国的和平崛起,亚太地区各国正在调整本国战略,以适应未来亚太政治经济发展的新格局。"新的多边主义模式和大国在地区问题上的互动已经形成"②。1993 年建立的东盟地区论坛(ARF),正在为推动地区经济一体化发挥积极作用。同时,经济的快速发展对亚太地区、乃至全球的政治权力的分配及特点形成挑战。中国作为有影响的地区大国,对外战略既要坚持韬光养晦,不主动挑战现行国际秩序;同时也应对建构和谐亚洲、乃至和谐世界有所作为,以维护中国和平崛起的国际环境。中国和平崛起有利于亚太地区大国权力政治力量对比的平衡,中国在国际和地区问题上作用的稳步提升,"证明了中国'合作外交'(cooperative diplomacy)的成功"③。本节通过分析全球化时代中国和平崛起对构建亚太地区安全秩序的影响,论述中国"合作外交"方针在亚太地区产生广泛性认同和理解

---

　　① Andrew J. Bacevich, "Requiem for the Bush Doctrine", Helen E. Purkitt, eds., *World Politics* (06–07), McGraw Hill Contemporary Learning Series, 2007, p.63.

　　② Michael Yahuda, *The International Politics of the Asia-Pacific*, New York: Routledge Curzon 2004, p.9.

　　③ Wang Deng & Thomas G. Moore, "China Views Globalization: Toward a New Great-Power Politics", *World Politics*, 2006–2007, p.167.

的战略文化基础。

一　全球化环境下的中国和平崛起

以和平崛起为前提，以世界多极化作为中国对外战略的目标和追求，中国在亚太安全合作中具有举足轻重的地位。亚太地区经济和社会文化存在多种发展模式，中国作为地区大国，不仅要排除历史上长期形成的以"中国为中心"（Sino-centric），国际关系的帝国体系和朝贡体系（China's tribute system）①；也要改变以西方强国为中心的"冲击——反应式"的被动外交模式，致力于增强主动性，将战略重心转向与自身利益和安全密切相关的那些区域。亚太地区的安全与发展对中国的和平崛起至关重要，构建和平、和谐的亚太安全新秩序是中国对外战略的重心，也是本书的主要关注点。

早在20世纪80年代，邓小平同志就提出"中国走和平与发展之路"，强调这是国际关系中的时代潮流。中国要谋求经济发展，就需要有和平的环境。中国对外战略摒弃了以往那种认为世界大战不可避免和国际秩序动荡不定的估计。强调"当代中国一切问题的关键取决于自身的发展"。中共十六大把它概括为："聚精会神搞建设，一心一意谋发展。"②今天虽然国际格局发生巨大变化，中国和新兴国家的崛起正推动世界向多极化方向发展，但中国坚持走和平发展道路没有变。习近平主席强调指出："一个国家要发展繁荣，必须把握和顺应世界发展大势，反之必然会被历史抛弃。什么是当今世界的潮流，答案只有一个，那就是和平、发展、合作、共赢。中国不认同'强国必霸'的陈旧逻辑。"霸权主义的老路走不通，只有和平发展的道路走得通。"中国将坚定不移走和平发展道路。"③

中国坚持走和平崛起道路符合中国人民的根本利益，它是百年来中国无数仁人志士前赴后继、奋勇探索的结果。和平崛起的中国不仅积极推动世界

---

① J.J.Suh, Peter J.Katzenstein, & Allen Carlson, ed., *Rethinking Security in East Asia: Identity, Power and Efficiency*, Stanford University Press, 2004, p.51.

② 郑必坚：《和平崛起的中国是维护世界和平的坚定力量》——在东亚区域合作与中美关系高层研讨会上的演讲, 2005年11月3日。

③ 习近平：《走和平发展道路是中国人民对实现自身发展目标的自信和自觉》,《习近平谈治国理政》, 外文出版社2015年版, 第264—267页。

和平的发展,也表明中国的发展过程与经验将完全不同于西方大国以往的发展过程与经验。中国和平崛起的内在动力是物质文明、政治文明、精神文明与和谐社会的协调发展。即使是美国保守主义的政治评论家们也不得不承认"中国崛起成为世界大国是不可避免的、符合逻辑的"①。

李光耀曾经提出"'中国崛起'提法不恰当"的观点,他认为,比较准确的定义是"重新崛起","因为中国一直是东亚地区的一个大国。从技术上和经济上讲,中国从公元500年到1500年在世界上一直处于领先地位。只不过是在过去500年里,欧洲和美国赶超过了中国"②。可见,中国崛起是历史的必然,同所谓的"中国威胁论"没有任何必然联系。就中国本身而论,中国的和平崛起首先关注的是中国13亿多人口的生存权、发展权、教育权问题。要让占世界1/4的人口过上一种比较体面且有尊严的生活③。所以,中国的和平崛起需要持久的世界和平、共同繁荣的和谐世界。

冷战结束以来,中国经济持续快速发展,对外交往全方位展开。中国的发展正经历前所未有的世界政治经济环境,一方面,多极化作为制约美国的一种权力结构还没有真正地建立起来;另一方面,亚太地区由于主要地区大国中国、日本、俄罗斯和印度等的合作与竞争产生一种新的政治格局。中国与世界迅速地产生了强烈的互动效应,相互影响与渗透不断加深。中国和平崛起对亚太安全秩序乃至未来国际体系的形成产生巨大影响,在一个相互依存又相互竞争、迅速变化的当代世界环境中寻求建立一个和谐的国际社会,是全球化时代中国面临的机遇和挑战。中国遵守现有的国际秩序规则,遵循世界贸易组织的原则和其他多边机制原则体现了中国"合作外交"的对外战略方针。④由于亚太地区各国积极参与地区经济合作和一体化进程,为中国参与跨国经济结构和多边主义的国际组织提供了巨大动力。

经济全球化、区域经济一体化推动了国际政治的安全困境从传统的零和

---

① Robert D.Kaplan,"How We Would Fight China",*World Politics*,2006-2007,p.74.

② 李光耀:《为中国的"和平崛起"而实现共赢方针》,2005年4月23日在中国海南博鳌亚洲论坛上的演讲,见《参考资料》新华通讯社主办,2005年5月20日。

③ 郑必坚:《对中国和平崛起发展道路与中欧关系的十点看法》,载《学习与研究》2006年第2期,第20页。

④ Michael Yahuda,*The International Politics of the Asia-Pacific*,p.165.

博弈向双赢、共赢规则转变。建立通向亚太政治经济合作制度化的发展道路，是亚太地区各国面临的共同任务。中国已经成为亚太地区经济增长的火车头。以中国与东盟国家的进出口贸易为例，2003年双边贸易额超过782亿美元①。2012年增长到4001亿美元，十年间平均增幅超过20%②，成为东盟仅次于美国和日本的第三大贸易伙伴。亚太各国经济发展的相互依存为中国的和平崛起提供稳定的政治经济环境，同样，中国的和平崛起又推动亚太各国的合作和经济发展。中国坚持走和平崛起的发展道路，坚持"合作外交"的对外政策，谋求以共赢的解决方法加强与周边的能源和经济合作，符合建立"和谐世界"的新战略。

二　构建亚太安全合作机制

在亚太地区构建国际规范化合约秩序（normative-contractual order）是中国和平崛起所需要的国际环境。所谓规范化合约秩序主要表现为：第一，通过建立国际合作机制来规范国家间互动关系；第二，通过相互依存和经济合作来实现地区安全；第三，通过确立国际规范和国际法建立国际秩序③。现实主义的国际关系理论确信"权力和竞争是建立国际秩序的保证"，强调："霸权稳定、实力均衡、大国一致"；提出"对国家进行重新界定，改革国际关系规范结构，以消除安全困境"④。但亚太地区各国的政治、经济、文化发展的历史经验表明，亚太安全秩序的构建应既强调国际合作机制、国际规范、国际法，又要重视历史和道德文化因素。

亚太安全秩序的构建依赖于机制的建立。因为合作机制能保证各国之间维持规范性的政治和外交互动，在追求国家及共同安全目标时协调合作，运用和平方式解决争端，并实现国家变革的非暴力性，地区的稳定性和可预测性。

---

① David Shambaugh, "China Engages Asia: Reshaping in the Regional Order", *International Security*, Vol.29, No.3, 2005, p.76.

② 《中国与东盟双边贸易额2015年将突破500亿美元》，商务部网站2013年7月24日，http://www.mofcom.gov.cn/article/i/jyjl/j/201307/2013。

③ Muthiah Alagappa eds., *Asia Security Order: Instrumental and Normative Features*, Stanford, California: Stanford University Press, 2003, pp.46-47.

④ Ibid., p.52.

亚太地区没有任何一个国家在构建安全秩序上起独立主导作用,美国具有世界霸权的实力,但安全秩序不是霸权概念,美国不可能独自在亚太地区建立安全秩序。连美国自己也承认:从冲突管理的角度上讲,美国在亚太的主要作用是阻止战争,而不是解决争端。① 亚太地区重要问题的解决需要亚太各国的合作。

中国的和平崛起为构建亚太安全秩序提供重要保证。中国在致力于推动和建构亚太和平和"安全秩序"的基础上,灵活地运用本国军事经济和科技实力以拓展国家利益,维持周边安全环境。中国在亚太地区先后同俄罗斯、印度、东盟等建立了战略协作伙伴关系,同美国、日本建立战略对话关系。经济合作通过增强经济激励因素来促进地区安全与稳定,中国奉行的"合作外交"政策,主张通过对话解决争端,受到亚太地区大多数国家的认同。

国家可运用内部权力(动员经济、技术和人力资源使其转变为军事战略权力)和外部权力(寻求在建立联盟中分享共同利益以反对强国的霸权和支配)来维护其在国际关系格局中的平衡②。由于中国所处的亚洲中心的特殊位置,中国更应该重视文化权力运用。外交不仅是实力的运用,也是文化与价值的展示,在尊重并吸收为亚太各国所认同的文明准则和价值观念时,中国应将其视为亚太安全合作的重要资源。同时要凸显中国文明的主体性,从传统文化与历史经验中构思中国新的对外战略观,强调和平崛起。为了达到建构安全秩序的目的,中国应大力宣扬保护文明、价值观和社会制度多样性的必要性,强调保护弱势文明,以良好的国际形象开展文明对话、文明合作,汲取世界向心力,为和平崛起建构安全环境。

以经济合作和贸易自由化为主要途径,逐步实现区域经济一体化,是保证中国和平崛起、构建亚太地区安全秩序的重要途径。随着中国经济的快速发展,中国对周边地区的影响力也与日俱增。中国在亚太地区的崭新姿态主要体现在外交、经济和安全等领域。以倡导"合作外交"为发展战略,中国正全

①　Muthiah Alagappa eds., *Asia Security Order: Instrumental and Normative Features*, xi–xii.

②　Alastair Iain Johnston, *Beijing's Security Behavior in the Asia-Pacific: Is China a Dissatisfied Power?* Seeing J.J.Suh, Peter J.Katzenstein & Allen Carlson, ed.*Rethinking Security in East Asia: Identity, Power and Efficiency*, p.56.

力以赴地与东南亚地区建立制度化的合作伙伴关系,以推动整个亚太合作机制的构建。今天,在全球经济处于衰退状况下,中国的经济持续发展。中国成为新的世界工厂和东南亚地区重要投资方。另外,中国对《南中国海行为准则》和其他协议的支持再次强调"和平崛起"路线和"合作外交"的对外战略。2001年11月在文莱召开的东盟——中国"10+1"领导人会议。在这次会议上,中国以给予东盟新成员特惠待遇为条件,成功地赢得东南亚国家领导人对自由贸易协定的支持①。

　　中国加入TWO后,承诺开放国内市场,遵守世贸组织规则,这进一步提升了中国作为亚太各国经济伙伴的信誉和在国际安全合作方面的形象。2002年11月,当世界各国把主要注意力集中在伊拉克和朝鲜核问题上时,中国与东盟国家在金边举行首脑会议,拓展自由贸易协定和此前与东南亚国家签署的十项双边协议。金边首脑会议的核心是《全面经济合作框架协议》,计划设定了地区一体化的具体目标,包括中国在2010年以前与东盟六国实现商品的自由贸易,在2015年以前与东盟其他四个新成员国实现商品自由贸易。在非传统安全方面,中国主张各国应加强合作,共同应对包括毒品贸易、海盗行为和反恐问题。为了表示中国积极参与亚太安全机制建构的诚意,中国于2003年加入《东南亚友好合作条约》,该条约的宗旨和原则符合《联合国宪章》,与中国倡导的和平共处五项原则一致。加入该条约有利于中国与东盟关系长期稳定发展,有利于巩固中国良好的周边环境,有利于共同维护本地区的和平与稳定②。同年双方在《中国—东盟面向和平繁荣战略伙伴关系联合宣言》中,特别强调这种战略伙伴关系是"非结盟性、非军事性和非排他性的,不影响各自全方位地发展友好合作关系。③ 2004年签订《中国—东盟全面经济合作框架协议货物贸易协议》,这些协议不仅全面规划中国与东盟在各个领域的合作,还为和平崛起的中国赢得周边乃至亚太各国的信任奠定基础。

---

　　①　[美]休·德桑蒂斯:《龙与群虎——中国与亚洲地区主义》,载美国《世界政策杂志》夏季号,2005年7月27日,转引自《参考资料》2005年8月19日,第5页。

　　②　《中国加入〈东南亚友好合作条约〉》,载《人民日报》2003年10月9日第3版。

　　③　*Joint Declaration of the Heads of State/ Government of the Association of Southeast Asian Nations and the People's Republic of China in Strategic Partnership for Peace and Prosperity*, http://www.aseansec.org/15265.htm.

"合作外交"给亚太各国乃至全世界带来各种回报,中国保持其经济快速增长就是一个极好的例证。2002 年,中国与东盟签署的《南海各方行为宣言》规定双方将通过友好协商和谈判,以和平方式解决南海有关争议,避免诉诸武力,这一协议缓解东盟对中国"潜在威胁"的担心①。中国和亚太地区各国在安全问题上通过协商对话解决争端的主张,逐步地协调各国在处理安全问题上的立场并达成共识。认为中国在安全问题上对其构成威胁的国家不断减少。2005 年 7 月 20 日中国——东盟自由贸易区协定税率开始实施,从中国持续的经济增长中获益的东南亚国家越多,认同中国和平崛起、"合作外交"的国家就越多。中国在亚洲支持多边主义有助于为其友好邻邦的形象增辉。

从东亚政治和安全角度看,中国也在积极参与"东亚共同体"的建构,加强与东亚地区各国的合作。采取稳定周边国家的政策,使周边国家分享中国经济发展所带来的利益,增加周边国家对中国依赖程度,提高中国在亚太地区政治经济领域的影响力。2005 年,中国国际贸易总额 14200 亿美元,其中,中美贸易额 2840 亿美元,中日贸易额 1893 亿美元,中国与东盟贸易额 1300 亿美元,中韩贸易额达到创纪录的 1119 亿美元②,中国与亚太地区大国贸易超过中国对外贸易总额的一半以上,互通有无的经济贸易纽带使中国在亚太地区一体化进程中的作用不断凸显,而日益加强的区域经济一体化将不可避免地对亚太地区政治关系产生影响,它无疑有利于未来亚太安全秩序的构建。

能源问题对中国的和平崛起至关重要,也关系中国"合作外交"战略的实施。中国人口众多,总体上是资源缺乏国家。1998 年中国人均消耗能源就远远高于印度、印度尼西亚等亚洲国家③。今天,尽管中国的 GDP 已处于世界前列,但人均 GDP 仍然很低。2013 年新加坡的人均收入为 47210 美元,而中

---

① 韦红:《美国因素对中国与东盟关系的影响》,载《南洋问题研究》2006 年第 1 期,第 15 页。

② 《中美贸易额双方统计存在差异》,2006 年 2 月 7 日,见海关总署网 http://www.worldby-date.com。

③ 中国石油储藏量远低于中东、拉美以及俄罗斯等中亚国家,但中国自 20 世纪 90 年代开始,能源消耗量即使按人均计算却高于印度、印度尼西亚等亚洲国家。资料来源:BP Amoco, *Statistical Review of World Energy* 1999; U.S. Central Intelligence Agency, *The World Factbook* 1999; Daniel. Papp, *Contemporary International Relations: Frameworks for Understanding*, New York: Longman Publishers, 2002, pp.424−426.

国仅为 5414 美元①。新加坡人均收入超过中国 8 倍以上。中国经济的持续增长引发了亚太各国经济关系结构上的变化,尤其是中国经济的快速发展已经导致能源的极大消耗,中国必须建立与经济发展相适应的能源战略,建立创新型、科学节能型经济发展模式,走可持续性发展道路。"合作外交""和谐世界"体现了中国"和平崛起"、维护亚太地区长期安全稳定的构想。

三 和平崛起与区域文化认同

美国著名中国问题专家傅立民曾指出:"文化力量为国家的政治、经济、军事力量增添分量。"②在当今全球化加速发展的时代,全球相互依赖程度的加强、国际制度相关作用的增长,以及中国战略文化传统和外交哲学本质的内在规定,都决定了中国发展主要是通过和平崛起来实现。2005 年 9 月在纪念联合国成立 60 周年的大会上,胡锦涛主席全面阐述中国关于建设"共同繁荣的和谐世界"的主张,这其中包括:坚持多边主义实现共同安全;坚持互利合作实现共同发展、共同繁荣;坚持包容精神,实现多种文明的和谐相处,建立和谐世界③。中国的主张在国际社会产生广泛的影响。

意识形态和文化、文明是一个国家软实力的展示,在对外关系中运用软实力的影响力,首先应尊重并吸收那些为国际社会大多数国家和民众所认同的文明准则、价值观与理想信仰,将它们作为建构新价值共识的重要资源。同时在体现和平崛起的政治文化基础时,应凸显中国文明的主体性,从中国传统文化与历史经验中引申发展出新国际政治价值观。中国是一个具有五千文明的多民族国家,历史上中国在东亚国际体系中享有主导地区,在处理与周边邻国、民族与民族、文明与文明的关系上,积累千百年来行之有效的历史传统,这种传统对处理当今的文明对话、大国关系、南北关系等问题发挥其良好作用。中国在处理东亚国际关系中的"天下主义",这一基于文化而非种族的准则正

---

① 《世界各国人均国民收入排行榜》,中华人民共和国商务部网站 2013 年 9 月 25 日。

② [美]傅立民著,刘晓红译:《论实力——治国方略与外交艺术》,清华大学出版社 2004 年版,第 13 页。另见罗建波:《构建中国发展的对外文化战略》,载《现代国际关系》2006 年第 3 期,第 33 页。

③ 《中国评论》2006 年第 98 期,卷首语。

是中国处理国家内部关系的延伸①。在国家内部,中国强调儒家道统的基本认同。

全球化是思考中国文化安全环境的历史背景,尽管在是否存在真正的文化全球化问题上学界一直存在争议,但毋庸置疑的是,文化的各种形态和组成要素早已冲破民族国家间的疆界,广泛地渗透到世界各个角落和社会各个领域,极大地加速了不同文化间的对话或碰撞,日益明显地改造着既有的国际文化格局和文化秩序。亚太安全合作需要营造良好的文化安全环境,使中国国内文化发展和国际文化传播齐头并进,前者重在文化的国内建设,后者则重在对外文化传播的经营和文化外交的开展,包括对"文明冲突"的若干考虑②。

冷战期间,美苏之间存在一种战略文化上的冲突,这使双方几乎不能清楚地衡量双方力量的对比,使得在外交上通过采取一些微妙举动向对方发出信号的做法变得更加危险③。"中国和平崛起的发展道路"则不然,其最深刻的内涵就是同当代人类文明相交汇的中华文明的伟大复兴。中华民族有优秀的历史文化传统,像"和为贵""和而不同""讲信修睦,善待邻邦""己所不欲,勿施于人",等等,鲜明地体现了中华文明精髓。构建中国传统战略文化,增强中国文化对外的影响力、亲和力和吸引力,既代表中国传统战略文化的历史延伸,也展现了中国战略文化的现代嬗变。"和平共处五项原则"、"睦邻、安邻、富邻"的周边外交政策,以及新安全观的提出与发展,都体现了中国传统战略文化的现代回归。中国和平崛起、"合作外交",是中国传统战略文化现代转型与重构的集中体现。

总之,中国和平崛起要保持一个开放的环境,鼓励国际国内文化交流的自由开展,只有这样,才能打开多样文明和谐相处的大好局面,进而为和平崛起开创更加有利的国际环境。

---

① 《中国发展的微妙处境》,载《广角镜》2004 年 11 月 23 日,第 13 页。
② 罗建波:《构建中国发展的对外文化战略》,载《现代国际关系》2006 年第 3 期,第 36 页。
③ [美]丹·布卢门撒尔、克里斯托弗·格里芬:《理解战略:配合默契的舞蹈》,美国企业研究所网站 2006 年 3 月 24 日,转引自《参考资料》2006 年 4 月 11 日,第 7 页。

四　和平崛起：妥善处理与周边各国利益关系

一个大国的崛起必然要对世界秩序产生深刻的影响。妥善处理好与利益相关国的关系，对营造和平崛起的环境十分重要。处理不好将会导致大国间的冲突。中国的崛起也不例外。中国希望亚太地区安全秩序能长期稳定，正是基于为和平崛起提供良好环境的战略考虑。

进入 21 世纪以来，海啸、地震、大范围公共卫生事件、恐怖主义活动、核武器扩散等持续地影响亚太地区安全环境。亚太地区各国经受了这些天灾人祸的挑战，通过加强合作、共同维护地区和平与安全已成为亚太各国不可回避的现实问题。

亚太地区各国发展参差不齐，文化和宗教多种多样。但发展的参差不齐有助于"更好地促成联合"，文化的多元"才能成为活力的源泉"①。经济利益影响对外关系和对外政策的决策，中国和平崛起过程中的对外政策正对亚太地区的安全与合作产生巨大影响。以中美经济关系为例，自 1979 年两国正式建交至 2006 年，双边贸易额已从当年的 24.5 亿美元猛增至 2006 年的 2628.8 亿美元，总共增长 105 倍②。至 2004 年底美国累计对华投资额为 480.29 亿美元，位居对华投资国家和地区的第二位。③ 尽管中美经济关系发展很快，但在胡锦涛主席访美时，美国却以提高货币汇率、加强知识产权保护、开放中国服务部门、提高军费预算透明度以及人权等问题向中国施加压力。乔治·布什总统将中国称为"伙伴和竞争对手"，也体现了美国对华经济政治两手政策。

亚太地区的经济合作与发展将改变未来东亚和世界的战略版图，中国的和平崛起必将对美国以及其他利益相关国产生深刻影响。中国的"合作外交"为处理好与亚太各国的利益关系奠定了基础：主要体现在四个方面：第一，参与地区组织；第二，建立战略伙伴关系和深化双边关系；第三，扩展地区

---

① 《日本经济新闻》2005 年 5 月 9 日，转引自《参考资料》2005 年 5 月 12 日，第 13 页。

② 《中国统计年鉴》历年数据统计，中华人民共和国商务部统计资料，http://www.mofcom.gov.cn。

③ 《中国统计年鉴》历年数据统计，中华人民共和国商务部统计资料，http://www.mofcom.gov.cn(2005 年 1—12 月全国吸收外商直接投资快讯)2006 年 1 月 18 日。

经济联系；第四，减少安全领域中的不信任与担忧①。

亚太安全合作机制的制度化就是通过双边和多边协定、条约来规范亚太各国之间的关系，使地区经济一体化进一步深化和拓展，以寻求亚太地区各国的"和谐共存"②。中国将在这一过程起重要作用。中国虽然得益于美国霸权稳定下的多边主义，但它有可能加深与美国所界定的安全利益之间的分歧。随着时间的推移，亚太地区一体化将会削弱东亚安全格局中以美国为中心的"轴与辐"框架。中国积极的"合作外交"，谋求双赢经济合作政策在亚太地区产生广泛的影响。美国担心将来不得不与中国在亚太地区分享权力，约瑟夫·耐的"美国霸权的悖论"（The Paradox of American Power）是指美国的权力既推动了全球化的进程，又限制了全球化的发展。他认为，为了应对全球性的挑战，"共同合作、合理地运用权力不仅必不可少，而且也会加强美国的全球领导作用"③。由于存在美国霸权维护的亚太秩序，中国的发展虽然对亚太各国是机遇，但同时也会被看成是威胁。因此，如何处理好与美国等亚太地区利益相关国之间的关系，对和平崛起的中国，保持良好的周边环境至关重要。

从对外关系方面看，中国50年前提出的"和平共处五项原则"，至今仍然是国际关系的指导原则。中国和周边国家就领海问题提出"搁置争议，共同开发"、中俄、中越、中印之间和平解决边界争端取得成功，显示出和平崛起的中国以互相尊重、和平理性解决争端的诚意和技巧，应坚持辩证地看待国际关系中"竞争与妥协问题"④。

美国在跨国技术、经济、军事、政治甚至文化等合作方面享有极大优势。作为当今世界唯一的超级大国，美国在亚太地区继续保持其军事存在，继续

---

① David Shambaugh, "China Engages Asia: Reshaping in the Regional Order", *International Security*, Vol.29, No.3, 2005, p.72.

② Wang Deng & Thomas G. Moore, China Views Globalization: Toward a New Great-Power Politics, seeing Helen E. Purkitt, eds., *World Politics*, 2006-2007, p.161.

③ Joseph S. Nye Jr., *The Paradox of American Power: Why the World's Only Superpower Can't Go It Alone*, London and New York: Oxford University Press, 2002, *World Politics*, 2006-2007, p.161.

④ Ronald C. Keith, eds. *China as a Rising World Power and its Response to "Globalization"*, Routledge: Taylor & Francis Group, New York, 2005, p.3.

从美国的全球战略角度看待亚太安全和合作问题,并且试图将亚太安全合作同其阿富汗战争、伊拉克战争、防止大规模杀伤性武器扩散联系起来。虽然美国对中国的和平崛起可能影响其未来在亚洲的地位有所顾忌,但在其反恐战争真正结束前,美国仍然会将中国视为其战略合作者。2005 年,美国前副国务卿佐立克发表对华政策演讲时,把中国称为"负责任的利益攸关方"。要求中国和美国一道在反恐、防止核武器扩散等方面承担义务。美国希望中国成为由其主导下的国际政治经济格局的成员,美国也不认为中国有不负责任的国际行为,而是认为中国向美国负责不够。事实上,中美两国对"国际责任"有着不同的概念和认知。从反恐到朝核问题,从贸易到人权,在所有问题上,中国都在履行自己的责任,但中国与美国在合作交往中不可能放弃自己的原则。中美在亚太地区的利益争议的本质不在于中国是否像美国所说的"负责任的利益攸关方",而是美国对中国和平崛起的态度问题。美国要继续保持它在东亚、甚至东南亚地区安全问题上的主导地位,美国也不希望台海地区的战略平衡出现对台湾不利趋势,这是未来中美之间利益冲突主要根源。中国与亚太地区国家发展新的互动关系和安全合作模式,有助于化解中美之间利益冲突的一些潜在因素。如果中国与周边国家能建立一个或多个地区共同体,那么,崛起的中国就有了周边地区和平与繁荣的保障。

中日关系的改善有利于亚太安全秩序的构建。正确对待历史问题是中日建立战略合作关系的关键。中日双方都应本着尊重历史事实的原则,妥善处理双方的分歧,尤其要尊重受害国人民的情感。日本国内舆论不断埋怨"亚洲邻国不满意日本关于历史问题的态度"①,这其实并不是善意的表述。既然承认战争给亚洲各国带来巨大的灾难,作为国家领导人为什么不听劝告,屡屡参拜供有甲级战犯的靖国神社呢? 2006 年,通过中日两国领导人之间的互访,两国关系正向积极的方向发展,并就成立"中日成立共同历史委员会"达成共识,通过彼此沟通,寻求对历史问题的客观解释,也是促进双边关系改善

---

① "New East Asia, Old Enmities: China's Growth Has Changed Japan's Region, But also Changing Japan's Politics", *The Economist*, Oct.8, 2005, p.15.

的积极举措。① 但日本的亚太战略仍然是,一方面要强化日美同盟;另一方面通过建立区域安全合作机制和条约来冲淡中国不断增长的影响力,中国对此要认真应对。

构建亚太安全秩序是摆在亚太地区各国面前的一项艰巨任务。虽然合作的前景看好,但还存在许多问题。今天,亚太地区既是世界经济和贸易发展迅速的地区,也是各种矛盾交织、利益冲突的地区,如:传统安全与非传统安全、领土与领海纠纷、能源安全问题、核不扩散问题等。亚太安全合作环境中既有大国之间结构性的对抗,也有围绕防核扩散等问题的大国合作。表现为"既合作又相互防范,既冲突又依存,既是伙伴又是对手"②。亚太地区各国政治、经济文化环境差异很大,对构建安全秩序存在不同认识,尤其是政治制度差异,使互不信任、互不认同现象难以消除。美国指责中国"致力于积聚财富,实现现代化,加强军事力量,推行自己的地区及国际秩序方案"③。表明美国仍然坚持其遏制中国在亚太地区发挥积极作用的战略。

亚太经济合作组织正在推动整个亚太地区贸易和投资的自由化,以实现亚太经济一体化,从而确立一个有益于亚太各国经济利益的地区性实体。东盟"10+3"论坛正朝着这个方向努力。东亚各国有可能通过朝核问题的六方会谈逐渐"扩大成为一种范围更广泛的亚洲安全机制,利用亚太经合组织和东盟地区论坛,扩大贸易和经济谈判,将外交政策安全选择包括在内"④。中国的发展是在亚太地区存在多方位、多层次的复杂环境下进行的。中国的发

---

① 2006 年 10 月,日本首相安倍晋三在访华期间与温家宝总理就年内启动中日历史共同研究达成共识,11 月胡锦涛主席在越南首都河内参加 APEC 会议期间会晤安倍晋三首相时,对该共识再次予以确认。11 月 16 日,李肇星外长和日本外相麻生太郎就"中日共同历史研究实施框架"达成一致,决定中日两国学者将基于《中日联合声明》、《中日和平友好条约》、《中日联合宣言》三个政治文件的原则,以正视历史、面向未来的精神,对中日历史进行共同研究。《人民日报》2006 年 12 月 26 日。

② 王帆:《东亚安全模式:共存、并行还是置换?》,载《世界经济与政治》2005 年第 11 期,第 16 页。

③ [美]理查德·托斯通:《扭曲的三角:美国对中俄接近感到不满》,《新闻时报》(俄罗斯)2006 年 4 月 6 日,转引自《参考资料》2006 年 4 月 11 日,第 1 页。

④ [美]克劳德·巴菲尔德:《美国和中国:战略脱节》,《美国企业研究所》网站 2006 年 4 月 19 日,转引自《参考资料》2006 年 4 月 29 日,第 5—6 页。

展不仅不会对邻国构成威胁,相反,她将有力地促进亚太地区政治、经济、文化、安全和合作的健康发展。中美之间虽然时而存在利益上分歧,甚至有可能因为这些利益而导致冲突,但中美两国已经建立起"各自认可的相互依赖关系"①。中国的"和平崛起"和"合作外交"战略将成为中国两维护亚太地区政治经济稳定的重要保证。

五　和平崛起与中国对外经济战略

全球化时代中国的对外战略是以中国和平发展为前提的。它为中国经济的发展提供了稳定的国际国内环境。经济全球化对中国经济的影响是多维的,有利也有弊。面对经济全球化的发展趋势,中国正积极采取施如,以适应国际经济竞争环境发展变化的需要。在全球经济产业结构大调整中,中国应利用劳动密集型产业优势,通过调整结构和技术改造,不断提高其技术含量和产品附加值,实现产业升级换代,提高国际竞争力。中国还将贸易与对外直接投资相结合,以贸易为先导,认真实施"走出去"战略,重视与世界跨国公司的合作,优化出口商品结构,全面参与国际贸易竞争。美国兰德公司中国问题专家威廉·奥韦霍尔特(William H.Overholt)在他的题为《中国与全球化》(China and Globalization)研究报告中阐述了全球化时代中国经济发展的几个问题②,列举如下。

第一,中国已从全球化的最大反对者,变成了这些体制最坚决的拥护者和倡导者。如今它的经济比日本要开放得多,各项体制的全球化程度是闻所未闻的。法治局面的形成、竞争意识的增强、英语的广泛运用、外国教育模式的推广以及许多外国法律和制度的引进不仅完善了中国的制度习俗,而且改变了中国的文化教养③。

---

① Michael Yahuda, *The International Politics of the Asia-Pacific*, p.309.

② William H.Overholt, "China and Globalization", Testimony presented to the U.S.-China Economic and Security Review Commission, by RAND Coperation, May 19,2005.威廉·奥韦霍尔特关于中国问题研究的主要作品还有: *The Rise of China: How Economic Reform Is Creating a New Superpower*, W.W.Norton & Company, 2005; "China's Economy, Resillience and Challenge", *Harvard China Review*, (1), 2004.

③ William H.Overholt, "China and Globalization", Testimony presented to the U.S.-China Economic and Security Review Commission, by RAND Coperation, May 19,2005, pp.1-2.

　　第二,中国的一切经济成就都与自由化和全球化息息相关,全球化的方方面面都给中国带来进一步的成功。世界历史上从来没有过这么多劳动者这么迅速地提高生活水平,中国实际上成为美国和东南亚促进自由贸易与投资的盟友,而日本、印度和巴西则不太情愿接受自由贸易与投资。当然,中国为迅速全球化承受了艰难的调整①。

　　第三,由于中国成功地走向全球化,中国不再是一片把大国吸入严重冲突的真空,中国支持在泰国和菲律宾建立稳定的资本主义民主制度,加入了IMF、世界银行和世界贸易组织(WTO),向邻国宣扬政治稳定、自由贸易和自由投资的好处,这一切使美国受益②。

　　第四,中国的全球化并不局限于经济开放,更重要的是制度的全球化。当代中国的发展战略同日本明治早期(19世纪中叶)有着惊人的相似之处,那时,日本政府派人前往世界各地,选择并仿效最好的外国海军(英国)、最好的外国教育体系(德国)等。此后150年间,日本逐渐变得闭关自守,中国则逐渐从清朝的处处设防和毛泽东时期的排外农民心理转向具有包容性的世界主义③。

　　中国经济改革的一项重要内容是学习国外先进技术和管理理念。威廉·奥韦霍尔认为,中国不仅借鉴外国的技术和外国的公司管理方法,而且借鉴外国的各种制度和惯例:国际会计标准,英国、美国和香港的证券法规,法国的军事采购制度,以美国联邦储备银行为样板的中央银行结构、台湾式的外国证券投资管理规章,吸取了韩国、新加坡和台湾经验的经济发展战略等。在这些变化中,最重要的是中国决定采纳西方的法治概念,把竞争确定为至关重要的一项经济惯例,使英语基本上成为中国有教养者的第二语言④。但中国的变迁是一个循序渐进的过程,在一个没有职业会计师和律师的国家引入西方会计制度和西方法律不可能一蹴而就。但同其他国家相比,当代中国的变化相当

---

　　①　William H.Overholt,"China and Globalization",Testimony presented to the U.S.-China Economic and Security Review Commission,by RAND Coperation,May 19,2005,p.2.

　　②　Ibid.,p.4.

　　③　Ibid.,p.5.

　　④　Ibid.,p.5.

迅速。威廉·奥韦霍尔指出:中国学习西方先进技术和管理模式,不再像近代的"中学为体,西学为用"那样纯属技术性借鉴。这是一种改造过程,在实行法治和提倡竞争等方面完全否定了中国几千年传统文明的核心观念①。

长期以来,中国一直体验着产品品位的全球化。中国人接触外国品牌很快,从而融入全球文化。威廉·奥韦霍尔举例说道,中国人远比十几年前的韩国人更了解全球文化,不包含全球性设计理念和外国知名技术的汽车是不可能在中国畅销的。十到三十年前,韩国汽车行业的发展阶段同当年中国差不多,那时马路上几乎根本没有欧洲或美国车,直到今天也极为罕见。但在中国的马路上,大众车和别克车比比皆是②。

中国逐渐变得比大多数第三世界国家和许多第一世界国家更信奉全球化。中国的成功全都是伴随着"改革开放",也就是全球化带来的。

中国在全球化进程中取得的成就对周边邻国产生深远的影响。印度从中国那里领悟到经济开放的好处,为了同中国竞争,那些在学校被灌输了厌恶外资思想的亚洲人和一贯坚持保护主义立场的拉美人今后必须对外资采取更为开放的态度,不再一味依赖贷款。这将改变第三世界国家的发展战略,给美国公司创造更加广阔的全球机遇。威廉·奥韦霍尔认为,同最初的恐惧恰恰相反,中国的崛起没有抢走而是推动了邻国的贸易和外国直接投资。事实上,中国近年来的经济增长使日本经济突然得以振兴,使主要邻国免于衰退,可能还防止了一场危险的全球经济下滑③。

中国的经济增长给美国公司带来新的市场。一如商品的流动,从中国流向美国的利润远远高于从美国流向中国的利润。便宜商品大大改善了美国穷人的生活状况。便宜的中国货为弥合美国赤字所做的融资使美国的通货膨胀和利率下降,并使美国经济得以长期蓬勃发展。

威廉·奥韦霍尔指出:中国的成功是世界现代史上的一个重要动向,但依据当前的增长来推断中国将取得全球主宰地位或对美国的生活方式构成威胁

---

① William H.Overholt, "China and Globalization", Testimony presented to the U.S.-China Economic and Security Review Commission, RAND Coperation, May 19,2005, pp.5-6.

② Ibid., p.6.

③ Ibid., p.7.

是绝对错误的。与苏联不同的是,中国在推行改革政策的同时并不谋求改变其他国家的生活方式。中国经济正面临世界史上最严峻的金融、城市化和就业挑战。对美国来说,最好的结局是中国最终像日本那样——繁荣昌盛,有得有失。从各种迹象来看,中国正朝着这个方向迅速迈进,对此美国应当欢迎而非害怕①。以上可以看出,威廉·奥韦霍尔对全球化时代的中国经济发展的机遇和挑战的认识在当时的美国具有一定的代表性。

六 新国际环境下国家利益维护

随着中国融入全球进程的加速,中国的国家利益进一步向海外拓展。中国因素无处不在,海外利益在各个层面、各个角落展现出来。中国与其他发展中国家并起,中国对世界的影响在加深、加速,这种变动赋予中国巨大的战略塑造空间,为中国海外利益的开拓提供了难得的战略机遇。由于涉外活动的日益频繁,涉外纠纷甚至是重大涉外事件不断发生,2007 年中国外交部共发布涉外事件4000 多条②。如何维护好我国海外利益以及公民的合法权益,对树立我国大国形象,维护国家利益极为重要。从战略层面上看,中国海外资产的规模在扩张,海外资源的分量和重要性在迅速上升,但相关保护手段和能力严重不足;随着中国在非洲、拉美经济利益的拓展,中国与西方国家的经济利益、地缘政治利益的冲突在上升,利益协调的难度在加剧,中国自身的利益易于受到损害;中国进入经济发展"高成本"的时代,国际经济摩擦日益加剧,中国塑造国际经济秩序的意愿增强,随之"中国威胁论"出现新版本,"中国责任论"对中国压力进一步增强。可以说,全球竞争态势已经明显,中国海外利益实际上处在巨大的风险之中,维护与拓展中国海外利益面临的战略挑战越来越突出,中国承受不起对海外利益的忽视。③

---

① William H.Overholt, "China and Globalization", Testimony presented to the U.S.-China Economic and Security Review Commission, RAND Coperation, May 19,2005, pp.8-9.

② 2007 年,除数以万计的寻亲、纠纷、意外事故、出入境受阻等日常求助案件外,先后发生了中国工人在尼日利亚、尼日尔被绑架、中石化公司在埃塞俄比亚项目组遭袭击、中国渔民在索马里海域被劫持、中国公民在巴基斯坦、南非等国被杀害等数十起重大突发事件。

③ 门洪华:《中国外海利益敏感脆弱性显现、维护拓展面临挑战》,载《学习时报》2009 年 6月 18 日。

维护和拓展中国的海外利益,既是中国增强自身实力和提高国际影响力的必要途径,又是提高相关国家对中国依赖程度的必要途径,是中国的一个重大战略议题。中国决策者已深切意识到海外利益的重要性,开始着手设计海外利益保护机制。但相关战略框架尚未确立,国家利益观念尚需创新,相关战略手段尚需丰富,甚至海外利益的评估尚未开展,加强中国海外利益研究有其重要性、必要性和紧迫性。

海外利益管理需要国内跨部门协调和沟通。一方面,中央政府职能部门以及地方政府,已经越来越多地卷入与外部世界的关系中;另一方面,随着全球公共问题的增加,国家海外利益涉及的部门、产业、公民群体不断扩大,外交机构处理的事务远远超过传统外交定义,在国家大外事、大外交理念下,外交部门职权和范围亟待扩大、加强,国家需要将其他政府机构涉外部门与外交部进行调整、合并、统一,提高外交能力的机构基础,适应海外利益管理以及走向全球性国家的内在需要①。

中国"走出去"不仅要和相关国家的经济利益发生冲突,也会和他们在非洲和拉丁美洲的地缘政治利益相冲突。中国如果不能在非洲和拉丁美洲和西方协调利益,中国本身的利益就很容易受到损害。如何来保护中国的海外利益? 帝国主义和殖民主义已经走入了历史。现在帝国主义和殖民主义时代已经过去,那么依靠什么来保护海外利益呢? 当然是由现有新的国际机制,如世界贸易组织等来保护各国的海外投资。但从现实面看,现存的国际规则并不足以保护一个国家的海外利益。看看美国和欧洲国家是如何努力来保护他们"走出去"的利益包括在中国的利益就知道保护海外利益的困难了。中国政府在保护欧美在华利益方面已经尽心尽力,但西方还是不放心②。

中国发展同发展中国家的经贸关系有自己的理念。根据中国自身的改革开放经验,中国相信通过经济发展和消灭贫穷来达到社会稳定和政治变迁。这表明中国更需要考量保护自己在那里的长远利益。尽管中国希望走出一条与发达国家不同的道路,并把和平发展与和谐世界作为中国国际关系的核心

　　① 苏长河:《论中国海外利益》,载《世界经济与政治》2009 年第 8 期。

　　② 郑永年:《中国应考量如何保护其海外利益》,载[新加坡]《联合早报》2007 年 2 月 13 日。

价值,但这并不说中国可以忽视利益的冲突面。只有正视冲突才可能达到和谐;也只有正视冲突才可以保护自身的海外利益。

中国积极参与维和行动、维护国家利益和世界和平。冷战结束后,国际政治与安全形势发生了新的变化,联合国维和行动的数量与规模迅速扩大,其内涵也从传统意义上的单纯军事性维和使命,逐渐演变成具有军事和民事等多重任务。联合国维和行动正越来越多地应用于处理国家内部冲突和内战。而且,维和的目的已经不仅仅限于通过军事干预手段防止冲突发生,更包括各种复杂的建设性和平活动。如今,联合国维和人员中除了军人以外,还包括警察以及人权、法律、民政、经济、新闻和人道主义等各种领域的专业人才,其目的就是帮助发生战乱的国家或地区建立持久的和平与秩序。

中国作为联合国安理会常任理事国,一贯重视并支持联合国在《联合国宪章》宗旨和原则指导下,为维护国际和平与安全发挥积极作用。随着联合国维和行动作用的变化,中国从 20 世纪 80 年代后期开始采取区别对待、积极支持的态度。1992 年 4 月,中国第一支"蓝盔"部队——军事工程大队赴柬埔寨执行任务。这是中国首次派遣成建制非作战部队参与联合国维和行动。1999 年,中国政府正式宣布派遣维和警察参与联合国维和行动。2000 年 1 月,中国首次派遣 15 名民事警察到东帝汶执行联合国维和任务。从此,中国派出的维和警察成为中国海外维和行动的重要组成部分。截至 2013 年 7 月,中国已累计派出维和部队 2.2 万多人次,现仍有 2000 多名中国维和人员在 10 个任务区执行各类维和任务。是联合国安理会常任理事国中派兵最多的国家①。

维和行动是联合国维持世界和平稳定的一个重要手段,对维护国际秩序,推动建设和谐世界进程具有积极的意义。今天,国际环境总体保持稳定,但影响和平与发展的不稳定与不确定因素增多,地区冲突持续不断,形势错综复杂。国际社会必须加强合作,共同维护世界的和平与安全。中国主张加强联合国的作用,维护安理会的权威。安理会应具备应对冲突的快速反应能力,制定从预防冲突到恢复和平、从维持和平到冲突后建设和平的全面战略。中国

---

① 《中国赴马里维和部队组建完成》,载《环球时报》2013 年 7 月 13 日。

以实际行动向世界表明,中国始终是维护世界和平、促进共同发展的坚定力量①。因此,中国维和行动不仅是维护世界各国的利益,也是维护中国国家利益的重要举措。主要特点表现在以下几个方面:

1. 政治利益:中国派兵参与海地的维和行动,维护当地的和平与安全,这对于提高中国在当地的影响力,展示中国负责任的大国形象具有非常重要的作用。通过参与联合国维和行动,踏入拉美地区,可以让拉美地区的人民真切感受到中国作为负责任大国的存在,扩大中国在当地的影响力。这在一定程度上可以平衡美国在当地独一无二的地位,遏制美国的霸权行为。可以说,"中国派遣海地防暴维和警察部队是中国加强其全球角色和作用的重要一步"②。

海地是目前国际社会上与台湾有"邦交关系"的少数几个国家之一。中国通过参与海地维和行动,客观上有利于跟海地建立一种"军事联系",提高中国在海地政府和民众心目中的形象和地位,扩大中国在海地甚至拉美地区的影响力,打击台独分子的嚣张气焰。

参与维和行动不仅是中国向外展示形象,同时也是让世界认识中国,增强中国"软权力"的一种重要手段和途径。通过派出中国的军人、警察以及文职人员等"蓝盔"人员,可以让更多的人直接认识中国,了解中国。中国维和人员在维和任务中的良好表现,必然会提高中国在当地人民心目中的地位,从而增强中国在全世界的影响力。

2. 安全利益:参与联合国维和行动是中国广泛参与国际多边机制的必经之路和重要内容。国际多边机制作为国际关系的一种非国家主体,成为国际关系中不可或缺的公共物品,对参与国际政治经济活动的所有国家产生影响③。维和机制作为国际多边机制,尤其是国际安全机制的重要组成部分,在维护正常国际秩序中扮演着越来越重要的角色。中国参与海地的

---

① 蒋振西:《积极参加维和行动、推动建设和谐世界》,载《求是》2009 年 12 月号。

② "Chinese Police in Haiti", *Washington Times* [DB/OL], The (DC), 0732894, Oct.1 2004, 数据库:Newspaper Source。

③ 门洪华:《国际机制理论流派评析》,载《中国社会科学辑刊》(香港)2000 年夏季卷,第155—164 页。

维和机制,有利于调整中国同其他大国尤其是美国的关系。在维和过程中与其他国家相互接触、增进了解和信息交流,达到增加信任的目的,以减弱由于相互不信任而对我国构成的战略压力,为维护国家安全战略利益作出了贡献。

中国公民在海外人身安全受到恐怖主义愈加严重的威胁促使中国政府加大了参与维和的力度和步伐。正如中国人民大学国际关系学院教授金灿荣所说的:"我们必须要认识到,随着中国经济的发展,中国公民在海外将面临更多的危险。中国人不再是海外最安全的外国人了。事实上,我们越来越成为恐怖分子袭击的目标和对象。"①这促使中国政府改变传统的维和政策。中国积极参与海地维和行动,对于维护中国公民在海地的人身、财产安全也是非常重要的。同时,"参与联合国维和行动是中国军队走向世界的重要平台,既是挑战又是机遇,既检验军队的训练水平、装备水平和迅速反应能力,又检验与其他国家军队协调、协作的能力,是军队综合素质和能力的反映,维和给中国军队看世界的机会,也给世界提供了了解中国军队的机会"②。

3.经济利益:拉美丰富的资源和巨大的潜在市场,对于中国"走出去"的战略目标具有十分重要的意义。中国经济的快速发展,对能源产生巨大的需求,而拉美国家拥有丰富的自然资源。与此同时,中国企业也要走出去,拉美有5亿多人口和将近2万亿元的经济总量。这样一个庞大的市场,中国企业绝不应忽视。可以说无论从是获取能源还是开拓市场,拉美对中国都是至关重要的。中国海地维和行动,必然会扩大中国对拉美地区的影响力,从而在一定程度上有利于中国与拉美地区经济及各方面的发展与合作。随着中国和平崛起,中国外交将走向成熟,外交政策将越来越灵活,中国在今后参与维和行动上将会越来越注重利益价值或潜在利益价值的实现。

---

① "China Peacekeeping Role Starts in Haiti"[DB/OL],*Times*,(The United Kingdom),Oct 18,2004,数据库:Newspaper Source。

② 王逸舟:《磨合中的建构——中国与国际组织关系的多交化》,中国发展出版社 2003 年版。

中国参加联合国维和行动的人员统计情况（截至 2006 年 12 月 31 日）①

行动及使命	受助国	军队人数	军事观察员	维和警察	总数
联合国西撒哈拉全民公决行动（MINURSO）	西撒哈拉	0	14	0	14
联合国海地维稳行动（MINUSTAH）海地	0	0	130	130	
联合国刚果民主共和国特派团（MONUC）	刚果民主共和国	218	12	0	230
联合国驻黎巴嫩临时部队（UNFIL）	黎巴嫩	182	8	0	190
联合国埃塞俄比亚、厄立特里亚特派团（UNMEE）	埃塞俄比亚厄立特里亚	0	9	0	9
联合国科索沃临时政府特派团（UNMIK）	科索沃	0	0	18	18
联合国利比里亚临时政府特派团（UNMIL）	利比里亚	565	23	5	593
联合国苏丹特派团	苏丹	446	14	9	469
联合国东帝汶综合特派团（UNMIS）	东帝汶	0	2	0	2
联合国科多底瓦维和行动（UNOCI）	科多底瓦	0	7	0	7
联合国停战监督组织（UNTSO）	中东	0	4	0	4
总数		1411	75	180	1666

资料来源：联合国维和行动署。

---

① "Monthly Summary of Contributions of Military and Civilian Police Personnel，by Country Mission"，December 31，2006，UN Web，www.un.org/Depts/dpko/dpko/contributons/index/htm［0］，February 23 2007.在非洲的维和行动人员中，法国为 232 名，俄罗斯 213 名，美国 18，英国 12 人，而中国维和人员达到 1222 人。

第三章 国际秩序转变中的当代中国周边安全环境

直到清朝时,中国才开始关注并意识到大陆东方与南方滨海及其海洋地区战略的价值。此前,中国各朝代大部分时期,周边战略主要包含与大陆接壤的内陆地区。美国学者查哈梅·哈利查德(Zahmay M.Khalilzad)认为,以往中国历来极力安抚与控制这些周边地区,旨在防止中国遭到攻击,控制临近内陆地区贸易路线。当中国处于衰弱时期,中国依旧通过朝贡体制努力维持一个以中国为中心的象征性的秩序,以维持中国对外政策的合法性,并寄望吓阻潜在的敌人。一旦朝代更迭,皇帝内部统治稳固之后,往往对西南邻国用兵,收复于衰弱时期或前朝丧失的周边地区,但当遇到敌人顽抗时,则该战役可能绵延数十年。[①] 中国周边外交战略直到20世纪70年代末才真正体现其价值意义。当代国际秩序的变化影响各国对外战略的制定,影响国际政治、经济安全环境。中国的周边环境也深受国际秩序演变的影响,尤其是美国重返亚洲战略,是影响中国周边外交的重要因素。

第一节 当代"周边"的含义

当代的中国周边概念远远超出历史含义上的定义,当代中国周边被赋予"小周边"和"大周边"战略含义。小周边通常指与中国领土、领海相连接的国家和地区。而"大周边"概念超越传统的地理范围局限,是指海上高速公路能

---

① Zahmay M.Khalilazd, Abram N.Shulsky, Daniel L.Byman, Roger Cliff, David T.Orletsky, David Shlapak and, Ashley J.Tellis, *The United States and a Rising China*: *Strategic and Military Implications*, Santa Monica, CA: RAND Corporation, 1999.

直接达到的港口,同中国海上、陆上有相同战略利益需求的国家和地区。所谓"远亲"、"近邻"就是当今意义的周边国家。这样,除了传统意义上的周边国家外,美国、新西兰、澳大利亚、加拿大、巴西、阿根廷、智利甚至是西亚、中东都是中国的大周边邻国。美国是中国大周边最大的邻国,也是中国与邻国关系战略利益最大的国家。中国的大周边同美国、日本、俄罗斯对外战略利益重叠,美、日、俄在东北亚、东南亚、南亚以及中亚地区都有各自的安全战略利益。而"安全"一词,传统意义上主要指军事安全,"研究的主要焦点是战争现象"①。但在今天的国际问题研究中,"安全"不再仅仅在暴力冲突的范畴内来理解,"安全底线是关于生存的,但它也包括对于安身立命的环境的广泛关注。安全为五个主要方面的因素所影响:军事的、政治的、经济的、社会的和环境的"②。总体上讲,中国同周边国家之间经济合作机遇多,安全问题面临挑战。美国、日本、俄罗斯、东盟和印度是影响21世纪中国周边经济发展和政治安全的主要因素。全球金融危机后,美国在世界政治、经济和科技中的主导地位一度受到削弱,但随着美国"重返亚太"并与中国周边国家、尤其是美国与其盟国政治、经济关系的不断发展,也使和平崛起的中国不得不面临巨大的挑战。

　　构建中国周边安全合作机制,营造睦邻友好环境,对当代国际秩序转变中的中国周边安全环境稳定至关重要,中国外交战略的决策者们充分认识到,抓住中国发展机遇期,发展积极和谐的周边关系是中国对外关系的首要任务。从中国对外战略取向上说,中国坚持"与邻为善"、"以邻为伴"政策有利于处理与周边国家的关系;发展与周边国家关系是国际秩序转变时代中国的机遇和挑战,周边国家同样需要谋求一个有利于发展本国经济的国际环境,这样才能实现"双赢"。

　　国际秩序转变不仅体现在国际政治安全和制度层面,而且体现在全球化时代的"去疆界化"(de-boundary)、跨国界、跨地区、跨民族的政治、经济、科学

　　①　Stephen M. Walt, "The Renaissance of Secrity Studies", *International Studies Quarterly*, Vol. 35, No.2.转引自陈峰君主编:《亚太安全析论》,中国国际广播出版社2004年版,第3页。

　　②　Barry Buzan, *People, States and Fear: An Agenda for International Security Studies in the Post-Cold War Era*, Boulder:, Lynne Rienner, 1991.转引自陈峰君主编:《亚太安全析论》,第3页。

文化互动领域。在这一互动过程中,意识形态、民主自由价值、人权观念已超越国境①。自由市场、跨国公司、贸易、投资以及世界性的销售使各国相互依赖程度日益加深。学术交流、科学创新在各国间迅速传播,南极开发、太空探索已成为人类的共同追求。文化交流推动世界范围内的各种书刊传播,大众文化、消费文化如好莱坞电影、麦当劳、肯德鸡等几乎渗透到世界每一个角落。作为信息技术传播的因特网更是连接全球的千家万户。国际秩序转变,一方面影响各国之间的贸易,使各国在消除关税壁垒、资本自由流动、文化交流等方面获得收益;另一方面,它客观上在不断地侵蚀国家主权。贸易政策可能有助于改善环境、提高劳工权利,"但是它也有可能不适合某些国家,甚至成为一些国家贸易保护主义的借口"②。

虽然中国也是国际秩序转变的受益者,但中国的和平发展和周边安全,既存在许多机遇,也面临新的挑战。英国地缘政治学家哈尔福德·麦金德(Sir Halford Mackinder)认为"在国际竞争中,邻国越多,特别是接壤的邻国越多越不利"③。这就表明国际秩序演变中的"去疆界化"同各国维护边疆安全,领土主权完整原则存在分歧。不过,今天的国际环境同麦金德所处的时代完全两样,"国际政治经济秩序的发展和转变在经济上所带来的好处与在国际安全上带来的好处相比,要次要得多"④。这就表明,全球化的自由贸易或经济的开放与繁荣与和平有一种间接的联系;贸易和经济上的相互依赖本身就使军事冲突的风险减少。全球化时代中国周边环境的好坏对维护世界和平与发展具有深刻的影响。

第二节　中国周边安全的机遇和挑战

1.经济合作是机遇。随着中国加入 WTO,中国的对外经贸关系发展迅

---

① 西方学者认为,1989 年柏林墙被推倒,1991 年苏联解体等是政治全球化影响的产物。

② Jeffrey A.Frankel and Peter R.Orsag, ed. *American Economic Policy in 1990s*, Massachusetts Institute of Technology Press, CITIC Publishing House, 2002, p.212.

③ 朱听昌主编:《中国周边安全环境与安全战略》,时事出版社 2002 年版,第 1 页。

④ [德]埃里克·韦德:《繁荣与和平通过全球化的传播》,载美国《独立评论》,转引自《参考资料》2004 年 12 月 1 日,第 8 页。

速,2004 年中国对外贸易额为 1.1548 万亿美元①。2013 年中国对外贸易额
达到 4.16 万亿美元②,2003 年中美双边贸易额为 1263.3 亿美元③,2013 年双
边贸易额超过 5210 亿美元,中美双向投资额累计超过 1000 亿美元④。这些
同中国保持和平稳定的周边环境分不开。随着区域经济一体化的不断深入,
中国同东盟国家缔结自由贸易协定的步伐加快,中国—东盟之间的自由贸易
协定把实现自由化的时期定为 10 年⑤。中国的发展给东盟国家带来经济发
展机遇,自 2010 年中国—东盟自由贸易区建成以来,中国—东盟贸易增长迅
速,2012 年中国与东盟贸易额达 4000.93 亿美元,其中:中国对东盟出口
2042.72 亿美元,同比增长 20.1%;自东盟进口 1958.21 亿美元,同比增长
1.5%,中方顺差 85 亿美元⑥。通过与中国建立互惠互利的经贸关系,亚太地
区的经济安全得到进一步保证。中国已成为东盟最大的贸易伙伴。中国与东
盟经贸关系的发展,客观上削弱了美国对亚洲的影响力,有利于保持亚太地区
的长期稳定,而且进一步坚定了东盟国家要与中国加深合作的信念。与中国
合作可以使这些国家分散经济风险,所以东盟国家坚持"要与世界舞台上所
有的重要参与者,尤其是亚洲国家建立联系"⑦,而不仅仅是依赖于美国。

　　中国对中亚地区的影响也不断扩大。从 2001 年上海合作组织成立以来,
中国和中亚国家的经贸及社会文化关系取得了长足进展。1992 年中亚国家
独立时,中国和中亚 5 国的双边贸易额只有 4.2 亿美元,2001 年增长到 55 亿

　　①　[美]丹·伊肯森:《中国不要忘记世贸》,转引自《参考资料》2004 年 12 月 31 日,第
6 页。
　　②　中华人民共和国商务部(以下简称"商务部"):《2013 年中国对外贸易情况》,商务部网
站 2014 年 1 月 17 日,http://www.mofcom.gov.cn/article/i/jyjl/k/201401/20140100465013.shtml。
　　③　美国《商业周刊》认为,中国对美国贸易的巨大顺差在很大程度上被中国与世界上其他
国家,特别是与其除日本以外的亚洲邻国的贸易逆差所抵消。
　　④　商务部:《2013 年中美双边贸易额 5210 亿美元》,中国经济网 2014 年 1 月 16 日,
http://intl.ce.cn/specials/zxxx/201401/16/t20140116_2138950.shtml。
　　⑤　日本《朝日新闻》,2004 年 11 月 30 日,转引自《参考资料》2004 年 12 月 1 日,第 8 页。
该报认为:中日韩之所以把手伸向东盟,是因为看中东盟自由贸易区正在形成的 5 亿人口的统一
市场。
　　⑥　《中国东盟贸易强劲增长:中国经济企稳将带动亚洲经济 2013 年同步增长》,载《人民
日报》2013 年 1 月 13 日第 1 版。
　　⑦　韦红:《中国崛起与东盟对外战略调整》,载《当代亚太》2009 年第 11 期。

美元。在上海合作组织合作框架的拉动下,2012 年中国与中亚的双边贸易额已经超过 460 亿美元①。2013 年 9 月 3 日至 13 日,习近平主席先后对土库曼斯坦、哈萨克斯坦、乌兹别克斯坦、吉尔吉斯斯坦进行国事访问,并且提出共同建设"丝绸之路经济带"的重要倡议。强调:构建"丝绸之路经济带"要创新合作模式,加强"五通",即政策沟通、道路联通、贸易畅通、货币流通和民心相通,以点带面,从线到片,逐步形成区域大合作格局。今天,中国分别成为乌兹别克斯坦和吉尔吉斯斯坦第一、第二大投资来源国,哈萨克斯坦、土库曼斯坦第一大贸易伙伴,乌兹别克斯坦、吉尔吉斯斯坦第二大贸易伙伴。中国同中亚国家贸易额从建交初 4.6 亿美元增加到 2012 年 460 亿美元,是 21 年前的100 倍②。

　　除此之外,中国与亚洲第二大国印度经贸关系发展速度加快,2006 年 11 月胡锦涛主席访问印度时,中印发表联合宣言,制定 2010 年前实现每年 400 亿美元贸易额与核能合作的目标③。2010 年中印双边贸易额为 555.8 亿美元,增长 42.5%。其中,印度对中国出口 174.2 亿美元,增长 71.5%;自中国进口 381.6 亿美元,增长 32.3%;印度逆差 207.5 亿美元,增长 11%。中国超过阿联酋上升为印度第一大贸易伙伴,并继续保持成为印度的第一大进口来源地和第三大出口市场④。2014 年 9 月习近平主席的印度之行进一步推动两国经贸关系的发展,到 2015 年中印贸易额将超过 1000 亿美元,中国计划在今后五年对印度各种基础设施项目投资 1000 亿美元,相当于日本所承诺对印度投资的三倍。⑤

　　2.安全面临挑战。"大周边"安全环境对于中国来说则表现出不同的特征。大周边各国与中国安全利益关系已进入深水区。大周边国家与美国、日

---

① 朱峰:《中国提出"新丝绸之路经济带"构想》,载《今日中国》2013 年 10 月。
② 杜尚泽:《梦想,从历史深处走来——记习近平主席访问中亚四国和共建"丝绸之路经济带"》,载《人民日报》2013 年 9 月 13 日。
③ 《中印两国 21 日在新德里发表联合宣言》,载《人民日报》2006 年 11 月 22 日,实际上,2008 年中印贸易额已达 2008 年中印双边贸易额达 517.8 亿美元,参见《2008 年中印贸易分析报告》,中国海关综合信息网,http://www.haiguan.info/Files/Report/1213Html。
④ 商务部:《国际贸易报告:印度》2011 年第 1 期。
⑤ [美]阿莉斯·艾尔斯:《中国向印度发出的混杂信息》,福布斯网站,2014 年 1 月 17 日,http://www.forbes.com/home_use/。

本、俄罗斯等大国关系充满不确定的变数,大周边地带各种力量分化组合态势"有喜有忧"。

新加坡在中国与周边国家关系中具有特殊的地位,中新在经贸和科技文化方面的合作不断深化拓展。然而,2003 年 5 月 6 日,美国与新加坡签订《美国——新加坡自由贸易协定》,2004 年 1 月 1 日生效,说明新加坡"利用美国制衡中国以及和中国争夺美国市场的战略意图"十分明显。也表明新加坡领导人对"中国的经济崛起一直抱有强烈的危机感"①。

1993 年至 2002 年,美国对东盟国家出口从 280 亿美元增加至 450 亿美元,增长 46%②。2012 年,美国与东盟货物贸易额达到 1980 亿美元,2011 年美国在东盟市场直接投资额达到 1590 亿美元③。这些表明未来东南亚地区将会成为中美两国扩展对外经济战略的重心,由于战略利益上的矛盾,中美之间都会更加关注东盟经济一体化进程的发展。如何应对全球化时代的周边安全挑战,这是中国和平发展所面临的一个重要问题。

首先,消除中美之间战略误解是解决大周边关系的关键。一方面美国政府表示支持"一个繁荣、稳定、开放的中国成为国际共同体中建设性的一员"④;另一方面又对中国采取种种防范和遏制战略。布什政府国防部官员曾表示,冷战时期,美国基于中美遏制苏联的共同利益而制定对华接触政策。冷战结束后,一些美国保守派人士认为,无论是伊朗问题,还是台湾问题,美国继续对中国实行过时的接触政策是一个错误⑤。美国舆论攻击中国发展潜艇技术将对邻国和美国构成威胁⑥。随着中国经济实力的增长,中国强调和平发展的目标不断遭到美国猜忌。美国把如何应对中国在国际和地区政治格局中

①　张振江:《美国——新加坡自由贸易协定及其影响》,载《东南亚研究》2004 年第 5 期,第 46 页。

②　[美]伯纳德·戈登:《美国贸易政策:巫师之徒的遗产》,载《耶鲁全球化》2004 年 11 月 5 日,转引自《参考资料》2004 年 11 月 25 日,第 9 页。

③　《美国与东盟贸易关系迅猛发展》,中国贸易救济信息网,2013 年 6 月 17 日 http://www.cacs.gov.cn/news/newshow.aspx? articleId=113820。

④　《环球时报》2004 年 5 月 31 日,第 18 版。

⑤　Dan Blumenthal,"Unhelpful China",*Washington Post*,Dec.6,2004,p.21.

⑥　[美]戴维斯·拉盖:《中国加强水下力量》,载《华尔街日报》2004 年 11 月 29 日,第 8 页。该报称,为了保住世界头号军事强国地位,美国必须保持军费在 4000 亿美元以上。

的"和平崛起",看作是"美国在 21 世纪前期面临的最重大的挑战之一"①。这些清楚地反映了在中国问题上美国政府政策与现实之间的巨大反差。

其次,日本也在美国明里暗里的支持下加强对中国的政治、军事攻势。早在2004 年 12 月 10 日,日报就通过的新《防卫计划大纲》,分析称日本首次将中国视为潜在威胁,强调要对中国进行遏制。在日美战略对话中将中国军事动向作为主要议题,表示要对中国"扩大海洋活动范围等动向给予关注"。日本自卫队退休海军中将金田昭夫公然提出"要做好应付中国威胁的准备"②。《新日美安全联合宣言》明确表明"日美要联合应付亚洲太平洋地区的不稳定因素"③。日美两国政府为在探讨日美同盟的新方向而进行战略对话时,首次把中国的军事动向作为主要议题,表明日美在安全保障合作问题上对中国的战略防范进一步加强。日本 2013 年版《防卫白皮书》还删除了以前关于日本应集中精力进行"外交努力"以取得"和平"的提法,强调采取更加强硬的防卫姿态。特别炒作"雷达照射"事件以及所谓中国进入日本"领土领空",称"鉴于亚太安保环境日益严峻,美国的存在对保持该地区稳定依然具有重要意义。日本将与澳大利亚、韩国等国一道,进一步加强与美国的双边同盟关系并为更好地发挥美军作用创造条件"④。

中日紧张的政治关系对维护东亚地区稳定产生负面效应,尤其是钓鱼岛问题,它关乎中国的主权和领土完整。美国和日本应该充分认识钓鱼岛问题的敏感性。同时,中国历来主张以和平的手段解决争端,因为它符合中国和平发展的国际战略。中国在充分利用经济杠杆作用的同时,也善于运用军事斗争手段,使中国大周边、小周边环境变更为安宁,以集中精力搞好中国自己的事情,加快发展本国经济的步伐。

---

① Michael Swaine & Ashley J.Tellis, *Interpreting China's Grand Strategy: Past, Present and Future*, published by RAND,2000.转引自何为刚:《美国亚太战略解析》,载《当代亚太》2004 年第 11 期,第 11 页。

② 香港《华南早报》,2004 年 12 月 10 日,转引自《参考资料》2004 年 12 月 13 日,第 16 页。

③ [日]《日本经济新闻》2004 年 12 月 22 日,转引自《参考资料》2004 年 12 月 24 日,第 11 页。

④ 日本 2013 年度《防卫白皮书》摘要,日本防卫省网站 2013 年 7 月 10 日发布,转引自《参考资料》2013 年 8 月 5 日,第 22—36 页;[美]保罗·卡伦德梅津:《日本强硬姿态激怒中国与韩国》,载《防务新闻》2013 年 7 月 14 日,转引自《参考资料》2013 年 7 月 26 日,第 19—21 页。

第三节　影响中国周边安全环境的大国因素

中国周边外交的核心任务是为现代化建设营造和平稳定的周边环境,为中国同周边国家的经济合作创造良好的条件。同中国总体外交战略一样,周边外交战略也是不树敌、不结盟,争取同所有国家做好邻居、好伙伴。20 世纪60 年代,中国经历过同美苏两个超级大国,以及印度这个周边大国同时对抗的时期,同中国维持友好关系的只剩下朝鲜、越南、巴基斯坦等几个国家。比较而言,冷战结束后,中国的周边安全环境不断改善,中国周边没有了截然对抗的对手和敌人,中国同几乎所有周边国家都建立起密切的经济合作关系。同中国有领土、领海纠纷的国家正逐渐减少,而且纠纷一直保持在可控的范围内,没有发展至引发军事冲突和战争的程度。

进入 21 世纪以来,随着新兴国家整体性崛起,国际秩序正在发生巨大变化。"9·11"事件后,美国对其全球战略进行重大调整,美国以反对恐怖主义和禁止武器扩散为由,公开或秘密地建立全球性的战略联盟。阿富汗战争后,美国在阿驻军并扶持亲美政权;美国的军事力量在阿富汗战争中第一次渗入到中亚地区①,不仅控制这一地区的石油战略资源,对俄罗斯传统势力范围和利益形成挑战,而且从西北方向牵制中国,对中国积极倡导的地区合作,上海合作组织和能源战略都产生负面影响②。与此同时,布什政府一方面改善同巴基斯坦的关系,恢复对巴的军事援助;另一方面又同印度举行联合军事演习。2002 年 5 月以来,美印两国举行了一系列联合军事演习,印度希望与美国加强军事合作能使印度在能源、太空和核安全领域获得军民两用技术。美国在印巴之间搞战略平衡,以显示其在南亚的存在。不过,印度还没有完全摆脱意识形态方面的负担,它不会全盘接受美国在全球的主宰地位,印度显然对

① 美国通过建立伙伴关系,建立军事基地,举行联合军事演习,派驻军事人员,提供军事援助,举行联合军事演习,派驻军事人员,提供军事援助,进行军事训练,派遣军事顾问等方式,加强在地区的存在。

② 美国进入中亚,扰乱了该地区的战略格局和相互制衡状态,并且对上海合作组织提出严重的挑战。

美国占绝对优势的军事力量感到不安①。

自 20 世纪 90 年代以来,中国一直积极妥善地解决与周边国家领土争议问题,并在海洋边界等问题上持灵活态度。中国先后同俄罗斯、老挝、哈萨克斯坦、吉尔吉斯斯坦、塔吉克斯坦以及越南等国解决了边界问题。还同印度签署了建立信任和裁减军队的协议,有争议边界引发的紧张关系已经大大缓和②。21 世纪中国的战略是:把发展同周边国家的关系放到首要位置,提出"稳定周边"的政策。上海合作组织将进一步扩大其维护地区安全方面的职能;东盟与中国领导人的(10+1)、与中日韩的(10+3)会议使中国在亚太地区的重要性日益凸显。一个以亚太经合组织、上海合作组织、东盟地区论坛为机制的多边政治经济的合作体系正在形成。尤其是中国与东盟各国关系,通过加强高层互访、发表双边关系宣言、建立广泛对话机制、中国—东盟自由贸易区等的建立,形成中国新的地缘政治和经济结构。早在 2001 年中国就成功主办亚太经合组织会议。2003 年,中国领导人在亚太经合组织曼谷会议上的发言,受到各国瞩目,充分展示了中国的地区多边主义的战略。2010 年中国—东盟自由贸易区建成以来,中国—东盟贸易增长迅速,2012 年中国与东盟贸易额达 4000.93 亿美元,其中:中国对东盟出口 2042.72 亿美元,同比增长 20.1%;自东盟进口 1958.21 亿美元,同比增长 1.5%,中方顺差 85 亿美元③。通过建立互惠互利的经贸关系,亚太地区的经济安全得到进一步保证。

一　美国因素

中国周边外交面临的挑战主要是美国因素在起作用,美国"重返亚洲"意在遏制中国崛起,将中国作为主要战略竞争对手。美国因素导致几个后果:第一,少数周边大国,如印度、日本,本来就同中国有地缘战略上的矛盾和竞争,于是想利用美国因素来增强自己的竞争优势;第二,一些同中国有领土领海纠

① [美]《世界政策杂志》2003—2004 年冬季号,转引自《参考资料》2004 年 3 月 26 日,第 23 页。

② [美]《外交》2003 年 11、12 月号,转引自《参考资料》2003 年 11 月 14 日,第 4 页。

③ 《中国东盟贸易强劲增长:中国经济企稳将带动亚洲经济 2013 年同步增长》,载《人民日报》2013 年 1 月 13 日第 1 版。

纷的国家,如越南、菲律宾,试图借美国之力来牵制中国,以获取更大的利益;第三,一些对中国崛起有疑虑的国家,如新加坡,担心中国崛起后会给它们带来安全威胁,于是试图寻求美国的安全保护;第四,有些国家长期受到美国的政治打压,如缅甸,也乐得趁美国拉拢之机,缓和同美国的矛盾。总之,周边国家出于这样那样的目的和利益,或多或少地都想利用美国因素。

随着美国从阿富汗和伊拉克两场战争以及其他国际热点问题中逐步退出,美国需要针对亚太地区重新平衡能力和资源,并检视美国的全球利益和在世界各地的"责任"。2011 年 11 月,美国国务卿希拉里·克林顿发表"美国的太平洋世纪"的署名文章,向世界宣告美国的战略中心已经东移;太平洋将是"美国的天下",美国要领导太平洋①。希拉里称:如果美国要适应在该地区面临的新挑战,如何把印度洋和太平洋之间日益增长的关系变成一个操作性理念是美国需要回答的一个问题。美国将与更多的盟国和伙伴开展合作,以应对各种威胁或破坏地区和平与稳定的行为。美国外交政策的核心之一就是向亚太地区的战略转移②。美国重返亚洲的战略行为必将引起亚太地区国际秩序的变化。

美国将重心转向亚太地区很大程度上旨在让美国的盟友与伙伴放心,表明美国决心要加强与该地区的经济与安全关系。虽然这一战略受到亚太地区不少国家的欢迎,但也播下了疑虑的种子,并带来美国要想保持在该地区的强大地位就必须应对的非预期后果③。实际上,亚太地区没有什么国家希望被迫在中美两国间作出选择,为了防止美国遏制中国的企图,亚太地区各国应该努力阐明谋求一体化和促进与该地区各大国合作的战略。由于美国参与亚洲的政策有过不连贯的记录,鉴于美国相互竞争的全球利益和国内的经济挑战,对美国在该地区保持力量的疑虑一直挥之不去。有些美国学者甚至认为,"美国宣布的战略调整不过是反映美国衰退的一个状态,是表明美国最终将退出世界舞台的一个信号"④。但美国官方媒体为其亚洲再平衡战略辩护,强

①　Hillary Rodham Clinton, "America's Pacific Century", *Foreign Policy*, Nov.2011.

②　Ibid.

③　Bonnie Glaser, "Unintended Consequences? U.S.Pivot to Asia Could Raise Tensions in Region", *Defense News*, April 9, 2012.

④　[美]葛来仪:《会是无心插柳的结果吗?——美国将重心转向亚洲可能会加剧该地区的紧张局势》,载[美]《防务新闻》2012 年 4 月 9 日,转引自《参考资料》2012 年 4 月 19 日,第 24 页。

调对亚太再平衡并不等于退出世界其他地区,而是为了应对在亚洲出现的严峻挑战。美国和亚太地区其他国家必须继续加强现有联盟,构筑新的伙伴关系,并在共同利益的基础上建立联盟,以确保这一地区未来的和平与繁荣。美国国防部长恰克·哈格尔(Chuck Hagel)称"美国对亚太地区的愿望是开放而具有包容性的,它在亚洲长期战略的一个关键要素是寻求与崛起的大国建立强有力关系——包括印度、印度尼西亚和中国。其中,与中国建立积极和建设性的关系是美国亚洲再平衡的重要组成部分"①。

美国内有观点认为,美国重返亚洲,导致中美战略竞争主要是地区性而非全球性。美国试图在亚太地区保持力量,均衡阻止中国的崛起,企图制约在该地区正当的影响力,未来中美关系将会出现竞争性共存状态,中美因制度差异,几乎很难建立战略互信关系,中国将面临中美新型战略竞争的挑战。

为了亚太地区长期稳定,中美之间应通过对话建立合作机制关系架构。双方应寻求共同利益领域以及可能的合作和协调,设计出解决危机管理的议程。首先,维护亚太地区政治、经济秩序稳定,不仅有利于地区的和平与安宁,也有利于中国建立和平崛起的安全环境。其次,通过谈判对话来变革亚太地区政治秩序的权力结构,最终实现多边安全体系格局。最后,亚太地区国际秩序权力结构转变可能会导致作为守成超级大国和新兴挑战国之间的竞争。而今天的中国正在遵循被国际社会普遍认同的规则和规范,不仅有利于缓解中美两国在亚太地区存在的安全困境,还有利于中国在安全的国际环境下与美国等大国实现亚太地区和平共处。

二　日本因素

中日关系曾长期存在"政冷经热"现象,中国经济的快速增长、巨大的市场、大量廉价的过剩劳动力长期吸引众多日本企业来华投资。日本是中国第三大贸易伙伴,2007年中日贸易额达到创纪录的2360亿美元,其中日本对华贸易顺差63亿美元(含香港转口),在华投资项目超过40872个,资本累计达

---

① International Institute for Strategic Studies (Shangmor-La Dialogue) , *As Delivered by Secretary of Defense Chuck Hagel* , Singapor, Saturday, June, 1, 2013, http://www.defense.gov/speeches/speech. aspx? speechid = 1785.

648.6亿美元①。日本50%以上的大型企业在海外扩大生产规模,其中71%计划在中国扩大规模。日本对华投资占其海外总投资的10%左右②。截至2005年3月,日本向中国提供日元贷款累计总额为31330亿日元(约合260亿美元)③,中国成为战后日本对外经济援助的最大受援国。

虽然中日关系也曾经历过"融冰""迎春"到"暖春"阶段,尤其是胡锦涛主席2008年5月访日,中日双方就全面推进战略互惠关系达成广泛共识,双方签署的《中日全面推进战略互惠关系的联合声明》强调中日要在各方面加强交流,包括互派留学生、互相开放旅游,甚至是军事领域的合作。中国政府客观评价日本对华贷款,称贷款"在援助中国经济发展和国家建设中发挥了重要作用"④。2012年12月安倍再次担任日本首相后,为了迎合选民的民族主义情绪,对华政策显示出"强硬的民族主义者"的姿态,一方面,安倍称"中日关系是最重要的双边关系之一。应相互合作共同克服困难";另一方面,在钓鱼岛争议问题上采取强硬立场,公然否定钓鱼岛主权归属存在争议⑤,严重破坏了两国关系改善的基础。

由于这种中日政治关系处于紧张状态,中日经贸关系出现新动向,影响中国与周边国家的经贸关系。日本贸易振兴机构(JETRO)发布统计数据显示,2013年上半年日本对东南亚国家投资同比增长55%,达到102.9亿美元,而对华投资则下降31%,仅有49.3亿美元⑥。日本海外投资重点向东南亚转移的趋势似乎愈加明朗。

虽然,日本的投资转向主要还是出于经济考虑。首先,日本需要廉价的劳

---

① 中国商务部、日本财务省网站、日本贸易振兴会网站,见中华人民共和国外交部编制《国家概况》,《日本国》,2009年2月1日。

② "First 'Breaking' now 'Melting' the Ice", *People's Daily Online*, www.people.com, April 13,2007.

③ 《中国利用日元贷款情况》,中华人民共和国驻日本大使馆,中国海关总署报告,2008年4月7日。

④ "Statement by the Japanese Ministry of Foreign Affairs", *Economic Cooperation with China*, http://www.mofa.go.jp/policy/oda/region/e_asia/china-2.html.

⑤ 冯玮:《中日关系短期难缓》,载《人民日报》(海外版)2013年7月26日第13版。

⑥ 《2013年上半年日本对东盟投资达到对华投资2倍以上》,载《日本经济新闻》2013年9月12日。

动力和原料保证投资收益的最大化。近年来,中国劳动力成本不断上升,相比之下,大多数东南亚国家,尤其是越南、老挝、缅甸、柬埔寨、印尼等经济相对落后国家人工成本较低,从而成为日本制造业的外移目的地。但不可否认日本投资转向还有战略或者政治上的考虑,即以经济关系为先导拉拢东南亚国家,制衡中国,甚至企图打造"对华包围圈"。本届安倍政府表现得尤为突出。

为了给在东南亚投资铺路,日本采取了"政府撑腰"和"因国制宜"两大对策,并在具体投资实践中将二者有机地结合起来。日本政府将推动投资作为东南亚外交要务之一,通过多边、双边合作,为投资开路,力促东南亚国家为日企创造有利条件。安倍选择东南亚作为首访地,并在不到十个月的时间里三次访问东南亚,几乎踏遍所有国家,副首相麻生太郎也到访缅甸。每次访问,安倍等人都将经济关系作为最优先课题,且都有庞大的产业界代表团随行。此外,日本政府还利用政府发展援助(ODA)鼓励企业转向东南亚发展。比如,日本动用数十亿美元的ODA资金支持日本企业参与的项目,包括越南和缅甸的工业园区、柬埔寨的铁路以及老挝的机场。日本央行与新加坡金融管理局签订了一项跨境担保协议,允许银行以日本政府债券为担保品,从新加坡金管局筹集新元资金。日本还将缅甸视为东南亚最具潜力的投资市场,日本千方百计拉拢缅甸,施加影响:一方面帮助缅甸整备投资法律体系,如新《外国投资法》的出台;另一方面大力对缅援助,兴建和改善基础设施,仅2013年,日本承诺对缅政府援助将近2000亿日元①。日本实施加大对东南亚国家经济渗透战略,对中国周边环境产生很大影响,将有可能改变东南亚政治经济力量对比的平衡。

今天,安倍晋三政府在处理侵略战争历史问题以及中日岛屿之争问题上,推行强烈的保守主义政策,安倍任职以来先后访问东盟三国(印尼、泰国和越南),日本外相岸田文雄访问了菲律宾、新加坡、文莱及澳大利亚;同时,日本与蒙古外务、防卫部门建立磋商机制,安倍还致力于改善对韩关系,韩国总统朴槿惠的一名亲信曾访问日本,被认为旨在探索改善两国关系的突破口。在

---

① 唐奇芳:《日本海外投资转舵东南亚被指打造对华包围圈》,载《法制周末》2013年9月24日。

关乎中日关系的钓鱼岛问题上,日方态度继续强硬。日本外务省官员还召见中国驻日大使程永华,抗议中国4艘海监船长时间"侵入"所谓"日本领海"。紧张的中日关系已经从昔日的"政冷经热"转入"政冷经凉"的局面。这种政治影响在汽车领域便可见一斑①。

三　俄罗斯因素

中俄关系发展正在稳步进行。中俄自2001年7月签订《中俄睦邻友好合作条约》以来,两国关系已定格为"平等信任"的"战略协作的伙伴关系"。双方都清楚地意识到:深化中俄之间的战略协作伙伴关系符合两国和两国人民的长远利益,是唯一正确的选择,也是应对世界形势和国际关系发展所带来挑战的需要②。中俄是战略协作伙伴,两国在诸多国际事务中相互配合,共同抵制美国的单边主义行为。中俄在推动联合国安理会改革、反对恐怖主义问题上保持富有成效的合作。中俄都希望在新的世界秩序中突出联合国独一无二的作用,以联合国的权威来限制美国单边主义行为。中俄双方特别重视安理会在履行维护国际和平与安全的首要责任,支持安理会进行合理、必要的改革,更好地履行《联合国宪章》赋予的职责③。在反对国际恐怖主义斗争中,中俄两国坚持联合国的核心作用,"反对在反恐斗争中实行双重标准"④。为了有效地维护世界和地区和平与稳定,中俄自2005年起举行了多次双边军事演习,自2003年起参加了多次上合组织联合军事演习并多次互派军事观察员观摩对方军事演习,为两军一道应对新威胁、新挑战,维护地区安全与稳定作出了重要贡献。

自2012年普京再次当选为俄罗斯总统后,俄罗斯开始在外交方面重视亚洲,并且把中国举到了"值得信赖的朋友"的高度⑤。2014年5月,中俄两国

---

① 环球网:《中日政冷经凉日驻华大使盼恢复战略互惠关系》,2013年4月3日,http://world.huanqiu.com/exclusive/2013-04/3794547.html。

② 《中华人民共和国与俄罗斯联邦联合声明》,载《人民日报》2002年12月3日。

③ 《中俄关于全面战略协作伙伴关系新阶段的联合声明》,载《人民日报》2014年5月21日。

④ 王文:《冷战结束后联合国机制内的中俄合作关系》,载《俄罗斯中亚东欧研究》2004年第4期,第51页。

⑤ [日]汤浅博:《中俄同盟复活的虚构》,载《产经新闻》2014年6月1日,转引自《参考资料》2014年6月6日,第8页。

签订具有里程碑意义的能源协议,价值4000亿美元。根据协议,从2018年开始,俄罗斯将每年向中国提供380亿立方米天然气,合同期限为30年①。这个出口量相当于俄罗斯对欧洲天然气出口量的1/4。进入21世纪以来,中俄两国正积极改善经贸关系与政治关系发展不平衡状况,中俄贸易额增加很快,2003年中俄贸易额为157.6亿美元②,2012年增长至881.6亿美元,其中对俄出口440.6亿美元,较同期中国外贸出口增速高出5.3个百分点;自俄进口441亿美元,较同期中国外贸进口增速高出4.9个百分点③。与此同时,中国一直支持俄罗斯加入WTO,并计划到2020年以前向俄罗斯的各种经济项目投资120亿美元④。

　　但中俄关系在有些问题上还存在不和谐的因素,俄罗斯在对华军售中获得大量利润,但通过军售,反映出俄罗斯对中国的战略防范企图仍十分明显,从出售武器的技术先进和性能上讲,俄罗斯卖给印度的武器远远优于出售给中国的武器。⑤ 俄罗斯同韩国和日本的密切关系不仅会吸引俄罗斯经济迫切需要的投资,其目的也是在提醒中国"俄罗斯在亚洲有着很多其他选项"。尤其是俄罗斯向印度和越南出售武器,"很大程度上是为了应对它们所认为的中国威胁"。在南海问题上,俄罗斯支持多边协商,"这会让越南和菲律宾感到满意"⑥。中俄人员交流也存在问题。中国商人在俄罗斯屡次遭到伤害,投资环境不尽如人意。这些问题将会给中俄两国关系的健康发展产生消极影响,正在引起两国政府及有关部门的重视。

---

　　① Ali Wyne, "Moscow and Beijing: A Growing Partnership?", *The National Interests*, May 28, 2014.中文见《参考资料》2014年6月6日,第7页。

　　② http://cn.ruschina.net/rove/hgtynbvruj/ffdswert/vftrtgfrgfb.

　　③ 中海:《2012年中俄双边贸易稳中有进》,http://www.greenwood-park.com.zhongejin-mao/20130301/3185.html。

　　④ 俄罗斯《国际生活》2004年第12期,转引自《参考资料》2005年1月5日,第8页。

　　⑤ [英]萨拉·莱恩:《中俄天然气协议的重大意义》,转引自《参考资料》2014年6月6日,第5页。

　　⑥ [新加坡]乔纳森·埃亚尔:《俄罗斯亚洲战略背后"不合逻辑之处"》,新加坡《海峡时报》2014年8月21日,转引自《参考资料》2014年9月10日,第17页。

第四节　影响中国周边安全环境的区域因素

亚太地区的政治格局正在发生变化，中国在这一地区扮演的角色越来越重要。中国的地区影响力也日益增强。新的区域秩序逐渐成形。虽然朝核问题和台海局势有可能引发冲突和打破平衡，但该地区的主导潮流是各国之间形成一张相互依赖的网，中国将逐渐成为这张网的中心。当代亚太地区的秩序虽然仍是盘根错节，但中国和新兴国家的崛起正在改变着该地区的态势，并孕育着一种新的亚太体系。

一　朝核问题与东北亚安全因素

经济全球化进程中的区域一体化趋势不断增强，中日韩在东北亚重点发展功能性合作，三方旨在建立一体化，并且扩大以技术合作和贸易便利化为起点的全面经济合作。未来替代能源合作是三国建立政府间合作项目的重点。中日韩自由贸易区建设的时间在 2010 年至 2017 年之间[①]。由日本综合研究机构提议的"东北亚大环线计划"（Northeast Asian Big Loop Plan）旨在建立连接东北亚主要地区中心地带的核心铁路网。如果它能与"亚洲高速公路"计划及快速网规划结合实施，那么，旨在连接日本、朝鲜半岛和中国东北的"BESETO"走廊（北京、首尔和东京的缩写）的最终建成将为时不远[②]。

但目前东北亚和平与安全前景不容乐观。布什政府期间，美国新保守主义派一直试图以武力改变朝鲜的政治现状，只是因为伊拉克战争进行得不顺利，美国无暇东顾。2003 年美国国会通过的"朝鲜人权问题法案"，公开批评朝鲜侵犯人权行为，要求朝鲜取消对新闻自由的封锁，遭到朝鲜政府的强烈抵制，使美朝关系进一步恶化[③]。朝鲜核危机对中国关于建立朝鲜半岛无核化是一个严

①　刘翔峰：《关于中日韩自由贸易区的几点思考》，载《当代亚太》2004 年第 7 期，第 44 页。

②　［日］泽井安勇：《"东北亚大设想"研究的新进展》，载《当代亚太》2004 年第 12 期，第 35 页。

③　Hideko Takayama & Christian Caryl, "Survival Mode？With his economy in tatters and international pressure rising, Kim Jong Il may be running out of options", *Newsweek*, December 6, 2004, p.24.

峻挑战,朝鲜半岛是中国东北部安全的战略缓冲,半岛局势的紧张将破坏本地区的和平与稳定,没有半岛的安全,中国的和平发展战略将受到挑战①。因此,中国正竭尽全力促成朝核问题的多边会谈,如果因核危机导致美国对朝鲜采取行动,中国将面临两难选择。

乔治·W.布什担任美国总统期间,意识形态立场强烈,对朝鲜采取强硬政策,在"9·11"恐怖主义袭击事件背景下,布什总统在 2002 年初的国情咨文中将朝鲜与伊朗、伊拉克并列为威胁世界和平的"邪恶轴心",同年 3 月,由美国媒体泄露出来的《核态势评估》报告中又将朝鲜列为可能使用核武器进行打击的国家之一,使朝美关系迅速恶化。朝鲜宣布,如果美国对朝鲜使用核武器,它将被迫重新考虑和美国签订的所有协议,朝核问题日益尖锐化。

2003 年 1 月 10 日,朝鲜宣布正式退出《核武器不扩散条约》,导致 1994 年美朝签订的"核框架协议"全面瓦解。东北亚地区之间利益相互交错,美朝之间的双边政治问题变成了多边的国际安全问题,这一发展态势对东亚地区和平安全问题产生很大影响。朝鲜通过发展核武器以达到最大限度的发挥边际核威慑作用,以报复美国可能实施的军事打击。

朝鲜宣布退出《不扩散核武器条约》以来,一直危机重重,甚至还出现朝鲜核试验的局面,严重影响东北亚安全合作环境。但局面终究没有失控,六方会谈机制在中国的大力推动下得以建立并维持,朝核危机得以在对话机制内化解。著名国际政治经济学家巴里·布赞把安全机制界定为"国家集团为解决安全困境,通过采取心照不宣的自我行动或对其他行为体的行动,来解决彼此间的冲突或避免战争"②。中国成功地运用这一机制,为缓和东北亚紧张局势作出了贡献。

在朝核问题上中国正发挥积极作用。2003 年 4 月 21 日,美国总统布什公开表示,"中国愿意介入朝核谈判以及愿意与韩国、日本和美国紧密合作来处理与朝鲜政府的关系,这意味着有好机会说服朝鲜放弃发展核武器的野心"③。中

---

① 陈峰君、王传剑:《亚太大国与朝鲜半岛》,北京大学出版社 2002 年版,第 9 页。

② Barry Buzan, *People, State and Fear: An Agenda fro International Security Studies in the Post-Cold War Era*, New York: Harvester Wheatsheaf 1991, p.218.

③ "Transcript: President Bush Asks for a Unified Front over Korea Nuclear Issue, April 21, 2003", *Washington Files*, April 23, 2003.

国向来主张朝鲜半岛无核化。通过政治途径解决朝鲜核问题。中国已经两次促成美朝在北京举行会谈①，为了政治解决朝核问题，中国正和东亚其他国家一道，开展积极的穿梭外交。中国在六方会谈进程中担当了一个很好的东道国，西方舆论普遍赞赏"六方会谈"是个"高明手段"，称："中国在解决朝核问题上的主导权是无可替代的"②。事实证明，如果没有中国的支持和参与，六方会谈不可能取得目前的进展，中国运用"六方会谈"机制，以合作安全（cooperative security）解决冲突模式直接抵制"布什主义"在东亚的影响③，并且直接影响奥巴马政府在朝核问题上的立场。当然，解决朝核问题的前景仍然存在变数，但构建东北亚安全合作机制无疑是解决朝核问题的重要途径和方向。

布什政府的朝鲜政策引起美国国内的广泛批评。批评的意见除了抱怨白宫拒绝对话、不注意辨别和抓住平壤方面愿意妥协而发出的任何信号、顽固坚持不直接谈判的方针以外④，主要集中在布什政府在朝核问题上似乎"不作为"的态度以及缺乏对朝核危机有效的"危机控制能力"⑤。美国公众和舆论对布什政府既没有决心直接采取军事方式解决朝核问题，也没有提出重大的外交建议推动外交谈判进程表示不满。

朝鲜核危机使美韩双方处于安全困境中。2003 年韩国总统卢武铉访问美国，美韩双方虽然强调"朝鲜的核武器是不可容忍的"，警告朝鲜不要采取恶化事态的措施，但对于究竟如何来阻止朝鲜继续研制和发展核武器，双方并

①　2003 年 4 月 23—25 日，在中、美、朝三方代表举行的"北京会谈"中，朝鲜代表提出分四个阶段解决朝核问题的主张，表明朝鲜确实出现了立场的松动和改变的意愿，但遭到美国的拒绝。"北京会谈"未能打破僵局。See James Gerstenzang, "N.Korea Signals Willingness to Change", *Los Angeles Times*, April 28,2003.

②　雷风云：《朝核问题上中国作用无可替代》，《环球时报》2008 年 6 月 27 日。

③　Peter Van Ness, "The North Korean Nuclear Crisis: Four-Plus-Two—An Idea Whose Time Has Come", Melvin Gurtov and Van Ness, ed., *Confronting the Bush Doctrine: Critical Views from the Asia-Pacific*, New York: Routledge Curzon, 2004.

④　Michael E.O'Hanlon, "A Master Plan to Deal with North Korea", *The Brookings Institution Policy Brief*, No.114, Jan.2003; Nicholas Kristof, "Hold Your Nose and Negotiate", *New York Times*, Dec.2002.

⑤　Chung-in Moon, "Nuclear Standoff, the National and the Alliance: Choice for the Roh Government", *Korea and World Affair*, Vol.27, No.1, p.64.

没有达成共识,也没有拿出共同的方案①。但韩国明确反对任何使用武力解决朝核问题的计划。基于相同的利益考虑,当时日本也不赞成美国采取激烈的军事手段解决朝核问题,尽管日本认为自己受朝鲜核研制计划威胁也是首当其冲的。中国坚决主张通过对话协商和平解决朝核问题,实现朝鲜半岛无核化,反对战争,并一直在为促成谈判而进行坚持不懈地努力。俄罗斯也希望通过外交途径处理朝核危机。

美朝之间存在着深刻的隔阂和严重的互不信任,美国认为,朝鲜在核危机中采取了危机外交(Crisis Diplomacy)和核边缘策略(Nuclear Brinkmanship tactics),希望用自己的核军事计划,换取美国提供安全保证、从支持恐怖主义国家的名单中删除出去,并提供经济和能源方面的援助。最初,美国对朝核问题解决缺乏一项总体政策,出现一个"头痛医头,脚痛医脚"偏向。克林顿政府与朝鲜签署框架协议时,美国对朝鲜政策是基于朝鲜在两三年内迅速崩溃的错误判断②。而实际上,朝鲜并没有崩溃,美国对朝鲜的认识明显不足。后来美国试图以军事威胁手段达到目的,其结果使朝鲜的态度更趋强硬。2003年8月北京第一轮朝核问题六方会谈虽表现为"建设性",但实际无重大进展,表明朝核问题的解决绝非一朝一夕之事。

2003年底,美国总统大选在即,布什总统派国务卿鲍威尔访问中、日、韩三国,就2004年2月举行朝核问题第二轮会谈进行外交努力③。尽管美朝之间的分歧没有消除,但两个敌对国家坐在一起会谈,本身就是一个重要成就。

---

① David E.Sanger, "Bush and South Korea President Are Vague on North Korea Strategy", *New York Times*, May 15, 2003.

② 樊吉社:《美朝框架协议评析——兼论美对朝鲜的不扩散政策》,载《国际政治研究》2003年第3期,第23页。

③ 朝核问题六方会谈一共举行六轮,第一轮会谈:2003年8月27日至29日;第二轮会谈:2004年2月15日至28日,第三轮会谈:2004年6月23日至26日;第四轮会谈分两阶段,第一阶段:2005年7月26日至8月7日;第二阶段:2005年9月13日至9月19日;第五轮会谈分三个阶段,第一阶段:2005年11月9日至11月11日;第二阶段:2006年12月18日至22日;第三阶段:2007年2月8日至2月13日;第六轮会谈分两个阶段,第一阶段:2007年3月19日至3月22日;第二阶段:2007年9月27日至10月3日,2009年4月14日,朝鲜宣布退出六方会谈。详讯:《朝鲜宣布退出六方会谈》,新华网:2009年4月14日,http://news.xinhuanet.com/world/2009-04/14/content_11184071.htm。

通过六方会谈这种形式,各方正在寻求达成共识和解决问题的办法,以推动东北亚地区实现真正永久的无核化。

奥巴马入主白宫后曾承诺尽可能地改善同朝鲜的关系,但朝鲜认为其用意不诚,不久朝鲜即违反联合国协议发射导弹,美朝改善关系再次偏离方向。但美国根据"战略延缓"政策,在立足制裁和谴责的同时,还为缓和与朝鲜关系敞开了大门。与此同时,美国不断敦促中国向朝鲜施加更多压力,以促使其停止挑衅和威胁行为,回归国际社会举行的无核化谈判①。

中国历来主张朝鲜半岛无核化,反对朝鲜核武器研制计划,强调实现半岛无核化、防止核扩散、维护东北亚和平与稳定是中国政府的坚定立场。中国多次敦促朝鲜信守无核化承诺,不再采取可能恶化局势的行动。维护半岛及东北亚和平与稳定符合各方共同利益。中国呼吁各方冷静应对,坚持通过对话协商,在六方会谈框架下解决半岛无核化问题②。

朝鲜半岛紧张局势不断升温的主要原因还在于美国对朝政策的严重失误。首先,美韩接连不断的联合军事演习,造成朝鲜半岛局势紧张;其次,美国在推动国际社会对朝鲜实施制裁;最后,利用美韩同盟关系对朝鲜施加军事压力。这些举动都加剧了朝鲜半岛的紧张局势。朝鲜半岛持续的紧张局势是影响中国周边安全的重要因素。

2013年6月8日,习近平主席与奥巴马总统在美国加州安纳伯格庄园会谈时,双方重申中美共同努力、深化合作并且进一步举行对话,以实现朝鲜半岛无核化。时任美国国家安全事务助理托马斯·多尼隆称,中美在朝鲜问题上达成很多共识。中美两国共同采取的手段是"继续对朝鲜施加压力以遏制朝鲜的核扩散能力,同时向朝鲜阐明,其持续寻求制造核武器的做法不符合其自身的经济发展目标"③。2012年12月朝鲜发射"银河3号"远程火箭,引起国际社会的普遍关注。2013年2月,朝鲜不顾国际社会反对,进行第三次核

①　James L.Schoff, "Cooperate to Contain North Korea", Q & A, *Carnegie Endowment for International Peace*, May,1,2013.中文见《参考资料》2013年5月16日,第29—31页。

②　《外交部就朝鲜第三次实施核试验发表声明》,载《人民日报》2013年2月13日。

③　Bonnie S.Glaser, "A New Tye of Major Power Relations on North Korea", *The Center of Strategic and International Studies*, September 19,2013.

试验,中国政府发表措辞强硬的声明并且赞同国际社会对朝制裁。同年5月,朝鲜派特使——人民军总政治局局长崔龙海访问北京,朝方表示"愿意接受中方建议同有关各方举行对话"。崔龙海转交了朝鲜领导人金正恩写给习近平主席的信件,信中承诺朝鲜将"通过六方会谈以及其他方式妥善解决相关问题",并称朝鲜"愿意在这一问题上采取积极措施"。2013年7月25日,在中国国家副主席李源潮参加朝鲜停战60周年纪念活动时,金正恩表示,朝鲜支持中国为重启六方会谈所做的努力,并且愿意与各方共同努力以维护朝鲜半岛的和平与稳定。

尽管朝核问题使东北亚安全陷入困境,但中韩关系却全面迅速发展,两国在许多领域成为重要合作伙伴。在韩国总统朴槿惠2013年6月对中国进行"信心之旅"访问后,习近平主席于2014年7月访问韩国,优先访问韩国而不是朝鲜,极大地改变了传统的地区格局,对东亚未来国际格局具有重要意义,对推动朝鲜半岛紧张局势的缓和起着十分重要的作用。访问期间,两国元首就朝鲜半岛形势深入交换意见,并达成四点共识:一是实现半岛无核化,保持半岛和平稳定,符合六方会谈成员国共同利益;二是切实履行"9·19"共同声明和联合国安理会有关决议①;三是继续坚持不懈推进六方会谈进程;四是六方会谈成员国应凝聚共识,为重启六方会谈创造条件。中韩正致力于"共同打造利益共同体",两国正在打造实实在在的经济和安全利益共同体,这是中韩战略伙伴关系发展的重要保证。首先,韩国经济越来越依赖中国巨大的国内市场和中国庞大的人力资源,2012年4月韩国三星集团决定在西安投资70亿美元新建战略研发基地②,体现韩国与中国开展经济合作的决心和信心。其次,中韩在诸多地区多边经济、政治和安全议题上保持一致的立场,如朝鲜半岛的和平稳定、地区无核化,以及日本否定侵略战争历史等问题。因此,建立中韩"利益共同体"对中韩关系的发展产生深远影响。

---

①　2005年9月19日,中国、朝鲜、美国、韩国、俄罗斯和日本在北京通过了《第四轮六方会谈共同声明》,即"9·19"共同声明,为一揽子解决朝鲜半岛核问题确立了基本框架,成为六方会谈机制启动后一个"里程碑"式的文件。2013年1月24日,朝鲜单方面宣布六方会谈和"9·19"共同声明不再存在。见新闻中心—中国网 http://news.china.com.cn/live/2013-01/24/content_18366959.htm。

②　《三星电子项目落户西安完成签约》,载《华商报》2012年4月10日。

目前,中国是韩国最大贸易伙伴、最大出口市场、最大进口来源国、最大海外投资对象国,韩国是中国第三大贸易伙伴国、第五大外资来源国,2013 年中韩贸易额为 2288.74 亿美元,同比增长 6.4%。中韩贸易额占韩国外贸的比例为 21.29%(2012 年为 20.15%)①。此外,中韩双方互为最大海外旅行目的国、最大留学生来源国。

二 东南亚国家因素

2003 年 10 月,中国加入《东南亚友好合作条约》、与东盟国家缔结自由贸易协定,是中国与东盟经济合作和政治互信的重要标志。东盟"10+1"(东盟 10 国与中国),"10+3"(东盟 10 国与中日韩)对话机制运转良好,2002 年 11 月,在第六次中国—东盟领导人会议上,双方签署了《中国与东盟全面经济合作框架协议》,决定到 2010 年建成中国—东盟自由贸易区,中国—东盟自由贸易区建设进程正式启动。2010 年 1 月 1 日,中国—东盟自由贸易区正式建成。这是发展中国家之间最大的自由贸易区。2012 年中国—东盟双边贸易额达 4001 亿美元,是 10 年前的 6 倍,中国是东盟最大贸易伙伴,东盟是中国第三大贸易伙伴。截至 2013 年 6 月底,中国对东盟国家直接投资累计近 300 亿美元,约占中国对外直接投资的 5.1%。东盟已成为中国对外直接投资的第 4 大经济体。同期东盟对华投资累计超过 800 亿美元,占中国吸引外资总额的 6.6%,已成为中国第三大外资来源地②。尽管如此,中国与东南亚国家的关系还面临严峻挑战。

来自政治与安全方面的挑战主要有,虽然中国加入《东南亚友好合作条约》,但东盟国家中"中国威胁论"的观点还有市场,中国与东南亚一些国家在南海海域和岛屿问题上争端一时还难以解决,一些国家依仗美国的支持,试图将南海问题复杂化。面对新的环境,中国政府正着眼于维护和平与稳定的大局,坚持通过友好协商和谈判解决,一时解决不了的,可以暂时"搁置争议,求

---

① 中国驻韩国经商参:《2013 年中韩经贸合作简况》,2014 年 2 月 26 日,中华人民共和国商务部网站 http://shangwutousu.mofcom.gov.cn/article/hycy/201402/20140200499603.shtml。

② 《数字与事实:中国—东盟战略伙伴关系》,新华网 2013 年 8 月 28 日,http://news.xinhuanet.com/world/2013-08/28/c_117130910.htm。

同存异"①。

来自经济安全方面的挑战,东盟国家担心中国经济的发展会威胁其自身的贸易、投资和就业环境。中国则担心东盟一体化市场防范金融危机的能力是否健全,如果再次发生像 1997 年那样的金融危机,中国将难免不受影响。东南亚金融危机期间,中国政府本着高度负责的态度,从维护本地区稳定和发展的大局出发,作出人民币不贬值的决定,承受了巨大的压力,付出了很大代价。相反,一些东盟国担心近年来外国资本流入的下降,是由于"中国经济的进一步开放,外资将从东盟地区移向中国"②。可见东盟一些国家至今仍对中国经济发展带来的巨大好处抱着怀疑的心理。

中国和新兴国家的崛起对亚太地区安全环境产生很大影响。但在国际政治领域,一个国家的崛起的方式经常给世界造成一定的影响,而这种影响要比崛起本身更为强烈。一些东盟国家对中国的发展十分敏感。菲律宾舆论提出对中国在南中国海活动的担心,认为"这个行动表现出两方面的意图,一是它决心捍卫其岛屿和领海主权,二是努力发展与美日抗衡的能力"。并认为中国对东亚小国构成威胁,"至少是一个潜在的威胁"③。一些东盟国家还担心中国对它们经济安全的威胁,认为中国的廉价商品把东盟的商品挤出了欧美和日本市场,中国吸引的外资中很多本来是应该流到东盟去的④。

马来西亚前总理马哈蒂尔 2002 年 5 月于日本东京举行的一次国际会议上说:"我们认为中国不会进行军事冒险,因此,东南亚没有理由对中国的军事力量感到担忧。但是,中国是东南亚面临的一个经济威胁。完全有可能损

---

① 《中国共产党第十五次全国代表大会文件汇编》,人民出版社 1997 年版,第 44 页。

② *Forging Closer ASEAN-China Economic Relations in the Twenty-First Century*, A Report Submitted by the ASEAN-China Export Group on Economic Cooperation, Oct.2001, pp.22-23.http://www.Aseansec.org/newdate/asean-chi.pdf.见韦红:《中国崛起与东盟对外战略调整》,载《当代亚太》2004 年第 11 期,第 2 页。

③ S.P.Baviera Alien, *China's Relations with Southeast Asia: Political Security and Economic and Economic Interest*, from PASCN Discussion Paper published by Philippine APEC Study Center, No.99-17, pp.8-10.

④ 曹云华:《东盟与大国关系评析》,载《国际政治研究》2003 年第 2 期,第 128 页。

害东南亚国家的经济"①。鉴于以上种种考虑,一些东盟国家希望保持美国在这个地区的存在,实现大国力量之间的平衡,他们"把美国看作是一个不可替代的、积极的角色"②。"9·11"事件后,美国比以前更重视东盟各国,双方结成反恐联盟。美国还说服东盟 10 国同意与美国一起签署《合作打击恐怖主义联合宣言》③。同时,一些东盟国家采取两面下注战略,政治与安全领域同美国保持密切合作关系;经济、贸易领域努力发展与中国的关系。中国希望与东盟国家经常保持沟通,真诚地谋求亚太地区的和平与发展的立场受到东盟国家的赞赏,中国加入《东南亚友好合作条约》,为 21 世纪中国与东盟互利合作关系的发展提供法律保证。在南海诸岛屿争端的处理工作上采取更加务实的态度,多次致力于依照国际法和平解决这些争端,中国提出"搁置争议、共同开发"。对推动东南亚地区和平与发展作出积极的贡献。

(一) 中国与东盟战略伙伴关系

在国际事务中,中国推行互利合作的共赢战略,倡导"合作外交",其核心目标是在共同利益的基础上构建与邻国的友好关系。20 世纪 90 年代初以来,中国与周边国家,特别是东盟国家的经济往来,在相互援助、投资、贸易和技术等领域取得积极成效。东盟对中国批准加入《联合国海洋法公约》表示欢迎,支持中国"成为东盟地区论坛的重要成员"。虽然一些东盟成员国以中国崛起"有可能阻碍各国在南中国海地区的合作"为由,对中国发展与东盟关系存在戒心。但通过东盟—中国不断的双边和多边对话,东盟与中国双边互信进一步增强。2003 年 10 月中国与东盟签订《东南亚友好合作条约》,表明双方在互不侵犯、互相尊重主权领土完整的道路上迈出新的步伐。中国与东盟旨在建立一个基于经济、社会、安全多方面合作的东亚共同体④。双方正朝着签订中国与东盟关系政治协议方向努力,使双边建设性合作关系有一个明

---

① 马哈蒂尔在东京国际会议的演讲,题为《中国的崛起——是东盟的挑战还是机会》,2002 年 5 月 21 日,法新社东京 2002 年 5 月 21 日电。

② Goh Chok Tong, *ASEAN-US Relations: Challenges*, *Keynote Speech at the ASEAN-United States Partnership Confererce*, New York, Sept.7, 2000.

③ 曹云华:《东盟与大国关系评析》,载《国际政治研究》2003 年第 2 期,第 125 页。

④ "East Asian Community Now Possible", *Beijing Review*, October 30, 2003, pp.40-41.

确的政治目标。

　　参与机制化的区域合作不但可以缓解全球化给各国带来的负面效应,也有助于提高各成员国在多边国际经济体系中的自身地位。中国支持东盟新协商机制——东亚峰会的建立,为"实质性"地启动中国—东盟"全面对话伙伴关系"奠定基础①。根据中国—东盟五年行动计划,双方要为建立进一步合作和更加紧密的双边经贸关系提供政治框架。2005 年 1 月,中国主持中国—东盟海啸预警研讨会,会上通过了一项行动计划。该计划宣布中国政府为响应联合国的要求,将在技术支持、培训、地震预报研究、灾害评估和应急响应等方面提供帮助②。新的机制化合作将促使中国与东盟国家秉着"求同存异"原则,在平等、协商、互信、互利、尊重、团结的基础上加强合作。

　　东盟与中国双边贸易额从 2002 年的 456 亿美元增长到 2013 年的 4436亿美元③。2007 年,中国对东盟成员国生产的部分农产品如肉、鱼、海产、水果、日用品、鲜花、家畜和畜产品,其中包括中国医药原料取消进口关税④。中国遵守 WTO 和自由贸易区普遍适用的"国民待遇"原则,表明中国与亚太国家经济关系的高度融合性。这不仅有利于东南亚地区经济发展、政治稳定,也将会对全球政治经济的发展产生积极的影响。

　　最近几年来,中国和东南亚各国之间的利益纠纷不断出现,使中国在该地区的良好大国形象受到冲击,而东盟有关国家在中国的形象也严重滑坡。这表明,中国硬实力的增长并未直接导致软实力的同步增强。伴随中国崛起,东南亚地区在不同时期曾出现各种不同的"中国威胁论"如冷战结束初期的"中国填补真空论",20 世纪 90 年代中后期出现的"中国军事威胁论",以及世纪交替时出现的"中国经济威胁论"等⑤。但"中国威胁论"只是影响中国与东

　　①　Bates Gill, *Rising Star: China's New Security Diplomacy*, Brooking Institution Press, 2007, p.35.

　　②　"ASEAN Workshop on Earthquake—Generated Tsunami Warning", Beijing, China, January 25-26, 2005, www.aseansec.org/17249.htm.

　　③　海关总署:《2013 东盟等新兴市场成中国外贸新增长点》,中国经济网 2014 年 1 月 10日,http://news.ifeng.com/gundong/detail_2014_01/10/32902838_0.shtml.

　　④　Yoichiro Sate & Satu Limaye (ed.), *Japan in a Dynamic Asia: Coping with the New Security Challenges*, New York: Lexington Books, 2006, p.53.

　　⑤　翟崑等:《中国在东南亚国家的形象:走向成熟的战略伙伴》,载《世界知识》2010 年第10 期。

盟关系的一种论调,不可能严重影响中国与东盟主流关系的良性发展。随着中国加入 WTO,中国与东盟同年启动了具有历史开创意义的自贸区谈判进程,双方此后又将合作拓展到政治、安全和战略领域,如《南海各方行为宣言》、中国加入《东南亚友好合作条约》、确立中国—东盟战略伙伴关系等,奠定了中国与东盟进行整体性制度合作的框架基础,中国—东盟关系已进入合作共赢的发展轨道。

(二) 中国—东盟关系的机遇

美国"战略与国际研究中心"的德里克·J.米切尔(Derek J.Mitchell)和布赖恩·哈丁(Brian Harding)长期关注中国和东南亚国家关系,他们在题为《中国和东南亚》的研究报告中指出:东南亚因其自身的地理位置而处身于中国影响力范围内,中国可能希望成为该地区的超级大国,其明确目标是:哪怕不能根除也能减少其他外部大国(主要就是美国)对该地区的操控,而不是仅仅希望能在该地区与其他国家抗衡而已。

米切尔和哈丁称:"不管这是不是北京的长远目标,至少北京在短期内是希望能确保该地区对中国的和平意图放心,防止反中国联盟的发展,与东南亚各国建立关系,增强该地区的稳定性,推动中国的内部发展。中国希望能建立一个友好双边关系的网络,和东盟及成员国建立更广泛的联系。缅甸、柬埔寨、老挝、泰国和越南有"大陆东南亚"之称,中国希望同这些国家建立睦邻友好关系,以保证边境的和平安宁,通过这些边境将其内陆地区与全球经济联系起来,实现战略贸易,寻找到能将对东南亚海运海峡的依赖减到最小的资源供应路线。文莱、印尼、马来西亚、菲律宾和新加坡等有"海上东南亚"之称,中国同样在寻求市场、天然资源和通过战略海上通道航海的自由[1]。中国在东南亚的战略非常成功,将其形象从意识形态鼓动者转变为受欢迎的、和平繁荣的务实伙伴。长期和战略性高水平的关注,熟练的日常关系管理和大胆创新的政策为中国带来这种成功。

---

[1]　C.Fred Bergsten,Nicholas Lardy,Bates Gillm and Derek Mitchell,*China:The Balance Sheet—What the World Needs to know Now about the Emerging Superpower*,New York:Public Affairs,2006,in *Chinese Soft Power and Its Implication for the United States:Competition and Cooperation in the Developing World*,*A Report of the CSIS Smart Power Initiative*,p.77.

他们认为,中国和东南亚关系越来越紧密的首要原因是经济。20 世纪 90 年代初以来,中国和东南亚的贸易往来有了巨大增长。在 1993 年到 2001 年,双方贸易增长年均为 75% 左右。到了 2010 年,双边贸易每年将能达到 2000 亿美元。中国出口东南亚的主要是制成品,东南亚出口中国的主要是天然资源、低附加值货物和加工制造零件。尽管中国在东南亚投资预计将会不断增加,现在仍然有限。据东盟的官方数据显示,中国从 2002 年到 2006 年在东南亚的投资累计为 23 亿美元,相比之下,美国的投资为 137 亿美元,日本投资为 308 亿美元,欧盟投资为 500 亿美元①。中国是东南亚最落后国家——柬埔寨、老挝和缅甸——的最大投资者之一,和这些国家扩大经贸关系已成为中国首要战略任务。

该报告还指出,大多数东南亚国家对中国崛起感到安心。民意调查显示,83% 的马来西亚人和 65% 的印尼人认为中国形象良好②。这一结果与精英们的普遍看法一致。他们越来越感到中国是一个良机,而并非挑战。

除了越来越被孤立的缅甸军政府以外,美国和东南亚各国保持着积极正面的关系。美国中国问题专家认为,在美国反恐战争之后,美国和该地区两个协约盟友的接触大大增加。新加坡仍然是一个越来越重要和强大的"隐形盟友"(virtual ally)。印尼和越南这两个人口众多的国家将会是未来几十年地区发展和战略平衡的关键,美国和这两个国家的安全关系已经得到极大的改善③。美国和印尼在 2005 年恢复正常的军方联系,马来西亚和美国一直是建设性安全伙伴,美国通过军事协议、双边和多边军事演习、军事援助和有着战略目标的外国援助,和这些国家建立伙伴关系,使美国在东南亚地区拥有实质的影响力。米切尔和哈丁的研究报告认为,如果中国没有排斥美国参与地区

---

① Derek J.Mitchell and Brian Harding, "China and Southeast Asia", in *Chinese Soft Power and Its Implication for the United States: Competition and Cooperation in the Developing World, A Report of the CSIS Smart Power Initiative*, p.84.

② "Global Unease with Major World Powers: Rising Environmental Concern in 47-Nation Survey", Pew Global Attitudes Project, June 27, 2007, in *Chinese Soft Power and Its Implication for the United States: Competition and Cooperation in the Developing World, A Report of the CSIS Smart Power Initiative*, p.86.

③ "Global Unease with Major World Powers: Rising Environmental Concern in 47-Nation Survey", Pew Global Attitudes Project, June 27, 2007, op.cit., p.88.

事务的打算,也没有在该地区实现亚洲版门罗宣言的意图,那么美国和中国在该地区没有根本上的分歧。双方都希望实现地区稳定和发展,遏制以宗教为基础的极端主义,为自身发展和地区繁荣与该地区进行更多经济上的活动。海上安全一直是它们的首要考虑,因为彼此都倚重海上运输贸易。报告还建议:增强实现实用双边合作的努力,在东南亚关心的问题上,如:环境保护、能源安全、人口贩卖、武器和毒品走私、人道主义援助和灾后救援等问题上,有效调整相对所需资源的应用,以解决这些重要的问题①。

在国际尤其是东南亚形势发生深刻变化和中国实力速增的新形势下,中国在东南亚塑造负责任的大国形象,或者是推进"成熟的战略伙伴"形象,应继续坚持"韬光养晦、有所作为"的外交方略。该方略与"避免枪打出头鸟"、"永不称霸"的思想一脉相承,均要求中国外交量力而行,理性应对,避免蛮干树敌,确保战略回旋余地,同时也不能屈服于外部压力,并争取在东南亚有所作为。

(三)"中国—东盟命运共同体"

中共十八大报告将构建"人类命运共同体"作为当代国际关系的重要议程,呼吁世界各国"同舟共济,权责共担,增进人类共同利益"②。增强"人类命运共同体"意识体现中国软实力外交的战略主张。习近平在参加 G20 峰会、上海合作组织第 13 次首脑峰会等国际活动时,多次提到"命运共同体"的概念,呼吁上合组织、金砖国家集团、G20 国家等组织打造命运共同体。构建中国—东盟命运共同体理念正是在这种背景下提出的。对"命运共同体"的强调显示党的十八大以来中国外交路线更为主动与开放③。今天,"命运共同体"已不仅仅是中国政府的倡议,它是一个具有清晰目标的外交战略,是中国在国际格局转变中的伟大外交实践,更是体现中国软实力外交理念的创新,它产生了广泛而深远的国际影响。从强调"中国的和平发展"到倡导"人类的共

①　"Global Unease with Major World Powers: Rising Environmental Concern in 47-Nation Survey", Pew Global Attitudes Project, June 27, 2007, op.cit., p.90.

②　胡锦涛:《坚定不移沿着中国特色社会主义道路前进　为全面建成小康社会而奋斗——中国共产党第十八次全国代表大会上的报告》,人民出版社 2012 年版,第 46 页。

③　《中国—东盟"命运共同体":超越具体利益的认同》,光明网 2013 年 10 月 19 日,http://int.gmw.cn/2013-10/19/content_9222775_2.htm。

同命运";从一个国家到全人类,中国的利益和命运与世界各国人民的利益和命运紧密相连。2013 年 10 月习近平在中国周边外交工作座谈会上指出"要着力加强对周边国家的宣传工作、公共外交、民间外交、人文交流,巩固和扩大我国同周边国家关系长远发展的社会和民意基础"。他强调要"把'中国梦'同周边各国人民过上美好生活的愿望、同地区发展前景对接起来,让命运共同体意识在周边国家落地生根"①。习近平的讲话在国内外引起积极反响。

近年来,中国周边安全环境发生一些新的变化,呈现"陆稳海动、陆缓海紧"的趋向。东海、南海的岛屿争端一度剑拔弩张,几近失控②。虽然中国始终采取照顾各方利益诉求的理性态度,但由于美国实施"重返亚太"战略,一些东亚国家,尤其是与东海、南海利益有关的国家,希望与美国建立更为牢固的战略关系,来平衡中国崛起。针对纷繁复杂的中国周边安全环境,中国倡导构建"命运共同体"的外交战略理念,有利于缓解同那些与中国利益相关的周边国家的关系。"命运共同体"理念继承和发展了中国儒家思想中"和""合"精髓,它有助于提升中国的软实力,尤其是构建中国和东亚国家"命运共同体"构想,是中国周边外交中软实力战略的集中体现。

2014 年 4 月 22 日召开的"东北亚名人会"第九次会议将"命运共同体"理念作为考虑和处理相互关系的基本出发点,将其视为解开"东亚困局",应对各种挑战,把握历史良机的关键。"命运共同体"理念包含四个要义,即正视历史的态度、敢担当的勇气、善求同的智慧以及能包容的精神。③ 2014 年 12月 23 日,中日韩三国学者、官员就如何构建东亚命运共同体理念提出新的议题,各方就"打造东亚和平发展责任共同体、探索东亚互信与和解之路、培育东亚人文认同与媒体责任"等议题达成共识。

构建"中国—东盟命运共同体"倡议是继"人类命运共同"倡议提出之后,习近平主席于 2013 年 10 月访问东盟国家时提出的。这是中国领导人在中国与东

---

① 《习近平在周边外交工作座谈会上发表重要讲话》,载《人民日报》2013 年 11 月 26 日。

② 杨彦春:《"南海问题"与中国"软实力"外交》,2013 年 8 月 8 日,环球网 http://opinion. huanqiu.com/opinion_world/2013-08/4222583.html。

③ 《中方呼吁以命运共同体理念破"东亚困局"》,2014 年 4 月 23 日,新华网 http://www. js.xinhuanet.com/2014-04/23/c_1110361041.htm。

盟关系层面首次提出。习近平在演讲中阐述了对中国—东盟关系发展的构想，认为构建更为紧密的"中国—东盟命运共同体"成为今后一个很长时期内中国与东盟关系发展的重要议程。2013 年 10 月 9 日李克强总理在文莱首都斯里巴加湾市东亚峰会上，提出中国—东盟"2+7 合作框架"，描绘出开启中国与东盟未来"钻石十年"的清晰路线图，被中外学者解读为"中国—东盟命运共同体建设的具体路线图"。中国国家领导人对东盟国家的接踵访问，在多边和双边关系两方面的集中发力，无疑为未来十年中国—东盟关系的发展方向定下了良好的基调，同时展示了中国主动将自身命运和世界紧密联结的外交自信。

　　中国政府构建"中国—东盟命运共同体"的立场体现了"五个坚持"：第一，坚持讲信修睦；第二，坚持合作共赢；第三，坚持守望相助；第四，坚持心心相印；第五，坚持开放包容①。具体地说就是，中国愿同东盟国家真诚相待、友好相处，不断巩固政治和战略互信，尊重彼此自主选择社会制度和发展道路的权利，坚定对对方战略走向的信心，在对方重大关切问题上相互支持，牢牢把握中国—东盟战略合作大方向。中国愿在平等互利基础上扩大对东盟国家开放，提高中国—东盟自由贸易区水平，争取到 2020 年双边贸易突破 1 万亿美元。双方致力于加强同东盟国家互联互通建设，倡议筹建亚洲基础设施投资银行，中国愿同东盟国家发展好海洋合作伙伴关系，共同建设 21 世纪"海上丝绸之路"。双方都应摒弃冷战思维，积极倡导综合安全、共同安全、合作安全新理念，深化防灾救灾、网络安全、打击跨国犯罪、联合执法合作，就地区安全问题定期举行对话，完善中国—东盟防长会议机制。中国还倡议要促进青年、智库、议会、非政府组织、社会团体友好交流，愿向东盟派出更多志愿者，支持东盟国家文化、教育、卫生、医疗等领域事业发展，办好中国—东盟文化交流年。中国与东盟有着广泛的共同利益。在过去的二十年里，中国和东盟从政治互信到战略伙伴，再到三年前落成的中国—东盟自贸区，双边关系历史性地相互依赖、不断深化②。

---

① 习近平：《携手建设中国—东盟命运共同体》，载《人民日报》2013 年 10 月 4 日。

② 2013 年中国和东盟国家人员往来达 1500 万人次，每周有 1000 多个航班往返于中国和东盟国家之间，中国计划在 2020 年使双边贸易达到 1 万亿美元，习近平：《共同建设二十一世纪"海上丝绸之路"》，载《习近平谈治国理政》，外文出版社 2015 年版，第 292—295 页。

　　为了将"中国—东盟命运共同体"的理念落到实处,中国政府提出如下倡议:第一,协力规划中国—东盟关系发展大战略;第二,共同打造中国—东盟自贸区升级版;第三,加快建设互联互通基础网;第四,精心营造海上合作新亮点;第五,努力保障传统领域和非传统领域"双安全";第六,积极开拓人文科技环保合作新领域①。中国与东盟战略合作关系的深入发展早就引起西方国家舆论的关注,美国著名智库,"战略与国际问题研究中心"的研究报告显示,大多数东南亚国家对中国崛起感到安心。民意调查显示,83%的马来西亚人和65%的印尼人认为中国形象良好②。这一结果与精英们的普遍看法一致。他们越来越感到中国是一个良机,而并非挑战。这就充分证明,中国运用软实力外交战略,在构建"中国—东盟命运共同体"机制中取得积极成果。

　　中国利用在东南亚需求日益增大的中文授课与该地区建立密切联系。目前已建立30家孔子学院,其中泰国就有13家。许多中国教师志愿者在泰国、老挝和柬埔寨中学传授中文。常年在泰国担任中文授课的中国教师有800多名③。孔子学院的本质是教育与文化传播,这些活动与政治并无关系,这是文化的力量,与生硬的经济数字相比,文化具有更浓的亲和力。在东南亚国家中,不少在孔子学院学习中文的学生是华裔,或者是视中文为自己立足商界一个重要优势的人。这种趋势不可避免地产生软实力作用,是一种能影响中国和东盟各国关系的文化吸引力。中华文化在东南亚地区影响已延续几千年,是中国对东盟国家的友好交往政策的基础,中国对东盟各国一贯奉行睦邻、安邻和富邻政策,加强中国在东南亚的软实力作用,"中国有许多西方国家所没有的优势,具体表现在以下方面:一是历史悠久的中华文化在东南亚有深远的影响和魅力;二是不同于西方的东方价值观,包括人权观、发展观、民主观等,中国与东南亚国家在这些方面有较多的共同语言,都对西方

　　①　李克强:《打造更为紧密的中国—东盟命运共同体》,载《人民日报》2014年11月13日。

　　②　"Global Unease with Major World Powers:Rising Environmental Concern in 47-Nation Survey",Pew Global Attitudes Project,June 27,2007,in *Chinese Soft Power and Its Implication for the United States:Competition and Cooperation in the Developing World*,*A Report of the CSIS Smart Power Initiative*,p.86.

　　③　"Global Unease with Major World Powers:Rising Environmental Concern in 47-Nation Survey",op.cit.,p.86.

以人权为幌子干涉别国内政深恶痛绝；三是众多的华人已经是东南亚各国的公民，在政治上效忠于所在的国家，为所在国家服务，但他们在文化上仍然与中华民族保持密切的联系，是沟通东南亚各国与中国的桥梁和纽带；四是中国对外政策的独特风格，例如，和平共处五项原则，在国际事务中坚持独立自主的原则，中国与发展中国家交朋友，真心实意地帮助别人，在提供援助时不附带任何条件等"①。

国际关系中，有运用军事威胁、经济制裁等以强制性和胁迫性为特征的"硬实力外交"，也有以合作和吸引为特征的"软实力外交"。这些"软实力外交"的内涵可以界定为：互利基础上的经济合作、吸引力为导向的文化和教育交流，国际机制多边活动的积极参与以及敏感全球问题的协商合作等②。当今亚太地区形势发生深刻变化，中国的软实力影响极大提升，中国在东南亚塑造负责任大国形象，推进"成熟的战略伙伴"形象，中国创建"亚洲基础设施投资银行"（AIIB）将帮助亚洲地区的基础设施（公路、电力、铁路等）提供融资，"海上丝绸之路"倡议寻求致力于将东南亚融入正在演变的亚太新的经济体系中，"新丝绸之路"寻求通过扩大的铁路、高速公路、电力、光纤和其他网络连接中国与东亚、南亚、中亚和欧洲的经济体，目标旨在提振东亚和印度洋的海上贸易。③ 中国在亚太地区的软实力作用，还通过提供大规模的金融刺激（亚洲基础设施投资银行）、升级替代性地区平台（亚洲相互协作与信任措施会议）以及建立新的全球机构（新开发银行），在中国周边地区开辟出新的合作领域。

建立中国—东盟自由贸易区（China-ASEAN Free Trade Area 简称 CAF-TA），是构建中国——东亚命运共同体的基石。2002 年 11 月，中国与东盟 10 国领导人首先签署了《中国与东盟全面经济合作框架协议》，2010 年 1 月 1 日贸易区正式全面启动。中国与东盟建成了发展中国家之间最大的自贸区。

① 曹云华：《论中国—东盟关系可持续发展》，载《和平与发展》2009 年第 1 期。

② 王俊峰：《魅力攻势：中国软实力外交初探》，2010 年 07 月 06 日，人民网—理论频道，http://theory.people.com.cn/GB/166866/12089496.html。

③ Jeffrey D.Sachs, "China's New Global Leadership", http://www.project-syndicate.org/world-affairs, Nov.21, 20014. [美]杰弗里·萨克斯：《中国的新全球领导力》，2014 年 11 月 21 日，世界报业辛迪加网站，转引自《参考资料》2014 年 11 月 27 日，第 3—5 页。

2012 年,中国与东盟贸易额超过 4001 亿美元,双边投资 1007 亿美元。① 目前,中国是东盟第一大贸易伙伴,东盟则是中国第三大贸易伙伴。中国—东盟自由贸易区的建立,一方面有利于巩固和加强中国与东盟之间的友好合作关系,有利于中国与发展中国家、周边国家的合作,也有利于东盟在国际事务上提高地位、发挥作用;另一方面,有利于进一步促进中国和东盟各自的经济发展,扩大双方贸易和投资规模,促进区域内各国之间的物流、资金流和信息流,促进区域市场的发展,创造更多的财富,提高该地区的整体竞争能力,为区域内各国人民谋求福利,有利于推动东盟经济一体化进程。构建"中国—东盟国家命运共同体",目的是建立更加平等均衡的新型地区及全球发展伙伴关系,推动亚洲国家在国际和多边机制的协调和合作,"为发展中国家争取更多制度性权力和话语权"②。有些西方学者把中国"努力推进周边外交,争取良好的周边环境,让中国发展更多惠及周边国家,实现共同发展"战略目标比喻成中国新一轮魅力攻势(charm offensive)③。所谓"中国魅力"实际上正是中国软实力外交的展示。中国倡导建立亚洲基础设施投资银行受到绝大多数东盟国家欢迎就是一个很好的例子。

但在中国—东盟合作关系发展良好的大势下,也掩藏着一些问题,首先是双方存在的悬而未决的历史问题,其次是一些东盟国家对中国和平崛起的不必要担忧等。中国领导人提出"命运共同体"的概念,正是综合考虑到各方因素,在尊重东盟国家权益的基础上作出了一个充满诚意的宣示。"命运共同体"包含深刻的内涵,一种是"荣损与共",中国经济发展若出现问题,东盟也受牵连,一荣俱荣,一损俱损;另一种是"相向而行",中国和东盟之间有一些悬而未决的历史遗留问题,若有外部势力介入,可能会将中国和东盟关系往相

---

① 《中国连续 4 年成东盟最大贸易伙伴　双边贸易快速增长》,载《人民日报》2013 年 8 月 26 日。

② [新加坡]塞西利亚·托塔哈达、阿西特·比斯瓦斯:《亚洲开发银行:重新组合现状》,(新加坡)《海峡时报》2014 年 9 月 2 日,转引自《参考资料》2014 年 9 月 22 日。

③ Bonnie S.Glaser, Deep Pal, "Is China's Charm Offensive Dead?" *China Brief : A Journal of Analysis and Information*, Volume: 14 Issue: 15, July 31, 2014. pp.8–12. 第一次魅力攻势,是 1997 年,东南亚地区爆发金融危机,中国坚持人民币不贬值,并且于 2002 年与东盟签订自由贸易协定,10多年中国与东盟贸易和投资持续稳定增长。

悖的方向推①。这是中国和东盟各国所面临的挑战。

三　南亚国家因素

自 2003 年 6 月印度总理瓦杰帕伊访华、中印签署《中印关系原则和全面合作宣言》以来，中印关系不断改善，宣言成为指导中印关系发展的纲领性文件，标志着中印关系进入新的阶段。印度政府在这份宣言中正式承认西藏是中国领土，但印度发展核武器问题将继续影响南亚和平的进程。印巴在克什米尔问题上的僵局不可能在短期内有所突破，印巴关系改善与否是影响中印关系的重要因素，由于冷战思维存在，印度倾向于夸大中国对巴政策中牵制印度的负面因素。这既有印度的国内政治需要，也有印度争取南亚主导地位遇到障碍时转移视线的因素②。

值得注意的是，印度与美国等西方大国建立战略伙伴关系，一方面有利于促进世界朝多极化方向发展，维持世界与地区的稳定；另一方面也不能排除印度利用发展与大国关系实现牵制中国的战略目的。尤其是印度与大国进行的军事安全合作，对中国的安全带来双重影响③。因此，中国进一步发展与巴基斯坦的友好合作关系对维护南亚地区局势的稳定与改善具有十分重要的意义。

（一）中印巴三角关系

印度和巴基斯坦同位于南亚次大陆，领土交界。1947 年以前，印度和巴基斯坦本是一个国家，1947 年 8 月分治。分治后，印巴曾爆发过三次较大的战争④。但多年来，两国为了本国以及地区的和平与发展，双方领导人和官员也为改善关系进行了许多不懈的努力。

2001 年 7 月，巴基斯坦总统穆沙拉夫应邀访问印度，与印度总理瓦杰帕

---

① 《中国—东盟"命运共同体"：超越具体利益的认同》，载《光明日报》2013 年 10 月 19 日。

② 赵干城：《稳定中印关系与创造战略机遇刍议》，载《南亚研究》2003 年第 2 期，第 19 页。

③ 赵兴刚：《当前印度的对外战略与中国的安全环境》，载《中国外交》（中国人民大学书报资料中心编辑）2004 年第 10 期，第 51 页。印度与美国、以色列、俄罗斯等国开展的军事合作，极大增强了印度的军事实力，打破了亚洲地区的军事力量平衡，对中国周边的安全环境带来压力。

④ 高越：《论印巴关系的现状及其中的中国角色》，载《改革与开放》2011 年 3 月刊，第 22 页。

伊举行会谈。这次会谈标志着印巴关系出现新了的转机。但同年 12 月,印度议会大楼遭到袭击,印度指责这是巴基斯坦支持的伊斯兰武装分子所为,两国关系再度恶化。在国际社会斡旋下,2003 年 5 月,双方同意恢复两国大使级外交关系和交通往来,两国关系开始逐渐转暖。2004 年 1 月,在第 12 届南亚区域合作联盟峰会期间,巴基斯坦总理贾迈利与印度总理瓦杰帕伊举行会谈,双方同意自 2004 年 2 月起正式启动旨在解决两国所有分歧的全面对话进程。至 2008 年上半年,印巴先后启动了 5 轮全面对话。在建立信任措施、解决历史遗留问题、发展经贸合作、促进人员交流等多个方面进行了讨论,达成不少共识。但两国的和平进程在印度孟买发生连环恐怖袭击事件后中断。2008 年 11 月,孟买发生恐怖袭击,造成数百人伤亡,印度指责来自巴基斯坦的恐怖分子发动了此次袭击,印巴关系再次紧张。经过国际社会斡旋,两国紧张局势有所缓和。2010 年 2 月初,印政府提议印巴双方开始外交秘书级对话,巴对此表示欢迎①。

总的来说,印巴两国关系的矛盾主要体现在涉及领土与民族宗教问题的克什米尔地区问题。两国在这些问题上迟迟不能妥协,加之当今世界区域一体化的发展趋势,作为南亚地区的两个大国,希望成为区域领导者的竞争意识进一步增强②,结构性矛盾的产生给两国之间利益调和增加了难度。

中印巴三角关系开始于 20 世纪 60—70 年代。当时中印爆发边界冲突,印巴为争夺克什米尔归属继续诉诸战争;中巴关系发生历史性转变,巴基斯坦成为对华友好国家。在美苏冷战、中苏对立、中美逐步缓和及印苏结盟等大国关系分化组合的推动下,以中巴友好、印巴敌视、中印对抗为特征的中印巴三角关系形成③。冷战时期的中印巴关系,就其本质来说是一种两极对抗关系,并非严格意义上的三角关系,因为中巴关系具有结盟性质,形成了中印巴"三

---

① 高越:《论印巴关系的现状及其中的中国角色》,载《改革与开放》2011 年 3 月刊,第 22 页。

② 同上。

③ 李昕:《调整中的中印巴三角关系》,载《南亚研究季刊》2007 年第 2 期,第 44 页。

国两极"的对立结构①。

20 世纪 80 年代,中印关系逐步实现正常化,但因印度奉行"平行政策"以及两国低水平的安全信任,中印关系徘徊不前;与此同时,印巴持续冲突,中印巴基于传统安全关切的对峙格局并没有改变。但高风险和高代价的军事对峙并不能持久,同时也损害了三方经济、安全利益和战略目标调整。冷战结束后,中印巴三国顺应时代潮流,实现三方良性互动和合作共赢,创设中印巴共同发展的区域安全环境,成为各方关注的目标,中印巴三角关系的调整势在必行②。

冷战结束至 1998 年,中印关系在正常化的基础上逐步改善,中巴传统友谊继续加深,中印巴三角关系的性质开始发生变化。然而从 1998 年至 2001 年,由于印度连续进行核试验,公开挑起印巴核军备竞赛,散布"中国威胁论",印巴关系再次恶化,中印关系遭受重大挫折。但随着 1999 年至 2002 年初中印之间一系列高层互访的启动,中印巴关系重新回到调整的轨道。由于三角关系中实力最强、影响最大的中印关系得到改善,自然就带动了印巴、中巴关系的调整。这种调整还突出表现在 1999 年印巴爆发的卡吉尔冲突上,中国表现出中立姿态,希望印巴和平解决危机,这反映出中国追求的是相对平衡和稳定的南亚政策③。中国在印巴关系和有可能的冲突中必须扮演一个对地区和平与安全负责任的仲裁者的角色④。"9·11"事件至今,中印关系迅速改善,多层次的友好合作全面展开,印巴和解势头加快,中巴友谊加深拓宽。中印巴三角关系的结构和性质有了重大变化⑤。目前,中印巴三方都致力于建立各种对话机制,加强交流和沟通,消除误解,增进信任。这是在新的国际战略形势下,各国外交理念和实践的进步和成熟⑥。

----

① 薛勇:《中印巴三角关系与中国的南亚政策》,载《南亚研究季刊》2007 年第 1 期,第 37 页。

② 李昕:《调整中的中印巴三角关系》,载《南亚研究季刊》2007 年第 2 期,第 44 页。

③ 同上。

④ 高越:《论印巴关系的现状及其中的中国角色》,载《改革与开放》2011 年 3 月刊,第 22 页。

⑤ 李昕:《调整中的中印巴三角关系》,载《南亚研究季刊》2007 年第 2 期,第 44—46 页。

⑥ 薛勇:《中印巴三角关系与中国的南亚政策》,载《南亚研究季刊》2007 年第 1 期,第 37 页。

（二）巴基斯坦因素

中国与巴基斯坦是关系深厚的战略伙伴关系,在政治经济安全等方面一直保持良好的合作态势,对巴基斯坦来说,中国是其外交的强大支柱,是其外交政策的基石。在巴基斯坦看来,中国的经济实力和政治影响不断增强,但中巴双边关系仍然是互有优势的均衡发展,对中国而言,巴基斯坦地缘位置独一无二,地处南亚、中亚、西亚和海湾地区的交叉地带,为中国的制造业和商业发展提供了战略通道。巴基斯坦也为中国走向穆斯林世界、扩大与中东地区的接触提供了门户①。

今天,巴基斯坦是世界上少数几个未加入《不扩散核武器条约》(NPT)的国家之一,又是目前世界上唯一实际上拥有核武器的伊斯兰国家。核政策与核战略是巴基斯坦国家安全战略的重要组成部分之一。巴基斯坦与印度的核对抗与核军备竞赛是影响南亚次大陆安全的主要因素之一②。对中国来说,巴基斯坦在其周边外交中具有重要地位。对于由于某些大国战略已经身处周边诸多国家"包围"态势的中国而言,有一个坚定不移的盟友是十分重要的,长期友好的合作必须建立在地区安全与稳定的基础上,中国通过巴基斯坦而与整个南亚地区利益相关③。

（三）印度因素

改善和发展中印关系是中国周边外交战略的重要部分,中印都实行"大周边外交战略",力求创造一个和平发展的国际安全环境。中印各自的"大周边外交"范围出现了许多重叠区域,而且也是多种力量交汇区。习近平主席关于"21世纪海上丝绸之路"的最新倡议提升了中国与印度洋岛国加强合作的意义,海上丝绸之路将把中国的海岸线与东南亚、南亚次大陆、地中海以及非洲东海岸连接起来。中国邀请印度加入海上丝绸之路及连接中国西南部与南亚次大陆东部的陆路贸易走廊,在习近平主席访问印度期间得到印方的积

---

① 高越:《论印巴关系的现状及其中的中国角色》,载《改革与开放》2011年3月刊,第22页。

② 夏立平:《巴基斯坦核政策与巴印核战略比较研究》,载《当代亚太》2008年第3期,第65页。

③ 高越:《论印巴关系的现状及其中的中国角色》,载《改革与开放》2011年3月刊,第24页。

极回应。莫迪担任印度总理后,印度推行"开明的国家利益",强调"印度的外交政策建立在与所有国家发展和平友好关系的原则基础之上。印度将在开明的国家利益基础上进行本国的国际接触,把印度的价值观力量与务实主义结合起来,奉行一种互惠关系的理念"①。

但印度对华友好姿态无法掩饰其对中国日益崛起的忧虑,印度试图在深化中印经济接触与印度战略必要性二者间寻求平衡②。在印度看来,莫迪政府最大的对外政策挑战之一将是更积极主动地与中国、日本和美国接触,同时平衡它与三国的关系。因此,中印双方需要高超的外交智慧,以避免两国恶性竞争,甚至迎头相撞而两败俱伤。双方认识到其共同诉求大于分歧,都希望为本国崛起营造一个和平稳定的国际环境,都把 21 世纪头 20 年视为经济发展和国家富强的重要战略机遇期。为了此共同目标,建立长期稳定的中印战略伙伴关系,实现印巴和解,从而带动中印巴关系的结构变化就显得尤为必要③。

(四) 中印巴能源合作

当今的印度洋已被描述为"世界最重要的能源和国际贸易航道。大约30%的全球贸易由印度洋上的港口处理,这表明该地区对于全球海上贸易非常重要。经印度洋运输的石油对中国、印度、日本以及韩国都至关重要。而中国在 2013 年已超过美国成为世界最大的石油净进口国"④。中国通过与印巴能源合作计划,确保印度洋运输航道的安全。

从长远战略利益考量,中印巴能源合作,不仅能为三国提供稳定可靠的油气运输通道,而且可以实现三国利益的紧密相互依存,彼此成为"利益攸关者"。近年来,随着三国经济的日益发展,对能源的需求激增。三国都需要多元化的油气进口来源和安全可靠的运输通道。巴基斯坦处于世界两大油气产

---

① [印]苏哈西尼·海德尔:《开明的国家利益是莫迪外交政策准则的核心》,载《印度教徒报》2014 年 6 月 15 日,转引自《参考资料》2014 年 6 月 27 日,第 11 页。

② [美]布拉马·切拉尼:《印度谋求平衡中国在亚洲的力量》,载《赫芬顿邮报》2014 年 9 月 8 日、《印度斯坦报》2014 年 8 月 29 日,转引自《参考资料》2014 年 9 月 17 日,第 8、9 页。

③ 李昕:《调整中的中印巴三角关系》,载《南亚研究季刊》2007 年第 2 期,第 47 页。

④ Nilanthi Samaranayake, "The Indian Ocean: A Great-Power Danger Zone", *The National Interests*, May 2014.

地的十字路口,能源战略地位十分重要,近年来,巴基斯坦充分利用其地理优势,加强"管线外交",努力把自己打造成本地区的能源运输走廊,并与中印两国开展各种能源领域的合作。

"相互依赖意味着不同社会之间存在多种多样的沟通渠道,关于国际事务的等级结构已不复存在,而强制力大体上已经失去作用,改变了国家推进利益的手段。"①中印巴三方开始启动的能源合作规划,是三国利益相互依存,彼此成为"利益攸关者",推动中印巴外交战略的调整,形成良性互动和平衡稳定的三角关系。

经贸关系对政治关系的推动:经贸关系受政治因素的影响,但经贸关系的加强会对政治关系产生积极的正面效应。在全球化时代,经济上的相互依存对国家间政治关系的促进作用非常明显。中巴自由贸易协议的签订得益于双方的政治互信;2014 年 9 月习近平主席的印度之行进一步推动两国经贸关系的发展,中国是印度的最大贸易伙伴,双边贸易额为 650 亿美元,到 2015 年中印贸易额将达到 1000 亿美元,中国还作出今后 5 年对印度各种基础设施项目投资至少 1000 亿美元的承诺,即相对于日本所承诺投资的三倍②。未来,中印两国完全可以通过提高经济合作水平和相互依赖程度实现政治互信。

印度追求全球大国地位,成为相邻大国同步崛起的结构性矛盾,印度的大国梦触及中印巴三国的核心利益争端。印度海军 2008 年创办"印度洋海军研讨会(IONS),旨在促进该地区国家海军领导人之间的对话。虽然重点放在经济合作上,但"环印度洋地区合作联盟"最近在印度的主持下,有了更广泛的安全色彩。2013 年,印度通过与斯里兰卡和马尔代夫签订三边海上安全协定,进一步巩固了其与周边国家的安全关系。未来这个协定将会把毛里求斯和塞舌尔包括在内,成为一个五国集团③。因此,印度正试图让自己成为潜在的重要全球性大国,其国家安全战略目标主要以军事手段为主,在许多方面涉

①　Richard Rosecrance,*The Rise of the Trading State:Commerce and Conquest in the Modern World*,New York:Basic Books,1986,p.62.

②　[美]阿莉莎·艾尔斯:《中国向印度发出的混杂信息》,载《福布斯》2014 年 9 月 17 日,转引自《参考资料》2014 年 9 月 25 日,第 6 页。

③　Nilanthi Samaranayake,"The Indian Ocean:A Great-Power Danger Zone",*The National Interests*,May 2014.

及中巴核心国家利益,造成中印、印巴难以化解的结构性矛盾。

中印巴三边关系中存在中印边界问题和印巴克什米尔争端。中印之间2000 多公里的边界线历史上绝大部分地段从未正式划定,争议领土面积达12.5 万平方公里,尤其是东段的 9 万多平方公里,成为争议的核心焦点。尽管中印双方特别代表正在探讨解决边界问题,但中印双方对"实际控制线""传统习惯线"以及"麦克马洪线"的认识存在着很大的差异①。

由于印巴之间长期紧张对峙所形成的不信任关系,双方在克什米尔等一系列问题上存在严重分歧,两国要实现真正的接近和建立友好合作关系,依然艰难。印方认为,解决这个问题的关键在于印度减轻克什米尔反动派势力给印巴双边谈判造成的不和谐影响,同时,保持积极主动的姿态,与克什米尔反动派展开积极对话②。这样有利于化解印巴历史恩怨。

(五) 南亚国家关系中的美国因素

美国是南亚大国关系互动中的首要因素③。20 世纪 50 至 60 年代,美国与印度关系密切。1971 年印度与前苏联签订和平友好合作条约并发动肢解巴基斯坦的第三次印巴战争后,印美关系严重受挫。80 年代后期双边关系有所恢复。1998 年,印美关系因印进行核试跌入低谷。"9·11"事件后,印度支持美国打击恐怖主义,美国宣布取消因 1998 年印巴核试验对印巴实行的制裁。2000 年 3 月,克林顿总统访印,两国同意建立"持久的、政治上有建设性、经济上有成果"的新型伙伴关系。这次访问被认为是美国调整对印政策的"里程碑"④。乔治·W.布什担任美国总统后不仅继续了美印关系升温的势头,而且加快了与印度建立战略合作关系的步伐。

"9·11"事件后美国很快提升了与巴基斯坦的关系,印度试图阻止美巴合作的意图受到挫折。印度对美国表示了不满,抱怨美国在反恐问题上采取双重标准,不理解印度对克什米尔恐怖活动和印度安全的严重关切。瓦杰帕

---

① 李昕:《调整中的中印巴三角关系》,载《南亚研究季刊》2007 年第 2 期,第 49 页。

② [印]阿班蒂·巴塔查里亚:《莫迪在巴基斯坦问题上修正方向:从中国的西藏政策中吸取教训》,转引自《参考资料》2014 年 9 月 29 日,第 7 页。

③ 李昕:《调整中的中印巴三角关系》,载《南亚研究季刊》2007 年第 2 期,第 46 页。

④ 张蕴岭、孙士海主编:《2002 年亚太发展报告》,社会科学文献出版社 2003 年版。

依总理在美国宣布对印巴解除制裁后对国内记者说："印度因克什米尔发生的恐怖活动而受到了巨大损害,但是华盛顿并没有关注这一点"①。由于印度的战略重要性以及美印两国在打击恐怖主义、遏制伊斯兰原教旨主义方面的共同利益,美国没有因为与巴基斯坦的合作而忽视或疏远印度。为了不影响美印关系的发展,也为了避免印巴之间爆发战争干扰美国在阿富汗的反恐战争,美国极力安抚印度,称两国在反恐问题上是天然的盟友,保证美国发展对巴关系不会损害印度的利益。2001 年 9 月 25 日,美国在解除了对巴基斯坦核制裁的同时也解除了对印度的制裁②。

美国全球反恐战略的要求使其安全利益与南亚局势产生关联,从而导致与印度、巴基斯坦的关系互动。在克什米尔问题上,尽管美国表示不当"调解者",而是印巴关系和解的"促进者"③,但事实证明它无法避免介入印巴的克什米尔冲突。美国既看重美巴反恐合作,又强调美印战略伙伴关系的南亚平衡政策从根本上影响了印巴两国的战略选择,也使美国能在印巴关系从战争危机转向和解的过程中始终扮演重要的角色。尽管 2001 年 12 月 13 日印度议会大厦袭击事件直接引发了 2002 年的印巴军事对抗,"边缘政策"一度使南亚爆发全面战争的风险骤增,但在美国反恐战略和印巴"核因素"的双重制约下,这场危机最后成为双方解决争端、实现和平的难得机会。美国通过国际反恐战略将印巴两国的利益绑到一起,对两国恩威并用,既提供大量援助,承诺深化与双方的战略合作,又积极影响两国的政策,促使印度和巴基斯坦在反恐和核领域增强信任建设,从而促成印巴两国的对话与和解。这些事件与过程之间的联系表明,"9·11"事件及其后续发展是推动印度、巴基斯坦关系正常化的重要催化剂。2003 年以来的印巴对话与和平进程对此作出了说明。尽管对话与和平进程的最终效果尚无法确认,但双方的意图日趋明确,就是要实现双边关系的和解,消除滋生恐怖主义的温床,在保障自身国家利益的同时

---

① 张蕴岭、孙士海主编:《2002 年亚太发展报告》,社会科学文献出版社 2003 年版。

② 2009 年 9 月至 2010 年 2 月,笔者在约翰·霍普金斯大学高级研究院访学期间,多次参加美国著名智库卡内基国际和平基金会学术研讨会,在讨论美国和印巴关系时,罗伯特·卡根等人坚持认为美国是印度的传统盟友,是巴基斯坦的天然盟友,曾引起学者们的争议。

③ T. V. Parasuram, *US facilitator', not'mediator, says powell* [EB/0L], http://www. rediff. com/news/2002/jun/14war.htm.

谋求共同安全与发展。这应该是"9·11"事件及其后续发展对南亚地区安全格局带来的最深远影响①。

奥巴马政府上台以后,在南亚战略上,奥巴马更看重对反恐具有重要战略地位的巴基斯坦。"阿巴新战略"的出台加深了美巴之间的合作关系。但是,虽然美国明白只有通过巴基斯坦才能解决阿富汗问题,但巴基斯坦问题的解决则有赖于印巴克什米尔问题的消减,这需要印度以更加积极的姿态缓和与巴基斯坦的关系。特别是在反恐后期以及将来美国军队撤离阿富汗之后,亟须在当地扶植一个"代理人"确保南亚局势的稳定,而作为南亚唯一大国的印度无疑成了美国的首选。由于在反恐问题上需要印度的支持,美国主动向印度靠拢②。而印度的崛起正在改变全球地缘政治版图,这对美国自身的全球利益具有重大影响,加强美印战略伙伴关系变得迫切而必要③。此外,与印度开展经贸合作,能让美国减少对中国市场的依赖,推动美国经济复苏和就业,同时也可以推动印度经济持续增长。奥巴马将美印关系称为"21世纪起决定性作用且不可或缺的伙伴关系","美国将亚洲特别是印度看作今后一个市场"④。

为了打击恐怖主义、遏制伊斯兰原教旨主义,保持印度和巴基斯坦两个有核国家的关系稳定将是美国在南亚的主要战略任务,美国将会长期对南亚地区保持影响力。未来印巴关系的发展将在很大程度上受到美国反恐战略的制约。南亚历史上第一次出现了美国与印巴两国同时建立了合作关系的局面,印巴出于各自的战略利益都将继续与美国发展关系,防止出现美国的南亚政策明显向对方倾斜的局面。

美国依据其全球战略的需要,在其南亚战略中先后有过"印巴并重"(20

① 张力:《"9·11"事件后美国反恐战略对南亚安全格局的影响》,载《四川大学学报》2006年第6期,第28页。

② 陈利君、许娟:《奥巴马访印对中印美三角关系的影响》,载《南亚研究》2011年第1期,第16页。

③ Venkatesan Vembu, "Over here, Mr. Obama, you can still win", *Daily News & Analysis*, November 6, 2010. http://www.dnaindia.com.

④ "Remarks by President Obama and Prime Minister Singh in Joint Press Conference in New Delhi, India", *The White House*, November 8, 2010. http://www.whitehouse.gov.

世纪 50 年代)、"扶巴压印"(20 世纪 60—80 年代)、"重印轻巴"(冷战结束后)和"重印拉巴,各有倚重"("9·11"事件后)等多种定位①,都对印巴关系,乃至中印巴三角关系产生了重要影响。美国的新南亚政策已经并且会继续成为塑造中印巴三角关系的重要因素②。

(六) 前景

冷战结束以来,在各方努力下,中印巴三角关系的结构和性质正开始逐步进行良性的调整变化。"9·11"事件后,由于国际形势的迅速变化和南亚区域内外大国力量的推动,中印巴三角关系更是进入了深层次的调整轨道,三边良性互动增多,和解合作成为主流。在中印巴三角关系中,中印关系的调整和定位最为重要,直接决定了印巴关系的发展状况。中印既是合作伙伴又是竞争对手,但合作多与竞争③。如何继续推动中印关系调整以及由此带动中印巴三角关系良性发展乃至南亚地区的和谐稳定,成为中印两国包括巴基斯坦在内都要重视与思考的问题。

与此同时,在中美印三国的关系中,如何处理好与美印两国的关系,塑造有利于中国发展的周边环境,成为中国外交的关键。由此,第一,中国在处理中美印三边关系时,应该避免传统的零和博弈思想,理性看待印美两国的合作。第二,不谋求地区制衡,而以地区共同利益发展与美国和印度的关系。第三,以灵活、务实的外交方式,前瞻性的战略布局发展同美国、印度的关系。第四,积极参与南亚事务,发展同南亚诸国的友好合作关系。第五,注重经济战略布局。从总体上看,中美印三角关系的结构特征是三国都在有限范围内调整外交政策,整体格局是相对稳定的④。

中国应该有一个更为积极的南亚政策,利用有利的地缘政治优势,全面扩大与南亚各国的合作与交流;创造条件解决存在的争端和问题;为南亚区域合作发挥更大的作用。而要实现这一切,关键是认识和处理好印巴关系,促进中

---

① 薛勇:《中印巴三角关系与中国的南亚政策》,载《南亚研究》2007 年第 1 期,第 36 页。
② 李昕:《调整中的中印巴三角关系》,载《南亚研究》2007 年第 2 期,第 46 页。
③ 同上书,第 49 页。
④ 陈利君、许娟:《奥巴马访印对中印美三角关系的影响》,载《南亚研究》2011 年第 1 期,第 24、25 页。

印巴三角的良性互动,稳定南亚局势,扩大与该地区的合作①。中国要着眼于国际斗争和稳定周边的大局,积极运筹好印巴这对矛盾关系,维护和拓展中国的战略利益。为了适应印巴两国发展经济合作的需求,中国应积极开展经济外交,促进中印巴三角经济依存度的增大,这有利于中国平衡外交的实施。同时,中国应把准在印巴关系中的角色定位——作为合作者而不是调停人。中国应避免介入印巴纷争。只有采取中立立场,说服双方通过和平协商方式解决争端,才能使中国更为主动。另外,中国要把握好同印巴发展关系的平衡点,既要积极地同印度发展关系,又要继续巩固和推进中巴传统友好关系。其次,要认清其他外部战略力量在南亚的影响,应对好三角关系中出现的日益复杂的局面。冷战后南亚地区日益成为关注的焦点,这里有印度崛起、南亚核问题、印巴冲突、地区动乱和世界反恐等原因,也有针对中国的一系列战略图谋在展开。美国要确保在南亚的主导地位,并借反恐和安全合作,将南亚纳入其全球战略框架,目的主要是针对中国的崛起。各种势力也看好南亚的市场潜力,想要搭上南亚加速发展的快车。因此,南亚成为各种国际角色角逐的舞台,为中印巴三角关系添加了诸多参数②。

中国的和平友好、多边合作和稳定周边的外交战略在南亚取得了令人瞩目的成就。中印关系有了实质性改善和全面发展,中巴关系继续稳固和深入推进;印巴关系在中国的积极促进下出现了乐观的转机;2005 年南亚地区合作联盟组织接纳中国为观察员国,为中国更多参与南亚事务提供了新的合作平台③。这些都体现了中国在南亚的积极而均衡的外交正在改变中印巴关系的旧模式,努力营造一个互利共赢的合作外交格局,同时,中国与孟加拉国、斯里兰卡等国的合作与交流也不断发展,维护了南亚地区的和平与稳定。

四　中亚国家因素

我国早在西汉时期,就与中亚地区有所往来。张骞出使西域开辟"丝绸

---

① 薛勇:《中印巴三角关系与中国的南亚政策》,载《南亚研究》2007 年第 1 期,第 37 页。
② 同上书,第 40—41 页。
③ 同上书,第 36 页。

之路"不仅带回了有关中亚各地的政治、经济、文化方面的信息,也促进了西汉王朝与中亚地区的政治往来与经济、文化交流。以后历朝历代中国也都与中亚地区往来频繁,交往甚深。

十月革命后,中亚建立了一些自治共和国,后又改为加盟共和国。我国与中亚五个加盟共和国的交流都是通过苏联来进行的。1949年中华人民共和国成立后的初期,苏联对我国新疆的建设有过一些帮助。从20世纪60年代起,中苏两国关系长期处于不正常状态,所以我国与中亚的交流几乎是中断的。在后来的中苏关系正常化不久,苏联就解体了,中亚各加盟共和国纷纷宣布独立①。

中亚各国独立后,中国不但立即与它们建立了外交关系,先后与它们解决了边界问题,还大力发展了政治、经济和文化诸方面的合作交流。中国本着"与邻为善、以邻为伴""睦邻、安邻、富邻"的精神,做中亚各国的好邻居、好伙伴、好朋友,得到中亚各国政府和人民的信任和好评②。睦邻友好是中国外交的基石。中国尊重该地区各国人民的选择,在和平共处五项原则基础上建立超越社会制度、意识形态和价值观念的新型国家关系。中国同中亚五国在各个领域的合作不断发展,举行多次最高级领导人会晤、签署联合声明、签订各种协议等,这些在全球化日益发展的国际形势下,对双方政治安全、经济与文化等方面的合作都有重要的战略意义③。

(一) 政治安全合作

中亚地区具有重要战略地位,它位居欧亚大陆腹地,处于欧亚大陆的联结点和战略结合部,属麦金德所讲的国际政治的"心脏地带"。"作为连接欧亚大陆和中东的枢纽,它是大国势力东进西出、南下北上的必经要地。欧亚大陆桥开通后,中亚还发挥着连通东亚和西欧,沟通外高加索和南亚,衔接西亚和非洲大陆的'交通走廊'作用。这样的地理位置正是孙子兵法中所说的"衢

---

① 胡振华:《中亚与中亚研究》,载《中央民族大学学报》2005年第5期,第50页。
② 同上。
③ 阿布力孜·玉素甫:《中亚的不稳定因素与中国对中亚五国友好政策的战略意义》,载《新疆大学学报》2000年第1期,第64页。

地"①。中亚五国面积共有400.51万平方公里,人口6000多万。这一地区地处东西交通要道,曾是历史上丝绸之路的中段,是"丝绸之路经济带"必经之地,它在东西方经济、文化交流中起着重要作用。中亚五国的地理位置,还能在世界走向多极化的过程中起到平衡点的作用。中亚五国的政治走向与经济发展对俄罗斯、中国、美国,乃至欧洲都将产生一定影响。

世界的多极化趋势及亚洲地缘政治地位的不断提高,迫切要求在亚洲建立适合于本地区的安全与合作机制。该地区整体安全体系不仅对中国与中亚各国,甚至对整个亚洲的和平与稳定有重大意义,而且对促进世界和平具有重要意义②。"目前在欧洲、美洲和非洲都有统一的、全大陆性的国际组织,但全亚洲性的统一国际组织一直没有形成,如能在亚洲也建成类似欧安会式的国际安全合作体系,将会对解决亚洲地区存在的各种复杂问题提供现实的可能性。"③

中国与中亚五国高层领导人互访不断,签署的一系列规范双边关系的文件和联合声明,充分体现了中国对中亚五国的睦邻友好的政策。这也将在整个亚洲国家联合形成一个整体的安全体系方面起积极作用,是中国在维护亚太地区和平方面正在发挥极其重要作用的表现,中国与中亚五国的睦邻友好和合作关系成为整个亚太地区稳定、安全与发展的长期有效的重要因素④。

从中国方面看,中亚、中东、南亚和东南亚已经构成一条"高危地带"。这个地带上诸多"热点"的动荡与冲突,极端主义、分离主义、恐怖主义三股势力的活动和渗透,以及毒品走私、跨国犯罪等,均对中国周边的安全构成了严重威胁⑤。中国历来十分关注中亚地区的稳定问题,因为中亚五国是我国的近邻,其中哈萨克斯坦、吉尔吉斯斯坦和塔吉克斯坦与我国的新疆地区接壤,边

---

① 朱听昌:《中国周边安全环境与安全战略》,时事出版社2002年版,第428页。

② 阿布力孜·玉素甫:《中亚的不稳定因素与中国对中亚五国友好政策的战略意义》,载《新疆大学学报》2000年第1期,第64页。

③ 许涛:《关于召开"亚洲相互促进与信任措施会议"倡议的回顾与前瞻》,载《国际资料信息》1998年第4期。

④ 阿布力孜·玉素甫:《中亚的不稳定因素与中国对中亚五国友好政策的战略意义》,载《新疆大学学报》2000年第1期,第65页。

⑤ 高祖贵:《中美在"西线"的战略关系分析》,载《现代国际关系》2004年第12期,第2页。

界线长达 3000 多公里。1996 年 4 月 26 日,中国国家主席江泽民和俄罗斯、哈萨克斯坦、吉尔吉斯斯坦、塔吉克斯坦四国总统在上海签订五国边境地区军事领域相互信任协议;1997 年 4 月 24 日,五国签署了边境地区裁军协议,把漫长的边界变成了和平安宁的边界、友好往来的边界、互利合作和共同繁荣的边界。这对中国新疆地区的稳定有很重要的战略意义。经济发展、政治稳定、民族团结、边防巩固是新疆地区形势的主流。但近几年,在新疆出现了与国外有联系的民族分裂主义和宗教极端势力制造的民族矛盾和一系列非法活动。为确保新疆的社会稳定,维护民族团结,维护各族人民的利益和法律尊严,在新疆地区开展了集中整治,采取各种措施,有力地打击了民族分裂主义势力。但由于现在部分民族分裂和宗教极端活动是超越国家的,所以仅靠国内采取措施是不够的,各方还要加强跨国界的地区合作。如同中亚地区的安全和稳定需要中亚各国与中国协调立场一样,我国的安全和稳定某种程度上也需要经常与中亚五国协调立场[1]。

(二)经济交往

中亚地区地缘辽阔,物产、资源丰富。有资料表明,中亚—里海地区石油储量达 328 亿吨,天然气 18 万亿立方米,分别占全球油气资源总量的 8% 和 5%,被称为世界"21 世纪的能源基地"[2]。中亚地区充沛的油气产量和有限的油气消费能力形成鲜明对比,这使得该区域有大量的剩余油气可供出口。近年来,中亚地区油气资源的出口量不断上升,石油出口量由 2001 年的 3170 万吨增至 2012 年的 7400 万吨,天然气出口量由 2001 年的 373 亿立方米增至 2012 年的 603 亿立方米[3]。中亚地区日益成为改变全球能源贸易格局的重要推动力量。在中亚五国能源分布中,哈萨克斯坦、乌兹别克斯坦和土库曼斯坦油气资源尤为丰富,其中哈萨克斯坦石油探明储量达 53 亿吨,储采比达 70%,每年可出口 6110 万吨;从天然气资源来看,土库曼斯坦尤为丰富,探明储量达

① 阿布力孜·玉素甫:《中亚的不稳定因素与中国对中亚五国友好政策的战略意义》,载《新疆大学学报》2000 年第 1 期,第 64 页。

② 耶斯尔:《中亚地区的能源"博弈"》,载《新疆师范大学学报》2010 年第 2 期,第 46 页。

③ 赵亚博、方创琳:《中国与中亚地区油气资源合作开发模式与前景分析》,载《世界地理研究》2014 年 3 月,第 23 卷第 1 期,第 30 页。

8万亿立方米,是全球很具能源开发前景的地区之一,对于平衡全球能源格局,具有尤为重要的地位。2008年,中亚地区的油气探明储量占全世界的3.22%和6.49%①。中亚地区的天然气探明储存量达7.9万亿立方米,居世界第三位。

乌兹别克斯坦黄金的蕴藏量大,也盛产棉花,被誉为"白金之国"。中亚地区每年出产200万吨皮棉和大量的粮食作物、果品、羊皮、羊毛等农牧业产品。哈萨克斯坦被誉为"中亚的粮仓"。在中亚地区还大量蕴藏着煤、钨、锑、汞、铝、硫磺、芒硝、钾盐、石膏、有色及稀有金属等矿藏。塔吉克斯坦和乌兹别克斯坦还是世界上铀的主要生产国。此外,塔吉克斯坦、吉尔吉斯斯坦等国的水力资源也十分丰富,塔吉克斯坦水电的蕴藏量为2990亿千瓦小时,目前只利用了12%—14%。丰富的资源提高了中亚五国的战略地位。

中国对中亚五国的睦邻友好政策不仅重视建立安全和政治领域的多边合作,而且也重视建立经济多边合作关系。中国与中亚各国之间的经济有很强的互补性,可以互通有无,取长补短,中国需要中亚的能源和其他产品,中亚五国则需要中国的轻工产品,双方在资源开发、建筑、冶金、航天、化工等领域都有很大的合作潜力。此外,欧亚大陆桥的开通也为中国与中亚各国的经济合作提供了有利条件,充分发挥这条新丝绸之路的连接作用,对促进中国和中亚国家的经济发展及贸易往来都有十分重要的意义②。2012年,中亚地区的石油、天然气对中国的出口量为1400万吨和250亿立方米,分别占其总出口量的18.9%和41.5%,占中国油气资源总进口量的5%和56.82%③。进入21世纪以来,中国和中亚五国双边贸易总额呈现高速增长趋势,2002至2012年,中国和中亚五国双边贸易总额年均增速达36.40%,显著高于中国对外贸易总额年平均增速。2012年中国和中亚五国双边贸易总额合计为459.43亿美元,其中进口246.4亿美元,出口213.1亿美元,分别较2001年增长29.4倍,

---

① 李红强、王礼茂:《中亚能源地缘政治演进:中国力量的变化、影响与对策》,载《资源科学》2009年第10期。

② 侯松岭、迟殿堂:《东南亚与中亚:中国在新世纪的地缘战略选择》,载《当代亚太》2003年第4期,第14页。

③ 赵亚博、方创琳:《中国与中亚地区油气资源合作开发模式与前景分析》,载《世界地理研究》2014年3月,第23卷第1期,第31页。

24.2 倍和 43.3 倍。①

中亚地区拥有重要的地缘战略地位和丰富的能源资源,世界主要力量在这里展开了激烈的竞争,其中很重要的一项内容是对中亚能源的追逐。中亚国家也积极利用"能源"作为一种工具,奉行"大国平衡"的战略,以期最大限度地获得利益。中亚国家继续奉行实用的能源出口多元化战略,推动不同出口方向的石油和天然气管道建设。中国与中亚五国一方有着极大的油气资源需求,另一方拥有丰富的资源基础,且双方位置相邻,目前已有良好合作基础,未来合作前景将更加广阔②。

(三) 科技文化交流

中亚地区与中国的关系源远流长。在新的形势和条件下,中国政府积极倡议构筑"丝绸之路经济带",得到了中亚各国政府和人民的广泛支持和响应。这将促进经济、文化的交流③。"丝绸之路经济带"的建立,给经济基础较差的新疆地区带来更多的交流、发展机会。科学、文化交流是促进人类社会发展的手段之一。为适应信息化、全球市场化的新形势,有共同文化传统的两个地区人民更加需要科学、文化交流,更好地发展自己。

中亚各国与中国在能源合作、文化交流、反恐等问题方面出现不断发展的势头。上海合作组织成立以来,运转良好,2003 年 9 月 23 日,六国总理通过了《上海合作组织成员国多边经贸合作纲要》,为六国今后较长时期内开展经济合作奠定了重要基础。该组织分别在北京设立秘书处,在乌兹别克斯坦首都塔什干建立反恐机构执行委员会,标志着上海合作组织已经结束初创时期而进入务实合作的新阶段④。

(四) 中国与中亚关系面临挑战

中国与中亚地区国家关系也面临挑战,主要表现在地缘政治、意识形态上的差别,中亚国家对与中国合作还持一定程度的保留态度。另外,美国因素的

---

① 李大伟:《中国中亚经贸合作现状及问题》,载《石油观察》2014 年 4 月刊。

② 耶斯尔:《中亚地区的能源"博弈"》,载《新疆师范大学学报》2010 年第 2 期,第 45 页。

③ 阿布力孜·玉素甫:《中亚的不稳定因素与中国对中亚五国友好政策的战略意义》,载《新疆大学学报》2000 年第 1 期,第 65 页。

④ 何希泉等:《上海合作组织与区域合作》,载《现代国际关系》2004 年第 6 期,第 31 页。

存在也是一种挑战,中亚地区石油资源极为丰富①,美国发动的对阿反恐军事行动和对伊战争背后,显然与其在中亚和海湾地区的石油相关。美国借反恐堂而皇之地进入中亚地区,既加强了其在阿富汗的影响和军事存在,也为其控制中亚乃至海湾石油资源增加了筹码。

1. 中亚五国民族矛盾冲突复杂。中亚五国的民族结构非常复杂,长久以来,中亚地区主体民族之间、外来民族和当地民族之间、同一国家内不同民族之间和跨国民族之间的多层面的矛盾一直困扰各国。这些民族矛盾既有历史的渊源,即沙皇俄国时期大民族压迫的历史烙印,苏联时期在推行民族政策和解决民族问题方面的后遗症,又有现实动因,即各民族间在社会地位、地区资源、宗教文化、语言环境和政治经济利益方面的差异等②。在苏联解体之前,俄罗斯人遍布于中亚各国,大俄罗斯主义像阴云一样压抑着人们的情绪。中亚各国独立后,民族主义急剧上升,这种压抑变成了盲目的排俄情绪,使得俄罗斯人大批返回俄罗斯本土,不少人离开行政管理、工程技术、医疗卫生、科学研究、文化教育等部门,这引起了中亚各国社会经济生活的严重动荡③。中亚各国为了增强本民族凝聚力,宣布本民族语言为官方语,削减俄语媒介发行范围,关闭使用俄语的幼儿园等,给留在当地俄罗斯人的生活带来很大不便。④虽然各国政府都为此作出一些调整努力,但是排俄情绪依然存在,成为影响中亚各国稳定的因素。另外,在中亚各国,民族杂居情况很普遍。乌兹别克斯坦南方的部分地区,特别是重要的历史文化中心撒马尔罕和布哈拉周围地带,居住着大量的塔吉克人,他们对苏联时期划定的边界仍然十分不满。在塔吉克斯坦西部有乌兹别克人⑤。吉尔吉斯斯坦境内也常有吉族与乌族人之间的民

---

① 地处中亚和中东、南亚之间的阿富汗是一个战略的中枢地带,它在石油资源分布的地缘格局中,有三个方面的重要作用,一是阿富汗周边及邻近国家,有海湾地区的伊朗、伊拉克、阿联酋、卡塔尔、科威特,里海地区的阿塞拜疆、土库曼斯坦、哈萨克斯坦以及乌兹别克斯坦、吉尔吉斯斯坦等。其证实的石油储量达到426·84亿吨,占世界总储量的30·8%。参见何贤杰:《从中亚局势看我国石油能源安全战略的若干问题》,www.crcmir.org.cn/suggestion/s-2001/2001-41htm。

② 李琪:《中亚国家的民族关系与地区安全》,载《新疆社会科学》2011年7月刊。

③ 冯绍雪:《制度变迁与对外关系》,上海人民出版社1997年版,第397—398页。

④ [美]兹比格纽·布热津斯基:《大棋局:美国的首要地位及其地缘战略》,上海人民出版社1998年版,第192页。

⑤ 同上书,第173页。

族冲突。乌兹别克斯坦境内的梅斯赫特土耳其人问题和哈萨克斯坦境内的车臣人问题,也是由于被驱逐的民族居民在其他共和国领土长期居留造成的①。由于民族杂居,各民族之间发生纠纷,如果得不到妥善解决,就容易形成民族间的冲突,从而影响地区的稳定②。

2. 宗教极端主义威胁地区安全。苏联解体后,中亚地区随着极端民主化思潮和外部势力的影响,伊斯兰教出现反弹,信徒很快升至 90% 以上③。随着宗教组织和团体的影响不断扩大,以伊斯兰复兴党等为代表的持原教旨主义思想的激进组织在社会上空前活跃起来,他们期望成为政治生活中的主导力量。国际泛伊斯兰主义组织"伊扎布特",也称"伊斯兰解放党",正是在这种错综复杂的背景下猖獗于中亚地区,并进一步向中国新疆和田、乌鲁木齐等地发展。它借助伊斯兰教特有的社会凝聚力,利用清真寺作为政治活动的阵地,以"讲经宣教"为名,恶意篡改和歪曲伊斯兰教的精神,号召穆斯林与异教徒进行"圣战",在穆斯林群众中制造思想混乱,构筑向世俗政府挑战的精神支柱,破坏不同宗教信仰的多民族间的团结。新千年吉尔吉斯斯坦再度出现大批俄罗斯族专业技术工人陆续迁离,直接动因就是他们"极度担心日益膨胀的极端伊斯兰原教旨主义势力危及自身的生命安全"④。

最有代表性的伊斯兰极端主义组织是乌兹别克斯坦伊斯兰运动(Islamic movement of Uzbekistan,英文简称 IMU,简称"乌伊运"),该组织成立于 1996 年,其政治目标是通过"圣战"推翻现有的世俗政权,在乌兹别克斯坦、塔吉克斯坦和吉尔吉斯斯坦三国交界的费尔干纳谷地建立政教合一的"哈里发国家"⑤。

对中国西部安全危害最大的是集伊斯兰极端主义、民族分裂主义和恐怖主义为一身、活动于中国境内外的"东突"分裂势力。其中,影响最大的是东

---

① 冯绍雪:《制度变迁与对外关系》,上海人民出版社 1997 年版,第 400 页。

② 阿布力孜·玉素甫:《中亚的不稳定因素与中国对中亚五国友好政策的战略意义》,载《新疆大学学报》2000 年第 1 期,第 62 页。

③ 许涛:《中亚地区伊斯兰极端宗教势力的回潮和发展》,载《国际资料信息》1998 年第 8 期。

④ Общественно-политическая газета:Время-Казахстан.26 мая 2002г.

⑤ 中国现代国际关系研究院反恐研究中心编:《2003 年国际恐怖主义与反恐斗争年鉴》,时事出版社 2004 年版,第 173 页。

突厥斯坦伊斯兰运动,其宗旨是通过恐怖手段分裂中国,在新疆建立一个政教合一的"东突厥斯坦伊斯兰国",该组织先后制造了 1999 年和田地区墨玉县"12·14"暴力恐怖杀人案、乌鲁木齐"2·4"抢劫杀人案等暴力恐怖案件,中亚地区正是其从事分裂活动、对新疆进行渗透及进行武装训练的前沿阵地。中亚的"乌伊运"与"东突"恐怖组织已建立了密切联系,尤其是与所谓的"罗布泊虎"和"东突厥斯坦伊斯兰运动"的关系十分密切,多次为后者提供军事和物质援助①。由于中亚与新疆接壤,伊斯兰极端主义势力在中亚地区的蔓延必然会危害中国西部的安全环境,影响与中国中亚国家边境的和平与稳定。

3. 政治体制存在差异。在历史上,中亚从未有过资本主义的国家形态。独立之初,它们基本上实行以立法、行政、司法三权分立的国家制度。但这种政体更加剧了吉尔吉斯斯坦政局的混乱,结果导致议会解散和内阁改组,形成议会制政体模式。土库曼斯坦领导人认为,目前土库曼斯坦的经济和文化水平较低,很难在短短几年内完成向西方民主制度的过渡,现在不一定非要实行多党制不可。现在中亚各国存在着性质各异的大大小小的政党和团体,它们在各国独立以后,随着政治多元化而产生,但各国的政党组织不多,成员人数和生活范围有限。鉴于伊斯兰复兴党的势力不断扩大,在塔吉克斯坦爆发了内战,中亚各国宪法禁止以挑起种族、民族冲突为目的的活动,坚持宗教同国家分离的原则,不允许以宗教为基础建立政党,宗教不得干预国家事务。为了保持稳定,目前各国都采取威权主义的政治体制②。而中亚国家一些人对中国的政治制度和对外政策也缺乏理解和信任,不利于中国与中亚国家建立全面战略互信关系。

4. 经济落差因素不容忽视。独立之后的中亚五国原则上已接受了向市场经济过渡、推行非国有化和私有化的转轨方向,但实行何种模式的市场经济,怎么实现过渡,确立什么样的所有制结构,都还在未定之中。苏联时期的原料生产为主的单一生产结构还没有得到有效的改变。他们的改革,"很大程度上是被动的,是处在外部环境压力下开始的。整个国民经济上起主导作用的

---

① 杨筠:《中亚与中国西部安全环境分析》,载《新疆社科论坛》2009 年第 5 期。
② 孙壮志:《中亚新格局与地区安全》,载中国社会科学出版社 2001 年版,第 81 页。

还是旧体制,新体制尚处萌芽阶段"①。

　　苏联解体前,各加盟共和国的经济就已经出现了不同程度的下滑。独立后,中亚五国的经济连续几年全面滑坡。恢复国民经济的任务则更加艰巨,国民经济生活还未摆脱困境,食品和日用必需品等物资供应越来越少,物价大幅上涨,工资的提高赶不上物价的上涨,失业人数不断增加,人民的实际生活水平普遍下降。罢工罢课、游行示威、集会抗议的事件经常发生②。国外投资是以投入国的政治、经济、社会稳定为基本条件,对中亚各国来说,在短期内消除各种不稳定因素,保证外商投资环境,还需要一个较长的过程。

　　5.外部势力存在影响。美国靠自己的经济实力和政治方面的强势,不断地扩大自己的影响范围,美在中亚是以乌兹别克斯坦为重点,培植亲美势力。哈萨克斯坦、乌兹别克斯坦、吉尔吉斯斯坦早于1994年就被拉入"北约"的"和平伙伴关系"计划,在乌举行的军事演习中美军占相当的比例。这不啻是在俄罗斯的"战略后院"炫耀武力③。

　　对美国来说,欧亚大陆是最重要的地缘政治目标④,中亚是欧亚大陆上的"战略支点",利用中亚可以确保美国在欧亚大陆上的存在和既得利益,从而加强美国在世界经济和政治生活中的主导地位⑤。美国"不仅对开发这个地区的资源感兴趣,而且要阻止俄罗斯单独主导这个地区的地缘政治空间"⑥。具体而言,美国在中亚的战略目标包括:(1)安全(反恐、防扩散、反对毒品贸易);(2)能源;(3)国内改革(发展政治民主和市场经济制度)⑦。2006年1

---

　　①　冯绍雪:《制度变迁与对外关系》,上海人民出版社1997年版,第432页。

　　②　阿布力孜·玉素甫:《中亚的不稳定因素与中国对中亚五国友好政策的战略意义》,载《新疆大学学报》2000年第1期,第62—63页。

　　③　阿布力孜·玉素甫:《中亚的不稳定因素与中国对中亚五国友好政策的战略意义》,载《新疆大学学报》2000年第1期,第63页。

　　④　[美]兹比格纽·布热津斯基:《大棋局》,上海人民出版社1998年版,第41页。

　　⑤　孙壮志:《中亚新格局与地区安全》,中国社会科学出版社2001年版,第81页。

　　⑥　[美]兹比格纽·布热津斯基:《大棋局》,上海人民出版社1998年版,第185页。

　　⑦　A.Elizabeth Jones, "Assistant Secretary for European and Eurasian Affairs,Testimony before the Subcommittee on the Middle East and Central Asia",*House International Relations Committee*,October 29,2003,January 10,2008;See also,Richard Boucher, "U.S.Policy in Central Asia:Balancing Priorities" (Part II) ,April 26,2006.http://www.state.gov/p/sca/rls/rm/2006/65292.htm。在中亚政策方面,奥巴马政府基本延续了布什政府时期的政策目标。

月,美国国务院调整了部门机构设置,将原属欧洲局的中亚五国归入新成立的中亚南亚局,"大中亚计划"全面启动①。"大中亚计划"强调利用多边途径和经济手段,在军事上充分利用北约,以阿富汗为战略枢纽,把中亚的哈萨克斯坦和南亚的印度与巴基斯坦连为一体。很显然,美国领导下的这种地区合作意在强化美国在中亚的战略地位,牵制俄罗斯和中国②。美国的目的是希望通过中亚和南亚的合作,使中亚进一步开放并融入美国主导的国际社会,彻底结束俄罗斯在中亚地区的传统支配地位,并试图遏制中国在中亚和南亚的影响,最终控制中亚的油气资源。

中亚五国与伊斯兰国家在宗教信仰、文化传统等方面存在着一种"天然"联系。哈萨克斯坦、乌兹别克斯坦、吉尔吉斯斯坦、土库曼斯坦既是中西亚经济合作组织的成员国,又是"突厥语国家首脑会议"的参加国。伊朗进入中亚地区可以扩大其伊斯兰因素对世界的影响。伊朗与土库曼斯坦的关系特殊,与塔吉克斯坦组成波斯语协会,帮助中亚各国修建清真寺等(美坚决反对伊斯兰原教主义的势力向中亚各国渗透)③。

由于历史原因,中亚五国在经济方面对俄罗斯的依赖性仍然很强,俄与中亚国家的贸易额虽有所下降,但仍是他们最大的贸易伙伴。哈萨克斯坦和塔吉克斯坦两国还与俄签有"关税同盟"和"一体化"条约。冷战后的俄罗斯把国家复兴视为首要目标,恢复在包括中亚在内的独联体国家的影响力是俄罗斯外交的"绝对优先方向"④。西方势力的渗透、中亚各国离心倾向的加重和伊斯兰极端势力的扩散,已经引起了俄罗斯的不安。所以俄调整对中亚战略,重视和加强与中亚各国的关系。建立俄罗斯、乌兹别克斯坦、塔吉克斯坦三国联盟,共同防范伊斯兰极端势力的渗透,联合遏制恐怖暴力、毒品走私等犯罪

① 2005年3月,美国约翰·霍普金斯大学中亚高加索研究所所长弗雷德里克·斯塔尔(Frederick Starr)教授在一份题为《阿富汗及其邻国的"大中亚伙伴计划"》的报告中,第一次把阿富汗与中亚五国作为一个整体称为"大中亚",就此提出了"大中亚计划"。2005年夏,斯塔尔又在美国《外交》杂志上发表文章,进一步阐述了他的观点。参见 Frederick Starr:"A Partnership for Central Asia",*Foreign Affairs*,July/August,2005。
② 高飞:《中亚博弈:冷战后的中美俄关系》,载《外交评论》2010年第2期,第114页。
③ 阿布力孜·玉素甫:《中亚的不稳定因素与中国对中亚五国友好政策的战略意义》,载《新疆大学学报》2000年第1期,第63页。
④ 高飞:《中亚博弈:冷战后的中美俄关系》,载《外交评论》2010年第2期,第114页。

活动。加强与中亚各国的军事合作,以保持俄在该地区的军事存在①。总的来看,面对美国咄咄逼人的态势,俄罗斯已无力独自应对。因此,俄罗斯在加强与中亚传统纽带的同时,希望通过上海合作组织,借重中国的力量制衡美国在该地区的影响。这一点在俄罗斯对待集体安全条约组织,欧亚经济共同体和上海合作组织的态度上表现得十分明显②。俄罗斯更希望上海合作组织成为抵制美国谋求在中亚地区势力扩张和主导权的工具③。同时,俄罗斯对中国也怀有警惕,认为中国加强与中亚国家在能源、经贸等方面的合作,会削弱俄在该地区的经济主导地位,降低中亚对俄的依赖性和向心力④。大国博弈使得中亚地区局势更加波诡云谲,增加了中国和中亚国家合作的难度。

(五) 中国中亚关系发展的前景

第一,维护地区安全与稳定依然是区域合作的重心。中国应在军事、安全领域多帮助中亚国家,除三个中亚邻国以外,还应重视乌兹别克斯坦、土库曼斯坦的作用,发展对中亚国家的战略关系要继续本着睦邻友好、平等互利、平衡发展、共御外患的原则,争取一个对中国有利的局面⑤。上海合作组织除创始的六个成员国外,还有阿富汗、印度、巴基斯坦、伊朗、蒙古五个观察员国和白俄罗斯、斯里兰卡、土耳其三个对话伙伴国。在地区安全领域中的务实合作一直是上海合作组织的重要方面,也是各成员国出于共同需要而极力推动的合作领域。中亚地区制约安全形势发展的主要地缘政治因素存在跨国性特点,有可能造成安全威胁的力量一旦形成,受其影响的范围往往不会仅局限在一国之内,而是很快地向其他国家蔓延。同样,若要有效防范和打击威胁一国安全的恶势力,也必须中亚相关国家通力合作才能卓有成效。随着地区安全形势因中亚各国政局可能发生突变而呈现出更加复杂的前景,上海合作组织各国仍然需要进一步加强合作,尤其是在非传统安全领域中,例如更加有针对

---

① 阿布力孜·玉素甫:《中亚的不稳定因素与中国对中亚五国友好政策的战略意义》,载《新疆大学学报》2000 年第 1 期,第 63 页。

② 高飞:《中亚博弈:冷战后的中美俄关系》,载《外交评论》2010 年第 2 期,第 114 页。

③ 李世强:《上海合作组织与独联体集体安全条约组织的安全职能比较》,载《法制与社会》2009 年第 11 期,第 203 页。

④ 高飞:《中亚博弈:冷战后的中美俄关系》,载《外交评论》2010 年第 2 期,第 114 页。

⑤ 孙壮志:《中亚新格局与地区安全》,中国社会科学出版社 2001 年版,第 82 页。

性地合作打击"三股势力"和建立反毒品合作机制,仍将是上海合作组织区域合作的重要任务之一①。

第二,运用多边合作框架营造地区经济良性发展环境。在中亚各国发展国家经济的特殊需求下,上海合作组织推动在经贸领域中的多边合作已经初具规模,2003 年的成员国政府首脑(总理)理事会通过的《上海合作组织成员国多边经贸合作纲要》为本组织范围内的经贸合作作出了宏观规划,旨在 20 年里实现成员国间商品、资本、技术和服务的自由流通,并力促区域经济一体化。同时,上海合作组织成立了多个工作组,以解决海关合作、跨国运输等问题,还在一些具体的领域中提纲挈领地策划制定了 120 多个具体项目。2004 年 9 月在比什凯克通过的《〈上海合作组织成员国多边经贸合作纲要〉落实措施计划》,推动了中亚各成员国在能源、交通、环保、紧急救灾、文化和教育部门的特色合作步入务实轨道。上海合作组织已经开始了对于欧亚大陆腹地和边缘破碎地带的整合,这对减少贫困、消除滋生恐怖主义的温床,使所谓"不稳定弧"走向平稳发展之路,明显具有示范作用②。然而,由于中亚国家目前均处于社会经济转型的敏感、脆弱阶段,能够投入到区域经济合作中的财力、物力有限,且各国间经济利益、发展模式、合作需求存在较大差异,因此尽管上海合作组织框架下的经济合作展示着毋庸置疑的深厚潜力和广阔前景,但它也面临着诸多现实制约。要使上海合作组织经济合作突破地区经济发展瓶颈并维持持久动力,关键在于为上海合作组织在地区经济活动中找到适当的、可以发挥实际作用的位置。为了达到上述目标,上海合作组织框架下的区域经济合作应遵循以下原则:(1)以营造良性经济合作环境为主要任务,避免直接参与具体合作项目,上海合作组织毕竟不同于单纯的地区性经济合作,对地区经济合作发展而言,其主要作用应定位于帮助各成员国政府及职能部门协调关系、指导专门机构或小组制定有关的法规和协议、引导地区及各国市场逐步与世界经济发展同步等;(2)开辟有利于各成员国的经贸走廊,弥补各国经济发展模式单一的缺陷,使上海合作组织框架下的经济合作有别于、并互补于大

---

① 许涛:《中亚区域合作与上海合作组织》,载《现代国际关系》2005 年第 11 期,第 25 页。
② 王湘穗:《倚陆向海:中国战略重心的再平衡》,载《现代国际关系》2010 年庆典特刊,第 59 页。

多数成员国已经参加的"欧亚经济共同体""统一经济空间",成为在区域经济合作中具有独特作用和吸引力的经济活动平台;(3)以法规、协议等形式,并通过专门指导小组、基金会、企业论坛等机构,有选择、有区别、有重点地促进和扶持成员国间的双边经贸合作关系,而且应该仍然以交通、能源、通信等各成员国亟待发展和更新的部门为优先领域,在预期取得有效的双边合作成果的同时,为更深入、更广泛的合作奠定前期基础①。

第三,为推广国际政治经济新秩序拓展人文基础。倡导在冷战后的世界建立一种新型的国家关系,在国际社会树立一种新安全理念,推动在当今全球化进程中形成新的政治、经济秩序,这是年轻的中亚各国顺利推动各自国家进程所需要的外部条件,也是上海合作组织存在与发展的又一层重大意义之所在。上合组织各国主张多文明兼容,以低意识形态化的"合作模式",反对宗教极端势力,探索共同目标下不同文化的求同存异之路,以维护地区的安全、稳定和发展②。著名的"上海精神"中充分融入了这样的理念,"互信、互利、平等、协商,尊重多样文明,谋求共同发展"。2002 年,各成员国又将"推动建立民主、公正、合理的国际政治经济新秩序"的内容正式写入了《上海合作组织宪章》。促进上海合作组织成员国之间的社会文化交流和人文领域合作,不仅是巩固区域合作的关键性基础,也是实现长远目标的重要战略举措③。

第四,推动区域合作的跨地区发展,开拓国际活动空间。2004 年的上海合作组织元首理事会即已达成共识:巩固组织内部机制的任务基本完成,同其他国际组织和国家(成员国以外)开展合作将成为该组织的新任务。此次会议还签署了《上海合作组织观察员条例》,使本地区及周边一些对区域合作抱有极大兴趣和利益相关的国家了解、参与上海合作进程成为可能。"9·11"事件后,美国在中亚地区确立了长期军事存在。鉴于上海合作组织所覆盖的地区处于关键的位置,为了缓解可能出现的紧张局面,有必要建立组织外的对

---

① 许涛:《中亚区域合作与上海合作组织》,载《现代国际关系》2005 年第 11 期,第 26 页。
② 王湘穗:《倚陆向海:中国战略重心的再平衡》,载《现代国际关系》2010 年庆典特刊,第 58 页。
③ 许涛:《中亚区域合作与上海合作组织》,载《现代国际关系》2005 年第 11 期,第 26—27 页。

话伙伴机制,在这些预设的框架下寻求平衡、避免分歧。而实现这一可能性的前提是在内部形成统一立场和维护组织团结,以一个声音说话①。

政治上的互信支持和经济上的互利合作是中亚民族和睦与繁荣的基本道路。体现着地区力量良性互动的上海合作组织,必将在克服诸多困难和挑战的同时,为中亚区域合作拓展更加广阔的空间②。

第五,妥善处理伊朗核问题。有关伊朗核问题,联合国安理会先后三次通过决议,要求伊朗立即停止所有与浓缩铀、重水反应堆有关的活动,但伊朗的态度一直强硬,美国既想对伊动武,又担心美伊之间一旦爆发战争会在整个中东地区引起强烈反应。欧盟、俄罗斯对伊政策与美国存在明显区别。

中国虽然在伊朗有自己的利益存在,但面对正处在危机的伊朗,中国认清自己的根本发展战略和中国外交的结构层次,制定审慎的对伊政策。中国与俄罗斯保持密切的合作关系,共同维护两国在该地区的战略利益。多元化、多纬度已成为中国外交基本特征,中国支持联合国安理会第 1737 号、1747 号以及最近的 1803 号决议,但中国反对美国以武力改变国际关系现状的行为,担心中东地区爆发战火影响国际石油出口线路的畅通,也不希望美国的单边主义干预政策成为当代国际关系的范例③。在迫使伊朗放弃核计划问题上,中国和欧盟国家立场相似,支持防核扩散,但不赞成美国提出的传统意义上的"军备控制"④。

五　解决与周边国家历史遗留问题的原则性和灵活性

由于中国传统上有"亲仁善邻""近者说,远者来"的邦交思想,中国长期以来坚持睦邻、富邻、安邻的周边政策,通过积极的周边外交,维护周边的稳定,促进中国与周边国家共同繁荣和发展。由于中国周边国家和地区领土、历史遗留问题较多,现实矛盾突出,中日、中印、中越、中国和东南亚国家之间的

---

① 许涛:《中亚区域合作与上海合作组织》,载《现代国际关系》2005 年第 11 期,第 27 页。

② 同上。

③ G.P.Hastedt, *American Foreign Policy*, 2006/2007, McGraw Hill Contemporary Learning Series, 2007, p.58.

④ Li Bin, "China: Weighing the Costs", *Bulletin of the Atomic Scientists*, March/April, 2004, pp.21-23.

领土、岛屿归属的问题,是制约中国周边安全的主要因素。本着与周边国家和睦相处、共筑本地区稳定、和谐的国家关系结构的原则,坚持通过对话合作增进互信,通过和平谈判解决分歧,处理领土问题既要有原则性,又要有灵活性。在努力发展经济、军事等"硬实力"时,大力发展"软实力",提升社会制度、中华文化对周边国家的感召力和影响力,从而增强周边国家对中国的认同感。

中国在处理与周边国家关系问题上表现出巨大的主动性,证明自己善于利用其在多边机制中日益上升的地位来谋求实现本国的经济和政治目标。中国不仅在现有机构中——尤其是在联合国安理会和亚太经济合作组织中——日趋活跃,而且在包括上海合作组织和"东盟10+3"的区域组织发挥着举足轻重要作用。中国主张以和平方式解决国际争端,反对使用武力或以武力相威胁。中国目前已同绝大多数周边国家和平解决了陆地边界问题,同越南签订了北部湾划界协定,与东盟制定《南海各方行为宣言》并加入《东南亚友好合作条约》充分显示一个维护和平的负责任的大国形象。

六　两岸经济关系发展

进入 21 世纪以来,两岸经贸关系、文化交流发展迅速,两岸关系发展趋势正在向良性方向转变。但岛内"台独"势力依然是威胁中国战略机遇期的最大隐患。一段时期台湾当局的"去中国化",包括所谓"正名"等运动发展值得关注。2004 年台湾岛内领导人选举,充分反映岛内政治各种力量之间的关系错综复杂。领导人选举原以为泛绿能够取胜,结果泛蓝获胜,而"立法院"选举,泛蓝却出乎意料惨败。美国是解决台湾问题的最大障碍,美国依据《台湾关系法》继续进行对台军售,阻挠中国实现和平统一,其战略意图十分清楚,美国不愿看到在亚洲有一个强大的发展的中国。但"美国在全球军队部署吃紧的情况下,当然不希望两岸发生军事冲突,所以采取的是'预防外交'手段"①。与此同时,美国领导人多次在国际场合下坚持"一个中国"立场,布什

---

① 美国《华盛顿观察》周刊,2004 年 12 月 15 日,转引自《参考资料》2004 年 12 月 20 日,第 2 页。所谓"预防外交"可以归结为 2003 年 12 月布什在温家宝总理访美时的"反对台湾片面改变现状"到鲍威尔 2004 年 10 月所说的"台湾不是主权独立的国家",表明美国的"抑制台独"的外交言论似乎有逐渐升温的趋势。

总统甚至称陈水扁是"麻烦制造者"①。表明美国依然把发展与中国的政治经济关系当作其全球战略的重要因素,非到万不得已美国不会因台湾问题与中国发生正面冲突。

已故美国前驻中国大使李洁明认为,经济是促进海峡两岸关系的驱动力,台湾的投资和贸易是中国经济增长的重要组成部分,中国的市场对台湾的出口、制造业效益和财政金融来说是至关重要的。它们是全球供应链中成功的一环②。所以,加强大陆与台湾的经贸往来,是实现祖国和平统一的重要驱动因素。2002 年台商赴大陆投资额累计达 255 亿美元,占台湾整个对外投资的48.32%。在大陆的台资企业已达 62000 多家,协议台资近 700 亿美元,实际到资 360 多亿美元③。根据中国商务部公布的数据显示,2010 年大陆与台湾贸易额达 1453.7 亿美元,同比上升 36.9%。其中大陆对台湾出口为 296.8 亿美元,同比上升 44.8%;自台湾进口为 1156.9 亿美元,同比上升 35.0%;大陆共批准台商投资项目 3072 个,同比上升 20.2%,实际使用台资金额 24.8 亿美元,同比上升 31.7%④。

未来两岸经贸关系应该互动,鼓励大陆投资商到台湾投资,以促进两岸人民之间的互信,为和平统一创造有益的氛围。2005 年两岸春节包机直航谈判,尽管台湾当局层层设障,但最终达成协议,这是两岸关系走向新的互动的一个良好开端。

中国 10 年经济发展的态势表明,未来中国有可能成为亚太地区经济一体化的中心,中国与周边国家的相互依存日益加强。中国正在推动周边地区经济一体化的发展进程,建立东北亚自由贸易,与东盟签署自由贸易协定,以应对美国在这一地区的主导地位。尽管东盟对中国经济现代化并不是至关重要的地区,与东盟的贸易在中国的对外贸易中只占很小比重,但中国坚持建立东

---

① 《环球时报》2003 年 10 月 29 日。

② [美]李洁明:《美国的角色》,载《亚洲华尔街日报》2004 年 4 月 19 日,转引自《参考资料》2004 年 4 月 26 日,第 6 页。

③ 林璟、林其屏:《关于建立两岸更紧密经贸关系问题》,载《当代亚太》2004 年第 2 期,第 43—44 页。

④ 《2010 年两岸贸易总额超 1400 亿美元》,2011 年 1 月 20 日,中国新闻网 http://news.hexun.com/2011-01-20/126924567.html。

南亚自由贸易区是使东南亚地区缓解对中国战略意图的"疑惧之心"①。

营造和平稳定的周边环境,不仅把中国经济的发展与区域经济一体化,全球化联系在一起,也使中国与周边国家关系成为全球政治格局中备受关注的地区。全球化、中国的和平与发展只有通过加强与周边国家的关系才能达到稳定大周边的目的,才能制约美国对中国周边环境的负面战略影响。"和平发展"将成为促进亚太地区乃至世界各国关系发展的基本概念框架。但在今天的国际环境下,中国周边政治、经济安全还存在许多不确定因素。美国在中国周边的影响日益增强,虽然中美之间的互不信任在逐步减弱,但美国的单边主义对外政策对现存的国际关系体系仍然是一个巨大的挑战;日本继续保持亚洲经济强国地位,并且不断提出要向政治大国迈进,尤其是日本对历史问题采取的不负责任态度,引起中国和周边各国的警惕。俄罗斯仍是一个具有巨大发展潜力的大国,中俄战略协作伙伴关系虽然已有法律保证,但俄罗斯国内对中国的经济发展和综合国力的强大也不时出现不和谐的声音。所以,未来中国周边关系还存在诸多变数。

周边是中国国家利益的核心,处于"和平发展"进程中的中国,周边外交是中国整体外交战略的重中之重。只要中国坚持"与邻为善""以邻为伴"政策,积极稳妥地处理与周边国家的关系,中国的发展就会建立在和平的周边环境之中。所以,中国不仅十分注意将睦邻政策的许多好传统加以继承和发扬,而且非常理解周边邻国对中国日益增强的综合国力持有的复杂心态②。同样,周边国家也需要谋求建立一个有利于他们发展经济的国际环境,中国和周边各国都希望在相互共存的国际空间中发展前进,以便实现双方需要的"双赢"。

第五节　构建中国周边安全合作机制

构建中国周边安全合作机制,营造睦邻友好环境,加快发展经济步伐,为

---

① [西]费尔南多·德拉赫:《中国与亚洲的未来》,载《对外政策》2004 年 11 月至 12 月刊,转引自《参考资料》2004 年 12 月 24 日,第 5 页。

② 徐坚:《和平崛起是中国的战略抉择》,载《国际问题研究》2004 年第 2 期,第 4 页。

地区安全与稳定作出贡献是中国长期一贯的。中国外交战略的决策者们充分认识到,抓住中国发展机遇期,发展积极和谐的周边关系是中国对外关系的首要任务。从政策取向上说,中国坚持"与邻为善"、"以邻为伴"政策有利于处理与周边国家的关系。中国的发展对周边国家是机遇,周边国家同样需要谋求一个有利于发展本国经济的国际环境,这样才能实现"双赢"。

中国周边安全问题研究一直引起西方学者的关注,早在 20 世纪末,美国东北亚问题专家包道格(Douglas H.Paal)就在他的题为《中国和东亚环境:互补性和竞争性》一文中指出:中国的崛起既是东亚地区觉醒的反映,又是该地区发展的动力。中国具有地处亚洲大陆中心、人口众多、军事实力强大、文化和民族与大多数周边国家紧密相连的特征,中国的崛起将会引发整个地区的安全困境[1]。在包道格看来,亚洲国家对中国的崛起感到不安,但他们没有能力抑制中国的崛起,只有美国能给亚洲地区各国带来平衡中国影响力的能力,使这些国家自由地进行外交、政治和经济的选择。多数亚洲国家试图利用美国的强大实力作为他们在这一地区战略风险投资,但他们又不愿意采取防范性步骤,担心这样做会不经意地或贸然地给中国产生敌对意图的感觉。包道格以泰国和菲律宾为例,称:这两个国家既拒绝美国提出为应对紧急情况提供战争物质供应场地的请求;又表示愿意加入美国和其他国家组织的军事演习[2]。中国的战略影响迫使这两个国家采取两面下注政策。

中国与周边国家的特点仍然是"合作"和"竞争"的战略关系。包道格强调,美国应和亚洲国家一起,建设性地把中国融入国际社会中,既要让其发挥积极作用,又要阻止中国运用军事手段寻求实现战略目标的企图[3]。根据大周边概念,美国是中国周边安全的最大制约因素。美国通过在亚太地区建立牢固的双边联盟,在危机情况下具有应对动荡的能力;国际外交和金融机制,

---

① Douglas H. Paal, " China and the East Asian Security Environment: Complementarity and Competition", *Living with China: U.S.-China Relations in the Twenty-first Century*, ed. by Ezra F. Vogel, p.98.作者包道格为现任卡内基国际和平基金会副总裁。

② Douglas H. Paal, " China and the East Asian Security Environment: Complementarity and Competition", *Living with China: U.S.-China Relations in the Twenty-first Century*, ed. by Ezra F. Vogel, pp.98—99.

③ Ibid., p.100.

如亚太经合组织、世界银行、东盟和东盟地区论坛是构建中国和美国在亚洲地区利益互补战略机制的主要原因①。

虽然中国今天正处在历史上最好的和平发展时期,但中国的周边安全却面临各种挑战。历史上,英国地缘政治学家哈尔福德·麦金德(Sir Halford Mackinder)曾告诫人们,"在国际竞争中,邻国越多,特别是接壤的邻国越多越不利"②。但在全球化时代的"去疆界化"观念,同各国维护边疆安全,领土主权完整原则格格不入,麦金德的理论正遭到挑战。今天的国际环境同麦金德所处的时代完全两样,"全球化和自由贸易在经济上所带来的好处与在国际安全上带来的好处相比,要次要得多"③。贸易和经济上的相互依赖能使军事冲突的风险减少。全球化时代的经济自由、合作机制、互利共赢可以推动改变地区安全环境。中国周边安全环境的改善对维护地区和世界和平与发展具有积极的影响。

从与中国周边安全利益相关性来说,美国、日本、韩国、俄罗斯、印度和巴基斯坦等国是对中国周边安全产生重要影响的国家。哈佛大学教授饶济凡(Gilbert Rozman)在论述中国亚洲战略时指出:"中国的战略思想中,大国和邻国关系是通过平衡来维持转变的,尽管前者的实力处于领先地位。"④关于中国如何向周边国家扩展其影响力西方学术界还存在争议,有不少学者认为,中国对周边国家最大的影响力在东北亚地区。

在对中国周边安全进行系统研究中,基辛格的《大外交》、布热津斯基的《大棋局——美国的首要地位及其地缘战略》以及塞缪尔·亨廷顿的《文明的冲突与世界秩序的重建》等都是以西方价值体系为观察依据的,尤其是布热津斯基《大棋局》中有关东亚和中国问题部分,他提出,为什么俄美"成熟的战

---

① Douglas H. Paal, "China and the East Asian Security Environment: Complementarity and Competition", in *Living with China: U.S.-China Relations in the Twenty-first Century*, ed. by Ezra F. Vogel, p.111.

② 朱听昌主编:《中国周边安全环境与安全战略》,时事出版社 2002 年版,第 1 页。

③ [德]埃里克·韦德:《繁荣与和平通过全球化的传播》,载[美]《独立评论》,转引自《参考资料》2004 年 12 月 1 日,第 8 页。

④ Gilbert Rozman, *Chinese Strategic Thought toward Asia*, New York: Palgrave Macmillan, 2010, p.119.

略伙伴关系"不能实现,为什么"近邻外国"的政策也不能实现。同样地,日本由于东亚国家对历史的顾忌,也不能成为地区强国,只能绕过地区强国寻求"世界大国"的发展①。布热津斯基把中国描述成同美国、日本一样谋求霸权的国家,是地缘战略对手,主要是基于中国周边政治环境来考量。

不过,在布热津斯基看来,虽然中国历史上有过向外扩张行为,但这与西方列强的向外扩张掠夺殖民地有着本质上的不同。历代中国之所以可以得到许多外邦之族的膜拜,主要是中国先进文化和科学技术的吸引力,许多国家都是向往中国的先进而对中国朝拜的,中国的这种朝贡体系是以中国对朝拜国丰厚的回报为特征的,而不是西方那种对殖民地的剥夺,郑和下西洋就是一个很好的例子。布热津斯基认为:"中国被看成是宇宙中心,世界的其他部分都应对中国表示敬服。"②其实,布热津斯基只看到了中国的"天朝上国",却没有看到中国儒家文化中的"和"与"同"。"和"乃是不同成分的互利互助的共存状态,一个成分在与其他不同的成分共存时不是以牺牲自己的独特性为条件,是由于与其他成分的共存而得到充分的发挥,并且同时也使其他成分得以相应生辉。

中国加入 WTO 后,中国同周边大国美国、日本、俄罗斯之间的经贸关系发展迅速。以中美贸易为例,2011 年 5 月,中美第三轮战略与经济对话成功召开,双方签署《关于促进经济强劲、可持续、平衡增长和经济合作的全面框架》。为经贸关系的进一步发展奠定基础。2004 年中美双边贸易额还只有2310 亿美元③。而到 2011 年,中美贸易额达到 4467 亿美元,创历史新高。美对华出口突破 1000 亿美元关口,达到 1222 亿美元,中美已互为第二大贸易伙伴。美国是中国第二大出口市场和第六大进口来源地。2007 年以来,中国已

---

① ［美］兹比根纽·布热津斯基:《大棋局:美国的首要地位及其地缘战略》,中国国际问题研究所译,上海人民出版社 2007 年版,第 20 页。

② ［美］兹比根纽·布热津斯基:《大棋局:美国的首要地位及其地缘战略》,第 21 页。

③ Daniel J.Ikenson,"Nonmarket Nonsense:U.S.Antidumping Policy toward China",*Trade Briefing Paper*,no.22,March 7,2005.美国《商业周刊》认为,中国对美国贸易的巨大顺差在很大程度上被中国与世界上其他国家,特别是与其除日本以外的亚洲邻国的贸易逆差所抵消。中国对美贸易顺差不仅包括香港转口贸易,也包括美国对华出口管制。尤其是东亚的国际生产线,日本、韩国、台湾的技术,中国工人的手工程序,这种出口到美国的产品,大部分利润都流入外资公司的腰包,中国所得仅是廉价劳动力换得的零星收入。

成为美出口增长最快的市场,也是美实施"出口倍增"计划的重要海外市场。截至 2011 年底,美对华投资项目累计达 6.1 万个,累计合同外资金额 1623 亿美元,实际投入 676 亿美元。目前,美国仍是中国外资最大的来源地之一。2011 年,中国企业在美累计直接投资为 60 亿美元,投资范围涉及工业、农业、科技、金融和工程承包等广泛领域①。

当前中美关系已高度机制化,但机制性中美经贸合作关系还需要解决以下问题:第一,加强经贸政策协调。经济危机既是挑战,也是加强合作的新契机。中美应加强经贸政策对话与协调,继续保持和加强在多哈回合谈判、国际货币基金组织改革等全球性经贸问题的沟通与协调,积极推动落实二十国集团戛纳峰会取得的积极成果。第二,促进双边贸易平衡。中美贸易存在不平衡是事实,这是全球分工等综合因素作用的结果,是多年积累形成的,需要双方在经济结构调整中逐步予以解决。中美应加强沟通与合作,促进贸易自由化和便利化,共同改善贸易不平衡状况。第三,提升双向投资水平。中国将一如既往地积极吸收外资,继续扩大市场开放,重视解决美国企业在知识产权保护、产业政策、投资环境等方面的关注,为包括美国企业在内的所有外商投资提供便利。美国应公平、理性地看待中国企业,特别是中国国有企业在美国开展的投资活动,保持审查的公开、透明,为中国企业营造良好的环境。四,拓展产业合作空间,与美方共同探索双方在节能环保、信息技术、生物、高端装备制造、新能源、新材料、新能源汽车、药品和医疗器械、旅游等领域开展合作的可行性。鼓励两国企业积极寻找在高速铁路、公路、港口与码头建设、电网改造等领域开展合作的商机②。

中国与东盟国家关系也日益机制化,它有利于中国保持和平稳定的周边环境。随着区域经济一体化的不断深入,中国同东盟国家缔结自由贸易协定的步伐加快,中国—东盟之间的自由贸易协定把实现自由化的期限定为 10 年③。中国的发展给东盟国家带来经济发展机遇,2004 年中国同东盟的贸易

---

① 《2011 年中美贸易额 4467 亿美元创新高》,载《人民日报》2012 年 2 月 13 日。
② 同上。
③ 日本《朝日新闻》,2004 年 11 月 30 日,转引自《参考资料》2004 年 12 月 1 日,第 8 页。该报认为:中日韩之所以把手伸向东盟,是因为看中东盟自由贸易区正在形成的 5 亿人口的统一市场。

额已突破 1000 亿美元,中国已成为东盟最大的贸易伙伴。中国与东盟经贸关系的发展,客观上削弱了美国对亚洲的影响力,有利于保持亚太地区的长期稳定,而且进一步坚定了东盟国家要与中国加深合作的信念。因为与中国合作可以使这些国家经济风险分散。所以,东盟国家坚持"要与世界舞台上所有的重要参与者,尤其是亚洲国家建立联系"①,而不仅仅是依赖美国。

美国在东南亚存在巨大的经济利益。东盟 10 国拥有 13.6 亿多人,2012年 GDP 达到 2.3 万亿美元,贸易总额达到 2.4 万亿美元,已经成为国际生产网络的重要组成部分。美国是世界上最大的经济体,GDP 超过 16 万亿美元,2011 年美国国际贸易总额达到 3.7 万亿美元。美国和东盟是相互间主要的贸易伙伴。2012 年,美国与东盟商品贸易总额达到 1988 亿美元,占东盟贸易总额的 9%②。美国成为东盟的第四大贸易伙伴,位于中国、欧盟和日本之后。东盟是美国的第四大出口市场和第五大贸易伙伴。2011 年东盟对美国贸易顺差达到 140 亿美元,比 2000 年的 250 亿美元减少了 110 亿美元,充分说明了东盟对美贸易出现相对趋向平衡态势。新加坡、马来西亚和泰国是美国的主要贸易对象。此外,美国在东盟的直接投资(FDI)2011 年达到 1595 亿美元,仍然超过中国、日本和韩国,而东盟国家在美国的直接投资也增长到 246亿美元③。美国"重返亚太"战略实施后,东南亚将会成为中美两国扩展对外经济战略的重心,由于战略利益上的矛盾,中美之间都会更加关注东盟经济一体化进程的发展。如何应对全球化时代的周边安全挑战,这是中国和平发展所面临的一个重要问题。

中国对中亚地区的影响也不断扩大,反恐与经济合作推动中国与中亚国家关系的发展,政治和军事互信进一步加强。2001 年中国正式提出"走出去战略"。中国与中亚五国的贸易和投资大幅增长,从 2001 年 15.09 亿美元增长到 2012 年 459.4 亿美元。中亚已成为中国的油气资源重要来源地和对外

①　《参考消息》2003 年 6 月 20 日。

②　Sanchita Basu Das,"The Next Decade in ASEAN—USA Economic Relations", *ISEAS Perspective*, May 2013, p.11.

③　ASEAN,"External Trade Statisticss", 14 August 2012, http://www.asean.org,/news/item/external—trade—statistics.

投资的重要对象之一。① 今天,中国与中亚国家教育、科技、文化、环保、农业等新兴合作领域不断涌现,吉尔吉斯斯坦、塔吉克斯坦和哈萨克斯坦已是WTO 成员,中国与中亚国家的经济贸易体制共性增多,为未来合作提供更广阔平台。

机制化合作是促进中国与南亚国家关系发展的重要保障。中印两国借助20 国集团峰会、金砖国家领导人峰会、中印俄峰会和上海合作组织等多边舞台,在推动双边关系进一步深化,推进国际体系改革,捍卫发展中国家权益等方面取得了一定成果。中印从共同推动孟中印缅经济走廊建设,到探讨丝绸之路经济带和 21 世纪海上丝绸之路倡议,两国合作在推进区域经济一体化和互联互通进程、实现亚洲经济可持续增长等方面发挥着关键的作用。在安全领域,作为地区和平的稳定双锚,中印双方应共同致力于在亚太地区建立开放、透明、平等、包容的安全与合作架构,实现共同、综合、合作、可持续安全。

中巴作为全天候战略伙伴,两国关系历经国际风云变幻的考验,成为不同社会制度国家间睦邻友好、互利合作的典范。长期以来,巴方在涉及中方核心利益的问题上坚定支持中方立场。与此同时,中方也坚定支持巴维护国家主权、领土完整、独立和尊严的努力,真诚无私地帮助巴基斯坦实现经济和社会发展。2006 年 2 月穆沙拉夫总统的成功访华,中巴进一步明确合作领域。首先,在战略层面,双方将加强两国高层交往,就共同关心的问题保持密切沟通、磋商与协调,对国际形势和重大国际事件深入交换意见并达成共识,进一步巩固和发展双方良好的政治关系。其次,双方加强在安全领域的交流与合作,共同打击"三股恶势力"。两国继续加强在传统安全与非传统安全领域和国际反恐方面的合作,以营造更好的发展环境。最后,双方联手打击边境走私和贩毒活动,对受地震灾害影响严重的中巴喀喇昆仑公路进行改造升级,并加强管理②。巴方提出使巴基斯坦成为中国的"贸易走廊"、"能源走廊"和"交通走廊"的设想将极大地改善中巴的战略安全环境,为两国的战略合作打下更加

---

① 张宁:《中国与中亚国家交往合作的三阶段》,http://theory.people.com.cn/n/2013/0907/c40531-22840457.html,2013 年 9 月 7 日。

② 《中华人民共和国和巴基斯坦伊斯兰共和国关于双边关系发展方向的联合宣言》,载《人民日报》2006 年 2 月 27 日。

坚实的基础。

近年来,中国与孟加拉国关系发展很快,尤其是机制化架构下两国日益增长的经贸关系。

2014年6月孟加拉国总理谢赫·哈西娜应李克强总理的邀请,对中国进行正式访问。两国签署深化更加紧密的全面合作伙伴关系的联合声明,强调经贸合作是中孟更加紧密的全面合作伙伴关系的重要组成部分。双方同意,在平等互利的基础上,进一步加强两国贸易、投资、金融、农业、科技创新、卫生、教育、交通、基础设施建设等领域合作。同意进一步采取具体措施扩大双边贸易,加强经济合作,增加投资,以减少日益扩大的双边贸易不平衡。中孟双方同意继续加强在区域合作中的沟通与协调,推动南亚区域合作联盟框架内的合作。双方认为,孟中印缅经济走廊与本地区其他互联互通倡议形成重要互补,为中孟深化互利合作和实现可持续发展提供了重要平台。各方应通过孟中印缅经济走廊释放本地区全面发展的潜力,实现地区和平、稳定和公平及可持续发展。双方同意,就推进孟中印缅经济走廊建设同其他国家保持积极接触,希望四国实现互利、注重实效的合作①。中国与南亚国家的机制性合作关系有利于维护南亚地区的持久和平与稳定。

中国实现改革开放政策、融入国际经济体系后取得经济高速发展的成就,尤其是中国与国际社会接轨后有效克服内部结构性经济危机,经济保持长期发展的态势。但中国的崛起也使大国的周边安全环境不确定因素增加。卡内基国际和平基金会高级研究员迈克尔·史文认为,首先,改革和开放策略造成中国逐渐依赖海外市场、海路贸易以及海外能源等。其次改革开放终结毛泽东时代的三线建设,将中国重要经济中心集中在东南方沿海地区,容易受到外国海军攻击。20世纪七八十年代韩国、日本、台湾、越南和印度等国跟随经济全球化和科技进步潮流,竞争力日益提升,冷战结束后,随着地区大国力量对比的消长,中国的周边环境正在日趋复杂化。

今天中国与大周边各国安全利益关系已进入深水区。中国与美国、日本、

① 《中华人民共和国与孟加拉人民共和国关于深化更加紧密的全面合作伙伴关系的联合声明》,载《人民日报》2014年6月11日。

俄罗斯等大国关系不确定变数依然存在,大周边地带各种力量分化组合态势"有喜有忧"。新加坡在中国周边关系中具有特殊的地位,中新在经贸和科技文化方面的合作已经日益完善。然而,2003 年 5 月 6 日,美国与新加坡签订《美国——新加坡自由贸易协定》,2004 年 1 月 1 日生效,说明新加坡"利用美国制衡中国以及和中国争夺美国市场的战略意图"十分明显。也表明新加坡领导人对"中国的经济崛起一直抱有强烈的危机感"①。尤其是美国实施"重返亚太"战略,使中国周边安全环境面临巨大挑战。

为了把握中国未来战略发展机遇期,对于周边国家中的问题,中国历来主张以和平的手段加以解决,尤其是处理中国与周边大国的关系问题,因为它符合中国和平发展的国际战略。但中国面临的挑战是,如何在利用经济杠杆作用的同时,很好地运用军事斗争手段,使中国大周边、小周边环境变得更为安宁,以集中精力搞好中国自己的事情,加快发展本国经济的步伐。中国周边地区的力量格局正在发生变化,中国在这一地区扮演的角色越来越重要。中国的地区影响也日益增强。新的区域秩序逐渐成形。虽然朝核问题和台湾局势有可能引发冲突和打破平衡,但该地区的主导潮流是各国之间形成一张相互依赖的网,中国将逐渐成为这张网的中心。21 世纪中国与周边大国关系的发展成为美国中国专家十分关注的问题,中国日益增强的国力和威信对周边安全的影响更是举足轻重,中国周边一种新的安全格局正在形成。

第六节 "一带一路"战略

今天,中国的国际影响力日益增强,从 20 国集团峰会、金砖国家领导人峰会、中印俄峰会到上海合作组织等多边舞台;从中印共同推动孟中印缅经济走廊建设,到探讨丝绸之路经济带和 21 世纪海上丝绸之路倡议,推进区域经济一体化和互联互通进程、实现亚太经济可持续增长等领域,中国的国际影响力和国际问题的协调能力正在大大提升。中国和世界各国一道致力于建立开放、透

---

① 张振江:《美国—新加坡自由贸易协定及其影响》,载《东南亚研究》2004 年第 5 期,第 46 页。

明、平等、包容的安全与合作机制,实现各国政治安全和经济合作的可持续性。

中华民族历史上出现过多次辉煌时期。汉代的张骞两次出使西域,即今中亚,开启了中国同中亚各国友好交往的大门,开辟出一条横贯东西、连接欧亚的丝绸之路。张骞出使西域后,汉朝的使者、商人接踵西行;西域的使者、商人也纷纷东来。他们把中国的丝和纺织品从洛阳、长安通过河西走廊、今新疆地区,运往西亚,再转运到欧洲,又把西域各国的奇珍异宝输入中国内地。中国与西亚、欧洲各国的政治、经济、文化交流日益密切。

历史上的陆上丝绸之路起于西汉都城长安(东汉延伸至洛阳),是一条东西方之间经济、政治、文化进行交流的主要道路。汉武帝以后,西汉的商人还常出海贸易,开辟了海上交通要道,这就是著名的海上丝绸之路。海上丝绸之路是中国与世界其他地区之间海上交通的路线。中国的丝绸通过海上交通线源源不断地销往世界各国①。中华文化与西方文化的相互交融,推动了东西方关系的和谐稳定发展。

(一) 构建"一带一路"战略的意义

海上丝绸之路途经泉州、广州、北海和海口,向马六甲海峡和印度洋延伸,穿过非洲之角,然后进入红海和地中海。而陆上"丝绸之路经济带"将以西安为起点,经过兰州、乌鲁木齐和霍尔果斯向西延伸,然后向西南横穿中亚、中东和欧洲,最后在威尼斯与海上丝绸之路汇合。两条"丝绸之路"一旦建成,将"为中国及其谋求发展关系的沿途各个国家带来新机遇和新未来"。2013年9月7日,习近平主席在哈萨克斯坦纳扎尔巴耶夫大学发表题为《弘扬人民友谊、共创美好未来》的重要演讲,倡议用创新的合作模式,共同建设"丝绸之路经济带",将其作为一项造福沿途各国人民的大事业。习近平指出,两千多年的交往历史证明,只要坚持团结互信、平等互利、包容互鉴、合作共赢,不同种族、不同信仰、不同文化背景的国家完全可以共享和平,共同发展。习近平强调,二十多年来,随着中国同欧亚国家关系快速发展,古老的丝绸之路日益焕发出新的生机活力,以新的形式把中国同欧亚国家的互利合作不断推向新的

_____

① 在德国地理学家李希霍芬(Ferdinand Freiherr von Richthofen)将横贯东西的陆上交通路线命名为丝绸之路后,有的学者又进而加以引申,称东西方的海上交通路线为海上丝绸之路。

历史高度①。中国政府一直将发展同中亚各国的友好合作关系作为外交优先方向，希望同中亚国家一道，不断增进互信、巩固友好、加强合作，促进共同发展繁荣，为各国人民谋福祉。为了使欧亚各国经济联系更加紧密、相互合作更加深入、发展空间更加广阔，中国正在运用创新的合作模式，共同建设"丝绸之路经济带"，以点带面，从线到片，逐步形成区域大合作态势。

"海上丝绸之路"的概念是 2013 年 10 月习近平主席在印度尼西亚国会演讲时提出的，习近平指出："东南亚地区自古以来就是'海上丝绸之路'的重要枢纽，中国愿同东盟国家加强海上合作，使用好中国政府设立的'中国—东盟海上合作基金'，发展好海洋合作伙伴关系，共同建设 21 世纪'海上丝绸之路'。"②中国政府还将 2015 年定为"中国—东盟海上合作年"。

"21 世纪海上丝绸之路"建设将涉及 20 多个国家和地区。中国提出的共同建设"21 世纪海上丝绸之路"的倡议，已经得到沿线许多国家的积极响应和支持。如，希腊总理萨马拉斯明确表示，希腊"支持并积极参与中方提出的'21 世纪海上丝绸之路'建设"。斯里兰卡总理马欣达·拉贾帕克萨表示，斯里兰卡迫切希望加入"海上丝绸之路"的这一过程。实际上，斯里兰卡已经是该计划的一分子，斯里兰卡已经得到中国提供的 14 亿美元贷款，用于建设"科伦坡海港城"③。习近平主席访问马尔代夫时，该国总统阿卜杜拉·亚明明确提出"马尔代夫很荣幸现在能够成为中国建设'21 世纪海上丝绸之路'的伙伴"④。

运用软实力实现中国的战略目标，是中国外交的重要特点。在哈萨克斯

---

① 习近平主席提出五项建议：第一，加强政策沟通。各国就经济发展战略进行交流，协商制定区域合作规划和措施；第二，加强道路联通。打通从太平洋到波罗的海的运输大通道，逐步形成连接东亚、西亚、南亚的交通运输网络；第三，加强贸易畅通。各方应该就推动贸易和投资便利化问题进行探讨并作出适当安排；第四，加强货币流通。推动实现本币兑换和结算，增强抵御金融风险能力，提高本地区经济国际竞争力；第五，加强民心相通。加强人民友好往来，增进相互了解和传统友谊。习近平：《习近平谈治国理政》，外文出版社 2015 年版，第 287—291 页。

② 习近平：《共同建设二十一世纪"海上丝绸之路"》，《习近平谈治国理政》，外文出版社 2015 年版，第 292—295 页。

③ ［美］香农·蒂耶齐：《中国在南亚和东南亚推动"海上丝绸之路"》，［日］外交学者网站 2014 年 9 月 17 日，转引自《参考资料》2014 年 10 月 16 日，第 27 页。

④ 同上。

坦、吉尔吉斯斯坦和中国的共同申请下,联合国教科文组织不久前把一段可以追溯到公元前2世纪的丝绸之路列入世界文化遗产名录。今天,中国正在设计重新面向这条古老贸易路线的未来,建立北方"丝绸之路经济带"和南方"21世纪海上丝绸之路",它将成为构建亚洲、欧洲和非洲之间的新政治文化纽带,尤其可展示中国在构建未来新型国际关系中的世界角色。西方学者称:"21世纪海上丝绸战略对于中国国家软实力、政治影响力的意义不容小觑。"[①]习主席在访问丝绸之路沿线国家时一再提出的"命运共同体"思想远远超越了"单纯的地缘战略和地缘政治合作"[②]。

习近平主席提出构建"21世纪海上丝绸之路"战略,不仅具有深远的历史意义,而且具有划时代现实意义。首先,海洋是各国经贸文化交流的天然纽带,建设"21世纪海上丝绸之路",是全球政治、贸易格局不断变化形势下,中国连接世界的新型贸易之路,其核心价值是通道价值和战略安全。其次,中国作为世界上第二大经济体,在全球政治经济格局合纵连横的背景下,开辟和拓展"21世纪海上丝绸之路",将会极大地改善中国周边的安全环境。最后,通过"21世纪海上丝绸之路"建设,进一步发展东盟、南亚、西亚、北非、欧洲国家的战略伙伴关系,发展面向南海、太平洋和印度洋的战略合作经济带,以亚欧非经济贸易一体化为发展目标,推动中国与世界各国经济、贸易上互利共赢。

(二)"一带一路"建设——彰显中国文化软实力

传统文化是中国的软实力,它是中国综合实力的组成部分,中国利用"软实力"的历史悠久,中国儒家思想创始人孔子强调"以德服人";而兵家之集大成者孙子则提出"不战而屈人之兵"的战略思想,是软实力作用的集中体现。今天中国正在积极推进"一带一路"建设,这是彰显中国软实力外交的重要战略举措。在实现"中华民族伟大复兴"的目标指引下,中国加快以复兴这条古

---

① 张春海:《建设21世纪"海上丝绸之路"具有全球意义》,载《中国社会科学报》2015年2月16日。作者在文章中引用了欧洲政策研究中心高级顾问弗雷泽·卡梅伦在参加福建泉州举行的"21世纪海上丝绸之路"国际研讨会上发表的观点。

② [德]马克·西蒙斯:《为何中国不久即可触及杜伊斯堡》,载《法兰克福汇报》2014年7月1日,转引自《参考资料》2014年7月22日,第10页。

老的连接邻邦、纵贯南北、一直延伸到地中海的贸易通道。为了实现这一宏伟蓝图,中国计划投资数百亿美元,改善丝绸之路和海上丝绸之路沿线新兴经济体的基础设施,加强与这些经济体的行业和金融合作①。从 2001 年上海合作组织成立以来,中国和中亚国家的经贸及社会文化关系取得了长足进展。1992 年中亚国家独立时,中国和中亚 5 国的双边贸易额只有 4.2 亿美元,2001 年增长到 55 亿美元。在上海合作组织合作框架的拉动下,2012 年中国与中亚国家的双边贸易额已经超过 500 亿美元②。

1. 面向中亚、南亚的外交新布局

在中国外交布局上,中亚和南亚构成我国西南和西北两个战略方向,中亚既是中国西北边疆的安全屏障,又是中国西北方向推进经贸、能源合作的战略伙伴。中亚国家一方面加强相互团结,另一方面加强与中国的安全合作。中国出于自身的安全利益考虑,也对中亚各国的安全合作诉求作出积极回应。当今,中亚地区内部"三股势力"和国际跨国犯罪团伙沆瀣一气,在这种环境下,中国提出建设"丝绸之路经济带",加强与中亚、南亚各国的政治、经济以及安全领域的合作,稳定各国社会政治、经济秩序,建立地区反恐统一战线,具有潜在的战略意义。

在国际秩序不断演变的今天,中亚地缘经济意义日益凸显,成为中国"向西开放"战略的重要目标和必经之地。习近平主席提出的"丝绸之路经济带"和"21 世纪海上丝绸之路"倡议,为中国与中亚各国合作共赢关系的发展奠定基础。"一带一路"倡议是以中国新一轮对外开放,特别是加快"向西开放"为契机提出的,是中国将自身发展战略与区域合作相对接的重大战略构想,充实了中国"向西开放"战略的内涵。

南亚在中国周边外交中的地位也不断上升,双方在许多领域开展富有成效的合作和交流。建设"21 世纪海上丝绸之路"倡议的提出为中国与南亚合

①　丝绸之路将经过哈萨克斯坦、吉尔吉斯斯坦、伊朗,最后抵达奥地利;海上丝绸之路将连接中国港口和比利时安特卫普港。"丝绸之路经济带"和"21 世纪海上丝绸之路"计划将在中亚和南亚建设公路、铁路、港口和机场。参见《中国从过去到未来的道路》,香港《南华早报》网站2014 年 12 月 8 日,转引自《参考资料》2014 年 12 月 17 日,第 4 页。

②　朱峰:《中国提出"新丝绸之路经济带"构想》,载《今日中国》2013 年 10 月。

作增添新的动力。印度既处于"丝绸之路经济带"辐射区,又是"海上丝绸之路"的重要节点,中印合作对于"一带一路"战略构想的成功具有举足轻重的意义。马尔代夫和斯里兰卡地处印度洋中部地带,扼守印度洋重要国际航道,自然是"海上丝绸之路"的重要组成部分。斯里兰卡还是第一个以政府声明的形式来表达对"21世纪海上丝绸之路"倡议支持的国家。不久前习近平主席对上述三国的访问,凸显中国构建"丝绸之路经济带"的战略理念①。

2. 运用上合组织创新模式,共同建设"一带一路"

国际组织和国际规则的构建是软实力国际影响力的重要因素,上海合作组织是第一个不仅由中国参与创建,而且还是在中国境内宣布成立、第一个以中国城市命名、总部设在中国的多边国际组织。上海合作组织形成过程中以"互信、互利、平等、协商、尊重多样文明、谋求共同发展"等基本内容创立的"上海精神",已成为本地区国家几年来合作中积累的宝贵财富,是中国运用软实力外交推动地区和平与稳定的典范。上海合作组织的建立和发展顺应了当代人类要求和平与发展的历史潮流,展示了不同文明背景、传统文化各异的国家通过互尊互信实现和睦共处、团结合作的巨大潜力。上海合作组织是中国与中亚各国关系所倚重的战略性平台。

"丝绸之路经济带",是在古丝绸之路概念基础上形成的一个新的经济发展区域。东边牵着亚太经济圈,西边系着发达的欧洲经济圈,被认为是"世界上最长、最具有发展潜力的经济大走廊"②。"丝绸之路经济带"概念的提出,也为上合组织的发展注入了新的内容和活力。这是一项造福沿途各国人民的大事业。"丝绸之路经济带"总人口30亿,市场规模和潜力独一无二,各国在贸易和投资领域合作潜力巨大③。

从历史上看,各国人民共同为古老的丝绸之路谱写出千古传诵的友好篇章。丝绸之路从古都长安经过亚洲腹地一直延伸到欧洲和非洲,见证了中国历史上的富足与开放,同样也成为当时世界各国之间沟通的桥梁和纽带。

---

① 华益文:《习近平"两亚行"拓展中国战略空间》,载《人民日报》(海外版)2014年9月10日。

② 潘跃:《让丝绸之路成为充满活力的经济大走廊》,载《人民日报》2014年4月23日。

③ 习近平:《习近平谈治国理政》,外文出版社2015年版,第287—290页。

"丝绸之路经济带"的构想中,中亚各国占据着重要地位。如今中国与中亚各国、俄罗斯等国家都面临着加强合作、发展经济的重任,随着合作的加强,当年的那条丝绸之路又成为连接中国和中亚地区国家的纽带。哈萨克斯坦是古丝绸之路经过的地方,曾经为促进不同民族、不同文化相互交流和合作作出过重要贡献。近年来,中哈全面战略伙伴关系深入发展,中国已成为哈萨克斯坦最重要的贸易伙伴之一,去年双边贸易额为286亿美元,较建交时增长近80倍。未来,丝绸之路经济带的建设为两国经贸关系的发展注入新的活力。两国领导人已经提出2015年实现双边贸易额400亿美元的目标。中国目前在哈投资额超过250亿美元,是哈最重要的投资伙伴之一①。

上海合作组织所倡导的全面合作,无疑是与中亚地区安全合作相关程度最高的战略选择,上海合作组织正在协商交通便利化协定,将尽快打通从太平洋到波罗的海的运输大通道。中国将在建设丝绸之路经济带的过程当中发挥核心作用。中国是世界第二大经济体,又是最大的制造国、最大的出口国,最大的进口国,中国通过和世界的合作交流,而取得了巨大的发展,中国不仅同发达国家、同亚太发达经济体开展各种经贸合作,而且还加强与发展中国家的经贸合作。上海合作组织六个成员国和五个观察员国都位于古丝绸之路沿线。构建"丝绸之路经济带"所强调的"五通"举措,即政策沟通、道路联通、贸易畅通、货币流通和民心相通,已有一定基础,上合组织在这些方面可以成为构建"丝绸之路经济带"的重要载体之一,发挥独特作用。上合组织首倡以相互信任、裁军与合作安全为内涵的新型安全观,提供了以大小国共同倡导、安全先行、互利协作为特征的新型区域合作模式。经过十多年的实践,上合组织结合本地区形势,将新安全合作理念逐步推向完善,在本地区政治、经济、能源、安全等领域的合作不断拓展。因此,借助上合组织经验模式,未来新丝绸之路建设,将成为中国开展与中亚、南亚中东政治、经济、安全领域合作的重要战略举措外交战略的重要部分。

丝绸之路沿线国家和地区间的文化交流、教育合作,不仅会促进各国民间的了解与互信,而且会有效地推动多边经贸合作,这正是全面推进丝绸之路经

---

① 《中哈全面战略伙伴关系深入发展》,载《人民日报》2014年12月13日。

济带建设的人文基础。因此,"一带一路"建设是展示中国软实力外交的重要标志,它不仅有利于维护中国国内和平稳定,而且还在中国与周边国家的关系中扮演关键角色。

　　当前,亚太安全环境既充满战略机遇,也面临巨大的挑战。日本在东海及钓鱼岛问题上不断制造事端,钓鱼岛及其附属岛屿自古以来就是中国固有领土,中国对此拥有无可争辩的主权。日本试图借助美日安保条约,威胁中国国家利益。在南海问题上,一些东南亚国家借美国实施重返亚太战略,不断挑衅和威胁中国在南海地区的主权利益。面对极其复杂的国际和周边环境,习近平主席提出构建"丝绸之路经济带"战略,对缓解中国周边安全环境的压力,推动中国与东南亚、南亚、西亚、北非及欧洲各国的政治、经济、贸易和文化交流,具有深远的时代意义和战略意义。

第四章 国际秩序演变中的中国亚太战略

国际秩序是国际问题研究者们分析国际关系的核心概念①。1648 年"威斯特伐里亚和约"的签订导致现代民族国家体系的出现。从此,建立在国家主权和不干涉原则基础上的欧洲国家体系逐渐演变成由独立国家构成的现代国际体系②。第二次世界大战后形成的两极体系是不同政治制度、相互对立的意识形态以及美苏双方对当时国际环境错误判断的不可避免的结果③。冷战结束后,随着国际政治和经济关系的紧密交融,政治问题经济化和经济问题政治化的现象普遍存在,以经济全球化、政治多元化为特征的世界多极化趋势正向纵深发展,中国在国际体系转变中坚持尊重并吸收那些为国际社会大多数国家所认同的文明准则和价值观念,从中国传统文化与历史经验中引申发展出新的对外战略观。中国不再置于国际体系之外,不再以打破现存国际体系为目标,而是以一种自觉的主体意识,开放的全球视野适应国际体系的转变。

后冷战时代国际秩序比起冷战时期更加复杂,全球政治、经济的中心正在向亚太地区转移,而构建必须符合亚太新兴大国的价值观和利益的国际新秩序更加复杂④。美国虽然推行全球霸权战略,但在亚太地区则更多依赖与其

---

① K.J.Holsti, *International Politics: A Framework for Analysis*, 2nd ed., Englewood Cliffs, N.J.: Prentice-Hall, 1972, p.29; see also Phil Williams, Donald M.Goldstein and Jay M.Shafritz Thomson, ed., *Classic Readings and Contemporary Debates International Relations*, Wadsworth, 2006, p.91.

② Phil Williams, etc., *Classic Readings and Contemporary Debates International Relations*, p.92.

③ Louis J.Halle: *The Cold War as History*, New York: Harper and Row, 1967; see also Phil Williams, etc., *Classic Readings and Contemporary Debates International Relations*, p.93.

④ Robert G.Gilpin, "APEC in a New International Order", Donald C.Hellmann and Kenneth B. Pyle, ed., *From APEC to Xanadu: Creating a Viable Community in the Post-Cold War Pacific*, Armonk, N.Y.: M.E.Sharpe.

主要盟国的特殊关系,推行所谓的亚太版的"双边主义"(bilateralism)。这种双边主义主要是指美国和日本、美国和韩国的所谓双边合作以及美国和澳大利亚特殊的盟友关系,美国和东盟的双边战略利益关系等。"不完整的霸权"(incomplete hegemony)是美国在亚太地区地位的真实表现。中国在国际体系转变中以相互依存作为制约美国在亚太地区利益的现实战略,中国在亚太地区稳定崛起的地位证实中国合作外交战略的成功。

现行的国际秩序正处在转型中,一方面,美国意图建立以它为主导的单极世界体系,美国的目的没有实现,但它并没有放弃;另一方面是多个大国,它们的对抗力在提升,但并未形成一个大的联合集团,这样就使现有的国际秩序处于不确定、不稳定之中,同时对未来也有一种不确定性。国际秩序构建中的竞争与合作是互相交错的,合作中有竞争,竞争中也有合作。大国之间尽量避免直接对抗,特别是军事对抗,从两个相互矛盾的战略选择中寻求平衡。国际政治的内容通常是指各种各样寻求安全的国家,它们为达到保证安全的目的可以使用的各种方法,"而武力是诸多方法的终极手段"。当代国际体系在保持相对稳定的同时,也经历着细微的变化,安全被赋予一些新的含义。根据约瑟夫・奈的观点,当今世界没有一个国家能发挥超级作用,因为实力所包含的内容比过去要复杂得多。所有这些变化影响着世界超级大国发挥领导作用。虽然国与国之间在文化价值观等方面存在很大差异,但它们仍然有一些共同的目标,如:权力的平衡、建立一个开放的国际经济体系和打破文化与政治的分歧,实现全球共同目标等①。

全球化时代国际秩序不断处在结构性转变与战略性调整时期,国际体系作为社会历史的一部分必然随之发生转变。20 世纪 70 年代末,鉴于国际环境发生重大变化,以邓小平为核心的中央领导集体作出了战争可以避免的判断。十一届三中全会后,中国对外战略发生了根本性的转变,和平与发展是当代世界的两大问题②。邓小平多次强调,"中国对外政策的目标是争取世界和平。在争取和平的前提下,一心一意搞现代化建设,发展自己的国家,建设具

---

① Joseph S. Nye, Jr., "Recovering American Leadership", *Survival*, (volume 50), February/March, 2008, p.56.

② 《邓小平文选》第三卷,人民出版社 1993 年版,第 105 页。

有中国特色的社会主义"①。反对霸权主义、强权政治,维护世界和平成为新时期中国外交战略的明确目标。邓小平的外交战略思想是和平共处五项原则在新的环境下的继续。在冷战结束国际环境巨变的特定历史时期,邓小平提出体现中国传统哲学思想和智慧的"二十八字"方针——"冷静观察、稳住阵脚、沉着应付、韬光养晦、善于守拙、绝不当头、有所作为"。其中"冷静观察"是基础,为国际格局转变时期中国外交指明了方向。中国对外工作取得了巨大成就。根据国际形势的变化和中国的实际情况,用"一个国家、两种制度"的办法来解决香港、澳门问题,把和平共处原则不仅用在处理国际关系问题上,而且用在处理本国内政上。这是一个伟大的创举,中国的国际地位迅速提高。

冷战结束后,霸权主义和强权政治仍然存在,由于民族、宗教、领土、资源争夺引发的地区冲突和局部战争接连不断,发展中国家面临的贫困问题没有解决,南北之间的贫富差距不断扩大。面对新的国际形势,江泽民在党的十四大报告中指出:"在今后一个较长时期内,争取和平的国际环境,避免新的世界大战,是有可能的。"报告强调:"和平与发展仍然是当今世界两大主题。霸权主义、强权政治始终是解决和平与发展问题的主要障碍。"②20 世纪 90 年代中期,随着中国经济的快速增长、中国国际地位的提高,中国与国际组织和国际机制的关系出现了量的增长和质的变化。中国广泛参与联合国和其他全球性的国际组织的活动,参加国际组织和国际条约的数量也大大增加,中国已加入 130 多个政府间组织,加入了 267 个国际多边公约③。中国成为国际新秩序构建的积极参与者。党的十五大报告再次重申,中国"要致力于推动建立公正合理的国际政治经济新秩序"。提出"国与国之间应超越社会制度和意识形态的差异,相互尊重,友好相处。要寻求共同利益的汇合点,扩大互利合作,共同对付人类生存和发展所面临的挑战"④。

在对外战略实践中,中国积极推动世界多极化,正确引导经济全球化,促

---

① 《邓小平文选》第三卷,人民出版社 1993 年版,第 57 页。
② 《江泽民文选》第二卷,人民出版社 2006 年版,第 241 页。
③ 《中国的军控、裁军与防扩散努力》,载《人民日报》2005 年 9 月 2 日。
④ 《中国共产党十五大报告》,《人民日报》1997 年 9 月 13 日。

进各国实现共同发展。推进国际关系民主化,摒弃冷战思维,确立新安全观,尊重世界多样性,保证各国相互尊重、和睦相处。中国通过同时加强双边磋商和多边合作的方式进一步推进独立自主的和平外交政策,形成不针对第三国的、结伴不结盟的新型国家关系,这一基于中国"道高益安,势高益危"等哲理而提出的新安全观①,突破了传统的安全观念,丰富和发展了邓小平的国家安全理论。

第一节　对国际体系的认知

理论上讲,国际体系是国际行为体(主要是主权国家)按一定制度规范和互动作用构建的一种政治、经济交织的关系组合形态。它具有相对稳定性,但又处在不断变革的动态发展中。国际体系转变表现为渐进式演变和激进的剧变。从两极体系到苏联解体后的单极,从国家仍然是国际体系中最重要的行为体,到强调国家间关系的相互依存,国际体系正在渐进地、显性地向日益复杂的多层体系(multilevel system)转变。而国际体系各个层面、领域呈现明显的动荡不定状态,使国际体系基本结构处于一种'复合状态'之中②。纵观国际关系的历史,国际体系的发展演变都是随着大国权力彼此消长而形成的,人们经常提及的"多极""两极"和所谓的"单极"体系正是这种发展演变的体现。

国家是国际体系的基本结构单元,国际体系则是每一个国家的国际环境。国际关系理论英国学派代表人物赫德利·布尔(Hadley Bull)认为:"如果两个或两个以上国家之间有足够的交往,而且一个国家对其他国家的决策能产生足够的影响,从而促成某种行为,那么国家体系或国际体系就出现了"③。由此可以看出,国际体系是国家互动的产物,这种互动达到影响彼此政策的程

① 陆忠伟:《和平共处五项原则的战略文化内涵及现实意义》,载《论和平共处五项原则——纪念和平共处五项原则诞生 50 周年》(中国国际问题研究所编),世界知识出版社 2004 年版,第 38 页。

② 江西元:《试析国际体系结构转型:范式界定、特点与趋势》,载《现代国际关系》2007 年第 11 期,第 31 页。

③ Hadley Bull, *The Anarchical Society: A Study of Order in World Politics*, New York: Columbia University Press, 1995, p.8.

度。布尔的界定并未涉及非国家行为体,但在当代国际关系中,非国家行为体的作用正在日益凸显。

国际体系的分析框架

国际体系要素	国际体系的领域
国际体系的主要单位	权威支配的政治领域
单位之间的结构关系	公共认同和权利与正义概念的社会文化领域
单位互动的支配过程	生产、贸易和创新的经济和技术领域

资料来源:William Brown,Simon Bromley and Suma Athreye,ed.*Ordering the International:History,Changed and Transformation*,London:Pluto Press in a association with the Open University,2004,p.10.

国际关系学中不同的理论流派形成不同的国际体系观。对已经形成鼎足之势的现实主义、自由制度主义与建构主义三个学派来说,国际体系存在不同的结构和属性。现实主义理论家们把国际体系说成是"在无政府状态下以国家为主角的权力政治"。自由制度主义者把国际体系看作是物质力量加国际制度;建构主义则把国际体系看作是观念分配①。根据以上界定,国际体系可以归纳为三种假定,即"权力政治""制度合作"与"观念互动"。新现实主义理论的倡导者肯尼思·沃尔兹强调"两极体系是最稳定的国际体系之一"②,但以定量分析法研究国际关系见长的卡尔·多伊奇(Karl Deutsch)和戴维·辛格(J.David Singer)则坚持多极体系较两极体系稳定的观点,他们认为:"因为国际关系行为体(指主权国家)数量越多,国家间的互动次数就会增多,发生冲突的可能性就会减少。"③从雅尔塔体系形成到20世纪80年代末两极格局解体,期间国际关系经历了冷战与缓和的国际体系模式。莫顿·卡普兰(Morton Kap-

---

① [美]罗伯特·基欧汉、约瑟夫·奈:《权力与相互依赖》第3版,门洪华译,北京大学出版社2002年版,第9—11页;Mathew J. Hoffmann, "Constructivism and Complexity Science:Theoretical Links and Empirical Justification",*Paper for ISA Meeting*,1999;[美]亚历山大·温特:《国际政治的社会理论》,秦亚青译,上海世纪出版集团2000年版,第4页;李少军:《国际关系大理论与综合解释模式》,见郭树勇主编:《国际关系:呼唤中国理论》,天津人民出版社2005年版,第36—38页。

② Kenneth Waltz:*The Man,The State and War*,Columbia University Press,1959;see also Phil Williams,etc.,*Classic Readings and Contemporary Debates International Relations*,p.94.

③ Phil Williams,etc.,*Classic Readings and Contemporary Debates International Relations*,p.94.

lan)的研究最具代表性,他概括出六种国际体系模式,如:均势体系、松散的两极体系、僵硬的两极体系、全球体系、等级体系和单元否决体系①。

从世界历史发展进程研究国际关系的学者们提出两种国际体系(世界体系)观,一种是"国家中心体系"(state-centric system);另一种是"多边中心体系"(multi-centric system),前者是传统的,现实主义、新现实主义关注的问题;而后者更加关注多元行为体在属性、范围、影响力等方面的差异②。历史学家伊曼纽尔·沃伦斯坦(Immanuel Wallerstein)认为:"国家经济和政治的发展只能通过国家在世界经济中的功能和作用体现出来。"③这种观点同新现实主义者们对国际体系的认知颇为相似,所不同的是,沃伦斯坦强调的是对世界经济结构的分析,而肯尼思·沃尔兹(Kenneth Waltz)等人则重视对国际体系结构问题的研究。

美国学界关于国际体系是单极还是多极存在很大争议,约瑟夫·奈认为,"单极的说法是误导,因为它夸大美国在国际体系中能力,而多极的说法也会产生误导,因为它没有明确告诉人们。多极的内容是政治的、经济的还是军事的"④。美国是世界头号强国,但在全球化、信息化的国际环境下,美国的力量越来越难以控制各种突发事件。国际金融稳定对美国的经济的繁荣是至关重要的,但美国需要同其他国家的合作才能实现国际金融稳定。全球气候变化影响美国人的生活质量,但美国无法独自解决这个问题。当今世界各国边界的隔离作用日益减弱,无法阻止毒品走私、疾病传播、武器扩散以及恐怖主义等一系列问题。超级大国、新兴大国如何共同面对这些问题,这是世界各国共同面临的问题。

当今世界,国际力量的分配就如同一场复杂的三维棋局(three dimensional game),上盘军事力量基本上是单级的。但在中盘,经济实力已经多极化,美国、欧洲、日本和中国构成对世界经济的主要影响,美国在经济方面不可能行

① Morton Kaplan,*System and Process of International Politics*,John Wiley and Sons Inc.Publisher,1957.见夏立平:《当代国际体系与大国战略关系》,时事出版社 2008 年版,第 30 页。

② James N.Rosenau, *Along the Domestic-foreign Frontier*: *Exploring Governance in a Turbulent World*,Cambridge University Press 1997,pp.338-339.

③ Immanuel Wallerstein,*The Capitalist World Economy*,New York:Cambridge University Press,1979,pp.37-39.

④ Joseph S. Nye, Jr., "Recovering American Leadership", *Survival*, (volume 50), February-March,2008,p.60.

使霸权,它通常是作为平等的另一方与其他国家讨价还价①。三维棋局下盘是指跨国关系,涉及恐怖主义、跨国犯罪、世界面临生态威胁,疾病传播以及全球气候变暖等,这些问题造成的后果极大,处在上层棋盘发挥主导作用的美国军事力量显然不足以左右局势发展②。事实上,在今天的国际环境下,很多重大的安全挑战正是来源于这个最底部。冷战后,国际安全体系中地缘政治因素趋于下降,地缘经济、各种类型的多边安全协调机制的作用趋于增强,国际恐怖主义与大国之间进行各种形式的非对称性战争,迫使国际体系主导国不得不在对付非传统安全威胁、解决地区热点和防止大规模杀伤性武器扩散等方面更注重与新兴大国的合作③。

从根本上说,认识大国间世界观和价值观的同质性和异质性对研究国际体系的转型是至关重要的。根据法国著名国际关系评论家雷蒙·阿隆(Raymond Aron)的观点,"同质性国际体系内的冲突比异质性国际体系内价值观和意识形态对立更容易控制"④。价值观和意识形态的吸引力在当代国际体系转变中发挥重要作用。E.H.卡尔认为,世界体系内存在三种形式的国际大国:军事上的、经济上的和思想上的。前两者以强制和诱惑来施加影响,属于"硬实力"的范畴,而第三种属于"软实力"或者说是"吸引力"⑤。今天尽管美国的相对硬实力和软实力都在下降,但从目前量化的经济、金融、军事、科技等指标以及美国在全球的影响力来看,它仍遥遥领先于其他大国,"一超多强"的世界格局仍然是当代国际体系的主要特征⑥。在当代国际关系中,如果没

---

① Joseph S. Nye, Jr., "Recovering American Leadership", *Survival*, (volume 50), February-March, 2008, p.59.

② Ibid.

③ 江西元:《试析国际体系结构转型:范式界定、特点与趋势》,载《现代国际关系》2007年第11期,第34页。

④ Raymond Aron, *Peace and War: A Theory of International Relations*, New York: Praeger Publisher, 1968; see also Phil Williams, etc., *Classic Readings and Contemporary Debates International Relations*, p.96.

⑤ Joseph S. Nye, Jr., "Recovering American Leadership", *Survival*, , (volume 50), February-March, 2008, p.55.

⑥ Robert Kagan, "The Return of History and the End of Dreams", *Policy Review*, July/August, 2007.

有对美国实力的灾难性打击,或美国没有作出自动削减其实力和国际影响力的决定,这种国际结构将会维持下去①。21世纪美国的全球战略目标是继续维持其"一超独霸"地位,而追求所谓"绝对安全"则是21世纪美国全球战略的理论基础。"9·11"恐怖主义袭击事件后,美国将反恐和防止大规模杀伤性武器扩散作为其全球战略的最优先事项,美国全球战略的重点转到中东地区②。单边主义、先发制人成为"9·11"后美国对外战略的新举措。但"9·11"事件导致世界正在发生深层次的变化。科学技术发展的日新月异正不断削弱政治的力量,它赋予个人和非政府组织更多能力,使他们可以在世界政治中发挥作用,包括发动原来只有政府才有能力发动的大规模杀伤性进攻。战争的私有化程度正在加大,恐怖主义就是战争的一种私有化形式③。在应对像恐怖主义这样的安全挑战时,美国也力不从心。2014年9月美国发起打击中东"伊斯兰国"(ISIS)行动,奥巴马政府希望建立一个新反恐联盟,以区别伊拉克战争时期的反恐联盟,但几乎没有国家愿意像当年的英国等国那样不惜卷入乱局、冲锋在前。相反,在美国组建新反恐联盟之际,极端组织却在酝酿联手对抗美国及其盟友。"基地"也门分支和北非分支罕见地发表联合声明,呼吁ISIS的"兄弟们"停止互相残杀,建立"统一战线"④。可见,恐怖主义威胁已成为当代国际格局转变中制约大国力量的重要因素,即使是美国这样的超级大国也不得不陷入安全困境。

第二节　国际秩序转变与中国对外战略的演变

如何界定国际体系转型的基本特征,学术界存在不同观点。有学者提出,"国际体系是国际行为体(主要是主权国家)按一定制度规范和互动作用构建的一种政治、经济交织的关系组合形态。它具有相对稳定性,但又处在不断变革

① Robert Kagan,"The Return of History and the End of Dreams",*Policy Review*,July-August,2007.

② 夏立平:《当代国际体系与大国战略关系》,时事出版社2008年版,第301页。

③ Joseph S. Nye,Jr.,"Recovering American Leadership",*Survival*,(volume 50),February-March,2008,p.60.

④ 卜永光:《美国组建"新反恐联盟"面临的战略困境》,《北京青年报》2014年9月21日。

的动态发展中"①。进入 21 世纪以来,随着中国综合国力的不断增强,中国在国际舞台上扮演越来越重要的作用,中国的和发展战略成为当今世界各国的关注点,中国正在从国际体系的积极参与者向国际体系的建设者方向转变。党的十六大报告提出:中国要积极"参与多边外交活动,在联合国和其他国际及区域组织中发挥作用"②。表明中国在对原有的国际体系正面认知的基础上出现了积极的变化,中国弱化了被许多西方国家认为是挑战现有的国际体系的主张。

如何应对复杂变化的国际环境是对中国和平崛起的挑战。党的十七大政治报告提出,"推动国际秩序朝着更加公正合作的方向发展",呼吁"各国人民携手努力,推动建设持久和平、共同繁荣的和谐世界。"强调"中国将继续积极参与多边事务,承担相应国际义务,发挥建设性作用"③。在联合国成立 60 周年首脑会议上,胡锦涛再次提出:"世界各国共同为建设一个持久和平、共同繁荣的和谐世界而努力。"④"和谐世界"理念成为新世纪中国对外战略的指导思想,堪称中国外交"新思维"。推动建设和谐世界,是坚持走和平发展道路的必然要求,也是实现和平发展的重要条件⑤。改革开放 30 年来,中国政治、经济、文化取得长足的进步,成为举足轻重的"负责任大国"。经济实力是构建大国政治影响力和军事实力的基础,也是大国崛起的基础。2007 年中国国内生产总值从 1970 年的 1060 亿美元增长到 3.1 万亿美元,对外贸易额达 2 万亿美元,外汇储备超过 1.7 万亿美元⑥。

2005 年 12 月中国政府在《走和平发展道路》的白皮书中郑重重申,中国将坚定不移地走和平发展道路,"争取和平的国际环境发展自己,又以自身的发展促进世界和平"⑦。从历史逻辑看,这是全球化背景下中国传统"和合"

---

① 伍贻康:《国际体系的变革与欧盟的定位》,载伍贻康等编:《欧洲一体化的走向和中欧关系》,时事出版社 2008 年版,第 179—180 页。

② 《中国共产党十六大报告》,载《人民日报》2002 年 11 月 9 日。

③ 《中国共产党十七大报告》,载《人民日报》2007 年 11 月 16 日。

④ 胡锦涛:《努力建设持久和平,共同繁荣的和谐世界》,载《人民日报》2005 年 9 月 16 日。

⑤ 《人民日报》2006 年 8 月 24 日。

⑥ 温家宝:《政府工作报告》,载《人民日报》2008 年 3 月 20 日第 1 版。

⑦ 中国国务院新闻办公室:《中国的和平发展道路》,2005 年 12 月,载《2006 年国际形势年鉴》(上海国际问题研究所编),上海辞书出版社 2006 年版,第 545 页。

文化精神追求的复兴。和谐世界的核心内涵是"和平、发展、合作";其思维模式是寻求共同发展、共同繁荣、共同安全、共同利益的融合性思维,是合作而非对抗的"零和博弈";其内容包括经济繁荣,人口资源环境的可持续和谐发展;世界持久和平,民主宽容,宗教宽容、文化宽容;国际合作制度安排日趋完善。

在"和谐世界"思想的指导下,当今中国几乎同所有重要大国建立起战略合作关系。中国不断承担着作为崛起大国应当承担的责任。在联合国和其他国际组织中积极履行义务和责任,通过双边、多边机制处理和解决与他国的纠纷和冲突。除了积极主动地对外政治、外交、经贸往来,中国日益重视对外文化、教育交流、以国家为主体、以文化为主题的"中国年"活动,在国外掀起一场场"中国热"。孔子学院如雨后春笋般地在世界各地建立起来,传播中华文化已成为中国软战略的重要内涵之一。2008 年北京奥运会、2010 年上海世博会的成功举办,不仅使中国硬实力有目共睹,对展现中国建设成就、提高国际形象也有重大意义。

2012 年中共十八报告中提出,中国将继续高举和平、发展、合作、共赢的旗帜,坚定不移致力于维护世界和平、促进共同发展。强调中国"将始终不渝走和平发展道路,坚定奉行独立自主的和平外交政策。始终不渝奉行互利共赢的开放战略,通过深化合作促进世界经济强劲、可持续、平衡增长。坚持在和平共处五项原则基础上全面发展同各国的友好合作"①。党的十八大以来,习近平主席向各国介绍实现中华民族伟大复兴的中国梦重要思想,阐述中国梦的丰富内涵。强调,中国梦的实现需要和平稳定的国际和周边环境,中国将坚持通过和平发展方式实现中国梦。中国梦与世界各国人民的梦想息息相通。同时,实现了民族复兴的中国,也必将是维护世界和平发展的一支重要力量②。提出构建中美"新型大国关系",同时努力推动与各大国关系的发展,如推动中俄战略互信不断深化,推动中欧合作领域进一步拓宽,巩固和加强中国

---

① 胡锦涛:《坚定不移沿着中国特色社会主义道路前进为全面建成小康社会而奋斗——在中国共产党第十八次全国代表大会上的报告》,载《人民日报》2012 年 11 月 9 日。

② 王伟光:《学习习近平同志关于中华民族伟大复兴中国梦的重要论述》,载《人民日报》2013 年 8 月 20 日。

与金砖国家的合作和友谊,新型大国关系思想为中国的外交实践奠定了坚实的理论基础,取得了全方位外交的巨大成就。

第三节　中国与大国的战略关系

从和平发展到和谐世界,30 年来中国外交取得的成就举世瞩目成就证明了中国对外战略的正确性、时代性、前瞻性。在复杂多变国际环境下,构建中国与世界大国的合作互动关系,对维护世界和平,保证中国改革开放的顺利进行,谋求有利于国内现代化建设的发展发展目标,维护国家的根本利益起着十分重要的作用。中美、中日、中俄、中欧以及中国与东盟的关系的改善与发展既体现中国对外战略的成功实践,也是中国硬实力、软实力大大增强的成功展示。

一　中美战略关系

美国对中国周边安全环境的影响无论在地域分布上具有全方位性。2004年 3 月,在美国众议院有关美亚关系的听证会上,众议员利奇表示,"21 世纪美国最重要的双边关系将会是中美关系"①。但在视中国发展为机遇还是威胁问题上,美国国内没有达成共识。"9·11"事件前,美国在世界事务中坚持单边主义、新保守主义对外政策的强硬立场,将中国由克林顿时期美国的战略协作伙伴,变为战略竞争对手,导致中美双边关系一度出现紧张状态。"9·11"事件为中美关系改善带来契机,虽然美国政府内的鹰派势力继续以怀疑态度对待中国,但美国必须进行的反恐战争迫使其接受中国在亚洲外交领域处于优势地位的现实②。由于中美在反恐问题上有共同的战略利益,使中国处在美国反恐合作的内层。

布什政府期间,美国外交决策班子特别工作小组在呼吁美国继续保持在

① ［日］土屈本武功:《如何看待进展中的印美关系》,载［日］《世界》月刊 2004 年 12 月号,转引自《参考资料》2004 年 12 月 10 日,第 24 页。

② ［美］吉姆·洛贝:《单边主义威胁美国在亚洲的作用》,载(香港)《亚洲时报》2004 年 11 月 19 日,转引自《参考资料》2004 年 12 月 6 日,第 19 页。

亚洲的军事基地同时,重申与中国进行"更深入的战略对话"的重要性。该工作小组认为:"美国任何牵制中国的政策从最好的角度来讲是不成熟的,在最差的情况下则会带来适得其反的效果。"①一方面表明,美国对华政策还处于矛盾状况下;另一方面,则说明中国在世界事务中具有举足轻重的地位,美国决策者不可轻视中国的作用。美国前国务卿基辛格认为,中国的崛起将会对世界产生巨大的影响,世界事务的重心正从大西洋向太平洋转移。中国不会像苏联那样推行霸权政策,或在威胁它所有周边邻国的同时,挑战美国的霸权地位。他呼吁中美之间要不断地通过高层次对话,寻求共同利益目标,减少产生相互间对抗的危险性②。事实证明,中国不会主动挑战美国的全球战略利益,因为,美国谋求霸权,建立符合美国利益的稳定的世界格局,客观上与中国保持 20 年战略机遇期的发展没有直接冲突。

因此,在布什第二任期内,中美关系不断朝着积极的方向发展。在处理重大国际问题上,逐步调整其单边主义的政策,转向有选择的多边主义③。在解决伊拉克政权过渡,朝鲜半岛核危机等问题上美国同中国保持最大限度的合作,中美建设性的战略合作关系在一步步建立起来。但中美关系中的意识形态因素仍在起作用,布什总统在 2005 年国情咨文中重申美国要在全世界范围内推行其民主价值观念,宣称:民主与自由是美国国家利益的核心价值观。美国在对外政策中实行双重标准司空见惯。

长期以来美国在东亚一直要求日本继续发展导弹防御系统,2003 年 9 月美国国防部长拉姆斯菲尔德访问日本时,敦促日本参加美国的导弹防御体系。拉姆斯菲尔德以中国的导弹能够击中美国在冲绳基地为由,向日本施加压力④。日本本身也在积极发展导弹防御体系,2003 年的《日本国防白皮书》要

①　[美]吉姆·洛贝:《单边主义威胁美国在亚洲的作用》,载(香港)《亚洲时报》2004 年 11 月 19 日,转引自《参考资料》2004 年 12 月 6 日,第 28 页。

②　Henry A.Kissinger, "America's Assignment", *Special Report*, *Newsweek*, November 8, 2004, p.36.

③　布什在第二任总统就职演说中强调致力于改善与欧洲盟国的关系。布什将于 2005 年 2 月出访欧洲,布什新政府试图改善同欧洲盟国的关系做努力。

④　阿克塞尔·伯科夫斯基:《日本的导弹防御系统:只是一个时间选择的问题》,载香港《亚洲时报》2003 年 9 月 12 日,转引自《参考资料》2003 年 9 月 30 日,第 20 页。

求日本准备好解决"无法预测的威胁,如弹道导弹和恐怖主义袭击"。防卫厅
在白皮书的基础上更要求 2004—2005 财政年度拨款 2000 亿日元,用来购买
美国的 PAC—3 型"爱国者"导弹系统以及美国的"标准"3 型导弹①。日本一
贯强调对美关系是日本外交的基石,美日在解决朝核问题上保持协调一致的
立场就是一个很好的例证。

　　但伊拉克战争后,日本对美政策出现两难选择。如日本不仅要强调
与法、德等欧洲国家的关系,还要适应美国中东战略的需要。日本石油严
重依赖外国,尤其是中东国家。日本虽然强调美国在国际社会中的主导
作用不可或缺,但日本也不断表示要发挥联合国的作用。日本外务省事
务次官竹内行夫称:"日本首先要尊重美国的主导权,站在美国的一边,同
时要向美国进言,有时甚至是苦谏。"②这说明日本不是事事满意美国的所
作所为。

　　在东南亚,美国反恐战略主要的关注点是印度尼西亚和菲律宾。印度
尼西亚被美国称为"东南亚恐怖主义的温床"③,美国不仅寄希望于当时的
梅加瓦蒂政府,而且把希望寄托在温和派的伊斯兰派别身上,以冀缓和其反
美情绪。梅加瓦蒂总统 2001 年 11 月访问美国,是"9·11"事件后伊斯兰
世界第一位访问美国的领导人,印尼支持美国打击恐怖主义的立场受到美
国领导人的赞扬。2002 年 7 月底,鲍威尔访问印尼,用鲍威尔自己的话说,
美国和印尼将"走上一条越来越广泛的军事合作之路"④。巴厘岛万豪酒店
遭恐怖袭击后,反恐的共同目标使美国同印度尼西亚的军事协作关系日益
密切。

　　"9·11"恐怖主义袭击事件发生后,美国与菲律宾关系发展迅速,菲律宾
坚定的反恐立场深受布什政府赞赏。为了加强美菲反恐合作,美国派出数千

---

①　阿克塞尔·伯科夫斯基:《日本的导弹防御系统:只是一个时间选择的问题》,载香港
《亚洲时报》2003 年 9 月 12 日,转引自《参考资料》2003 年 9 月 30 日,第 19 页。

②　[日]竹内行夫:《2004 年的世界形势与日本》,载[日]《世界经济评论》,转引自《参考资
料》2004 年 4 月 22 日,第 3 页。

③　[日]岩崎日出雄:《布什总统出访东南亚四国》,载[日]《每日新闻》10 月 16 日,转引自
《参考资料》2003 年 10 月 17 日,第 23 页。

④　曹云华:《东盟与大国关系评析》,载《国际政治研究》2003 年第 2 期,第 125 页。

名美军,参加代号为"02—1"的美菲联合军事演习,协助菲政府围剿伊斯兰极端派阿布沙耶夫等恐怖主义武装。美菲签订《后勤互助协议》,2003年10月,布什政府将菲律宾与日本一道称为"非北约盟国"①,美菲在军事领域加强两国关系的目的非常明显。但菲律宾国内伊斯兰极端主义分子仍然具有较强的活动能力,美菲之间关系密切,有可能使菲律宾发生恐怖活动的危险进一步提高。

反恐为中美进行有限的合作提供了基础,但中美之间持续存在可能引起争议的潜在问题并没有受到太大影响②,尤其是台湾问题,美国继续加紧对台军售,把大量先进的武器装备卖给台湾,美国的一些军事代表正参与台湾的很多军事项目,其中包括室内研讨会和野战训练。美国和台湾的军方设立了联络热线,以防发生紧急情况。美国军方一直试图"与台湾建立实质性的军事同盟关系"③。伊拉克战争后,从美国在亚太地区的军事存在看,它客观上已经形成对中国的战略包围态势。尽管美国表面上不愿承认这一事实。加上美国一直担心的中国军事现代化,对中国进行战略上的遏制,服务于美国的全球战略。

"9·11"事件后,随着美国在中亚的驻军和美国与南亚关系的加强,美国对中国的潜在战略影响力大大增强。虽然中美在反恐领域相互合作,中美领导人多次在国际场合下会晤,双方同意建立和发展建设性合作关系,美国明确表示不支持台湾独立,但中美关系的发展还存在不少障碍。

第一,从亚太安全层面上讲,美国谋求建立由它领导下的世界秩序,一个单极世界,同中国建立多极世界、建立公正、合理的国际秩序相对立。美国的国防预算超过中国、俄罗斯、法国、德国和英国加在一起的总和,美国不断在研制新型战略武器,无论是地区导弹防御系统还是国家导弹防御系统都对亚太地区的和平构成严重威胁。

第二,台湾问题仍然制约中美关系的发展。尽管美国口头上承诺一个中

---

① 　[日]《每日新闻》10月16日,转引自《参考资料》2003年10月17日,第23页。

② 　[英]亚当·沃德:《中国和美国:将发生摩擦?》,载[英]《生存》季刊2003年第1期,转引自《参考资料》2003年9月26日,第2页。

③ 　叶自成:《中国迈向世界大国之路》,载《国际政治研究》2003年第3期,第82页。

国原则,但在美国政界和社会普遍存在亲台言行,甚至声称要"保卫台湾"①。美国也没有停止向台湾出售数量更多、质量更高的武器。布什政府在台湾问题上向中国作出的保证,明显受国际国内环境影响。在全球反恐、朝鲜核危机以及总统大选等问题上迫切需要中国合作时,美国就会在台湾问题上稍作收敛。② 反之,如果美国在朝核问题、全球反恐中取得重大进展,国际形势发生变化,美国在台湾问题上的立场就可能变得强硬。

第三,中国在台湾问题的处理上表现得更加成熟、老练和自信。针对美国利用台湾对中国大陆进行战略遏制的企图,中国人民始终保持清醒头脑。在过去两年里,中国不断以耐心和克制取代了敌对态度和高压战术。③ 中国政府一直鼓励两岸发展经贸关系,早日实现"三通",一旦海峡两岸实现经济一体化,祖国统一的进程是任何力量也阻拦不了的。这是对美国在台海两岸搞战略平衡的重要制约措施。

第四,中美之间存在战略合作基础。中美于 2002 年 12 月恢复军事高层的对话,其内容扩大到亚太乃至全球战略领域。中美在实现朝鲜半岛无核化问题上利益一致。因为,在解决朝核问题上中美保持合作,这不仅基于国家的战略利益,也有利于加强中国对解决国际重大事务问题的应变能力。

作为中国外交新思维的一个重要组成部分,中国不对美国试图建立单极世界进行挑战,相反,接受美国在今后几十年内仍然保持优势地位的现实,对中国实施"和平与发展"战略、实现中国预定经济目标是有利的。这样,中美之间战略利益上冲突的风险成本将会大大减低,中美关系也会保持稳定发展的趋势。美国国防部顾问、亚太安全战略专家班宁·加勒特认为:"对包括中国在内的任何大国而言,实施一种试图取代美国成为世界领头羊的战略不符合自身的利益。相反,中美则可以成为伙伴与盟友,共同应对全球恐怖主义和

---

① 刘金质:《把握机遇、加速发展:中国发展面临的国际环境——学习十六大报告的思考》,载《国际政治研究》2003 年第 1 期,第 49 页。

② 2013 年 10 月下旬,在美国总统大选即将开始时,为了防止台海局势生变,布什派鲍威尔访华,重申美国一个中国政策。鲍威尔声称,"只有一个中国,台湾不是独立的,它没有作为一个国家所拥有的主权。美国的一个中国政策将不会改变,并牢固建立在'三个公报'基础上"。

③ [美]《外交》杂志 11、12 月号,转引自《参考资料》2003 年 11 月 14 日,第 4 页。

全球化程度低的衰弱国家对世界安全与繁荣构成的威胁。"①

在布什政府期间担任美国国家安全顾问康多莉扎·赖斯在一篇题为《我们的亚洲战略》的文章中指出："许多人认为，美国不能在加深同日本关系的同时与中国达成建设性的合作关系，鱼和熊掌不能兼得——更不用说让中国在朝鲜核危机问题上发挥重要作用了。但是布什总统却恰恰做到了这一点。"她认为，中美之间在"朝鲜、反恐和防止核扩散问题上建立的合作方式对我们非常有利"②。即使是美国的一些新保守派人士也不得不承认，中美两国建立起积极的合作性双边关系，妥善处理它们的困难和控制好台湾问题，将会促进该地区的稳定、安全和发展。

奥巴马当选美国总统后，中美关系的发展趋势总体上维持着合作与竞争并行的特点，尤其在其第一个任期内。一方面，美国对外战略上与中国的利益冲突不断加强，美国也没有完全停止向台湾出售武器。但美国在国际反恐、地区安全问题上寻求与中国的合作战略意图没有改变。在台湾问题上，"美国对两岸改善关系持肯定态度，同时希望中国大陆在舒缓对台军事压力、允许台湾扩大'国际空间'方面有所松动，但仍坚持加强美台军事合作"③。美国的对台政策对中国来说，也许是坏事变好事，至少，客观上促使中国加快经济发展步伐。中国只有紧紧抓住经济发展机遇期，增强国家综合实力，未来中美在台湾问题上的较量必将发生质的变化。

奥巴马政府期间，中美之间的战略信任问题依然涉及两个层面：一是对历史与文化的不同看法；二是源于政治制度和价值观分歧的深层问题④。因此，如何应对基于政治价值观念和制度的战略不信任是中美关系的根本性问题。就美国而言，美国历史中鲜有经历涉及一个具有如此规模、如此自信、取得如此大的

①　[美]班宁·加勒特：《注定成为伙伴》，载《南华早报》2月20日，转引自《参考资料》2004年3月4日，第14页。

②　新华社联合国10月24日英文电；《华尔街日报》2003年10月24日，转引自《参考资料》2003年11月14日，第11页。

③　王缉思：《奥巴马时代的美国外交与对华政策展望》，载王缉思主编：《中国国际战略评论》2009年第2期，世界知识出版社2009年版，第135页。

④　[美]凯莉·柯里：《为什么美中战略不信任事关重大》，美国有线电视新闻国际公司网站，2013年1月30日，转引自《参考资料》2013年2月22日，第3页。

经济成就、具有如此非凡的国际视角但是却有着如此不同的文化和政治制度的国家(中国)。就中国而言,中国历史上也很少有与这样一个同为世界大国、在亚洲永久性存在、世界观与中国观念背道而驰、与中国周边多个邻国结盟的国家(美国)打交道的经验①。在当代国际秩序转变环境下,中美应共同寻求界定其竞争合作的范围,而不应视双边关系为零和博弈,两国应致力于真正的合作,找到沟通的途径,建立制度性协商渠道,实现合作共赢的目标。

中美关系的进退影响亚太地区的和平与稳定。在今天的国际环境下,中国应推行更为务实的对美政策。凡是关系国家主权、民族尊严必须旗帜鲜明,不能过于迁就。但要注意反应适度,不主动把矛盾扩大,不要引起公开和正面冲突。保持中美关系的长期稳定,符合中国的发展需要。中国必须抓住当前的战略机遇,加快经济发展步伐,不断提高中国的综合实力,争取在国际舞台上发挥更大的作用。

二 中日关系

中日关系基本状况为"合作、竞争、矛盾"。虽然中日经济关系发展迅速,但两国一直僵持的政治关系不时在影响两国经贸关系的稳定发展。政治安全领域,日本试图以日美同盟为基轴,与中国争夺东亚主导权。日本始终不满足其经济大国地位,极力想成为世界政治大国,在对华关系上力求保持政治经济上的主动权。

2004 年以来中日贸易总额已超过日美贸易总额,2008 年中日双边贸易总额达 2667.9 亿美元,比 2007 年增长 13%,占同期中国外贸总值的 10.4%,2008 年中国继续保持日本第一大贸易伙伴,日本继续保持中国第三大贸易伙伴和最大进口来源地地位。中国对日出口 1161.4 亿美元,增长 13.8%,增速提高 2.4 个百分点;自日进口 1506.5 亿美元,增长 12.5%,增速回落 3.3 个百分点;累计对日贸易逆差 345.1 亿美元,增长 8.3%②。2011 年中国与日本的双边贸易额为 3461.1 亿美元,增长 14.2%。其中,日本对中国出口 1620.4 亿

① Henry A.Kissinger,"The Future of U.S.-Chinese Relations:Conflict Is a Choice,Not a Necessity",*Foreign Affairs*,March/April,2012.

② 《2008 年中日双边贸易总额同比增长 13%》,2009 年 2 月 5 日,中国海关总署网站 http://www.customs.gov.cn/publish/portal0/。

美元,增长 8.3%;自中国进口 1840.6 亿美元,增长 20%。日本与中国的贸易逆差 220.2 亿美元,增长 488%①。中国为日本第一大贸易伙伴、第一大出口目的地和最大的进口来源地。

中日两国政治关系的紧张无疑影响两国经贸关系的良性发展。事实上,不论这种现实日本政府是否愿意接受,中日产生"政冷经热"的原因很大程度上同日本领导人对历史问题缺乏正确认识有关,尤其表现在日本政要坚持参拜靖国神社问题上,它严重地挫伤中国人民、亚洲各国人民的民族情感。另外,近年来日本屡屡突破其宪法约束,借阿富汗战争、伊拉克战争等重大国际场合向海外派兵,不仅威胁亚太地区的和平与稳定,也是对世界和平的挑战。中日关系要真正得到改善,首先要以解决靖国神社问题为杠杆,先解决两国关系中的历史遗留问题。胡锦涛主席在会见日本众议院议长河野洋平时指出:"必须尽快解决靖国神社问题。时间拖得越长,对受害者的伤害就会越大。"②2005 年是反法西斯战争胜利结束 60 周年,中国政府多次强调要把纪念这一重要活动作为促进中日关系健康发展的一个重要途径,使中国周边的安全环境得到真正改善。

由于两国政治上的对立,造成两国经济关系受到影响,2004 年中国高速公路建设投标问题就是一个很好的说明。时任中国外交部副部长武大伟公开表示,同法国和加拿大相比,日本川崎重工的方案更为合适,不过,考虑到中国人民的感情,日方方案可能受到影响③。日本担心中国经济的快速发展,使其在亚洲市场、乃至世界市场失去优势地位。尤其是担心中国国际政治地位的

---

① 商务部:《国别贸易报告》日本 2012 年第 1 期。另据《中国财经网》报道,2012 年中日双边贸易总值为 3294.5 亿美元,下降 3.9%,占中国外贸总值的 8.5%,而内地与香港贸易额已超 3414 亿美元。由此,香港取代日本,成为中国内地的第四大贸易伙伴。海关总署新闻发言人郑跃声认为,中日贸易下降,"与'购岛闹剧'不能说没有关系"。在解释中日贸易下降时,郑跃声表示,其中有日本国内经济不振、自身经济存在问题的影响。同时,钓鱼岛的领土纷争在某种程度上也给中日双边贸易健康发展,带来一定的负面影响。"尤其是 2013 年 9 月,日本购岛闹剧发生以后,国内企业的经营风险明显上升,企业直接面对着合同违约、货物退运等方面的情况。"郑跃说,2012 年,日本已经下降为中国的第五大贸易伙伴,其中中国对日本出口仅增长 2.3%,自日本的进口下降 8.6%。"这与'购岛闹剧'不能说没有关系"。http://economy.caixin.com/2013-01-10/100481334.html.

② [日]《选择》月刊,2004 年 11 月号,转引自《参考资料》2004 年 11 月 22 日,第 19 页。

③ 同上。

上升,有碍日本成为政治大国的企图。

中日关系随着国内和国际环境的变化而发生巨大变化,出现了许多的新的情况需要用新的思维和政策来处理。中日在正确对待历史、沿海岛屿归属、海洋资源开发以及台湾问题上矛盾日益加深,使两国关系不断面临严峻的考验。尤其是中国迅速发展招来了日本的不信任①。伊拉克战争期间,日本政府不顾国内人民反对,积极支持美国实行单边主义政策。战争结束后,日本又寻机突破国家宪法的束缚,悍然决定向伊拉克派兵。日本急于向政治与军事大国迈进,不得不引起中国以及亚洲各国人民的关注。虽然中日之间经贸合作仍在发展,但是持续对抗的中日紧张关系将对两国经贸关系产生巨大影响。

在东海石油资源权益归属问题上,中日之间的矛盾将难以避免,日本将资源问题提升至国家战略利益高度,并且写进时任首相的小泉政府施政纲要中,抵制中国提出的"搁置争议、共同开发"原则,引起中国国内各方的强烈反应。由于当时日本正积极谋求成为联合国安理会常任理事国,这个问题上中国的态度至关重要,所以,小泉政府不敢明目张胆地否定20世纪70年代中日两国领导人达成的"搁置争议、共同开发"的共识。②

安倍第二任首相任期内(2012年至今),代表日本保守派势力重新兴起,中日政治关系改善的障碍更加凸显。中日危机的起因是日本政府实施钓鱼岛"国有化",中国强烈反对日本在领土争端问题上破坏"搁置争议"的共识。钓鱼岛自古以来就是中国的领土,日本方面以1895年中日甲午战争期间将该岛编入其领土为依据,本身就是十分荒谬的,其行为是违法的。日本政界很多人也意识到钓鱼岛对中国国民情感的伤害,认为,"搁置争议"是稳定中日关系的唯一现实选择,公明党党首山口那津男在接受香港凤凰卫视记者采访时指

---

① 《华盛顿邮报》2002年9月27日报道:日本《读卖新闻》2002年8月的民意测验表明55%的受调查者不信任中国。1988年则是76%的日本人对中国有信心。

② 1978年10月25日,邓小平访问日本,在同日本首相福田赳夫会谈中,强调双方在钓鱼岛问题上要以大局为重,谈中日和平友好条约时,钓鱼岛争端问题,双方约定不涉及,提出,这样的问题放一下不要紧,我们这一代人智慧不够,我们下一代总比我们聪明,总会找到一个大家都能接受的好办法来解决这个问题。1979年5月31日,邓小平在会见来华访问的自民党众议员铃木善幸时表示,可考虑在不涉及领土主权情况下,共同开发钓鱼岛附近资源。同年6月,中方以外交渠道正式向日方提出"搁置争议、共同开发"解决领土和海洋权益争端的立场。见中华人民共和国外交部网站,2000年11月7日,http://www.fmprc.gov.cn/mfa_chn/ziliao_611306/wjs_611318/t8958.shtml.

出："交给有智慧的下一代是明智的选择。"①2012 年 9 月 11 日中国外交部发表声明，呼吁日本回到双方共识和默契上来，回到谈判解决纠纷的轨道上来，这是解决中日钓鱼岛争端的唯一正确途径。

三 中、美、日三角关系

地理位置作为地缘政治"实力"在战略层面非常重要。中美日三国由于地缘政治实力和软实力存在差异，表现为不同的对外战略取向。2005 年 2 月，美日新版"日美安保宣言"首次公开和明确地将台湾问题和中国军事力量发展问题纳入美日共同战略目标范畴。这不仅严重影响中日关系的改善，也使中美关系出现严重危机。由于美国长期以来利用日本制衡中国，所以，美国从未在日本的战争罪行问题上进行表态，甚至连 731 部队的那些资料，也都被美国拿去自用②。伊拉克战争使日本成为美国的名副其实的盟友，不仅如此，日本还为美国帮腔，反对欧盟解除对华武器禁运。日本为何如此对华态度强硬？原因很清楚，在日本看来，中国的崛起将对其战略利益构成严重挑战。西方学者把中日关系每况愈下的根本原因说成是两国为获得东亚地区的主动权进行的战略竞争而非"历史问题"③，至少从一个侧面说明日本对中国迅速崛起的战略防范。日本已经告别长期的"一国和平主义"外交，加强和扩大日美安全保障的作用。

理论上讲国际安全内涵包括三个方面，即：人的生存安全；维护国家领土主权完整；政治上的独立④。从这个意义上讲，国际安全对日本对外战略充满挑战，因为日本政治上缺乏独立性，为美国马首是瞻。日本在军事上与美国紧密结盟，美国基于双边的安保条约来保证日本的安全，并且在冲绳保持强大的

---

① 石田护：《探寻日中关系修复的方向》，载［日］《金融财政商贸》（周双刊）2013 年 1 月 31 日，转引自《参考资料》2013 年 2 月 19 日，第 2—5 页。

② 台湾《新新闻》2005 年 6 月 2 日，转引自《参考资料》2005 年 6 月 10 日，第 18 页。

③ 裴敏欣：《中国必须"宽容"待日》，载香港《苹果日报》2004 年 11 月 25 日，转引自《参考资料》2004 年 12 月 1 日，第 12 页。

④ John Spanier & Robert L. Wendzel, *Games National Play*, Washington D.C.: A Division of Congressional Quarterly Inc., 1996, p.77。这里"政治上的独立"指文化价值观念、社会关系模式、生活方式以及其他构成民族生活方式等要素的独立。

军事基地。此外,日本政府已正式决定购置导弹防御系统,以保护日本免遭大
规模杀伤性武器扩散的威胁。日本为了自身安全采取的措施无疑对中国的战
略利益产生巨大负面影响。由于安全内涵的第三个要素包含社会关系模式和
文化价值观念,所以中国政府在处理对日关系问题上,还必须面对国内民族主
义兴起的政治压力,普通中国人对日本掩盖侵略战争历史、对日本国内右翼势
力的猖狂、政治精英们的不守信用,以及诸如教科书、参拜靖国神社等一系列
事件极为不满,日本国内政治现实是阻挠中日关系改善的巨大绊脚石。

　　东亚大国关系战略次序影响和制约着中日关系的发展。日本始终把对美
关系作为其对外关系的基石,在日本的政治精英们看来,不论日中关系坏到什
么程度,也不会造成双方的致命伤。反之,如果日美关系陷入危机,"那日本
将在东亚被孤立,20世纪40年代的噩梦就可能重演"①。

　　由于担心中国崛起主导东亚国际事务,日本产生战后以来首次的不安全感。
对此,中国应采取主动接触的政策,化解其对一个正在崛起的中国的战略猜疑。否
则,日本对中国将感到愈来愈担心。在日本经济停滞不前的10年中,中国将他们
的战略重心放在美国身上,试图通过改善中美关系,来避免和美国的战略冲突,并
在美日关系间打入一个楔子。这一战略在稳定中美关系上有明显成效,但并未分
化美日战略同盟关系。而且,中国这一战略使日本感到更不安全。日本的唯一安
全盟友是美国,在这种情况下,中国愈是把战略重心移向美国,日本就愈向美靠拢,
因为日本不愿意在外交上被边缘化,使美国成为中美日三角关系的最大赢家。其
实,对美国来说,在中国和日本之间,美国的天然战略肯定是东京,而不是北京②。

　　中国崛起所扮演的角色,常被西方有些人拿来和20世纪初的德意志帝国
相比较,暗示一场战略冲突在所难免,提醒美国对此早做准备。这一假设不仅
十分荒谬,而且还是建立在对中国毫无认知的基础上的。在19世纪的欧洲体
制下,各国为了保住霸权,维护自身利益,都认为通过一场战争才能使其战略

　　①　[日]阿川尚之:《日中关系取决于日美关系》,载[日]《产经新闻》6月号,转引自《参考
资料》2005年6月16日,第11页。
　　②　裴敏欣:《中国必须"宽容"待日》,载香港《苹果日报》2004年11月25日,转引自《参考
资料》2004年12月1日,第13页。

地位得以提升。"但在当今的全球化时代,只有鲁莽之辈才会这么想。"①大国间的战争就是一场灾难,只会导致两败俱伤,没有赢家。以往,美国对中国的认识缺乏现实感,常常低估中国,认为中国内部问题成堆,尽管经济有所发展,对外在世界构不成威胁。今天,美国国内少数人又以西方国际关系学的一些概念看待中国,"认为中国会像从前的德国和日本一样,经济的发展把中国带向一个扩张主义的强国"②。这种认知同新保守主义者鼓吹的"中国威胁论"有异曲同工之处。而佐立克提出的中国要成为美国在世界事务中的"利益相关者",隐含着美国对中国的一种新认知。

美国外交学会会长理查德·哈斯(Richard Hass)认为,美国不应该阻拦中国的崛起,如果美国想要找到自己所需要的伙伴,应付全球化带来的核武器扩散、恐怖主义、传染性疾病、毒品、全球气候变化等诸多挑战,那么它就需要其他国家变得强大起来③。虽然中美两个大国的国家利益不可能完全重合,但建立中美互信机制是避免冲突、保持接触的重要途径。从长远利益看,建立互信机制,设置不同问题的处理渠道,有助于两国找到更多的责任共识,为建立中美真正的战略合作关系奠定基础。

21世纪中美战略合作的前景存在不确定变数。美国共和民主两党对中国的外交政策长期来看是一致的,都强调美中合作的重要性,都作出过"一个中国"的承诺,布什担任美国总统时在不同场合曾形容目前的美中关系是建交以来最好的时期。但体现在对华战略层面上,美国正试图从政治上、军事上、经济上遏制中国的发展④。美国向欧盟施加巨大压力,反对取消对华武器禁运。美国加紧把日本、台湾整合到美国的武器防御系统,向中国周边国家和

---

① Henry Kissinger,"China:Containment Won't Work",*Washington Post*,June 13,2005.

② 郑永年:《中美"接触"的重要一步》,载香港《信报》2005年10月25日。

③ Richard Haass,"What to do about China",*U.S.News and World Report*, June 20,2005.

④ 2005年4月6日,由来自纽约州民主党参议员查尔斯·舒默(Charles Schumer)和来自南卡来罗那的共和党议员琳赛·格雷厄姆(Lindsey Graham)推动的一项提案在美国参议院获得通过,要求人民币在6个月内升值,否则将对中国进口商品增收27.5%的惩罚性关税。2005年5月16日,美国参议院以67票对33票通过提议。根据WTO有关规定,中美纺织品贸易谈判于2005年8月16—17日在旧金山举行,参见"United States,China to Negotiate Broad Textile Agreement",*Washington File*,August 12,2005,p.9。

地区出售先进武器,支持海内外反对中国的势力,强调"民主"同盟的价值,用
"民主同盟方式来围堵中国"进一步强化与日、澳、菲等国的同盟关系,将日本
和澳大利亚作为实施亚太安全战略的两个重心,加强了利用盟国力量对中国
进行遏制的战略态势。美国还大力发展同新加坡、印尼、马来西亚、印度的军
事合作关系,包括提供军事援助和武器装备,开展联合军事演习,获取军事设
施使用权等①。中国在应对美国的这种意在遏制中国崛起的全球战略时,一
方面要避免与美国陷入一场类似于冷战时期的美苏对抗局面;另一方面在避
免处于战略上被孤立,同时继续营造一个和平崛起的国际环境,以理性和现实
主义的对策来回应中国的国际环境。消除周边国家对中国崛起的疑虑。确立
和平崛起战略意图和决心,争取国际社会的更大空间,以打破美国对中国的政
治、军事围堵,实现中美全面战略合作,共同面对未来世界的挑战。

冷战时期,美国学者迈克尔·厄-奎恩(Michael Ng-Quinn)论述两极格局
对中国对外环境的影响时声称,中国不是一个超级大国,在中国和超级大国之
间不存在三角关系。冷战结束后,一些美国学者,如罗德明(Lowell Dittmer)、
班宁·加雷特(Banning Garrett)、葛莱仪(Bonnie Glaser)、乔纳森·波拉克
(Jonathan Pollack)、陆伯彬(Robert S. Ross)和弗朗兹·舒曼(Franz
Schurmann)等认为,中国的潜在超级大国地位和其当前的地区权威、幅员以及
军事力量赋予它在世界二等大国中以独特地位②。哈佛大学教授饶济凡在他
的书中也论述了中国自20世纪60年代以来对日战略关系的演变。他指出:
日本无论是摆脱其对美国的依附单独成为地区问题的主导者,还是继续强化

---

① 莫翔:《谈谈中国中国周边安全的美国因素》,载《南州学刊》2005年第7期。

② Michael Ng-Quinn, "The Analytic Study of Chinese Foreign Policy", *International Studies Quarterly*, Vol.27, No.2, June, 1983; Lowell Dittmer, "The Strategic Triangle: An Elementary Game-Theoretical Analysis", *World Politics*, Vol.33, No.4 July 1981; Banning Garrett and Bonnie Glaser, *War and Peace: The Views for Moscow and Beijing*, Berkeley, CA: Institute of International Studies University of California, 1984; Jonathan Pollack, *The Lessons of Coalition Politics: Sino-American Security Relations*, R-3133-AF, Santa Monica, CA: The Rand Corporation, 1984; Robert S. Ross, "International Bargaining and Domestic Politics: Conflict in U.S.-China Relations since 1972", *World Politics*, Vol.38, No.2, Jan.1986; Robert S.Ross, "China Learns to Compromise: Change in U.S.-China Relations, 1982-1984", *China Quarterly*, No.128, Dec.1991; Franz Shurmann, *The Logic of World Power*, New York: Pantheon Books, 1974.

与美国的同盟关系达到遏制崛起大国的目的都是对中国的威胁,这是中国面临的双重担忧。但中国经济的成功同日本长期保持密切的经济关系分不开①。冷战结束后,美国学者对中国的认识发生改变;一方面,他们赞同中日关系结构性矛盾同中国的历史文化分不开的观点,另一方面也说明,中国的崛起以及实力的增长对中日关系的改善产生制约作用。

导致中日战略关系产生阴影的是中日历史问题,而历史问题对中国民众来说非常重要。由于日本不愿看到中国成为亚太地区政治格局的主导者,所以,日本密切日美联盟关系以及其他安全机制,以阻止中国战略目标的实现。饶济凡认为,在中国,很多人把日本试图成为联合国安理会常任理事国看作是日本想主导亚太地区政治格局的野心②。

中国战略家们不断地提出改善中日关系对中国战略有利因素的观点,但中国对日主张强硬的人迎合公众民族主义的心理,不愿改变对日强硬的政策。饶济凡认为,中国领导人从20世纪90年代初期开始,找到了改善双边关系的途径,中国既要让日本相信中国存在真正担忧的基础,也要向其表示中国尊重日本的现实和价值。中日之间不断进行高层互访,反映了中国政府的立场已被双方接受,但中日之间真正地互信却难以建立③。

美国卡内基国际和平基金会高级研究员史文(Michael Swaine)、加州克莱蒙特·麦肯纳学院政府学教授裴敏欣研究中美日三边关系,他们在研究报告和文章中提出的观点不断引起美国学界和政府部门关注。在史文、裴敏欣看来,中日在东亚新的敌视状态对美国的利益造成巨大威胁。亚洲最强大和最有影响力的两个国家陷入情绪化的、不断恶化的关系不符合华盛顿的利益,这会打断地区经济增长和稳定,甚至增加该地区爆发新冷战的风险。史文、裴敏

---

① Gilbert Rozman, *Chinese Strategic Thought toward Asia*, New York: Palgrave Macmillan, 2010, p. 156. Rozaman's other books including: *Japanese Strategic Thought toward Asia*, ed. Palgrave Macmillan, 2007; *South Korea Strategic Thought toward Asia*, ed. Palgrave Macmillan, 2008; *Strategic Thinking about the Korean Nuclear Crisis Four Parties Caught between North Korea and the United States*, Palgrave Macmillan, 2007.

② Gilbert Rozman, *Chinese Strategic Thought toward Asia*, New York: Palgrave Macmillan, 2010, p.171.

③ Ibid.

欣认为,中日敌视状态的深化会严重限制美国的灵活性,最终把美国拖入与中国的对抗甚至冲突,尤其是在东京与华盛顿的同盟关系越走越近的情况下。从更广的角度看,加剧的敌视状态会在亚洲打入一个分裂的楔子,一方是美国和日本,另一方是中国和其他许多亚洲国家①。

从某种意义上讲,一方面是美国鼓励日本担负更为激进的地区和全球安全责任;另一方面则是日本对中国不断上升的地区存在和军事能力应对不当,从而导致了中日争端的不断恶化。美国鼓励日本成为其在亚洲羽翼丰满的安全伙伴如何影响了中国(和其他国家)的安全关注,引起美国学者的思考。美国军方不时发出关于中国军力增长的言论,影响日本政府的对华决策。史文、裴敏欣认为,如果美国不尽力缓和中日争端,许多亚洲人将推断华盛顿暗自窃喜中日关系的紧张,以把东京纳入美国遏止中国的战略。美国采取的这种姿态会被广泛视为危险和别有蓄谋的②。美国应明确反对中日关系的恶化并向东京和北京施加巨大影响力,促使两国建立冷却期,改变日、韩、中三国在各自历史论述中的形象,建立地区能源联盟和创立东北亚安全对话机制。但是,在干预之前,华盛顿应当首先与两国、尤其是日本进行私下磋商。美国绝不能在如此敏感的问题上冷落亲密的盟友。这些步骤具有困难但并非不可为,它们不会给中日关系带来蜜月期,前方仍有很长的路要走,两个东亚巨人走到长期对抗边缘的紧张关系才能有所缓和③。

中国的崛起和日本的衰落这一态势,成了决定中日关系的根本动力。在日本衰落时,许多人认为中国今后在东亚的外交和安全战略的重心应是美国,这种态势20世纪90年代已经凸显。但是在日本,中国的崛起则大大加深日本政治精英的不安全感。这些精英普遍感到,如果"中盛日衰"的趋势继续下去,日本肯定会将东亚的主导权输给中国。这是日本极力追随美国,对华态度僵硬的重要原因。

针对中日战略困境,饶济凡认为,中国面对的是一个极不信任的宿敌;一

---

① [美]史文、裴敏欣:《亚洲酝酿中的火势:防止中日战略冲突》,卡内基国际和平基金会《政策简讯》第44期,2005年11月。

② 同上。

③ 同上。

个与美国紧紧地捆绑在一起、争夺地区主导地位的挑战者。中国被迫作出的反应具有正反两面性，即：既要鼓动日本、向日本学习、通过借助日本以亚洲主义来取代美国的联盟战略；同时又限制日本、不断地对日施加压力，赢得时间超过日本①。饶济凡声称，中国对日本的持久战略思想与其对美国的持久战略是相同的。

在一般西方学者看来，21世纪中国的挑战已转变为强者（中国）对弱者（日本）的支配。2005年中国爆发的反日示威活动和明确的警告试图迫使小泉停止参拜靖国神社；而2006年至2008年间中日一系列高层峰会表明中国作为一个仁慈的大国给予日本的宽容，但宽容并没有转变为互信。饶济凡指出，中国这种对日战略和20世纪80年代胡耀邦—中曾根合作（Hu Yaobang-Nakasone collaboration）、20世纪90年代日本天皇访华一样，失去了构建中日地区平等伙伴关系的机会，导致21世纪由于缺乏互信使中日战略关系处于不稳定状态之中②。正如美国《国家》（The Nation）杂志资深防务记者迈克尔·克莱尔（Michael T.Klare）所说，"美国致力于调整并努力采取系统的计划来遏制中国在亚洲的崛起和影响力，他们提出三个大目标：调整与日本、澳大利亚、韩国的现有关系，使其加入综合反华联盟体系；吸收其他国家，特别是印度加入这个体系，扩大美国在亚太地区的军事力量"③。

中国作为一个新兴崛起的地区大国，如何应对日本由于中日实力相对改变而产生的不安全感，通过各种方式促进中日的战略互信，是对21世纪中国处理中美日三角关系的一个重要战略考量。虽然历史问题是彻底改善中日关系的一个不可逾越的障碍，但过分强调这一问题，"错误估计中美日关系三角关系的内在逻辑"，④有可能产生某些负面效果，使日本死心塌地地追随美国。在中美之间，绝大多数亚洲国家都避免只选择一方。一般而言，这些国家更愿意与美国共同参与一种多边体制，而不愿意选择一种排外的亚洲民族主义。

---

① Gilbert Rozman, *Chinese Strategic Thought toward Asia*, p.175.

② Ibid., p.176.

③ Michael T.Klare, "Containing China: The U.S.'s Real Objective", *Asia Times*, 20 April, 2006.

④ 裴敏欣：《中国必须"宽容"待日》，载香港《苹果日报》2004年11月25日，转引自《参考资料》2004年12月1日，第13页。

中美日关系改善,对发展与亚洲关系产生连带效应。当然,大多数国家不希望被人看作是美国计划的一部分。例如,印度发现,它可以一方面与美国在反对伊朗的激进分子、防扩散以及东南亚国家联盟的完整性上找到共同利益;另一方面也不把这些普通的目标视为必然的意识形态或反华工具。对许多国家来说,在与美国迅速改善关系的同时,与中国发展战略伙伴关系,两者之间不存在矛盾。如果中国在处理中日关系上将原则性和灵活性有机地结合(中日1972建交体制反映了这一结合),将使中日关系反过来影响中美关系的发展。

在谈到导致亚太地区发生冲突的主要因素时,美国美利坚大学教授赵全胜认为,关键是如何处理好中美关系和中日关系。作为一个崛起的大国,中国的安全现状完全不同于美国和日本,因为后者拥有"健全的双边安全安排"(well-developed bilateral security arrangements)。中国不断地为寻求建立多边安全结构而努力,这是一种全新的安全环境取向。从中国立场看,朝核问题的六方会谈将能发展成为一个应对东北亚安全问题的机制,就像东盟区域论坛(ASEAN Regional Forum)和上海合作组织(The Shanghai Cooperation Organization)那样应对地区安全问题①。

关于中美日三角关系对中国周边安全的影响,美国著名中国问题专家傅立民认为,日本还没有表现出对战争罪行真诚地忏悔,对其邻国,包括中国,这都是一个让人容易激动的情感问题。关于日本发展军事实力的野心,傅立民认为,美国从1945年开始还没有在国防工业方面遇到真正的竞争对手,现在应该重新评估这一问题,日本在军事装备的生产力不容小觑②。

如何看待持续的"政治冷、经济热的"中日关系。傅立民认为,中国在对日政策上有很多可以改善的地方,基于中国自己强调的"无为无不为"的外交原则,在东海油气田开发争议的问题上,是可以同日本破开僵局"达成一个一整套协定(crack a package deal)。"美国并不愿意看到中日之间敌对(rivalry)。看一

① Quansheng Zhao, "China's Japan Policy: Beijing's View of the U.S. Alliance", *Challenges to Chinese Foreign Policy: Diplomacy, Globalization, and the Next World Power*, eds.; Yufan Hao, C.X. George Wei, and Lowell Dittmer, Lexington, Kentucky: The University Press of Kentucky, 2009, pp.148-149.

② [美]傅立民:《谈日本及日美同盟关系问题》,记者陈雅莉采访美国前助理国防部部长、中国问题专家,载《华盛顿观察》周刊,2006年1月4日。

看中国在同越南、俄罗斯等国边界争议问题上所做的让步和信心，这表明中国在边界问题上作出妥协抱有非常开放的态度。但是在对日关系上，中国一反常态，总是强调分歧，而没有发扬它在同其他国家发展关系中所提倡的"求同存异"①。

"攻克历史问题"是促进中日关系改善的重要因素，因为很多问题与历史有关。傅立民称，日本历史教科书有很多不实之处，中国历史教科书在中国是否靠自己的力量独立打败日本的问题上，也与史不符。美国的历史教科书则在讲述日本偷袭珍珠港时没有客观地解释这一行动是由于当时美国对日进行石油禁运而引发的，所以日本袭击珍珠港并非"空中惊雷"。"这正说明美国在亚洲的作用极为关键，中国并不想看到美国撤走。对于将石油供给线的看守保卫工作留给美国海军，中国已经不是完全满意。如果这一工作留给日本海军，那么中国会更感到如坐针毡。"傅立民认为，"美国是前沿部署（forward deployed），中国并不想代替美国在东亚的位置，至少没有证据表明中国这样想"②。

美国战略与国际问题研究中心（Center for Strategic and International Studies）总裁何幕礼（John Hamre）在内部评估中日关系时写道：中日两国在亚洲的势力与美国势均力敌，美国不得不面对是否、何时和如何在两雄之间进行协调的难题。"目前美国首先面对的一个至关重要的问题是，美国应该选择一边倒吗？那么，应该选择哪一边？过去冷战 50 年，美国选的是日本，但中国的态度正在向积极的方向迈进。"何幕礼在战略与国际问题研究中心的一次会议中说，"以后 20 年中，除非美日中一起联手解决这一问题（还不成功），我们不应当改变（对日本的选择）"③。

相对于何幕礼（John Hamre），美国智库兰德公司的麦艾文（Evan S.Medeiros）认为美国已经作出选择，有意识地加强同日本、印度和包括新加坡、泰国在内的东南亚国家，针对中国而"两边下注"（hedge），规避中国崛起所带来的风险。这一政策的复杂性在于既有竞争的一面，也有合作的一面，比如美国鼓励中国对解决亚洲和其他地区问题作出贡献。而美国执行这一政策的手段包

---

① ［美］傅立民：《谈日本及日美同盟关系问题》，载《华盛顿观察》周刊，2006 年 1 月 4 日。
② 同上。
③ ［美］何幕礼：《谈中日在亚洲的势力及美国的关系问题》，载《华盛顿观察》周刊，2006 年 1 月 4 日。

括接触、捆绑(binding)和制衡机制①。

中日两国结构性矛盾短期内难以解决,中国和平崛起和日本的政治大国战略在时间上的重叠和内容上的分歧使两国的战略定位发生强烈碰撞。中日关系的发展受东亚国际环境变化的影响,美国因素仍然是日本处理对华关系的重要考量。日本希望中美关系既不要走得太近也不要离得太远。克林顿政府时期中美"战略伙伴关系"降低了日本对美国的重要性。同样,"9·11"事件发生前的中美紧张关系也不符合日本的战略利益。

实际上,今天在美国的支持下,日本已开始全面调整其安全政策,并开始扮演一个更主动的战略角色。在对华政策上,日本的战略调整幅度更大。对华的全面战略防范,已成为日本对华战略的主要内容之一,这从削减对华援助、和中国争夺资源、加强国防力量、调整对台湾的政策等方面都可以看出,尤其是中日在钓鱼岛的问题上。早在 2005 年 5 月吴仪副总理访问日本期间,首相小泉不仅两度在参拜靖国神社问题上发表向右翼靠拢的谈话,同时,又在钓鱼岛问题上做出挑衅姿态。日本对华态度强硬,刻意表明日美同盟战略牢固。与此同时,日本政府又做出一副对中国友好的姿态,从小泉公开表示,不相信所谓的"中国威胁论"②,到野田政府强调"中国的发展对日本是机遇,日中关系稳定、持续发展符合两国的根本利益,对本地区和世界具有重要意义"③,再到安倍声称"迫切希望改善中日关系"④。但事实是,历届日本首相都强调日美同盟的重要性。而且,中日之间严重缺乏互信,其责任完全是日本单方面造成的。比如,2010 年 4 月,中国海军在东海至宫古岛东南公海海域组织正常训练,日本一些媒体对此大肆渲染,宣称这是对日本的一次"示威行动"。实际上,海军舰艇在公海海域组织正常训练是世界各国通行做法,而日本方面主

---

① [美]麦艾文:《谈美国针对中国崛起的亚太战略选择》,载《华盛顿观察》周刊,2006 年 1 月 4 日。

② 《布什会见小泉纯一郎》,新华社东京电,小泉称:"日中关系前景光明,他不相信所谓的"中国威胁论",转引自《参考消息》2005 年 11 月 17 日。

③ 刘江永:《野田访华与中日关系》,载《人民日报》(海外版)2011 年 12 月 23 日第 1 版。

④ 《习近平向安倍阐明中方对中日关系的原则立场》,载《人民日报》(海外版)2013 年 9 月 6 日第 1 版。

观臆断,妄加猜测,媒体刻意渲染,夸大事实①。其重要背景是,日美围绕驻冲绳美军基地搬迁问题矛盾尖锐,日本政府正在制定新的防卫计划大纲。恰逢此时,美日一些人又在日本媒体大肆渲染"中国威胁论",尽管 2010 年度中国国防费增幅在双位数以下,仅比上年增加了 7.5%,但日本媒体似乎并未对此给予积极的正面评价。一向比较温和的日本《朝日新闻》甚至发表社论,以中国国防费不透明为由指责中国"旨在成为霸权国家"。

针对日本出现的"中国威胁论",日本有识之士也发出了自己的声音。日本"国际亚洲共同体学会"代表近藤荣一教授指出:虽然目前中国军费已超过日本,"但中国军费总额只有美国的 1/9,如果换算成核武器则只有美国的1%。而且中国的人口是日本的 10 倍,面积是日本的 25 倍,并与 14 个国家接壤,拥有 50 多个少数民族。中国的海军力量被宣传为威胁,但日本已经拥有'日向'和'伊势'两艘精锐的航母。其海军力量是英国的两倍,已增强到可与美国第七舰队相匹敌。现在我们需要的不是一味地渲染'中国威胁',而是应该加强经济、社会、文化方面的相互依存,共同应对 21 世纪安全保障领域的中心课题,即海盗、恐怖活动、禽流感和疯牛病等非传统安全问题,建立面向未来型的共同政策"。他认为,"以日中和解为轴心形成亚洲的稳定与繁荣,将对金融危机后的美国外交与全球治理的稳定作出贡献"。近藤先生的观点目前在日本似乎并不占多数。因此,中日两国之间战略互信关系的建立还需要较长时间,继续加强交往和沟通十分必要②。今天,中日经贸合作仍在不断向纵深发展,2011 年中日双边贸易总额达 3449 亿美元,同比增长 14.3%,创历史新高③。如何克服中日关系的"政冷""经热"局面,对于摆脱中美战略关系的困境有重要的现实意义。

四　中俄战略关系

俄罗斯在与亚太国家的能源合作中,一直将与中国的合作放在重要的位

---

① 刘江永:《中日需要增进战略互信》,载《人民日报》(海外版)2011 年 4 月 28 日第 1 版。

② 同上。

③ 《2011 年中日贸易创历史新高》,《日本经济新闻》2012 年 2 月 17 日。

置。俄罗斯学者康斯坦丁·西蒙诺夫曾经指出:"今天中国的能源市场为世界所有大公司展开了广阔的前景,其中和俄罗斯的合作期望值最高。"①俄罗斯《专家》周刊 2006 年 3 月 27 日发表题为《中国—这是长久之计》的文章,强调"能源合作是俄中关系中一个关键的课题,对两国都非常重要。而对俄来说,中国方面的意义怎么评价都不为过"。"中国是世界上发展最快的国家,对能源的需求增长将是长期的。如果俄真想成为世界能源大国,就必须进入这个市场。因此而获得的源源不断的资金将增强俄在新的全球经济中的分量。否则,俄将在能源领域失去主动性。"②美国俄罗斯问题研究专家安德鲁·库钦斯(Andrew C.Kuchins)在评价中俄经济战略时认为:随着中俄两国经济和政治合作的不断深化,两国关系具有相当大的影响力。库钦斯援引叶利钦总统的话说,"中国对我们来说是一个重要国家。它是我们的邻国,我们与之接壤的边界是世界上最长的,我们注定要永远与之共同生活和工作。俄罗斯的未来取决于我们能否与中国成功合作。从全球政治角度看,对华关系对我们来说也是极其重要的。我们可以依托中国的肩膀来与西方打交道。在这种情况下,西方将以一种较为尊重的方式来对待俄罗斯"③。

进入 21 世纪后,中俄两国贸易快速增长,2007 年增加到 400 亿美元,比上年增长 40% 以上④。2013 年中俄双边贸易创历史纪录,突破 900 亿美元⑤。2004 年 12 月,中国石油天然气集团公司向俄罗斯石油公司提供了 60 亿美元的贷款,以购买尤科斯石油公司的资产,2009 年 2 月,中国石油天然气集团公司签署了一项总额高达 250 亿美元的一揽子贷款协议,其中俄罗斯石油公司

①　冯玉军:《中俄关系中的中国国家利益》,载《俄罗斯研究》2007 年第 2 期。

②　同上。

③　Boris Yeltsin, quoted in Alexander Lukin, "The Bear Watches the Dragon", Armonk, New York:M.E.Sharpe,2003,p.305,in *Chinese Soft Power and Its Implication for the United States:Competition and Cooperation in the Developing World,A Report of the CSIS Smart Power Initiative*,p.116.

④　"Chinese Experts to Russia Expected to Increase", *China Daily*, March 3,2008, in *Chinese Soft Power and Its Implication for the United States:Competition and Cooperation in the Developing World,A Report of the CSIS Smart Power Initiative*,p.117.

⑤　[俄]鲍里斯·季托夫:《通往中国之路》,载(俄罗斯)《消息报》2014 年 5 月 19 日,转引自《参考资料》2014 年 5 月 20 日,第 3 页。

获得 150 亿美元贷款;俄罗斯石油管道运输公司获得了 100 亿美元①。2014 年
5 月普京总统访问中国时,中国与俄罗斯签订价值 4000 亿美元的能源协议,从
2018 年开始,俄罗斯将每年向中国提供 380 亿立方米天然气,合同期限 30 年②。

　　乌克兰危机后,美欧等国家先后对俄罗斯实行制裁,俄罗斯遭受前所未有
的压力,普京总统选择这个时机访问中国,被俄罗斯国内媒体称为具有"建设
性意义,夯实两国关系的历史根基,让人对未来充满希望"③。中俄关系经历
二十多年的稳定发展,两国已学会相互依靠,有时是出于战略需要,有时是因
为它们要求彼此提供帮助。这种战略合作伙伴关系背后的驱动力是"与生俱
来的互补"关系。④

　　中俄两国战略合作伙伴关系的构建无疑推动和加强两国经贸和能源领域
的合作,虽然中俄关系中也一直存在意识形态因素,尽管两国的历史和文化背
景截然不同,但两国在日趋成熟的意识形态基础之间却存在着惊人相似的共
同点。两国的意识形态基础是它们各自对世界的看法和发挥作用的基石。俄
罗斯取得成功的秘诀并非放弃了民主价值观,而是将民主价值观与俄罗斯的
价值观和传统融合在一起。库钦斯称:"俄罗斯外交政策的基本原则——务
实、多媒介、持续但非对抗性地保护国家利益已经得到了广泛的国际认可。许
多国家逐步认识到,一个新的、更安全、更公平和民主的世界秩序只能是一个
多极的、建立在国际法基础之上的、受联合国唯一合法性和核心作用所约束的
秩序。"⑤俄罗斯人一直视自己为正在崛起的大国。

---

①　"China Offers $ 25 Billion Oil Loan", *Moscow Times*, February 18, 2009, in *Chinese Soft Power and Its Implication for the United States:Competition and Cooperation in the Developing World*, *A Report of the CSIS Smart Power Initiative*, p.118.

②　[美]阿里·维内:《莫斯科与北京:成长中的伙伴关系》,载[美]《国家利益》2014 年 5 月 28 日,转引自《参考资料》2014 年 6 月 6 日,第 7 页。

③　[俄]亚历山大·萨利茨基:《俄罗斯—中国:在可预见性标志下》,俄罗斯战略文化基金会网站,2014 年 5 月 19 日,转引自《参考资料》2014 年 5 月 21 日,第 5 页。

④　[美]保罗·欣克曼:《龙与熊:笼罩在神秘之中的中俄同盟》,载《美国新闻与世界报道》2014 年,转引自《参考资料》2014 年 5 月 21 日,第 9—10 页。

⑤　Sergei Lavrov, Minister of Foreign Affairs of Russia, "Speech at Moscow State Institute of International Relations", January 29, 2007, in *Chinese Soft Power and Its Implication for the United States: Competition and Cooperation in the Developing World*, *A Report of the CSIS Smart Power Initiative*, p.119.

　　多年来,"金砖四国"——巴西、俄罗斯、印度和中国越来越成为形容世界上四个正在崛起的经济大国的专用名词。2007 年 2 月,普京总统在慕尼黑发表演讲时暗示,金砖四国的崛起是对重新调整世界秩序的一个强有力的刺激。他说:"用购买力平价来计算,印度和中国的国内生产总值加在一起已经超过了美国。以同样方式计算,金砖四国——巴西、俄罗斯、印度和中国的国内生产总值总额已经超过了欧盟。未来这种差距将越拉越大。不容置疑,全球经济增长新的中心的经济潜力将不可避免地转化成一种政治影响力,而且将加强多极世界。"①2014 年 7 月 17 日,金砖国家在巴西福塔莱萨举行第六次峰会,会议发表《福塔莱萨宣言》,强调发展金砖国家更紧密更全面更牢固的伙伴关系,决定成立金砖国家开发银行并将总部设在上海,同时建立金砖国家应急储备安排。经过十余年发展,随着金砖国家领导人会晤机制不断完善,金砖国家已形成多层次、宽领域的合作架构,成为世界主要新兴市场国家开展对话与合作、参与全球治理的战略平台,也成为维护世界和平、促进共同发展的重要力量。

　　上海合作组织是一个由俄罗斯、中国、哈萨克斯坦、吉尔吉斯斯坦、塔吉克斯坦和乌兹别克斯坦组成的国际组织。用俄罗斯总统普京的话说,"上海合作组织的使命已经远远超过了其最初确定的使命"②。中俄关系中最大的利害关系莫过于未来的全球秩序。关于中俄两国战略关系的未来发展,其中包括从上海合作组织到在联合国的合作再到军售等问题,安德鲁·库钦斯认为,中俄两国的合作关系将在多大程度上得到深化在很大程度上取决于美国的举动。比如说,如果美国对伊朗采取军事行动且没有受到联合国的制裁,俄罗斯和中国无疑会发展更加紧密的战略关系。美中若在台湾问题上发生军事冲突,那将使俄罗斯处于尴尬境地,但俄罗斯极可能会保持中立。如果欧洲或美国取消对中国的武器禁运,假以时日,这将削弱俄罗斯企业作为中国主要供应商的地位。如果美国以推广民主和人权的名义采取更激进的立场,并触及俄罗斯在后苏联地区的利益,俄罗斯和中国也可能会走得更近。

---

　　①　Sergei Lavrov, Minister of Foreign Affairs of Russia, "Speech at Moscow State Institute of International Relations", January 29, 2007, op.cit.p.119.

　　②　Ibid., p.120.

近年来,中亚国家积极拓展对外能源合作,中亚在国际能源市场上的地位日益上升。实践证明,中亚能源生产国地位的提升有利于国际能源市场的更加平衡,无论是谁,垄断中亚国家能源生产与运输的设想都是不现实的。俄罗斯在中亚有着传统的能源利益,近年来中国与中亚国家的能源合作也取得了长足的进展。双方可能存在一些眼前的利益分歧,但从长远考虑,中俄在中亚的能源利益并不存在根本的矛盾。普京曾提出建立"上海合作组织能源俱乐部"的设想①,这是一个积极的提议,中俄两国应与中亚国家一起,充分实现资源、资金、技术、市场、能源运输基础设施的优势互补,使中亚的能源开发与利用促进中亚国家的发展。

中俄自1996年建立战略协作伙伴关系,2011年宣布致力于发展平等信任,相互支持,共同繁荣,世代友好的全面战略协作伙伴关系,双边关系经历了20余年的稳定发展期。但中国和俄罗斯是两个各自独立的全球战略性力量,在世界事务、地区问题和双边关系层次上,都有自己不尽一致的国家利益。因此,两国关系必然会遇到各方面的矛盾和挑战。中俄都面临中亚国际恐怖主义的威胁、美国在中亚对中俄战略空间的挤压、美欧日在中亚对石油天然气资源的争夺。无论是历史的经验教训还是现实的地缘政治,都迫使两国有必要加强互信,共同维护边界和地区安全②。中国已成为俄罗斯第一大贸易伙伴。中俄双边贸易额2013年达89.21亿美元,比上年增长1.1%,再创双边贸易额的历史新高③。在今后较长时期内,中俄两国共同应对美国战略挤压的需求不会改变。虽然中俄两国都不会放弃同美国的关系,但由于美国把中俄两国视为战略竞争对手,把中俄两国的发展壮大视为对美国的威胁,美国弱俄抑俄和对中国的遏制战略短期内不可能改变。

中俄正在打造未来合作的基础。2015年中俄将共同举办第二次世界大战欧洲和亚洲战场战胜德国法西斯主义和日本军国主义70周年庆祝活动,继续坚决反对歪曲历史和破坏战后国际秩序的图谋。在经贸合作领域,双方将采取新的措施提高务实合作水平,扩大务实合作领域。推进财金领域紧密协

---

① 冯玉军:《中俄能源合作的现状与前景》,载《中国社会科学报》2010年10月20日。

② 楚树龙、金威主编:《中国外交战略和政策》,时事出版社2008年版,第235页。

③ 《中俄双边贸易额》,载《东方早报》2014年2月11日。

作,包括在中俄贸易、投资和借贷中扩大中俄本币直接结算规模;加强宏观经济政策领域交流;继续努力推动双边贸易额在 2015 年前达到 1000 亿美元、在 2020 年前达到 2000 亿美元,①以保障双边贸易平衡,优化贸易结构;大力增加相互投资,包括在俄境内建设交通基础设施项目,综合开发矿产资源,建设经济型住房。双方还加强能源合作伙伴关系,和平利用核能、民用航空、航天基础技术研究、空间对地观测、卫星导航、深空探测和载人航天等领域重点项目的合作;深化科技交流,扩大农业合作,改善农产品贸易和农业生产投资条件,支持两国农业企业开展合作。

中俄双方将寻找丝绸之路经济带项目和将建立的欧亚经济联盟之间可行的契合点。继续深化两国主管部门的合作,包括在地区发展交通和基础设施方面实施共同项目。完善中俄总理定期会晤机制,包括建立副总理级的中俄投资合作委员会、中俄经济合作战略性项目高级别监督工作组,以及能源领域专门工作组。中俄两国都主张各国有权自主选择本国的社会政治制度和发展道路,反对干涉他国内政,放弃单边制裁,维护国际关系稳定和地区及全球和平与安全,化解危机和争端,打击恐怖主义和跨国犯罪,防止大规模杀伤性武器扩散;支持改革国际经济金融体系,使其适应实体经济需要,赞成增加新兴市场国家及发展中国家在全球经济治理体系中的代表性和话语权,以重振对全球经济治理体系的信心。

五 中印战略关系

中国和印度是友好邻邦,两国都是历史悠久的文明古国,在几千年的历史长河中,两国文化相互交融和影响,两国人民友好交往,一直保持着密切的联系和深厚的友谊。20 世纪 50 年代,中印两国领导人多次互访,民间交往频繁,共同倡导了处理国际关系行为准则的"和平共处五项原则",中国支持印度等国发起的不结盟运动。1959 年,西藏上层集团叛乱引发两国紧张关系,导致 1962 年爆发中印边境战争。20 世纪 70 年代后,中印紧张关系开始松

---

① 李燕华:《中俄全面战略协作伙伴关系进入新阶段》,载《第一财经日报》2014 年 5 月 21 日。

动,两国领导人都表示改善关系的愿望。拉·甘地担任印度总理后,中印关系进入到一个新阶段,双方高层领导人互访增多,并就边界问题举行过多轮会谈。至此,中印关系进一步改善,推进了各方面的相互交流。作为新兴大国中国和印度经济快速发展,正在推动国际秩序的转变。1996 年 11 月底,中国国家主席江泽民首次对印度进行国事访问。这是中印建交以来,中国国家元首首次访印。访问期间,两国领导人进行了富有成果的会谈,共同确立在和平共处五项原则基础上建立面向 21 世纪的建设性合作伙伴关系,并就双方保持高层往来、推动两国经贸合作、加强在国际领域的相互支持等达成广泛的共识。

进入 21 世纪以来,印度日益重视发展对华关系,2003 年,瓦杰帕伊总理对中国进行正式访问,这是印度总理 10 年来首次访华,双方就双边关系和共同关心的地区及国际问题广泛交换了意见,签署了《中华人民共和国和印度共和国关系原则和全面合作的宣言》,确认发展长期建设性合作伙伴关系,标志着两国关系进入全面发展的新阶段①。印度国内各界对发展对华关系持积极态度,认为这是印度的基本利益所在。印度军方智囊人物斯里康特认为,印度不会为了实现美国的战略利益而损害同中国的友好关系,更不会为了获得美国的所谓支持而牺牲自己的独立自主外交政策②。

中国和印度都是正在崛起的新兴大国,中印崛起推动着国际秩序的转变。2005 年 4 月温家宝总理访问印度期间,中印双方签署了《中印联合声明》,宣布双方致力于建设"和平和繁荣的中印战略合作伙伴关系"。这种战略伙伴关系的一个重点是代表发展中国家的利益,反对不公正、不合理、不平等的现存国际经济秩序。③ 中印两国领导人还签订了《解决中印边界问题政治指导原则的协议》,确立了双方在"政治指导原则"基础上达成解决边界问题的框架协议④。

中国政府高度重视发展与印度的双边关系,2006 年 11 月,胡锦涛主席访

---

① 《中华人民共和国和印度共和国关系原则和全面合作的宣言》,载《中国外交》2003 年第 10 期。

② 任彦、文车:《美欲联手印度防范中国频繁暗示挺印入常》,载《环球时报》2005 年 7 月 5 日。

③ 《中华人民共和国与印度共和国联合声明》,载《人民日报》2005 年 4 月 12 日。

④ 张贵洪等著:《中美印三边关系研究》,时事出版社 2013 年版,第 164—165 页。

问印度,把中印关系推行新的历史阶段,中印在《联合宣言》中不仅提出发展中印关系的十点战略,而且还彻底驳斥了中国崛起对印度构成威胁的说法。提出"双方欢迎并积极看待对方的发展,认为对方的发展是对亚洲和世界和平、稳定和繁荣的积极贡献"①。

中印战略合作伙伴关系建立后,两国经贸关系发展迅速,2000 年中印双边贸易额为 29.14 亿美元。2008 年增加到 518 亿美元,8 年增长 16 倍,年均增幅达 43%;2013 年,中印双边贸易额达到 650 亿美元。据印度《金融快报》2014 年 3 月 2 日报道,中国成为印度最大贸易伙伴②。近年来,两国在基础设施建设方面的合作发展迅速,2006 年以来。中方在印建成工程项目金额累计达 111 亿美元。双方投资稳步发展,印度对华直接投资累计已超过 3 亿美元。中国对印度投资达 2.5 亿美元③。

2013 年 5 月,李克强总理访问印度,双方在联合声明中一致强调互为伙伴而非对手,视对方发展为机遇而不是挑战。双方都认为两国经济合作具有高度互补性和巨大发展潜力。双方都愿共同致力于推动国际关系民主化和世界多极化等。其中,中印共同倡导构建孟中印缅经济走廊的共识受到各界关注。这一构想的推进将中国的向西开放与印度的东向战略结合起来,把东亚和南亚这两个世界重要的经济增长极连接在一起,必将释放出巨大的增长能量,为亚洲经济一体化以及全球增长提供新的动力④。

今天中印关系发展已经在许多领域展开,首先是全球领域,随着全球化和地区一体化的冲击,中印两国的政治经济合作从双边向多边推进,特别是在面临全球性问题时。比如:在联合国和 20 国集团框架下,两国在维护发展中国家的权益方面有着广泛的合作空间;在应对经济发展与环境保护等方面,两国有着共同的利益,共同推动世界贸易组织多哈回合谈判,积极应对气候变化、反恐、粮食和能源安全等全球性问题,维护两国和发展中国家的共同利益。对

---

① 中国和印度发表《联合宣言》,《人民日报》2006 年 11 月 22 日。
② 《研究显示,中国成为印度最大贸易伙伴》,载[印]《金融时报》2014 年 3 月 2 日。
③ 郑瑞祥:《中印关系的发展历程及其前景展望》,载《国际问题研究》2010 年第 4 期。
④ 《王毅谈李克强访问印度:聚战略共识、构建战略互信》,2013 年 5 月 23 日,外交部网站 http://cpc.people.com.cn/n/2013/0523/c117005-21582102.html。

世界贸易组织制订的劳工和环境的标准,中印两国也有相似的立场。目前,中印两国正处在工业化过程中,两国都在抵制发达国家制定的不合理的二氧化碳废气排放标准,未来中印两国不仅面临全球问题的挑战,而且还面对两国国内问题的挑战。

其次是经贸领域,两国挖掘经贸合作潜力,拓展各领域务实合作,推动贸易、投资并进,实现平衡发展,早日启动两国区域贸易安排谈判,加强产业园区建设和铁路等基础设施合作。最后是安全领域,双方已开始就地区热点问题进行沟通与协调。美国从阿富汗撤军计划实施在即,2014 年以后,阿富汗将面临新一轮政治势力的博弈。目前,各方势力的介入使局势更加不明朗。美国在准备撤军之际抛出"新丝绸之路"计划,希望相关地区国家在阿富汗问题上承担更大的责任,中印有必要加强合作、共同应对可能的危局①。此外,中印两国还应妥善管控处理分歧,保持中印边界问题特别代表会晤势头,通过谈判协商寻求双方都能接受的解决方案,共同维护边境地区和平与安宁。2013 年 4 月,中印举行反恐双边对话,重点在于 2014 年后阿富汗问题的发展及深化双方在该地区的合作。②

影响未来中印关系发展里程碑式的标志是习近平主席 2014 年 9 月对印度的访问。习近平主席和印度总理莫迪在新德里的记者会上建议,中印"要发挥两国领导人的战略引领作用"。很明显,习近平的"战略引领说",体现的就是一种"政治意志"。这就需要中印两国领导人在展现政治意志的同时,也要有相当的政治智慧和耐心。中国把对印外交提升到地区乃至全球层面,某种程度上说有规避至少是减缓双边互动中"冲突性"的考虑。习近平在印度世界事务委员会演讲时从三个方面强调发展中印关系的重要性:第一,中印两国要做更加紧密的发展伙伴,共同实现民族复兴。发展是中印两国最大的共同战略目标。两国应该聚焦发展、分享经验,深化互利合作,努力实现两国和平发展、合作发展、包容发展。第二,中印两国要做引领增长的合作伙伴,携手推进亚洲繁荣振兴。中印两国要成为地区驱动发展快车,带动地区各国共同

①　楼春豪:《对深化中印地区合作的几点思考》,发表于"中印合作:新机遇与新理念"学术研讨会,2013 年 4 月 18 日。

②　许利平:《中印战略合作伙伴框架的现实分析》,载《人民论坛》2013 年 6 月刊。

发展。双方要努力凝聚地区合作共识,与相关国家一道推进区域经济一体化和互联互通进程,加快孟中印缅经济走廊建设,早日完成区域全面经济伙伴关系谈判;要做地区和平的稳定双锚,共同致力于在亚太地区建立开放、透明、平等、包容的安全与合作架构,实现共同、综合、合作、可持续安全。第三,中印两国要做战略协作的全球伙伴,推动国际秩序朝着更加公正合理的方向发展①。当代国际关系中依然存在不公平、不合理现象,全球性挑战层出不穷,各种地区冲突和局部战争不断发生。中印两国应共同承担维护世界和平、促进共同发展的重任,共同应对各种全球性挑战,推动全球化、多极化、国际关系民主化进程向纵深发展。

1. 金砖国家机制促进中印关系发展。

在国际格局变化和经济秩序调整的今天,新兴大国在国际事务中发挥非常重要的作用,金砖国家已成为推动世界多极化的重要力量。金砖国家机制具有协调机制内各国在重大国际问题上立场的功能,为新兴国家经济体争得话语权和规则制定权。金砖国家机制为机制内各国提供了领导人定期会晤的平台,通过该平台各国可以交流发展经验,解决双边政治关系中的一些问题,从而促进共同崛起。金砖国家机制在中印关系的发展过程中扮演了类似角色,中印两国通过金砖国家峰会解决两国之间存在的经贸、政治、安全等问题。尤其是解决两国贸易不平衡问题;利用金砖峰会机制消除两国的不信任感;中印两国同为亚洲文明古国,历史上一直保持友好关系。近代以来两国都遭遇了西方列强的入侵和欺凌,20世纪中叶两国才最终获得独立和解放。中国驻印度大使张炎就曾经表示:"中印关系非常脆弱,极易遭到破坏,同时又很难得到修复,因此在信息化时代中印关系需要特别的呵护。"②通过金砖国家合作机制,印度更能深刻感受到中国对于和平发展的渴望,可以更放心地与中国开展政治、经济往来③。作为金砖峰会中的主要成员,中国、印度和俄罗斯之

---

① 《携手追寻民族复兴之梦——中华人民共和国主席习近平在印度世界事务委员会上的演讲》,载《人民日报》2014年9月20日。

② Sui-Lee Wee and Henry Foy, "China, India meet to focus on trade despite mistrust", Reuters, Dec.14, 2010. http://reuters.com。

③ [印]辛仁杰、孙先朴:《金砖国家合作机制与中印关系》,载《南亚研究》2011年第3期。

间的良好关系可以弱化中印关系之间的一些负面因素。中印之间的友好关系也会为本地区的和平发展提供保障。利用金砖国家机制推动两国相互交流。在金砖国家合作机制框架内,印度与中国之外的其他三个成员国都保持着密切的合作关系。

2. 中印关系中的美国因素。

冷战结束后,印度失去了苏联这一盟友,于是开始寻求新的盟友,发展印美关系自然成为印度对外战略的重心。但 1998 年印度进行的核试验震惊世界,使得印美关系未能如印方期望的那样取得进展。"9·11"事件后,印度和美国建立战略伙伴关系。但印度基于英国殖民时代的经验,对超级大国怀有不信任情绪。这种不信任移植到了美国身上,也难以消除。①

美国国际问题研究专家马丁·塞亚夫(Martin Sieff)的新著《转变中的超级大国:美国、中国和印度之间新和新兴的关系》对中美印三边关系的历史、现实和未来进行了全景式的论述。塞亚夫认为,中印之间的战略利益关系始终是相互作用的,在过去几十年内,利益和冲突聚合伴随在一起。② 1962 年中国和印度爆发的边界冲突对印度的影响极其深远,战争给印度留下的创伤就堪比第二次世界大战时期法国的沦陷。但对中国的影响却很小,因为三年后中国便陷入文化大革命的动乱中。塞亚夫称,中印战争受当时国际环境的影响。当美国得知苏联将导弹部署到古巴时,美苏冲突一触即发。尽管中国和苏联在古巴导弹部署和中印边境冲突等问题上不存在任何协调,当时中苏关系处于低潮,但毛泽东利用了导弹危机,使中国处在完全有利的地位。古巴导弹危机发生后,美国优先考虑的是全球可能爆发的热核武器战争,肯尼迪无暇顾及印度问题,这是印度人完全没有想到的,因为他们边境上的军队没有像中国军队一样的配置重型武器,肯尼迪迟到的"空运"对印度来说完全于事无补③。

塞亚夫认为,冷战时期印美关系的冷淡,迫使印度不得不倒向苏联一边。

①　[日]土屈本武功:《如何看待进展中的印美关系》,载[日]《世界》月刊 2004 年 12 月号,转引自《参考资料》2004 年 12 月 10 日,第 24 页。

②　Martin Sieff, *Shifting Superpower*: *The New and Emerging Relationship between the United States*, *China and India*, Washington D.C.: Cato Institute 2009, p.75.

③　Ibid., pp.81−82.

对中印两国来说,20 世纪 70 年代是印度成功的 10 年,因为印度不仅巩固了和苏联的盟友关系,还成功地肢解了巴基斯坦(建立孟加拉国)。20 世纪 80 年代是中国的 10 年,因为中国的改革开放和经济发展,国家实力不仅超过印度,而且超过苏联①。印度认识到:印度寻求和中国建立友好关系基于两个理由,一是利用中国的影响力制衡巴基斯坦;二是印度领导人不想再冒和中国进行第二次冲突的风险。②

印美关系在后冷战时期以前所未有的速度发展,但在一系列涉及全球和地区热点问题上美印两国立场相距甚远,两国关系中还存在着难以克服的障碍,如:核不扩散问题、克什米尔问题、印度洋战略地位问题、与其他大国关系问题,还有印度国内普遍反美情绪,美国对印度人权及知识产权保护方面的指责等问题,因此,印美两国的关系是在既合作又有冲突的模式下进行。

一方面,印度积极向美国靠拢,从美国进口大量的先进的军事装备和技术并频繁开展与美军方高层对话,举行美印两军军事演习。印度这样做的主要目标是借助美国以获得与中国交往的比较优势,加大制衡中国的砝码。美国在同中国交往时打"印度牌",印度也会借美国牵制中国。印度在达赖问题、台湾问题可能会追随美国,给中国制造麻烦;另一方面,印度借重美国称雄南亚,势必降低巴基斯坦在南亚地区的影响,从而使南亚地区的战略均势失衡,引发南亚地区新的军备竞赛,从而影响南亚地区稳定,这是美国所不能接受的。这也将对中国西南边疆的安全构成威胁。

不过,印度国内不少人对发展印美关系持慎重态度。印度学者型外交官 M.K.巴德拉库马尔称"印度支持美国遏制中国的报道是狭隘的",他认为"印中两国都是多极化世界中的重要中心。美国害怕它们真正和解会削弱西方霸主地位。莫迪希望的是同所有大国保持伙伴关系,而显然支持美国'亚太再平衡'战略不符合印度的利益"③。美国前驻印大使特雷西塔·谢弗(Teresita

---

① Martin Sieff, *Shifting Superpower: The New and Emerging Relationship between the United States, China and India*, pp.88-90.

② Ibid., pp.101-102.

③ [印]M.K.巴德拉库马尔:《莫迪能在没有美国相助的情况下处理好对华关系》,载香港《亚洲时报》2015 年 2 月 1 日,转引自《参考资料》2015 年 2 月 17 日,第 3 页。

Schaffer)与人合作撰文指出:"印度不喜欢一个两极世界,也不喜欢一个单极世界,它喜欢一个多极世界"①,这同美国的全球战略形成不可调和的矛盾。实际上,在国际政治中奉行自主路线,是印度大战略的根本。

美国发展与印度关系的战略意图是拉印制华。但是,印度是否按照美国的节拍跳舞,按照印度传统的外交政策则很难说"是",说"不"的可能性更大。印度前总理曼莫汗·辛格在人民院表示,印度加强同美国的关系,并不是要以牺牲与中国的关系为代价。他强调:"我们要同伟大的邻居中国打交道,我们要和中国建立更多的经济联系。"②事实上,当今中印关系的发展势头良好。塞亚夫认为,中印两国的共同利益在于,中国和印度都在崛起,民族自信心决定两国都要维护国家的主权。两国都有被外国殖民主义统治的历史经历;两国都反对美国利用人权、非政府组织干涉各自内政。在塞亚夫看来,中国和印度在维护主权完整方面有相类似的情况,如印度的克什米尔问题;中国的藏独和疆独等问题③。

中印关系更多处于一种不涉及敏感问题的微妙平衡之中,作为人口仅次于中国的地区性大国,印度是唯一有实力在南亚地区与中国开展多方竞争的国家行为体,得到美国支持的印度把中国作为自己取得地区性主导的地位的主要对手,加之中国与巴基斯坦的深厚关系,更加深了其对中国的对抗意识。巴基斯坦在地区竞争中很难撼动印度的地位,其国内局势更让其难以对印度采取进攻性的战略,但正因为如此,印度时刻都在防范着中国扶植巴基斯坦与其对抗的可能④。今天,随着中国综合国力不断增强、经济改革成效显著,加上中印关系发展过程还存在不少障碍,如印中边界问题、西藏问题、防扩散问题等。少数印度政要又以所谓"中国威胁论"来挑起民族情绪,印度政府也在

———————————

①　[美]达维·梅赫塔、特雷西塔·谢弗:《印度和美国:安全利益》,载《南亚箴言》2003年6月,转引自马加力:《印美关系与中国视角》,《亚非纵横》2004年第1期。

②　甘爱东:《后冷战时代制约印美关系发展的因素》,载《西南民族大学学报》2007年2月第186期,第191—194页。

③　Martin Sieff, *Shifting Superpower: The New and Emerging Relationship between the United States, China and India*, pp.100-101.

④　高越:《论印巴关系的现状及其中的中国角色》,载《改革与开放》2011年3月刊,第22页。

不断加强军备以抗衡中国。

在当代国际秩序转变的环境下,印度与美国等西方大国建立战略伙伴关系,虽然有利于促进世界朝多极化方向发展,维持世界与地区的稳定;但美印建立战略伙伴关系不排除美国利用印度实现牵制中国的战略目的。"尤其是印度与大国进行的军事安全合作,对中国的安全带来双重影响。"①因此,中国进一步发展与巴基斯坦的友好合作关系对维护南亚地区局势的稳定与改善具有十分重要的意义。

第四节 亲诚惠容理念——中国周边 外交软实力战略的体现

中国的和平崛起对当代国际关系产生巨大影响,中国的国际影响力、国际形象也因此不断提升。国家形象、软实力的强弱是维护中国海外利益重要因素,由于地缘政治压力的异同,中国正根据周边地区安全情况制定软实力战略。中国运用软实力对周边国家的影响不仅体现在文化交流、经济援助、投资、构建多边合作机制等方面;②而且还体现在"新安全观"指导下推动建立和平、稳定的中国周边环境。中国周边外交的软实力战略、通过各种多边机制,不仅拓展中国与周边国家合作领域,增强各国之间的互惠互信,而且在维护本国国家利益的同时,推动和促进各国共同利益的维护。

中国在周边外交中主动进行"议程设置"。2014年5月习近平主席在"亚洲相互协作与信任措施会议"第四次峰会的讲话中提出了"共同、综合、合作、可持续的亚洲安全观",针对当前亚太不稳定因素增多的现状,他强调"创新

---

① 赵兴刚:《当前印度的对外战略与中国的安全环境》,载《中国外交》(中国人民大学书报资料中心编辑)2004年第10期,第51页。印度与美国、以色列、俄罗斯等国开展的军事合作,极大增强了印度的军事实力,打破了亚洲地区的军事力量平衡,对中国周边的安全环境带来压力。

② 中国正在越来越积极地参与周边国际多边机制,中国已成为地区组织的重要成员,在中亚、东南亚、东亚发挥积极的协调作用。这些组织包括:"亚太经济合作"(APEC)、"东盟地区论坛"(ASEAN Regional Forum)、"东亚和拉丁美洲合作论坛"(the Forum for East Asia and Latin America Cooperation)、组织包括:"东亚峰会"(the East Asia Summit)、"上海合作组织"(the Shanghai Cooperation Organization)等。

安全理念,搭建地区安全和合作新架构,努力走出一条共建、共享、共赢的亚洲安全之路"①。亚洲安全观倡导协商对话,而不是武力威胁;开放包容,而不是互相排斥;合作共赢,而不是零和博弈,亚洲安全观得到了亚洲国家的广泛认同和支持②。

在硬实力大大提高的同时,中国软实力也在快速增长,它是中国国际地位日益提升的标志。中国同周边国家开展全方位的合作,加快基础实施互联互通,建设好"丝绸之路经济带"、21世纪海上丝绸之路,加快实施自由贸易区战略,扩大贸易、投资合作空间,构建区域经济一体化新格局。在安全领域,中国坚持"亲诚惠容"的周边外交理念,构建平等、互信、互利、协作的新机制,倡导共同安全、合作安全、可持续安全的新安全观,与周边国家共同构建安全合作命运共同体,彰显中国周边外交中的软实力战略。2014年11月在北京召开的APEC会议对改善中国周边的安全环境产生积极影响,使中国的软实力外交得到进一步提升。

为了实现和平发展的战略目标,中国提出"亲诚惠容"的周边外交理念,这是中国软实力外交的展示,它源自中国传统战略思想和文化的精华部分,凸显中国传统文化价值观念的特色,构建新的国际价值观念。中国周边外交中软实力战略主要体现在:第一,确立共同安全、合作安全、综合安全、可持续安全的新安全观,减少周边国家对中国和平崛起的恐惧和抵触。第二,努力在周边地区构建安全合作机制,与邻国增强互信、互利协作。第三,构建开放性文化交流机制,孔子学院起着加深与周边各国友好往来的桥梁作用。第四,"一带一路"倡议有助于中国同南亚、东南亚、中亚及欧洲和非洲地区经贸往来和文化交流,是中国周边外交中软实力战略的体现。

国际政治中,软实力既包括意识形态和政治价值的吸引力、文化(尤其是通俗文化)的感召力,也包括国家在国际政治中的结盟能力,利用现有国际组织的能力等。从上海合作组织到东盟地区论坛,从朝核问题六边对话机制到亚信会议,中国进一步明确周边是其外交的首要的战略,而且形成了一整套更

---

① 习近平:《习近平谈治国理政》,外文出版社2015年版,第354—356页。
② 苏晓晖:《中国为何越来越重视周边外交》,载《人民日报》(海外版)2014年12月22日。

加友善和包容的睦邻外交理念,提出了一系列旨在互利双赢的重大合作倡议,这充分体现了中国对周边国家的高度重视。这一系列战略举措是建立在对中国综合实力进行正确评判的基础上的,有利于进一步提升中国对外战略中的软实力。2013 年 10 月 25 日,习近平在中国周边外交工作座谈会上提出了"亲、诚、惠、容"理念,强调,要本着互惠互利的原则同周边国家开展合作,把双方利益融合提升到更高水平,让周边国家得益于中国发展,使中国也从周边国家共同发展中获得裨益和助力①。2014 年中央外事工作会议,习近平再次强调,中国坚持与邻为善、以邻为伴,坚持睦邻、安邻、富邻,深化同周边国家的互利合作和互联互通②。

　　亲、诚、惠、容四个字闪烁着中国传统文化的智慧光芒。中国同周边国家山水相连、血脉相通、人文相亲,有着天然的亲近感,友好情谊千百年来连绵不绝。这里的"亲",就是要坚持睦邻友好,守望相助;使周边国家与中国的关系更友善、更亲近、更认同、更支持,增强亲和力、感召力、影响力。以东南亚国家为例,中国与东盟国家不仅仅在于推动双边经济合作,发展战略关系,而且在于推动该地区的稳定性。东南亚国家正处于一种经济上依赖中国,安全上依靠美国的境况,对此,中国积极推进友好双边关系网络的建立,和东盟及成员国建立更广泛的联系。缅甸、柬埔寨、老挝、泰国和越南有大陆"东南亚"之称,中国希望同这些国家建立睦邻友好关系,以保证边境的和平安宁,通过这些边境将其内陆地区与全球经济联系起来,实现战略贸易,寻找到能将对东南亚海运海峡的依赖减到最小的资源供应路线。文莱、印尼、马来西亚、菲律宾和新加坡等有"海上东南亚"之称,中国同样在寻求市场、天然资源和通过战略海上通道航海的自由③。外国媒体高度赞扬中国周边外交战略,认为中国在东南亚的战略非常成功,将其形象从意识形态鼓动者转变为受欢迎的、和平繁荣的务实伙伴。长期和战略性高水平的关注,熟练的日常关系管理和大胆

　　① 习近平:《习近平谈治国理政》,外文出版社 2015 年版,第 296—299 页。

　　② 《中央外事工作会议在京召开》,载《人民日报》2014 年 11 月 30 日第 1 版。

　　③ C. Fred Bergsten, Nicholas Lardy, Bates Gillm and Derek Mitchell, *China: The Balance Sheet—What the World Needs to know Now about the Emerging Superpower*, New York: Public Affairs, 2006, in *Chinese Soft Power and Its Implication for the United States: Competition and Cooperation in the Developing World*, *A Report of the CSIS Smart Power Initiative*, p.77.

首创的政策为中国带来这种成功。

　　中国与东盟各国关正在不断消除双边关系的负面影响。进入21世纪以来,中国和东南亚一些国家之间的利益纠纷时有出现,伴随中国崛起,一些东盟国家受西方舆论影响,出现各种不同的"中国威胁论",如冷战结束初期的"中国填补真空论",20世纪90年代中后期出现的"中国军事威胁论",以及世纪交替时出现的"中国经济威胁论"等①。中国在该地区的良好大国形象受到冲击,一些东盟国家在中国的形象也严重滑坡。这表明,中国硬实力的增长并未直接导致软实力的同步增强。但"中国威胁论"只是影响中国与东盟关系的一种论调,不可能直接影响中国与东盟主流良性关系的发展。中国加入WTO后不久,中国与东盟即启动了具有历史开创意义的自贸区谈判进程,此后,双方又将合作拓展到政治、安全和战略领域,如《南海各方行为宣言》、中国加入《东南亚友好合作条约》、确立中国—东盟战略伙伴关系等,奠定了中国与东盟进行整体性制度合作的框架基础,中国—东盟关系已进入合作共赢的发展轨道。

　　中华民族讲究诚信,以诚相待是其历史文化传统。中国与南亚国家关系发展的迅速平稳体现中国诚心诚意对待这些国。以中印关系为例,中印两国借助20国集团峰会、金砖国家领导人峰会、中印俄峰会和上海合作组织等多边舞台,在推动双边关系进一步深化、推进国际体系改革、捍卫发展中国家权益等方面相互支持、相互理解。中印从共同推动孟中印缅经济走廊建设,到探讨"丝绸之路经济带"和"21世纪海上丝绸之路"倡议,两国合作在推进区域经济一体化和互联互通进程、实现亚洲经济可持续增长等方面发挥着关键的作用②。在安全领域,作为地区和平的稳定双锚,中印双方应共同致力于在亚太地区建立开放、透明、平等、包容的安全与合作架构,实现共同、综合、合作、可持续安全。中印关系的改善和发展进一步证明中国软实力外交的成功。

------

　　① 翟崑等:《中国在东南亚国家的形象:走向成熟的战略伙伴》,载《世界知识》2010年第10期。

　　② 2014年11月APEC会议期间,中国邀请了孟加拉国、老挝、柬埔寨、缅甸、巴基斯坦、蒙古国和塔吉克斯坦等7个非APEC成员的领导人访问北京,宣布成立"丝绸之路基金"计划,中国将提供400亿美元的投资,为基础设施、资源开发、产业合作和金融合作项目提供支持。参见《中国将设400亿美元丝路基金　外媒称时机颇有意义》,转引自《参考消息》2014年11月10日。

　　崇尚道义、讲情重义、先义后利是中国几千年来一以贯之的道德准则和行为规范。这里的"惠",就是要本着互惠互利的原则同周边国家开展合作,编织更加紧密的共同利益网络,把双方利益融合提升到更高水平,让中国的发展更好地惠及周边,同时也使我国从周边国家共同发展中获得裨益和助力。俄罗斯是中国最大的邻国,中俄两国战略合作伙伴关系的构建不断推动和加强两国经贸和能源领域的合作,尽管中俄两国的历史和文化背景不尽相同,但两国在日趋成熟的意识形态基础之间却存在着惊人相似的共同点。两国的意识形态基础是它们各自对世界的看法和发挥作用的基石。中俄相互重视软实力外交,2012 年普京再次当选为俄罗斯总统后,俄罗斯重视发展与亚洲各国的关系,并且将对华关系提到了"值得信赖的朋友"的高度,其目的是告诫欧美,如果要在银行贷款方面设障则会有中国来解围①。普京多次表示中俄之间存在众多相互契合的利益,强调中俄在联合国框架内的合作是"稳定当今世界局势的重要因素之一"②。2014 年 5 月,中俄两国签订具有里程碑意义的能源协议,价值 4000 亿美元:从 2018 年开始,俄罗斯将每年向中国提供 380 亿立方米天然气,合同期限为 30 年。③ 这个出口量相当于俄罗斯对欧洲天然气出口量的 1/4。

　　互利互惠是构建中俄软实力外交的价值基础,中俄以"上海合作组织能源俱乐部"为平台,加强与中亚国家的能源合作。近年来,中亚国家积极拓展对外能源合作,中亚在国际能源市场上的地位日益上升。实践证明,中亚能源生产国地位的提升有利于国际能源市场的更加平衡,无论是谁,垄断中亚国家能源生产与运输的设想都是不现实的。俄罗斯在中亚有着传统的能源利益,近年来中国与中亚国家的能源合作也取得了长足的进展。尽管双方可能存在一些眼前的利益分歧,但从长远考虑,中俄在中亚的能源利益并不存在根本的

---

　　① ［日］汤浅博:《中俄同盟复活的虚构》,载［日］《产经新闻》2014 年 6 月 1 日,转引自《参考资料》2014 年 6 月 6 日,第 8 页。

　　② 俄罗斯总统普京 2014 年 12 月 18 日举行年度记者,普京宣布了部分 2014 年经济数据,随后将就俄罗斯经济和国际关系等问题回答记者提问,中国新闻网,http://www.chinanews.com/gj/2014/12-18/6891010.shtml。

　　③ Ali Wyne, "Moscow and Beijing: A Growing Partnership?" *The National Interests*, May 28, 2014。中文见《参考资料》2014 年 6 月 6 日,第 7 页。

矛盾。普京曾提出建立"上海合作组织能源俱乐部"的设想①,这是一个积极的提议,中俄两国应与中亚国家一起,充分实现资源、资金、技术、市场、能源运输基础设施的优势互补,使中亚的能源开发与利用促进中亚国家的发展。

中韩关系的发展是"亲、诚、惠、容"理念实践的榜样。中韩两国在许多领域成为重要合作伙伴。在韩国总统朴槿惠对中国进行"心信之旅"访问后,习近平主席 2014 年 7 月对韩国的回访,不仅加深中韩战略合作伙伴关系的发展,而且极大地改变了传统的地区格局,对东亚未来国际格局具有重要意义,对推动朝鲜半岛紧张局势的缓和起着十分重要的作用。尽管朝核问题使东北亚安全陷入困境,但中韩两国元首就朝鲜半岛形势达成四点共识:一是实现半岛无核化,保持半岛和平稳定,符合六方会谈成员国共同利益;二是切实履行"9·19"共同声明和联合国安理会有关决议②;三是继续坚持不懈推进六方会谈进程;四是六方会谈成员国应凝聚共识,为重启六方会谈创造条件。中韩正致力于"共同打造利益共同体",两国正在打造实实在在的经济和安全利益共同体,这是中韩战略伙伴关系发展的重要保证。首先,韩国经济越来越依赖中国巨大的国内市场和中国庞大的人力资源,2012 年 4 月韩国三星集团决定在西安投资 70 亿美元新建战略研发基地③,表明韩国与中国开展经济合作的决心和信心。其次,中韩在诸多地区多边经济、政治和安全议题上保持一致的立场,如朝鲜半岛的和平稳定、地区无核化,以及日本否定侵略战争历史等问题。因此,建立中韩"利益共同体"对中韩关系的发展产生深远影响。

"海纳百川,有容乃大",中华民族历来主张和而不同、兼容并蓄。这里的"容",就是要倡导包容的思想,亚太之大容得下大家共同发展,要以更加开放的胸襟和更加积极的态度促进地区合作,更加主动、更加积极地回应周边国家期待,共享机遇,共迎挑战,共创繁荣。即使是面对日本当局的挑衅行为,中日

---

①　冯玉军:《中俄能源合作的现状与前景》,载《中国社会科学报》2010 年 10 月 20 日。

②　2005 年 9 月 19 日,中国、朝鲜、美国、韩国、俄罗斯和日本在北京通过了《第四轮六方会谈共同声明》,即"9·19"共同声明,为一揽子解决朝鲜半岛核问题确立了基本框架,成为六方会谈机制启动后一个"里程碑"式的文件。2013 年 1 月 24 日,朝鲜单方面宣布六方会谈和"9·19"共同声明不再存在。见新闻中心—中国网 http://news.china.com.cn/live/2013-01/24/content_18366959.html。

③　《三星电子项目落户西安完成签约》,载《华商报》2012 年 4 月 10 日。

之间在钓鱼岛问题上矛盾虽然尖锐,但中日韩自贸区可行性研究工作还是在进行。在不涉及中国国家核心利益的前提下,中国政府仍然坚持包容的态度,希望通过谈判和对话解决争端。从某种意义上看,中国的确是填补了有些因美国忽视而产生的亚洲的真空。这也是奥巴马政府实施"重返亚太"战略的原因之一。在东北亚格局中,日本直接感到中国软实力的压力,作为亚洲地区曾经的经济强国,昔日日本在本地区的贸易伙伴纷纷在经济上依赖中国。日本正努力用贸易外交试图扭转局面,但是日本的这一策略很难奏效。外界认为:"在很多亚洲国家看来,日本已然是一个衰退中的强国。20世纪七八十年代日本在如日中天时没有建立好与亚洲其他国家的友谊,如今面对中国的崛起,日本有点力不从心"。① 尽管日本在对待历史问题、领土、领海争端问题采取不负责任的态度,中国政府始终本着尊重历史与现实的原则,主张与日本通过对话妥善解决这些问题,2014年11月北京APEC会议期间,中日两国领导人举行近年来首次正式会晤,使陷入僵局的两国关系朝着改善方向迈出了一步②。

金砖国家已成为形容世界上四个正在崛起的经济大国的专用名词,金砖四国的崛起是对重新调整世界秩序的一个强有力的刺激。金砖国家崛起的事实说明国际格局多极化趋势不可逆转。而金砖四国有三个国家在亚太地区,俄罗斯、印度在中国周边外交具有举足轻重的地位。中国积极倡导建立金砖国家开发银行和建立储备基金,对提升金砖国家在国际事务中的影响力,构建多极化的国际经济秩序作出建设性的贡献,对推动中国周边安全环境的和平与稳定产生积极影响。

---

① Joshua Kurlantzic, *Charm Offensive: How China's Soft Power Is Transforming the World*, Policy Brief, No.47. June 2006, p.4.

② [美]香农·蒂耶齐:《习近平和安倍晋三终于会面了,然后呢?》,载[日]《外交学者》2014年11月11日。"习安会"后,安倍对日本记者表示,此次会晤"使日中回到了基于共同战略利益的互利互惠关系的起点,说明朝改善(双边)关系迈出了第一步"。

第五章　国际秩序转变与中美亚太战略

冷战结束后,伴随着台海危机、炸馆事件和撞机事件等,中美关系这艘航船乘风破浪,颠簸前行。两国虽通过危机控制保持了战略稳定,但战略猜忌不但没有随着两国磋商机制的加强和社会交往的密切而消弭,反而因国际格局和中美实力消长的变化而加深。美国奥巴马总统执政后,经过2009年的"亲密接触"和2010年的"全面博弈",中美关系进入新一轮紧张期。两国在双边、地区和全球议题上的矛盾和摩擦增多,战略竞争的态势凸显。中美建立战略互信并实现长期战略稳定,成为摆在两国决策者面前的重要课题①。维持稳定的中美关系,有利于中国保持和平发展的国际国内环境。

第一节　中美战略关系发展历程

1971年4月14日,受邀访华的美国乒乓球运动员听到周恩来总理讲"你们将为中美关系打开新篇章"时,不禁瞠目结舌,"小球转动大球"的中美关系正常化序幕就此拉开;同年7月9日,以"装病"方式从巴基斯坦秘密访华的基辛格,实现了中美两国高层时隔二十多年的首次接触;1971年周恩来总理在会见基辛格博士时曾指出,中美关系存在危机,说明中美关系复杂多变,既存在危险,也面临共同机遇②。1972年2月21日,尼克松总统访华,中美签署《上海公报》。其后,围绕建交的谈判旷日持久、波折不断,历经尼克松、福特

---

①　张文宗:《关于建立中美战略互信的思考》,载《当代世界》2011年第2期,第15页。

②　Strobe Talbott, "U.S.-China Relations in a Changing World", in Christopher Marsh & June Teufel Dreyer (ed.), *U.S.-China Relations in the Twenty-First Century: Politics, Prospects, and Possibilities*, New York: Lexington Books, 2003, p.11.

两任总统,直至卡特总统任内,才最终于 1978 年 12 月中旬谈成建交公报,于 1979 年 1 月两国正式建立外交关系。三年后,中美双方经过斗争和博弈,就美国对台军售问题达成协议,签署《八一七公报》①。

20 世纪 80 年代被称为中美关系的"蜜月期",根本原因是联合抗苏的主要矛盾掩盖了中美之间一系列次要矛盾。1989 年的"6·4 风波"使两国关系跌入谷底。1991 年,刚趋好转的中美关系又因美国对台出售 150 架 F16A/B 战机而受挫;1993 年至 1994 年,两国围绕"银河号事件""贸易与人权挂钩事件"等争执不断;1995—1996 年,围绕李登辉访美和台湾"大选",中美针锋相对,一度出现美国航母陈兵台湾海峡、两军冲突一触即发之势;1999 年的"炸馆事件"和 2001 年的"撞机事件"引爆全体中国人民的抗美浪潮。由此可见,中美关系的发展从来都是充满坎坷②。

2000 年美国总统竞选期间,围绕美国对华政策共和民主两党竞相表明立场,将中国视为美国的对手。乔治·W.布什入主白宫后不久立即将中美战略伙伴关系定位为"战略竞争对手"③。时任国防部副部长的保罗·威尔福维茨 (Paul Wolfowitz)把中国说成是"美国主要的战略竞争对手和威胁"④。中美关系一度陷入严重困境之中,"9·11"事件为中美关系的改善提供了契机,共同的反恐目标为中美构建战略互动关系奠定了基础。

一　布什时期美国单极战略困境

冷战结束、两极格局解体使美国的硬实力和软实力迅速提升,美国在世界范围内不断地推行霸权政策,其决策的逻辑基础是:美国是冷战对抗的最后赢家,它应以胜利者姿态担当起领导世界的责任。"9·11"恐怖主义袭击事件

①　袁鹏:《关于构建中美新型大国关系的战略思考》,载《现代国际关系》2012 年第 10 期,第 2 页。

②　同上。

③　Derek McDougall,*Asia Pacific in World Politics*,London:Lynne Rienner Publisher,Inc.2007,p.126.

④　Strobe Talbott,"US—China Relations in a Changing World",in Christopher Marsh & June Teufel Dreyer（ed.）,*US-China Relations in the Twenty-First Century:Politics, Prospects, and Possibilities*,p.7.

发生后,美国霸权地位受到严峻挑战,体现新保守主义思想的"单边主义""先发制人"战略,逐渐成为影响布什政府对外决策的理论依据。阿富汗战争的胜利鼓舞了美国国内的民族主义情绪,也为布什连任美国总统奠定基础,但陷入伊拉克战争困境不仅暴露了美国决策机制的矛盾、影响美国与其他大国的关系,也使美国的国际形象严重受损。民主党人主导国会后,有关伊拉克战争问题的辩论日趋激烈,迫使布什政府不得不对单边战略做适当调整,美国在处理与大国的关系、中东问题、东北亚等问题上逐渐回归政治现实,而加大对非洲国家的援助则是美国重塑国际形象的举措之一。

乔治·W.布什当选美国总统后,新保守主义思想影响布什政府一系列对外战略选择。从退出"京都议定书"(Kyoto Protocol)、退出"禁止核试验条约"和"禁止使用杀伤性地雷条约"、退出"反导条约"、退出《罗马条约》(the Rome Statute)到以坚持制裁和威胁代替解决朝核问题多方会谈、谋求建立导弹防御系统、拒绝出席联合国"可持续发展世界首脑会议"等一系列举措,无一不是单边主义在作祟,导致国际社会普遍感到不安。"9·11"事件的发生,迫使布什政府重新评估美国对外政策选择,打击恐怖主义成为美国全球战略首选。反恐战争(WOT)是后冷战时代美国外交和国防战略的新名词。反恐策略安排上也有新的变化,多了以务实为目标的内容,但它却同时展示美国人对外强烈的使命感,"军事实力"(Sharp power)和"软实力"(soft power)相互作用,价值观外交成为时尚。

"9·11"事件后,美国陷入前所未有的"安全困境"中。根据国际安全理论,当一国通过发展军事实力来提升它的国防力量时,敌国会将此视为对本国安全的威胁,进而增强自身军事实力,导致敌我双方的军备竞赛,双方安全均受到威胁[1]。美国与恐怖主义实力的非对称性是显而易见的,但恐怖主义者以非传统手段实施攻击,在某种程度上削弱了美国传统安全手段的实用性。冷战结束使美国在世界格局中的地位十分凸显,大有"只争朝夕"之气势。在新的国际政治经济环境下,美国应该担当什么样的角色,美国国内存在两种不

---

[1]　Peter Van Ness, "China's Response to the Bush Doctrine", *World Policy Journal*, Winter 2004/2005, pp.38–47.

同的观点。一种认为,鉴于冷战历史教训,美国应该坚持以合作、接触代替冲突和对抗的战略。另一部分人是新保守主义派,他们认为,"21世纪是美国的世纪,美国实施善良的全球霸权,这种霸权建立在美国的价值观、美国的实力和经济优势的普遍承认基础上"①。美国不仅要对世界范围内的威胁和事态作出反应,更要进一步塑造世界。即使这样做被指责为单边主义和独断主义也应该坚持到底,绝不退缩②。他们确信:"国际体系'一极多强'结构有助于维护世界稳定,应当成为美国外交政策的首要目标。"③后者在影响布什政府的对外政策中逐渐占据上风,发动伊拉克战争就是实践这一理论的重要尝试。

布什政府2002年9月提出的"新国家安全战略"(New National Security Strategy)将"先发制人"(preemption)作为实施单边主义战略的优先选择。阿富汗战争、伊拉克战争的胜利使布什获得连任,但占领伊拉克后陷入凶险自伤的泥潭是美国对外战略困境的主要根源。连布什本人也不得不承认"伊拉克战争是比预期的历时更长,更加艰巨,代价更大的战争"④。单边主义让美国陷入战略困境主要表现在以下几个方面。

首先,布什政府的单极战略改变了地缘政治格局和美国国内政治格局,促使美国用孤立主义和单边主义代替自由国际主义。政治主张的两极分化沉重地打击了在实力与合作问题上的共和民主两党长期形成的共识。美国又重新回到地区分裂的格局,党派分歧再次以地区划线,使布什政府对外战略带有更浓厚的党派斗争色彩,国家安全的重要性大大减弱,公众更加不关心对外政策,严重影响美国外交战略目标的实现。

其次,单极战略对美国自冷战结束、苏联解体后似已长期获得的霸权地位形成潜在的威胁。由于陷入反"恐怖主义"战争困境,美国的行动自由正在缩小,因为单极战略使美国与欧洲国家传统的盟友关系出现严重的裂痕。而"新兴国家",如"金砖四国"的巴西、俄罗斯、印度和中国等,纷纷以维护国家

---

① 刘金质:《试评小布什的帝国外交》,载《国际政治研究》2004年第4期,第83页。

② (台湾)《中国时报》2001年6月15日,载《克里斯托尔采访录》。

③ Robert Kagan,"The Return of History and the End of Dreams",*Policy Review*,July-August,2007.

④ 《美国参考》0325,美国国务院国际信息局 http://usinfo.state.gov 2008.03.25。

利益的名义拒绝接受美国的单边主义,甚至拒绝接受美国式的"多边主义",认为国际经济机构(WTO、世界银行和国际货币基金组织)规则完全是由美国等西方国家制定的。单极战略还使软实力大大下降,严重影响美国的国际形象。

最后,美国单极战略使中东地区力量对比发生很大的变化,伊朗成为中东地区的最大受益方。美国铲除了伊朗的重要战略对手萨达姆政权,让什叶派和库尔德群体在伊拉克获得相当大的权力,而这些群体一直与伊朗保持密切联系,并且可能继续加强这种联系。伊朗在中东地区影响力的增长,尤其是对伊拉克、黎巴嫩和加沙地带的影响,会使美国的中东战略陷入长期困境,而伊朗的核计划将直接危害美国的全球反恐战略以及核不扩散战略。

美国对外战略中的新保守主义不仅表明为了国家利益不惜使用武力的一面,也包含向海外输出美国价值观念的文化扩张行为。体现美国政治价值观念的"民主和自由"理念已被充分运用到外交实践中,试图强化美国在全球的影响力①。在伊拉克陷入两难困境后,布什政府不得不降低单边主义外交的调门,试图摆脱中东问题上来自国际和国内的压力。耶鲁大学教授伊曼纽·沃伦斯坦(Immanuel Wallerstein)认为,布什政府的政策选择十分有限,问题的症结不是美国霸权是否正在衰落,而是美国能否找到一条使自己摆脱走向衰落的途径②。寻求美国的绝对安全,推行零和战略博弈(zero-sum strategic games),特别是藐视国际法、条约和国际合作机制的单边主义行动,正在使泛美主义走向终结,伊拉克战争的困境日益凸显美国霸权的局限性。

美国著名冷战史家约翰·刘易斯·加迪斯(John Lewis Gaddis)提醒人们注意,美国的全球反恐战略是否真的让美国人民从'震惊和恐惧'中醒来并获得安全感,这是维持"9·11"后美国提出建立新的国际体系的国内政治基础③。因为单边主义已经使美国国内各种政治力量在对待伊拉克战争问题上

---

① Joseph S.Nye, Jr., "Transformation Leadership and U.S.Grand Strategy", *Foreign Affairs*, July/August 2006, p.140.

② Immanuel Wallerstein, "The Eagle Has Crash Landed", *Foreign Policy*, July/August, 2002, p.68.

③ John Lewis Gaddis, "Grand Strategy in the Second Term", *Foreign Affairs*, Janurary/February, 2005, p.2.

失去达成共识的前提。"布什主义"(Bush Doctrine)是基于意识形态考虑,依靠超强的军事实力,进行先发制人的打击,以实现敌对国家的政权变更(regime change),维持和适应美国为中心的国际体系。布什主义的逻辑是追求国家的绝对安全,但基辛格认为,"美国的'绝对安全'意味着其他国家的'绝对不安全'(absolute insecurity)"①。美国在伊拉克问题上的困境恰恰体现其单边主义外交战略的困境。

二　布什第二任期对单边主义战略的调整

根据现实主义的观点,"只存在一个超级大国的世界在理论上和实际中是不能持续存在的"②。即使是在全球化时代,国家在国际关系中追求利益的最大化仍然是权力政治的根本。全球化时代一个基本特征是地缘经济重于地缘政治,欧洲、日本、印度、中国这些经济巨人将成为抗衡美国的多极世界,这是未来美国必须面对的挑战。当今国际体系内权力分配的单极化是自罗马帝国衰亡以来首次出现的由现行霸权国支配国际体系的格局③。在这特殊的单极体系下,美国无疑是国际体系各种矛盾关系的焦点所在。全球化给世界经济政治平衡带来的变化,不仅使美国遭遇前所未有的困境,其他国家谁也不能不受影响而独善其身④。事实上,全球化时代"没有一个国家能独占道义力量"⑤。尽管新兴大国在硬实力方面缺乏平衡美国霸权的能力,但它们正寻找其他方法来实现某种平衡,特别是"软实力平衡"(soft balancing)。虽然现行国际体系内尚未建立起新的大国联盟,但这并不意味国际关系中缺乏多国主导的平衡行为。法、德、俄等国针对美国发动伊拉克战争形成的"临

---

① David C.Hendrickson, "Toward Universal Empire: The Dangerous Quest for Absolute Security", *World Policy Journal*, Fall 2002, p.7.

② Robert Kagan, "The Return of History and the End of Dreams", *Policy Review*, July/August, 2007.

③ Christopher Layne, "The Unipolar Illusion Revisited: The Coming End of the United States 'Unipolar Moment'", *International Security*, Fall 2006, p.29.

④ Paul Kennedy, "Who's Hiding under Our Umbrella?", *The International Herald Tribune*, January 30,2008.

⑤ Paul Sharp, "Virtue Unrestrained: Herbert Butterfield and the Problem of American Power", *International Studies Perspectives*, August 2004, pp.300-315.

时联盟"就是新形势下追求力量平衡的战略选择,也是对美国单边主义的挑战。

美国政治文化中自相矛盾的特性,是国际体系转变在美国身上的折射,单极世界格局削弱了冷战威胁形成的政治原则,自由国际主义的对外政策理念被摒弃,取而代之的是新孤立主义和单边主义。自由国际主义的兴起是地缘政治和美国国内政治发展的产物,它崇尚美国实力与国际合作的结合,赋予美国对外政策以鲜明的特征①。尽管美国的价值观在外交政策中的地位依然存在,但如何贯彻这些政策以及如何应对那些不可避免的妥协,是美国决策者面临的困境。一些美国学者和政策分析家们常常把自由国际主义同多边主义及国际制度联系起来,他们提出许多宏伟的战略设想,用以修改和重新平衡现实主义和理想主义的外交政策。②

美国学界关于国际体系是单极还是多极存在很大争议,约瑟夫·奈认为,"单极的说法是误导,因为它夸大美国在国际体系中能力,而多极的说法也会产生误导,因为它没有明确告诉人们。多极的内容是政治的、经济的还是军事的"③。美国是世界头号强国,但在全球化、信息化的国际环境下,美国的力量越来越难以控制各种突发事件的发生。国际金融稳定对美国的经济的繁荣是至关重要的,但美国需要同其他国家的合作才能实现国际金融稳定。全球气候变化影响美国人的生活质量,但美国无法独自解决这个问题。当今世界各国边界的分离作用日益减弱,无法阻止毒品走私、疾病传播、武器扩散以及恐怖主义等一系列问题。为了应对全球安全问题的挑战,布什政府对单边战略

①　Charles A.Kupchan and Peter L.Turbowitz,"Dead Center:The Demise of Liberal Internationalism in the United States",*International Security*,(volume 32),Fall 2007,pp.8-10.自由国际主义不仅强调承担多边主义的义务,而且也涉及美国使用武力的承诺,强调武力与国际合作的"双重义务"(dual commitment)。

②　这些战略构想包括:福山的"现实的威尔逊主义";罗伯特·赖特的"进步现实主义";约翰·赫尔斯曼和阿纳托尔·利芬的"道德现实主义";查尔斯·克劳萨默的"民主现实主义";詹姆士·贝克的"实用现实主义";约翰·伊肯伯里和查尔斯·库普钱的"自由现实主义"等。See Derek Chollet and Tod Lindberg,"A Moral Core for U.S.Foreign Policy,Is Idealism Dead?,"*Policy Review*,December 2007-January 2008,p.9.

③　Joseph S. Nye, Jr.,"Recovering American Leadership",*Survival*,February/March,2008,p.60.

作出相应的调整,美国不仅加强与欧洲、日本的盟友关系,还发展同中国、俄罗斯和印度等大国的合作关系。

同其他大国一样,中国反对美国以武力改变国际关系现状的行为,中国既担心中东地区爆发战火影响国际石油出口线路的畅通,也不希望美国的单边主义干预政策成为当代国际关系的范例①。随着中国综合实力的不断增强,一些西方评论者认为,"中国将成为美国霸权的挑战者"。在迫使伊朗放弃核计划问题上,中国和欧盟国家立场相似,支持反核扩散,但不赞成美国提出的传统意义上的"军备控制"②。在朝核问题上,中国运用"六方会谈"机制,以合作安全(cooperative security)解决冲突模式直接抵制"布什主义"在东亚的影响③。

"9·11"事件以来美国与中国对外战略特点比较

布什领导下的美国	中国
寻求绝对安全	合作安全(寻求同潜在敌手的合作,避免发生冲突。)
单边主义	多边主义
预防性战争、政权变更	确立在规则、规范基础上的合作行为,通过外交手段解决冲突
零和战略博弈	建设性战略博弈,目标是实现共赢的战略结果
藐视国际法、条约、机制	构建国际合作机制

资料来源:American Foreign Policy,2006/2007,p.54。

1. 关注美国国际形象的重塑

当今国际环境下,许多中小国家的国内种族冲突,给美国全球战略和武力干预增添困难,美国在这方面越来越感到力不从心。美国的国防预算超过5000亿美元(还不包括用于伊拉克和阿富汗战争总计1000亿美元以上的补

---

① Glenn P. Hastedt, eds., *American Foreign Policy*, 2006/2007, McGraw Hill Contemporary Learning Series,2007,p.58.

② Li Bin, "China: Weighing the Costs", *Bulletin of the Atomic Scientists*, March/April, 2004, pp.21-23.

③ Peter Van Ness, "The North Korean Nuclear Crisis: Four-Plus-Two—An Idea Whose Time Has Come", in Melvin Gurtov and Van Ness, ed., *Confronting the Bush Doctrine: Critical Views from the Asia-Pacific*, New York: RoutledgeCurzon,2004.

充性开支)①,但美国仍然摆脱不了在伊拉克战争中的困境。这种困境表明,美国不仅高估了单边主义的优势,而且也高估了美国军事实力。近年来,美国不断增长的债务,严重的贸易逆差和财政赤字使美国经济在全球经济中所占份额日益减少,受次贷危机影响,美元进一步贬值,美国主导世界经济的能力不断遭到削弱。

布什在当选总统后的首次记者招待会上曾向美国人民表示,他在总统竞选中赢得了"政治资本"(political capital),他要把这些资本用在处理国内问题上。社会保障、税收改革、促进经济发展、改善教育环境等都是摆在他面前急需要解决的问题。然而,伊拉克战争几乎耗尽布什的所有"政治资本"②。伊拉克战争期间发生的虐囚事件激发了世界范围内反美主义浪潮,一些国家甚至把美国视为当今全球安全的首要威胁③。由于藐视国际法和国际规范,藐视所有不赞成美国行动的国家,使得美国的国际形象大受影响,美国民众普遍认为美国继续扮演全球霸主角色的想法似乎是一厢情愿。美国共和民主两党关于伊拉克战争的争论愈演愈热,导致冷战以来两党达成的外交政策共识的机制几乎不复存在。今天的美国,"重返现实政治"的主张日益强烈,此次总统大选将成为改变美国政策运作方向的"转折点"。为了重塑美国的国际形象,提高民众对美国外交决策的支持率,布什政府正采取一系列的积极措施,使美国回到现实主义的轨道上来。国务卿赖斯在一篇题为"重新思考国家利益"(Rethinking the National Interest)的文章中,除了继续大谈体现美国自由民主理念的价值观外交外,强调国际合作、国际责任以及维护现行的国际秩序成为该文章的重心所在④。以现实态度应对国际安全问题符合美国对外战略的

---

①　Robert Kagan,"The Return of History and the End of Dreams",*Policy Review*, July/August, 2007.

②　Robert W.Tucker and David C.Hendrickson,"The Sources of American Legitimacy",*Foreign Affairs*,November/December 2004,pp.18-32;see also Seymour M.Hersh,*Chain of Command:The Road from 9/11 to Abu Ghraib*,New York:Harper Collins,2004;and *The War on Terror*,New York Review Books 2004.

③　[美]霍华德·拉弗兰基:《美国努力修复形象但效果不佳》,载《今日美国报》2007年6月20日。

④　Condoleezza Rice," Rethinking the National Interest:American Realism for a New World", *Foreign Affairs*,July/August 2008.

需要。

在朝核问题上,布什政府同意接受"六方会谈"机制并与朝鲜达成协定,从而促使朝鲜于 2007 年 7 月宣布关闭国内的核反应堆。随着朝鲜方面已将宁边核设施去功能化,美国宣布将停止对朝鲜的部分制裁。不过,美国开始进入一个比去功能化阶段更为艰难的阶段,该阶段要求以可核实的方式申报已经生产的武器化材料和去功能化的情况,国务卿赖斯称"美国要在现阶段建立起有希望在下一阶段真正实现无核化的信心"①。下一阶段将是就实现美国与朝鲜关系正常化的政治接触进行大量对话的阶段。随着朝鲜核项目撤除的进程继续推进,结束朝鲜半岛的战争状态并建立长期关系正常化的努力正取得进展。参加六方会谈的中国、日本、朝鲜、韩国、俄罗斯和美国之间正在探讨如何建立东北亚安全合作机制问题。

面对伊朗核问题,美国通过采取本国机制和争取国际合作双管齐下的策略,已取得成效。联合国安理会"第 1737 号"和"第 1747 号决议"制裁伊朗的目标是要求伊朗停止核武器研制项目,"其内容包括要求各国必须冻结决议中所列与这些武器项目相关的实体与个人的资产"②。通过合作和集体行动而采取的制裁具有最全面的影响。为达到这一目标,美国扩大与各国政府和民间部门的合作,致力于建立共识和建设能力。前不久,美国副国务卿威廉·J.伯恩斯在日内瓦会见伊朗核谈判代表塞义德·贾利利,标志两国紧张关系出现了明显的解冰迹象③,为美国通过外交途径解决伊朗核问题打下基础。

美国同亚洲大国改善关系的成功经验进一步加强其在亚洲的主导地位。美国在与中国和日本保持良好关系的同时,又与印度和巴基斯坦保持密切合作,在印巴之间建立平衡点。美国对与亚洲多边组织的合作持积极态度,特别是与东南亚国家联盟(ASEAN)的合作。2005 年 11 月,美国利用亚太经合组织领导人非正式会议的机会同与会的东盟国家领导人进行一年一度的多边会

---

① http://usinfo.state.gov 2008.02.28,U S.Embassy's URL（http://chinese.usembassy-china.org.cn）.

② Ibid.

③ ［美］雷厄姆·艾利森:《布什调头回到常识上来》,载［美］《洛杉矶时报》2008 年 7 月 19 日。

晤,通过实施区域经济、政治和安全方面的合作措施,使其作为亚太地区的重要经济伙伴的能力继续增强。

对发展中国家进行人道主义援助,是重塑美国国际形象的一项有益的举措。美国国内自由派人士一直把应对贫穷和疾病问题视为美国外交政策的核心内容,它是美国政治左翼和右翼派最能达成共识的领域之一。甚至是保守派们也认为,美国可以通过减少极度贫困,并用基础教育替代一些伊斯兰学校中的极端原教旨主义,就好像把绝望与困苦的"沼泽抽干",让激进的圣战分子和其他极端分子没有了滋生的土壤①。布什总统在 2008 年的国情咨文中提出:要帮助世界各国消除饥饿、疾病、贫困、文盲现象以及其他可能滋生暴力、极端主义的因素。他强调,美国正在利用其影响力来建设一个更加自由、更有希望、更富同情心的世界。这"既反映了美国的国家利益,也是美国人良知的召唤"②。

布什政府还提出帮助 15 个非洲国家将疟疾死亡率降低一半的计划,要求国会重新授权实施"总统防治艾滋病紧急救援计划"(President's Emergency Plan for AIDS Relief),提出要在今后五年将拨给该计划的资金从 150 亿美元增加到 300 亿美元。该计划不仅是布什访问非洲五国的重点议题,也是美国在发展中国家中树立良好形象的重要举措。对于即将完成政治使命的布什政府来说,以上这些计划对于重塑美国国际形象是十分必要的。2008 年 7 月 30 日,布什又签署法律,将"总统防治艾滋病紧急救援计划"展期五年。在 2009 年至 2013 年期间美国政府将提供 480 亿美元的资金,用于抗击艾滋病在非洲大陆的蔓延。艾滋病依然是世界面临的最大人道主义挑战之一,2003 年,非洲撒哈拉以南地区(sub-Saharan Africa),只有 5 万人得到抗反转病毒治疗。美国国务院称:"总统防治艾滋病紧急救援计划"为该地区近 170 万人的治疗提供资金,还为从亚洲到东欧的世界各地数以万计病人的治疗提供资金。这项计划已被视为在非洲产生重大影响的范围更广的发展议程的一个组成部

①　Derek Chollet and Tod Lindberg, "A Moral Core for U.S. Foreign Policy, Is Idealism Dead?" *Policy Review*, December 2007-January 2008, p.132.

②　http://usinfo.state.gov 2008.01.29, U.S. Embassy's URL. (http://chinese.usembassy-chin. org.cn)

分,为非洲人民得到美国人民的关爱开启了一个窗口。"①

2."9·11"后美国与大国关系

"9·11"事件后,美国亚太安全战略的重点也开始调整。从重点防范中国有可能成为地区强国转变为将反恐作为其亚太安全战略的最优先事务。美国亚太安全战略调整的特点及趋势主要表现为:加强与亚太盟国的双边和多边合作、加强美日安全联盟、支持日本在地区安全事务中发挥更大的作用、加强美军在亚太地区的前沿部署和力量投送能力、将东南亚作为"打击恐怖主义战争的第二前线"、加快发展弹道导弹防御系统,在亚太地区建立导弹防御体系、加强台湾军队的作战能力,强化美台军事安全关系、发展与中国周边国家的安全关系等②。美国还企图制定一整套"胡萝卜加大棒"的政策,让东南亚国家相信美国正致力于布什总统"在全球传播民主"的目标,而美国与新加坡、文莱、马来西亚和泰国签署双边《领空开放协议》③,目的是永久维持美国对东亚地区主导地位。

长期以来美国对中国采取既接触又制约的政策,"9·11"事件后,布什政府加强与中国在反恐、地区安全等领域的合作。2004年11月中美两国领导人在智利圣地亚哥出席亚太经合组织第12次领导人非正式会议时达成关于构建中美战略对话机制的共识,是中美在战略和政治层面进行沟通的重要平台④。

2005年8月,首次中美战略对话在北京举行。此后,作为定期对话机制,中美战略对话定期在中美间轮流举行,从2005年8月开始至2008年12月,共计举行过六次,这六次对话都围绕中美双方共同关心的重大国际与地区问题进行,如全球反恐、防止核武器扩散、气候变化、能源安全、环境保护、东北亚安全、伊朗和达尔富尔及其国际社会普遍关注的问题。双方从战略角度,进行

---

① 《总统艾滋病紧急救援计划》展期五年,美国国务院国际信息局,《美国参考》2008年7月31日。

② 夏立平:《当代国际体系与大国战略关系》,时事出版社2008年版,第311—332页。

③ Dana Dillon and John Tkacik, Jr., "China's Quest for Asia", *Policy Review*, December 2005-January 2006, pp.29-44.

④ 《中美第四次战略对话今日开幕,涉及能源环保等》,载《中国证券报》2007年6月20日。

坦诚、深入和有建设性的讨论,进一步增进了相互了解,扩大了共识,扩大了共同利益,在平等和相互尊重基础上加强交流合作,增进战略互信,保持高层交往,加强在国际事务中的磋商与协调,妥善处理敏感问题,共同确保中美关系长期健康、稳定发展。双方一致认为,在新的国际形势下,中美两国以建设性的态度看待和认识对方十分重要,双方重申,中美关系长期健康稳定发展符合两国和两国人民的根本利益,对促进当前和今后亚太地区和世界的和平、稳定与发展具有重大意义。

在中美两国六十多个磋商机制中,"战略对话"与"战略经济对话"是双边交流的两个重要机制。两项机制自确立以来,中美在事关两国关系的深层次、战略性重大问题方面进行了富有成效的沟通与交流。中美战略经济对话于2006年9月由美国财政部部长亨利·保尔森和中国国务院副总理吴仪在北京启动,对话侧重战略和经济层面,一年举行两次,共举行了5次。随着中美关系的不断发展和国际形势的变化,特别是在国际金融危机背景下,进一步加强合作与沟通显得尤为必要。在这种背景下,中美战略与经济对话机制应运而生。同此前的机制相比,中美战略与经济对话不仅层次更高,而且内容更丰富。[①]

2009年7月27日至28日,首轮中美战略与经济对话在华盛顿举行。中国国家主席胡锦涛的特别代表、国务院副总理王岐山和国务委员戴秉国与美国总统奥巴马的特别代表、国务卿希拉里·克林顿和财政部长盖特纳共同主持了对话。中美双方就双边关系,两国在经济、金融及相关领域的合作,两国在全球性问题以及地区问题上的合作,战略与经济对话机制等问题达成了广泛共识。中美关系是当今世界最重要的一对双边关系,同时从很多方面来讲也是最复杂的一对双边关系。[②] 中美双方对话过程中增加互信,促进合作,使两国关系保持发展势头和相对稳定,使两国人民乃至世界得到好处,才是目的所在。

---

① 《背景资料:中美战略与经济对话》,新华网2011年5月23日。

② 廖峥嵘:《中美结构性矛盾被夸大了》,载《环球时报》2014年8月19日;贾秀东:《中美战略与经济对话……务虚求实两相宜》,新华社2011年5月8日,http://news.xinhuanet.com/world/2011-05/08/c_121390793_3.htm。

　　中美战略与经济对话是一种独特的"务虚会",双方不拘泥于双边关系的具体事务,不以具体成果作为成功与否的评价标准,坦诚务虚,在务虚中求实,已成为两国战略沟通的重要平台。中美战略与经济对话机制是战略性沟通,不是实务谈判,不讨论细枝末节的问题,不为两国关系中个别分歧和摩擦所累。对话涉及的问题都是两国当前和今后一个时期面临的重大而紧迫的问题。同时,双方围绕中美关系的重点发展方向和两国合作的重点领域,审视正在进行的合作议题和项目,规划下一阶段新的合作议题和项目,达成谅解和共识。对于中美关系的发展来说,这本身就是十分务实的,也是开展战略与经济对话的一个重要初衷。第二轮战略与经济对话期间,两国主管部门还签署了多项合作文件,双方在战略对话轨道达成 26 项具体成果,在经济对话轨道达成四十多项具体成果。双方希望通过战略与经济对话,为自己关切的具体问题寻求解决方案。美方期盼战略与经济对话能为其关心的朝核、伊朗核、苏丹以及人民币汇率、贸易不平衡、知识产权保护、政府采购、资本市场限制等问题的解决带来促进。中方也直言不讳地提出亚太安全、涉台、涉藏等问题以及关于美方应放松对华高技术产品出口限制、公平对待中国赴美投资企业、以合作方式迅速承认中国市场经济地位等问题。中美双方从战略的角度来看待和分析问题,但战略性的问题也要涉及具体的问题,两者结合起来以后,战略性的比重加大,具体的问题上升到战略的角度来加以处理,所以这个对中美关系的进一步发展很有价值,意义也很重大。[①]

　　中美战略经济对话是世界上最大的发展中国家和最大的发达国家之间在经济领域的战略性对话,它是中美现有磋商机制中级别最高的一个。此外,作为美国政治和安全事务高层对话(Senior Dialogue)的补充内容,美国主管地区事务的助理国务卿同中国外交部部长助理定期举行地区性的次部长级对话,探讨美国和中国如何更好地了解有关地区的国家所面临的种种挑战及应对这些挑战的方式。美国在亚洲盟国和安全伙伴的支持下在该地区保持的强大部署,同时开展外交接触政策,除了在该地区保持牢固的政治及安全关系外,美

---

　　① 《"战略与经济对话"多出"与"字有何含义》,搜狐新闻 2009 年 7 月 23 日,http://news.sohu.com/20090723/n265431758.shtml。

国还通过五十多种对话、论坛和工作组同中国政府接触,商讨的议题涉及从航空到反恐怖主义、从食品安全到不扩散事务的广泛领域。上述对话不仅在两国高层政府官员、外交人员和军方官员之间进行,还在工作级别的专业人员之间进行,便于两国就具体政策问题开诚布公地交换意见和磋商,以重塑美国负责任的大国形象。

2005 年中美战略对话机制建立以来,中美分别在人权、军事、经贸和国会事务、反恐合作、防止艾滋病合作、奥运安全合作、能源政策对话等领域展开定期交流。中美通过战略对话机制这一新的平台,直接坦诚地交换意见,加强信息沟通,解决现实矛盾,共同预防和应对可能出现的新问题。尤其是"战略经济对话",经过双方共同努力,先后签订了一系列重要文件,内容涉及产品质量、食品安全等。通过双边机制,中美正努力解决双边经济不平衡问题,并在市场准入、知识产权等问题上取得进展。

中美战略合作的可行性和必要性已通过处理国际危机得以体现。两国对外战略的特点决定双方的战略互动关系经常出现困境。两国在台海、人权、贸易逆差、人民币汇率等问题上双方仍摩擦不断。今天,中美双方都面临国际环境变化,如何寻找双方共同点,坚持灵活性与原则性相结合是维持双边关系的关键。当美国发动伊拉克战争时,中国与法国、俄罗斯一起反对美国的行动,批评美国推行单边主义的战略,重申伊拉克战争的合法性存在问题,因为伊拉克战争为美国今后入侵行为免受国际制裁开了先例①。伊拉克战争结束后,中国愿意参加伊战后重建,还主动向伊拉克提供美元援助,使中国在中东地区既掌握主动权,又保持一定的灵活性。

中美在许多方面存在结构性矛盾和共同利益。一方面美国推行积极的接触政策,鼓励中国加入各种国际组织,比如 WTO,做一个负责任的利益攸关方;另一方面推行消极的防范政策,把中国视为潜在战略竞争对手,继续在亚太地区维持其军事同盟和军事存在。事实上,美国正试图通过介入更多国际安全事务来整合这两套政策。

① Jonathan Pollack, "China and the United States Post September 11", *Orbis*, Autumn, Vol.47, 2003, p.617.

但美国对中国的战略猜忌没有质的变化,美国仍将中国视为自由贸易和安全的威胁,试图在亚太乃至全球遏制中国力量的发展,美国实施所谓的"两面下注"战略,既要求中国成为国际体系中"负责任的利益攸关方"(responsible stakeholder),又对中国进行战略防范。2005 年 9 月 21 日,美国副国务卿罗伯特·佐利克(Robert Zoellick)在美中关系全国委员会上发表对华关系演讲时指出:美国认同中国走和平发展道路,确认中国"走新兴大国从未走过的道路"是一条从封闭走向开放,从自成一体到加入经济全球化的成功道路。佐利克在演讲中强调美国应"鼓励中国成为国际体系中一名负责任的、利益攸关方(a responsible stakeholder)"①,引起世界各国的关注。中国的和平发展有利于维护世界的和平与稳定,她不仅不影响美国的全球战略利益,相反,她将促进和改善当今的国际环境。如果中美都从战略利益高度出发,佐利克的讲话必将对未来中美关系产生积极的影响。

伊拉克战争后,美国努力修补与欧盟、俄罗斯的关系,通过美、欧、俄三边互动关系结构,可以看出美国对欧战略的特点。第一,地缘政治模式,由于美国处于"超强"地位,欧盟、俄罗斯与美国之间不存在导致全面对抗的根本性矛盾。它们之间的相互关系在"斗而不破、合而不从"框架内维持和发展。第二,国际机制功能,改善和促进北约与俄罗斯双边关系的"北约—俄罗斯理事会"(即 20 国机制),是国际机制模式在特定环境的灵活运用。布什政府坚持:美国和俄罗斯关系一直是基于共同利益多过共同价值观,美国应该找到与俄罗斯合作并达成战略一致的领域。实现引导强国和正在崛起的大国成为国际秩序的利益攸关方②。第三,地缘经济模式,美、欧、俄之间经贸关系表现为结构性的摩擦与合作,为了制衡美国,欧盟与俄罗斯加快发展双边贸易步伐,2002 年双边贸易额达 830 亿欧元③,但美国与欧盟是世界上最重要的两个经济主体,全球经济很大程度上依赖于这两个经济体的表现,受他们的双边关系

---

① Robert Zoellick, "Whither China: From the Membership to Responsibility", *Washington File*, August 26, 2005, p.5.

② Condoleezza Rice, "Rethinking the National Interest: American Realism for a New World", *Foreign Affairs*, July-August 2008.

③ 夏立平:《当代国际体系与大国战略关系》,时事出版社 2008 年版,第 137 页。

和它们在国际机构中关键角色的影响。第四，合作共赢模式，美、欧、俄从维护共同利益出发，在对付非传统安全威胁、在反恐、防止大规模杀伤性武器扩散、毒品走私、跨国犯罪、环境污染、疾病传播等方面的合作取得进一步发展。美国与欧盟是世界上最大的双边贸易伙伴，双方目前每年的贸易总量超过6000亿欧元①。尽管美欧政治外交关系由于冷战后双方共同战略目标的缺失而存在现实利益上的差异，但牢固的经贸关系依然是美欧保持良好关系的基础。

美国将美、中、日三角关系视为东亚安全稳定的基础，美日两国都因中国崛起而面临共同的挑战。双方"在不把中国看作威胁上利害关系取得了一致"。由于担心中国崛起改变东亚地区政治经济格局，日本产生战后以来首次的不安全感。中国将其战略重心放在美国身上，试图通过改善中美关系来影响中日关系，这一战略在稳定中美关系上有明显成效，但并未分化美日战略同盟关系。美国是日本的唯一安全盟友，在这种情况下，中国愈是把战略重心移向美国，日本就愈向美靠拢，因为日本不愿意在外交上被边缘化，使美国成为中美日三角关系的最大赢家。构建"中、美、日三边安全合作和增强信任机制"，主张三边关系实现"互利共赢"，对解决三国之间存在的利益分歧、对维护东北亚乃至整个亚太地区的稳定都是至关重要的。根据权力均衡理论，"美国与日本处于同盟关系，中国不可能对日本构成威胁"②。因此，中国在与美国发展战略伙伴关系的同时，应在处理中日关系上将原则性和灵活性有机地结合，使中日关系反过来影响中美关系的发展。

过去的几年，国际体系发生了巨大变化，伊朗已经崛起为中东的一个大国，具有讽刺意味的是，这部分原因普遍被认为是美国发动伊拉克战争、推翻萨达姆政权造成的③。全球气候变暖加上日益严重的能源危机，使得核能对更多国家来说越来越具有吸引力，但这又无疑增加了核武器扩散的危险。在分析美国国际能源战略的特点时，强调美国维护其在中东地区能源的战略意

① 赵怀普：《当前美欧关系：大趋势与新变化》，载《现代国际关系》2008年第2期，第40页。

② ［美］约瑟夫·奈：《中国的威胁如何改变日美同盟关系》，载［日］《东洋经济周刊》2008年6月14日。

③ Howard Lafranchi, "Despite Iraq discord, world eager for U.S. Diplomacy", *The Christian Science Monitor*, March 20, 2008.

图,美国以增加国内石油战略储备,使用军事力量保证外国石油稳定安全输往美国的重要性。虽然美国对伊战争是出于推翻萨达姆政权、在伊建立"民主"制度、反恐等多重动因,但其中主要动因是"为了控制伊丰富的石油资源"①。美国情报部门越来越意识到,"能源价格与环境问题、地缘政治和国际关系等互动会产生难以预料的结果,必须通盘考虑"②。

美国国家情报署(the National Intelligence Council)2004 年报告中指出:"中国和印度崛起成为新的全球大国(像 19 世纪的德国和 20 世纪的美国)将会改变全球地缘政治格局,其潜在的影响将如同当年德国和美国一样巨大。"③报告预测:到 2025 年,中国和印度将会分别成为世界第二、第四大经济强国,称"这就预示着世界政治多极化的到来"④。事实上,美国需要应对的问题不在于是否容忍"中国在世界上的地位越来越高,而在于美国将如何解决开始的相对地位的变化"⑤。后冷战时代美国面临的挑战是:在涉及全球安全的许多重要问题上,不能仅靠自己的军事力量和任何其他单一的手段,需要综合地运用防务、外交、发展援助、自由贸易以及通过民间和社会的努力等各种手段,实现其对外战略目标。美国共和党总统候选人约翰·麦凯恩关于建立以美国为核心的"民主联盟"构想提出后,立刻在西方引起反响,认为这是在发起新的"冷战",因为美国在许多重大国际问题上需要大国合作⑥。未来美国对外政策仍会受到三大问题的困扰:一是国内的党派斗争,二是无法得到盟国的全力支持,三是没有足够的力量投入反恐战争。而如何建立并维护世界秩序和美国国家安全战略,是对未来美国外交战略的基本考量。

---

①　夏立平:《当代国际体系与大国战略关系》,第 365 页。

②　《参考资料》2007 年 9 月 20 日,第 35 页。

③　National Intelligence Council, "Mapping the Global Future:Report of the National Intelligence Council's 2020 Project", Washington D.C.:U.S.Government Printing Office, December, 2004, p.47; see also, Gregory F.Treverton and Seth G.Jones, "Measuring National Power", Santa Monica, Calif.:RAND, 2005, pp.iii, ix–x.

④　The Project of the National Intelligence Council, 2005; see also Daniel W.Drezner, "The New New World Order", *Foreign Affairs*, March/April, 2007, p.34.

⑤　[美]罗伯特·卡普:《未来冲击》,载[英]《金融时报》2008 年 5 月 26 日。

⑥　[英]迪恩·拉赫曼:《为什么麦凯恩的大构想是个糟糕的构想》,载[英]《金融时报》2008 年 5 月 6 日。

3. 中美关系改善的契机

自 2001 年 4 月 1 日中美"撞机事件"到 2009 年 1 月小布什离开白宫,在近 8 年时间里,美国对华政策出现了三个具有标志性意义的事件,两国关系保持了冷战后最长时段的和平稳定状态。第一件事发生在 2003 年 12 月 9 日,小布什总统在白宫会见温家宝总理,并面对全球媒体正式表态反对陈水扁搞"入联公投"。这被普遍解读为美国最高领导人首次公开反对"台独"。自此之后,中美之间围绕台湾问题的较量主要不再是美国支持"台独"与否,而更多聚焦于美国对台军售。第二件事是罗伯特·佐利克在美中关系全国委员会提出了几个具有重大战略意义并带有某种颠覆性的命题:中国不反美、不反民主、不反资本主义、也不反现存国际体系。因此,美国不能再用大国关系的旧模式看待 21 世纪初的中国,而应调整过去 30 年来的对华政策,鼓励中国成为国际体系中"负责任的利益攸关方"[1]。"利益攸关方"概念的提出,标志着美国对华战略的基础由"中国威胁论"和"中国崩溃论"转向"中国责任论"和"中国崛起论",对华战略手法由"接触+遏制"转向"融合+牵制",具有某种转折性意义。第三件事发生在 2008 年 8 月 8 日,小布什携一家六口来华参加北京奥运会开幕式。在当时西方借"3·14"西藏骚乱事件抵制北京奥运甚嚣尘上之时,小布什一家的到来客观上起到某种示范效应,带动多国元首访华,宣告西方抵制北京奥运图谋的破产;同日,俄格冲突发生,小布什未紧急回国,仍如期在京停留三天观看奥运赛事。这一事件表明,在攸关 13 亿中国人民民族情感的重大问题上,小布什总统顾全大局,由此一定程度改善了中国民众对美国的印象[2]。总之,美国对华态度有所缓和,其认识的出发点中美两国间共同经济利益所产生的吸引力和与国际机构一体化带来的缓解作用,足以阻止中美未来发生任何直接冲突[3]。

---

① "Whither China: From Membership to Responsibility?" Remarks by Deputy Secretary of State Robert B. Zoellick at National Committee on U.S.-China Relation's Gala Dinner, New York City, September 21, 2005, http://www.ncuscr.org/files/2005Gala_RobertZoellick_Whither_China1.pdf.

② 袁鹏:《关于构建中美新型大国关系的战略思考》,载《现代国际关系》2012 年第 10 期,第 3 页。

③ Aaron L. Friedberg, "The Future of U.S.-China Relations, Is Conflict Inevitable?" *International Security*, Fall 2005, p.12.

以上三件事之所以相继发生并总体对中国有利,一个特殊背景就是"9·11"事件的突发。由于"9·11"事件,小布什被迫将战略重心锁定于全球反恐,并将地缘重心转向中东、中亚。这一变局客观上使小布什政府淡化了"中国威胁论",弱化了对亚太地区的经营,并期待同中国的战略合作,由此极大减缓了对中国的战略压力。更重要的是,中国政府对"9·11"事件及后续的美国战略调整作出了迅速准确的战略判断,将联合反恐视作改善和发展中美关系的战略机遇。于是,中美联合反恐的大气候压住了其他各种矛盾汇集而起的小气候,中美关系遂相对平稳度过了七八年①。

第二节　"9·11"后中美战略关系的发展

国际政治学中"战略"一词通常用来表示一个国家运用现有实力实现长远目标的谋划。为了将有限资源转化为最大化的国际影响,国家需要根据本国实情制定切实可行的对外战略。20 世纪 80 年代中美战略关系从整体结构上看,基于这一前提,至今仍有不少美国政治家认为 80 年代是中美关系发展的"黄金时期"②。究其原因,不难看出当时美苏实力对比发生变化是"美国调整对华战略关系次序的基础"③。"六四"事件后,美国错误地判断中国国内形势,采取了一系列损害两国关系的行为,使双边关系出现严重倒退,这其中也有中美苏三角关系战略基础不复存在、苏联因素迅速减弱的原因。

"9·11"事件后,中美关系又有了新的战略支撑点,两国政治、经济、文化交流日益发展,随着中国的和平崛起,中美交往的领域不断拓宽,从防止核武器扩散到集装箱安全,从共同打击恐怖主义活动和国际犯罪到维护阿富汗国

　　① 袁鹏:《关于构建中美新型大国关系的战略思考》,载《现代国际关系》2012 年第 10 期,第 3 页。

　　② 1979 年苏联入侵阿富汗后,美国立即宣称中国为"友好国家",并将中美关系提升到战略合作高度。James E.Dougherty & Robert L.Pfaltzgraff,Jr.,*American Foreign Policy:FDR to Regan*,New York:Harper & Row,Publishers,1986,p.306.

　　③ 美国尼克松中心第 16 期《活动简报》2004 年 12 月,转引自《参考资料》2005 年 1 月 5日,第 1 页。

内稳定①,中美合作取得明显的成效。参加朝核问题六方会谈的美国代表团团长、助理国务卿克里斯托弗·希尔(Christopher Hill)公开表示,中美在解决朝核问题上存在共同战略利益,中美应进一步加强合作②。

一　中美战略关系的基础

国际关系中国家利益是通过对外政策和行为体现的,它是硬权力和软权力的总和③,意识形态、道德、文化和法律因素体现国家利益的存在。中美赖以建立战略关系的基础隐含着两国对上述利益的诉求。

1972年,中美两国由于各自战略利益需要,宣布实现关系正常化。中美两国社会制度不同,意识形态和价值观念迥异。历史上,中美两国曾经是盟友,也曾经是敌人。但如果从战略的角度审神两国关系,中美在全球、地区以及非传统安全领导存在战略合作与竞争关系。

首先,中美在制止扩散大规模杀伤性武器及运载这些武器的导弹方面有着共同利益,危险武器扩散不仅不符合美国的全球战略利益,也将"破坏中国发展所需的良好安全环境和健全的国际经济状况"④。中美在处理朝核问题上的合作体现这一目标。其次,中美在打击全球性恐怖主义活动中存在共同的战略利益。中美在联合国的合作以及查找恐怖主义分子在中国银行的资金,成为两国合作的一个良好开端。之后,两国高层领导人互访不断,各种对话机制日趋完善⑤。当时的世界银行行长沃尔福威茨和国防部部长拉姆斯菲

---

①　Chuck Hagel,"America Must Deal with Reality of a Rising China",*Financial Times*,August 10,the Bureau of International Information Programs,U.S.Department of State,*Washington File*,August 11,2005,p.4.

②　"Six-Party Talks Make Progress,But Gaps in Agreement Remain",the Bureau of International Information Programs,U.S.Department of State,*Washington File*,August 9,2005,p.7.

③　Joshua S.Goldstein,*International Relations*,New York:Longman,2001,p.203.

④　Robert Zoellick,"Whither China:From the Membership to Responsibility",*Washington File*,August 26,2005,p.5.

⑤　2005年10月20日中美签订《航空安全协定》,共享航空管理资源,见 *U. S. - China Aviation Agreement*,Federal Aviation Administration Press Release,Oct.20,2005,Washington File,Oct.24,2005,p.6;2005年11月8日中美又签订《纺织品贸易协定》,协定有利于两国经贸关系的进一步发展,见 *U.S.-China Comprehensive Bilateral Textile Agreement*,Washington File,Nov.9,2005,p.6.

尔德相继访问中国,他们在访华期间显露出来的资讯,表明美国政府内部主张对华强硬派人士,在对中国认知方面正发生微妙变化。

中美两国政治制度存在巨大差异,改变长期以来的不信任状况需要中美依赖于可作为两国关系基础的战略思想,通过推动两国民间关系和经济、文化交流合作,来影响两国政治关系的改进。佐利克副国务卿访华时重申中美建立战略合作关系的前景,强调"美国对外政策的目标是把中国纳入到世界安全、经济和政治体系中"①。"要中国与美国共同确立未来国际体系","共同迎接新世纪的挑战"②。20世纪80年代初,中美两国曾经寻求在较大的战略背景下看待双边关系,苏联的扩张政策为双边合作提供战略依据。随着苏联的垮台,中美合作的战略基础出现缺位,中美都希望找到符合双边利益的战略共同点。

由于中国正在利用不断增强的经济和外交实力广泛参与国际事务,美国对中国的战略猜忌没有质的变化,美国仍将中国视为自由贸易和安全的威胁,试图在亚太乃至全球遏制中国力量的发展。中国的崛起对亚太地区的安全环境产生重要影响,尽管一些国家希望中国的快速发展能受到美国持续致力于该地区防御行动的制约,但很少有国家愿意在中美两大国之间明确作出支持任何一方的选择。如果中美在亚太地区建立战略互信,双方在该地区的战略利益将会获得共赢。

虽然中美在反恐、防止核不扩散等问题上有着共同利益,但两国利益受不同的意识形态和道德因素影响,导致中美对上述问题的判断和处理存在不同标准。以朝核问题为例,中国希望朝鲜半岛无核化,保持半岛局势的稳定,而美国则更想改变现状,中美结构性矛盾一时难以消除。台湾问题是制约中美战略关系发展的障碍,就美国的远东战略利益而言,美国希望在台海地区保持战略平衡,以利于它主导东亚地区安全格局。但美国则把台湾问题视为"政治和价值观问题",甚至对台湾的所谓"民主"大加褒奖,利用台湾问题遏制中国的发展是美国对华政策的重要战略选择。"9·11"事件发生后,全球范围

---

① Robert Zoellick, "U.S.Wants Deeper Cooperation with China", the Bureau of International Information Program, U.S.Department of State., *Washington File*, August 4, 2005, p.5.

② Robert Zoellick, "Whither China:From the Membership to Responsibility", *Washington File*, August 26, 2005, p.5.

内的反恐合作给中美两国发展战略协作关系带来契机。但中美两国对这场战争打法的不同观点又使两国合作受到限制,例如,"中国反对被美国称为反恐战争核心的伊拉克战争"①。此外,阿富汗战争后,美国加强其在中亚地区的长期军事存在,引起中国和其他国家对美国新亚洲地缘政治的担忧。

从现状分析,中美关系比过去更有成效,两国在"集装箱安全问题上的合作、两国维护台湾海峡和平的共同目标以及不断增长的双边贸易,两国金融关系也变得越来越重要"②。但是,中美对软实力的理解存在不同的价值取向。"中国对美国先发制人的战争、推动民主以及美国维持世界超级大国地位的欲望十分关切。"而美国由于缺乏正确认识中国和平崛起的信心,总是担心中国不断增强的经济影响力会转化为政治和外交影响力,影响美国保持其对世界的主导地位。韩国、日本和澳大利亚与中国的贸易日趋繁荣,这些美国盟国在很大程度上不得不平衡美国与中国的利益。"这一趋势可能会转变为减少对美国利用盟国在亚洲的基地采取'本地区范围以外的行动'的支持。"③此外,中国对美国宏观经济管理的担心正在加剧。因为美国的低储蓄率、巨额预算赤字、能源政策和高消费正在危害世界贸易体系。在行为体之间利益发生冲突的情况下,互惠(reciprocity)是实现合作的有效战略。根据国际关系理论,互惠战略有积极的支持和消极的制裁两种④。中国赞成前者,绝不与美国搞军备竞赛,中国希望与美国在互惠的基础上实现战略合作。美国《中国军力评估报告》公布前后,前国务卿基辛格立即发表评论,反对这种激化中美矛盾的举措。他告诫美国,在对华政策上"不应该使用冷战时期的遏制政策"⑤。虽然佐利克认为,美国国防部的这份军力评估报告"不具有对立的性质",但

①　《何汉理等中国问题专家分析中美关系现状及前景》,美国尼克松中心《活动简报》2004年第16期,转引自《参考资料》2005年1月5日,第2页。

②　"China's Port of Shenzhen Joints U.S.Container Security Initiative", *Washington File*, June 27,2005,p.2.

③　《何汉理等中国问题专家分析中美关系现状及前景》,美国尼克松中心《活动简报》2004年第16期,转引自《参考资料》2005年1月5日,第2页。

④　Robert O.Keohane, "Reciprocity in International Relations", *International Organization* 40 (1), 1986, pp.1-2; Deborah Welch Larson, "The Psychology of Reciprocity in International Relations", *Negotiation Journal*,4,1988,pp.281-301.

⑤　Henry Kissinger, "Conflict is not an Option", *International Herald Tribune*,June 9,2005.

他在讲话中要求中国增加国防建设的透明度,说明美国对中国和平崛起的战略防范心理仍未改变。

二　中美战略合作与竞争

冷战结束后,随着中国经济的快速发展,中国的综合国力显著增强。中国根据自身的实力(如领土、人口等)对未来成功的期盼,对东亚、东南亚、南亚和中亚地区权力平衡的影响程度决定其对外战略实施的能力。中国在核大国俱乐部和联合国安理会的影响力、中国领导人作为伟大文明和富于智慧民族的代表在支配国际事务的能力等都是确立国家对外战略的能力之一①。但美国国内的一些政治精英,甚至是中国问题专家纷纷发表文章,呼吁美国政府制定新的对华战略,以遏制中国崛起的势头。本杰明 · 施沃兹(Benjamin Schwarz)在《大西洋月刊》发表文章指出,当小布什在 2001 年就职时,在美国无论是共和党人还是民主党人最为关切的国家安全问题就是中国的崛起,中国被美国国防部某些官员看成是美国在东亚地区的经济和军事较量者②。罗伯特 · 卡普兰(Robert D.Kaplan)也在同一期中撰文指出,中东问题只是暂时现象,中美的军事竞争则将定义整个 21 世纪,而中国会是一个比俄国更为可怕的对手,它构成对美国自由主义统治的主要挑战③。

美国传统基金会在《美国急需定义"中国政策"》的研究报告提出:美国对华政策的核心内容有三点:第一,一个中国原则;第二,反对单方面改变台湾现状(所谓"现状"由美国自己定义);第三,不支持台湾独立。然而,这三项原则事实上词句含糊,空洞无物,美国政府未能赋予"一个中国"或"台湾现状"以明确的定义,这两个提法本身也自相矛盾④。作者呼吁美国政府对台湾给予

---

①　Michel Oksenberg and Elizabeth Economy, *Shaping U.S.-China Relations:A Long-Term Strategy*, p.33.

②　Benjamin Schwarz, "Managing China's Rise—Contending Effectively with China's Ambitions Requires a Better Understanding of Our Own", *The Atlantic Monthly*, Vol.295, Issue 5, June 2005.

③　Robert D.Kaplan, "How We Would Fight China", *The Atlantic Monthly*, Vol.295, Issue 5, June 2005.

④　John J.Tkacik, "America's 'China Policy' Is in Urgent Need of Definition", Washington, D. C.*Heritage Foundation Lecture*, No.874, April 19, 2005, p.2.

更大的关注,不仅因为台湾是一个繁荣的"民主国家",还因为它是美国最大的出口市场之一,而且是美国重要的国际安全伙伴。该报告建议国会采取如下措施来修补美国政策的错误。国会首先需敦促政府对台湾政策加以定义,政府至少应该在内部形成对台湾问题的参考体系,明确什么算是台湾的现状,什么算是美国所认为的一个中国原则。其次是要保持联系,即里根总统提出的"永久义务":中国对台湾的和平统一——美国对台湾防务的支持——台湾继续与中国分离——美国的利益,因此任何大陆威胁和平统一的行为都将引起美国对台湾民主的进一步支持①。美国还需要一个战略,使它清楚地明白在十年或二十年后希望看到一个怎样的大陆和台湾,中国不是一个静止不变的世界大国,而是会根据它自己的利益改变亚洲的政治格局,从这个意义上说,美国就更应及时明确自己在亚洲的战略利益和目标。

21 世纪中国正处在和平发展时期,中美关系在战略竞争中发展,2001 年中美撞机事件发生后,两国紧张关系的升级以及中美在台湾海峡敌对可能性的增加等因素,促使美国学者对中国危机管理方面的研究。艾伦·惠廷(Allen S.Whiting)早在 1975 年关于"中国外交政策中的理性"的探讨就已关注中国危机管理方面的问题,研究重点是中国在危机中的决策,包括特定国内机构在信息传递方面的角色以及精英决策的背景②。保罗·戈德温(Paul Godwin)和史文等也做了一些探讨③。今天,对中国安全领域的研究已超出传统意义上对安全的界定,能源、环境、气候变化等新安全因素不断出现。尤其是中国的发展对能源的需求正在大大增加,石油是中国能源战略的组成部分。埃里卡·S.唐斯(Erica S.Downs)和伯纳德·科尔(Bernard Cole)在考察中国增加石油进口对自身外交战略影响时,强调国内机构的作用以及这些机构在

---

① John J.Tkacik, "America's 'China Policy' Is in Urgent Need of Definition", Washington, D.C. *Heritage Foundation Lecture*, No.874, April 19,2005, p.4.

② Allen S.Whiting, *The Chinese Calculus of Deterrence*, *India and Indochina*, Center for Chinese Studies, the University of Michigan Press, 1981, pp.226-233.

③ Michael D.Swaine, "Chinese Crisis Management: Framework for Analysis, Tentative Observations, and Questions for the future", and Paul H.B.Godwin, "Decision-making under Stress: The Unintentional Bombing of China's Belgrade Embassy and the EP-3Collision", in Andrew Scobell and Larry M.Wortzel, (ed.), *Chinese National Security Decision-making under Stress*, Carlisle, PA: Strategic Studies Institute, U.S.Army War College, 2005.

中国对外能源战略方面和中国努力保护获取国外石油方面存在的相互竞争的利益。出于对中国崛起和中美冲突的关切,美国中国问题专家们对中国确保国际石油来源战略及其对未来中美冲突意义研究的兴趣大大加强①。

进入 21 世纪以来,中美战略合作与竞争的前景一直存在不确定变数。一方面美国共和民主两党都声称要保持对华外交政策的一致性,都强调中美合作的重要性,都作出过"一个中国"的承诺。小布什担任美国总统时在许多场合曾形容当时的中美关系是建交以来最好的时期;但另一方面,体现在对华战略层面上,美国正试图从政治上、军事上、经济上遏制中国的发展②。美国向欧盟施加巨大压力,反对取消对华武器禁运。美国加紧把日本、台湾整合到美国的武器防御系统,向中国周边国家和地区出售先进武器,支持海内外反对中国的势力,强调"民主"同盟的价值,用"民主同盟方式来围堵中国"③。中国在应对美国的这种意在遏制中国崛起的全球战略时,一方面要避免与美国陷入一场类似于冷战时期的美苏对抗局面;另一方面在避免处于战略上被孤立的同时继续营造一个崛起的国际环境,以理性和现实主义的对策来回应中国的国际环境。消除周边国家对中国崛起的疑虑。确立和平崛起战略意图和决心,争取国际社会的更大空间,以打破美国对中国的政治、军事围堵,实现中美全面战略合作,共同面对未来世界的挑战。

为了维护中国的国家安全利益和海外合法权益,中国根据经济增长比例适当提高国防预算,引起美国一些人的猜忌,他们指责中国军费增长过快。美

---

① Erica S. Downs, "The Chinese Energy Security Debate", *China Quarterly*, No. 177, 2004; Bernard D. Cole, *Oil for the Lamps of China-Beijing's Search for 21st-Century Search for Energy*, Washington, D.C.: Institute for National Strategic Studies, National Defense University, 2003; David Zweig and Bi Jianhai, "China's Global Hunt for Energy", *Foreign Affairs*, September/October, 2005.

② 2005 年 4 月 6 日,由来自纽约州民主党参议员查尔斯·舒默(Charles Schumer)和来自南卡来罗那的共和党议员琳赛·格雷厄姆(Lindsey Graham)推动的一项提案在美国参议院获得通过,要求人民币在 6 个月内升值,否则将对中国进口商品增收 27.5%的惩罚性关税。2005 年 5 月 16 日,美国参议院以 67 票对 33 票通过提议。根据 WTO 有关规定,中美纺织品贸易谈判于 2005 年 8 月 16—17 日在旧金山举行,参见"United States, China to Negotiate Broad Textile Agreement", *Washington File*, August 12, 2005, p.9.

③ 郑永年:《中美关系的新转折点》,载香港《信报》2005 年 5 月 17 日,转引自《参考资料》2005 年 5 月 18 日,第 4 页。

国前国务卿基辛格多次批评这种不切实际的指责,基辛格强调,这种情况可以避免发生,因为,世界上绝大多数国家,都向中国承诺台湾是中国的一部分。美国两党的历任总统也是如此,中美双方都在运用技巧来处理在这一事务中偶尔发生的不愉快。基辛格称,中国同意尼克松总统 1972 年访华,尽管当时美国不断向台湾售武,但中美关系在三个公报的原则基础上不断发展。美国承认一个中国原则,反对台湾独立,中国理解美国需要以和平手段解决台湾问题。这些都可以约束美国共和、民主两党在台海问题上造成的局势恶化。基辛格希望中美双方通过谈判构建解决台湾问题的框架,他赞成台湾岛内各派政治力量与大陆展开接触,认为这是个好的开端,因为它能证明以谈判减少台湾海峡的军事集结是可行的①。

随着中国的实力和影响的日益上升,中国在国际舞台上的责任也越来越重。在中国全面参与国际体系的同时,美国和欧洲正在为应对各种全球挑战方面日益加强与中国的合作。但是在其他方面,它们各自的利益依然相去甚远。布什政府时期,为了全球反恐的需要,美国的全球战略发生重大调整。美国寻求建立伙伴关系旨在把自己的力量与同样有志于维护并倡导核心价值观的国家力量联合起来,这些价值观包括民主、法治、和平交流等。曾经担任过美国驻华武官的中美经济与安全审查委员会副主席拉里·沃策尔博士(Larry Wortzel)指出:"军事和经济两方面利益推动美国与其他国家建立伙伴关系,欧盟国家在这两个方面都是美首要的伙伴。"沃策尔认为,"从国家层面看,加拿大、墨西哥、中国和日本与美国贸易关系最密切。"在中美双边关系中,"中国充分体现了盟友与伙伴差异,中美价值观和意识形态结构(ideological framework)不同,但两国的国家利益交织在一起(national interests intersect),因此,美国可以同中国建立良好的贸易关系,但伙伴未必是盟友。中国对美国构成独特挑战,它既是美国安全和贸易伙伴,又是政治竞争对手和安全威胁。开诚布公的合作、建立公正并创造机遇主导着外交政策,美国应在全球发挥领导作用以应对国际恐怖主义的挑战。美国未来政策的核心在于理念的力量和具体的行动,利益与道义责任仍是美国为在 21 世纪实现变革而处理伙伴关系

---

① Henry Kissinger, "China: Containment Won't Work", *Washington Post*, June 13, 2005.

的方针"①。

冷战结束后,中国经受住了苏东剧变、两极格局解体以及国内政治风波的考验,尤其是中国改革开放取得的成功,经济持续增长,中国在世界政治格局中的地位日益上升,在地区问题上的影响力也在不断增强,在东亚和平与安全问题上中国的作用举足轻重。"9·11"事件后,美国在全球反恐、朝核等问题上需要中国的支持和合作,中国在亚太地区维持现状的战略选择的特点在于,承认亚太地区两个世界大国在国际秩序权力结构中的差距,促使两大国之间摒弃可能出现的权力之争。中国经济的稳步发展以及中国国内政治的稳定是维持亚太地区"等级性双重权力结构"的基本条件。维持现状包含承认美国在亚太地区的现有地位,美国主导下的地区格局不应受到挑战。

中国不断调整其亚太战略,以逐步适应与美国在该地区共存的环境。"中国的战略目标和对外政策正极力寻求避免与美国发生战略碰撞的空间。面对美国霸权、美国与东亚盟国的政治、军事合作,中国不断调整其对策,以逐步适应地区安全环境。"②在朝核问题上,中国并未因为与朝鲜的密切关系而激化与美国、韩国的对抗。而是充当积极的调解人,协调六方会谈中与美国的立场。而美国在东北亚地区通过强化美日联盟,制衡中国,防范俄罗斯的战略部署,使东北亚地区政治秩序凸显了美日联盟的优势地位,迫使中俄出于国家安全战略利益考虑,努力构建战略伙伴关系来应对美国霸权威胁。中俄关系的发展增强了中国地区"软平衡"(soft balance)优势。亚太地区政治秩序的重构受单极格局的制约和影响。亚太地区地缘政治力量的结构关系为超级大国扮演离岸制衡(offshore balancing)的角色提供战略回旋空间③。

---

① Larry Wortzel, "Changes Partners: Who are America's Military and Economic Allies in the 21ˢᵗ Century", *National Security and Defense*, 6, June, 2005.拉里·沃策尔曾经在美国保守的传统基金会任访问研究员,这篇文章也是他在 2005 年 5 月 10 日,在宾夕法里亚"关于建立效率政府"的年会上的发言。

② David Shambaugh, "China Engages Asia", *International Security*, 29 (3), Winter 2004/5, pp.70-72,91.

③ 邹函奇、刘彤:《美国东北亚政策的进攻性现实主义解读》,载《东北亚论坛》2008 年第 2 期,第 51 页。

三　中美军事战略关系

中美两军关系是中美关系的重要组成部分。近两年来,在中美两国领导人的关心和推动下,中美两军关系总体发展顺利,双方在构建新型军事关系、推进建立重大军事行动相互通报机制和制定公海海域海空军事安全行为准则方面取得新的进展,务实交流与合作进展比较顺利。多年来的实践表明,战略互信是中美两国两军关系健康稳定发展的重要基础和前提。今天,中美两军关系发展的总特征仍然是,既有信任、交往与合作,也有猜忌、防范与遏制。中美两军关系依然处于不稳定的态势,没有跳出"发展、停止、再发展、再停止"的怪圈①。两军关系发展滞后于两国关系的发展,成为两国关系中的一块短板。分析其中原因不难看出,随着中国的崛起,美国军方和一些机构为了达到遏制中国发展的目的,不断地对中国进行指责和批评。如,美国国防部和美国参议院安全委员会每年都要发表对中国充满了敌意的报告,尤其是美国国防部的《中国军力报告》,总是离不开渲染"中国威胁"这个主题,在中国引起了广泛关注。

中美两军关系发展的主要障碍:一是美对台军售;二是美国军舰、飞机在中国南海、东海对中国进行高强度监视、侦察;三是美国国会通过的《2000 财年国防授权法》和《迪莱修正案》,对 12 个领域的两军交流进行限制②。尤其是对台军售,美国军方寻找种种理由,为军售制造借口。美国的《中国军力报告》每年都涉及台湾地区安全问题,这是导致中美军事战略困境的主要原因。美国兰德公司(Rand Corp.)的亚洲军事分析家柯瑞杰(Roger Cliff)指出,美国在亚太的战略姿态将很快不足以保护台湾并抵抗中国军队。柯瑞杰认为,虽然中国的军事硬件按照现代标准并不足畏,并且中国在情报和后勤方面的问题也给中国动用军力带来屏障。但是,中国占据地利优势,兵力部署离台湾战区比美军近得多。而且,中国的国防工业,在经历了很多年的落后局面之后,开始制造出同美国相近的武器系统。中国的经济增长也意味着军队拿到更多的钱购买和研发武器系统③。美国军方

---

① 张军社:《军事战略互信是发展中美关系的基础》,载《人民日报》(海外版)2014 年 9 月 12 日。

② 马晓天:《中美两军关系存在三大障碍》,载《南方日报》2010 年 6 月 7 日。

③ 陆雅莉:《为什么美国害怕中国?——美国专家点评〈2008 年中国军力报告〉》,载《华盛顿观察》2008 年第 9 期。

强调这些理由的目的是为其继续对台军售创造条件。

　　美国军事问题专家理查德·费希尔（Richard Fisher）长期研究中国军事问题，他多次向美国国会提交听证报告①，他不仅赞同参议院安全委员会的中国军事问题报告，还对中国军事现代化战略进行歪曲和攻击。费希尔在评价美国国防部每年的《中国军力报告》时称"报告是全球范围内对中国军事力量最准确的描述"。他指责中国不愿发表任何关于用来描述中国的军事战略、军事学说、军事运行状况和武器系统的文件。"中国军事战略缺乏透明度，而缺乏透明度只会导致怀疑和忧虑。"②他要求中国加强自己的信誉，将事实真相公之于世。费希尔虽然同意国务卿鲍威尔所说的中国有权利建立有效的防御系统，而且不断地使该系统现代化的观点。但他同时质问道：中国现代化和建设中国军队是为了保护中国还是为了毁灭那些对中国不造成任何威胁的国家。中国军队现代化的第一个目标就是征服台湾，费希尔指责中国强大后会"威胁日本和菲律宾安全"。中国正在建设的军事实力威胁到了中国的邻国，这些国家非常担心。因此，他们将会谋求更尖端的武器，在军事上与美国更紧密地合作。

　　费希尔强调美国国防部一年一度的《中国军力报告》的重要性。他认为，报告的隐含意义在于美国政府的一个重要部门在质疑美国对华和平政策的基础假设。这个假设即美国期望中国和平地解决与台湾的分歧。如果这个假设被成功地挑战，美国人民和美国政府会得出结论说，美国需要一个新的政策。费希尔称，中国表现得不像一个朋友，更像一个敌人。许多人也许都不欢迎这个结论，但这是我诚实的看法。中美之间的敌意正在日益高涨，要改变这种趋

---

　　① 费希尔关于中国军事问题研究得的主要文章有："National Air and Space Intelligence Center"，*Ballistic and Cruise Missile Threat*，NASIC-1031-0985-09；"Secret Sanya-China's New Nuclear Naval Base Reveal"，*Jane's Intelligence Review*，May 2008；"China Forges Ahead with New Carrier"，*Jane's Intelligence Weekly*，June 2009；"The Implications of China's Naval Modernization for the United States"，*Testimony before the U.S.-China Economic and Security Review Commission*，June 11th，2009。

　　② **费希尔称**：美国普通民众都可以购买到任何有关中国的卫星图像，"The Implications of China's Naval Modernization for the United States"，*Testimony before the U.S.-China Economic and Security Review Commission*，June 11th 2009。

势为时未晚。但是坦率地说，美国只是对中国的行为和动机作出反应。①

费希尔竭力为《中国军力报告》中美国军方攻击中国军事现代化的言论辩护，称美国刚刚赢得了对苏联的长期而昂贵的冷战，它不希望再和中国打一场冷战或者热战。军事力量本身不一定是坏事。重要的是如何使用它。但是中国积蓄力量的目的是要对美国的一位民主伙伴有所不利。美国采取的防范台湾海峡战争的措施也许更符合中国人民，而不是美国人民的利益。费希尔坚持，美国加强与日本和菲律宾的军事联盟，增强美国的海军和空军力量，从而使中国进攻台湾成为不现实的想法。美国这么做就维护了亚洲和平，从而使中国和其他国家一样得以进一步繁荣。费希尔称，如果中国提出动用它的军力帮助全球的文明国家打击不文明力量，美国也许会为中国欢呼，甚至提供军事援助。如果中国想帮助美国终结萨达姆·侯赛因用核武器攻击世界的野心，很好，美国会给他们提供一艘航空母舰。美国有好几艘空置不用的航空母舰②。

在批评中国军事不透明之后，费希尔又表示支持中美开展公平的军队交流，他认为，20 世纪 80 年代我们有很多很好的途径了解中国，那时候美国和中国有许多共同的战略目标。但是这一切在 90 年代结束了。如果美国不对台湾销售大批武器，或者台湾不进行真正的军事改革，那么台湾海峡的军事平衡在这个 10 年就会转向对中国有利的方向。但是去年布什政府开始了一个对台出售军事设备的过程。出售的全都是台湾得以维持与中国的军事平衡从而阻止战争所需的武器。费希尔认为更重要的是，台湾开始了一次政治和军事改革，目标是确保不会落后。等到改革结束的时候，军队将不是直接对政党或者"总统"负责，而是通过一系列的非军事指挥机构负责。军事力量分化之后，就会有政治竞争。通过政治竞争，就有可能制定出更好的政策。很快，台湾就会有更大的战略和战术的灵活度③。费希尔认为未来美国与中国的关系是美国最重要也最令人不安的对外关系。战争的可能性和和平的可能性一样

---

①　Richard Fisher, *Testimony before the U.S.-China Economic and Security Review Commission*, June 11th, 2009.

②　Ibid.

③　Ibid., 2009.

多。台湾问题,核扩散和导弹扩散问题,南中国海主权问题,还有许多各个层次上的经济纠纷和竞争,这些都有可能导致中美之间的摩擦。美国"凯托研究所"(Cato Institute)防务与外交政策研究项目副主任卡彭特(Ted Galen Carpenter)也为美国国防部的《中国军力报告》辩护,认为每年公布报告是美国政府各部门间相互妥协的结果。而报告书的初稿从内容到口吻都极其强硬。因为,最终公布的报告迫于重视对华经济关系的国务院和商务部的压力,变得相对灵活和柔软①。

　　事实上,无论是美国国防部关于中国军力的报告,还是参议院安全委员会的报告都充满冷战思维②。冷战期间,这类报告主要是针对苏联,苏联解体后,美国的战略焦点集中到中国,于是把每年一度的对苏军力评估报告改为对中国的军力评估报告。由于是冷战思维的延续,因此该报告有冷战思维的惯性。报告基本上每年都是老生常谈,主要分为三部分。一是渲染中国军事威胁,二是指责中国军费不透明,三是夸大中国军力,认为中国现代化的武器装备发展过快,超过了防卫需求。2013 年的报告与往年相比,又多了两个热点

---

　　① 　[日]松村昌广:《在乐观与扩张之间摇摆美国眼中的中国威胁》,载[日]《世界周报》2006 年 3 月 7 日,转引自《参考资料》2006 年 3 月 27 日,第 23 页。

　　② 　2010 年 8 月 16 日美国国防部发布了国会授权编写的《中国军力年度评估报告》,该报告包括北京在陆基导弹、核武器和正在扩充的攻击核潜艇等方面的进展详情。美国国防部分析员们在一个简报会上表示,过去 10 年中国军力发展已进入新阶段,扩大了军队的作用,超越了捍卫本土安全的需要,使之能够执行远程使命,包括维和、公海反海盗巡逻,以及人道主义援助和救灾等。这些分析员同时指出:中国的军力扩张及其意图仍然缺乏透明度,引起了一些可能导致误解和地区不稳定的疑问。国防部高级官员表示,中国的军事现代化得到中国政府持续增加的军费支持,中国于 3 月 4 日宣布增加军费预算 7.5%,即增加到约 786 亿美元。迄今,中国公布的军费预算已连续二十多年增长,然而,其年度军费支出中相当大的一部分仍然是保密的。他们认为,2009 年中国与军事有关的支出为约 1500 亿美元,而 2009 年 10 月 28 日经奥巴马总统签署的 2010 年美国国防预算为 6800 亿美元。就发布该报告做背景介绍的国防部高级官员表示,中美两国间的关系是错综复杂的,合作、竞争、机会和挑战等因素并存。当年,在美国宣布将售予台湾价值 64 亿美元的防御性武器和装备后,中国中断了与美国的军队交流。美国国防部长罗伯特·盖茨于六月间在新加坡的一个安全会议上表示,对台湾的武器销售是美国由来已久的一贯做法的一部分。他说,不幸的是,美国和中国之间在军队交往方面尚未建立起一个"持久与可靠的"的关系。见美国国务院国际信息局(IIP)《美国参考》,2010 年 8 月 18 日,U.S. Embassy's URL,Chinese site:http://chinese.usembassy-china.org.cn/。

问题,即网络威胁和钓鱼岛、黄岩岛等问题。①

中国和平发展的对外战略表明,中国不会像费希尔所说的那样,在军事上保持与美国的竞争关系,中国军事现代化的主要目的是维护国家的主权和领土完整。中国坚持走和平发展道路,主要面临的三大挑战是,能源枯竭、生态环境恶化和经济社会发展的不平衡。中国理智地确定以三个超越来对付这三个挑战。第一是要超越老式的工业化模式,实施一个新的可持续的发展模式。第二是要避免走传统的霸权主义的路线,摆脱冷战思维。第三是坚持走"和平崛起"的发展道路,但绝不能放弃中国的正当权益,绝不能牺牲国家核心利益。中国发展绝不以牺牲别国利益为代价,绝不做损人利己、以邻为壑的事情,将坚定不移做和平发展的实践者、共同发展的推动者、多边贸易体制的维护者、全球经济治理的参与者②。中国"和平崛起"方针表明,中国知道高速增长正在对国际体系形成巨大的压力,所以他们需要制定一项避免冲突的新战略。没有任何人可以肯定,在一个相互依存又相互竞争的迅速变迁的世界当中可以找到一个和平的解决办法。但中国已经确立要走的道路。与此同时,中国遵循现有的国际秩序规则,遵循世界贸易组织的原则和其他多边机制的原则。

美国国防大学教授詹姆斯·齐果(James M. Keagle)是研究中国军事战略的专家,他提出,目前美国存在着六种中国观,因此无法制定出统一的对华政策。第一种中国观是从贸易的观点出发,将中国看作世贸组织的成员之一,将中美关系定位为相互依存的全球化伙伴。第二种中国观认为中国已经对美国构成了军事威胁,要挑战美国的霸权。第三种中国观认为中国在"9·11"事件发生后与美国合作进行阿富汗的反恐战争,是美国的半个同盟。第四种中国观勾勒的是中国急于扩军,不可信赖的危险形象。第五种中国观将中国看作是经济突飞猛进,在世界各地收买自然资源的"无底洞"。第六种中国观认为中国是践踏人权、镇压宗教、操纵汇率以求出口优

---

① *Annual Report to Congress: Military Power of the People's Republic of China*, Office of Secretary of Defense, United States Department of Defense Publication, 2013.

② 习近平:《更好统筹国内国际两个大局,夯实走和平发展道路的基础》,载《习近平谈治国理政》,外文出版社 2015 年版,第 247—249 页。

势的"危险国家"①。

今天,美国国内在认识中国问题上依然没有摆脱两极分化的状态。军事强硬派坚持认为"中国强大",而自由派则主张"中国弱小"。而且,在自由派中,有一部分指责中国践踏人权的人权拥护派和一部分指责中国不正当竞争的反全球化派,很容易地就与那些军事强硬派合而为一。政治家们利用左膀右臂的智库,提高知识的整体性,很容易就能操纵对华政策。这样一来,那些遵循传统外交和安保理念的精英们便提出了"渐渐强大起来的中国"这个说法,采取了回避风险的战略②。从美国国内目前的动态来看,今后美国的对华政策还将发生激烈的左右摇摆。但在"中国威胁论"占优势的现状下,不能排除优势会迅速向右派移动的可能。一些美国自由派学者认为,为了避免在对华政策上争论不休,哪怕多走一点弯路,美国也应该运用成熟的教育手法,说服舆论接受"渐渐强大起来的中国"这个理念,这恐怕是唯一的出路③。

部分美国学者致力于客观分析中美军事实力之间的差距,消除"中国军事威胁论"的影响,以推动中美两军建立战略互信。美中国军事问题专家罗伯特·马昆德(Robert Marquand)认为:"随着中国经济快速增长,中国开始显示出军力不断扩大的迹象,部署在亚洲的美军正变得更加留意和警惕。然而,中国在太平洋地区尚无法达到与美军平起平坐的地步。事实上,中国军队和美国军队在从隐形技术到战场兵力投放方案等各方面仍存在很大差距。马昆德提醒人们不要过分夸大中国威胁,认为仅仅基于中国的飞机、导弹和潜艇等一些硬件去评估中国的军事能力不是切实的办法,尽管中国正在建设一支高技术部队,但其对官兵进行高技术训练和在是否拥有足够多的高技术军事人才方面还没有取得太大进展,中国军队现代化还没有解决许多至关重要的细节问题。中国要迅速发展成为在亚洲占据主导地位的军事力量,必须全方位加强军事实力,这需要大

---

① 　[日]松村昌广:《在乐观与扩张之间摇摆美国眼中的中国威胁》,载[日]《世界周报》2006年3月7日,转引自《参考资料》2006年3月27日,第26页。
② 　同上。
③ 　同上。

幅度提高军事预算。"①

　　马昆德指出中国军事现代化短期内面临着两个主要的问题。一是,在出现可能是最严重或最糟糕的情况下,即人民解放军进攻台湾,如果遭到强力抵抗,它是否能经受得住,这一点现在还远远不清楚。二是,美国在太平洋地区的军队不会停止不动。中国可能确实是在进行军事改革,但是它还没有完成美国军队在过去10年里经历的那种"军事变革"。而且,如果真的在太平洋地区发生冲突,那中国可能需要面对的不仅仅是美国军队,还有日本军队。日本有着几乎可与美国匹敌的先进系统。中国的军事目标和实际能力之间的差距在于部队干部。中国正在建设高技术部队。然而,是否有足够的高技术军事人才现在还不清楚。曾在中国的一所军事院校进修过很长时间的一位西方专家说,尽管中国可能想购买先进武器以发展一支现代化军队,但是否有足够多思想现代的军官现在还很难说,"很多军官的思维仍然很褊狭"②。

　　对中国军事现代化研究激发了一批美国学者的兴趣,他们有的为无法收集到准确可靠的资料而困惑。美国亚太战略研究中心的理查德·比津格认为,"几乎不可能对解放军作出准确的评估,因为中国方面没有对外公布多少这方面的信息。许多在中国问题上持强硬态度的人并不了解中国的实力,于是用恐惧来代替这种认识上的不足"。一些学者只是通过常识对解放军进行一些基本评估的。比津格强调,对于解放军将领来说,只是大肆采购军备,购买先进的飞机、舰艇和导弹这些并不一定有太大意义。现代军队要求"千方百计拥有一些具体的东西",从而制造出非常与众不同而且给难以复制的武器装备和辅助系统,这需要多年的时间。他说:"我们看到中国新的052C型驱逐舰上使用了类似于我们宙斯盾的某些技术,一些军事分析家于是认为中国已经拥有了自己的宙斯盾。在我看来这有点言过其实。"③

　　从军事实力上考量,中国要主导东亚地区政治格局,必须有强大的国防实

---

　　①　Robert Marquand, "U. S. More Cautious Than Wary As China's Reach Grows", *Christian Science Monitor*, 18 November, 2005.

　　②　Ibid.

　　③　《美军事专家称中国军力落后美国20年》,载《参考消息》2005年11月24日。

力作为后盾。马昆德援引比津格的话说："中国要迅速发展成为亚洲占据主导地位的军事力量，就要求解放军指挥官必须同时关注各个领域，如科研、训练、武器制造、战略部署以及高科技通信手段的开发等。在开发高科技通信手段方面，就连美国军队都觉得任务艰巨。要实现这种全方位加强军事实力的目标，就要求中国大幅度提高原本已经高得惊人的军事预算。马昆德等认为，中国部署在福建省的瞄准台湾的600—800枚导弹，被视为对台湾构成重大的军事威胁。事实上，它们更多的是一种象征意义。700枚导弹"根本不算什么，在一场旨在让一个"国家"丧失行动能力的军事袭击中，它们没有多大意义①。

关于中国的战略核战力，美国智库——"国防分析研究所"（Institute for Defense Analysis）的罗伯特·罗伯茨（Robert E.Roberts）认为，它远不能构成对美国的"威胁"。中国只是领先美国的导弹防御系统一步，确保"最小限度的遏制力"，并没有像苏联那样发展核战力要与美国一决高下的企图。中国的军扩在战略核战力领域是非常有限的。罗伯茨认为，布什政府，特别是国防部的那些文职官员，虽然知道中国的军事实力有限，但却认定中国具有挑战美国的意图。如果从"有志联合"的构想出发，在海上交通路线防卫和防御海盗等方面，美国和中国有很多方面都是息息相关的。②

20世纪60—70年代，美国在与苏联的竞争中保持领先地位，但80年代又丧失了优势。当时，美国把与苏联的对立期设定为100年，为了再度夺回自

---

① Robert Marquand, "U. S. More Cautious Than Wary As China's Reach Grows", *Christian Science Monitor*, 18 November, 2005.

② 美国国防大学（National Defense University）的两位分析员迈克尔·基赛利兹尼克（Michael Kiselycznyk）和菲利普·桑德斯（Phillip Saunders）在一项研究中试图评估中国军队的透明度，研究报告指出，一种秘密的氛围始终笼罩着中国军队的现代化项目。他们的研究也发现，长期以来通过中国国防白皮书可以看出一种逐渐增加透明度的努力。他们指出，中国军力的透明程度与某些东南亚国家以及印度不相上下，但显著低于日本、韩国等亚太民主政体。他们在2010年6月所做的研究"评估中国军力透明度（Assessing Chinese Military Transparency）"中写道："对于军力和意图的误解可能增大对安全要素研判的难度，并加深军队间的紧张态势。"他们还写道："因此，提高军力和意图的透明度能够成为建立信心和减轻没有根据的安全忧虑的一个重要手段。"见美国国务院国际信息局（IIP）《美国参考》2010年8月18日，U.S.Embassy's URL, Chinese site: http://chinese.usembassy-china.org.cn/。

己的优势地位,决定追求划时代的军事技术革命。苏联虽然也在竭力模仿美国,但绝无赶超美国的希望。以战略防御计划为代表,美国在战略防御方面的持续投资远远超过苏联,企图以此消除苏联与美国竞争的欲望。21 世纪初,布什政府要将对付苏联的竞争战略用到中国身上,但并未成功。对于布什政府希望让中国延续苏联的命运,罗伯茨认为,中国尚不具备与美国竞争的国力,布什政府的战略似乎有些"小题大做"。虽然解放军从俄罗斯进口了不少第 4 代和第 4.5 代的战斗机、"基洛"级潜艇、导弹巡洋舰等高技术武器,但这并无益于中国独立的军事技术开发,同时更意味着中国没有独立生产的能力。可以说,中国目前在航空电子技术上要完全依赖于俄罗斯。不仅如此,解放军指挥平台的网络化也十分有限,无法充分进行统一和沟通。综上所述,解放军至少在近未来还无法与美军相抗衡。①

有关中国军事实力现状,布鲁金斯学会的卜睿哲这样评述道:从历史的观点出发,中国人民解放军的军事实力确实有限,但武器装备、训练、演习和指挥系统等元素的现代化程度又在稳步提高,不容小觑。从长期角度上看,预计解放军应该能够运用自己的方式渐渐地具备综合作战的能力。之所以作出这种预测,是因为中国要阻止和遏制台湾独立,有进行导弹、潜水艇、登陆舰等必要军事实力建设的意图。另外,在台海问题上,中台双方也都有可能"失算"。假如,台湾突然宣布独立,中国很有可能不顾军事实力不敌日美同盟的状况,毅然以武力相向。而且,在中国安保政策的制定过程中,也可能因为一些错误的情报造成决策的失误。②

在分析推动中国军事现代化努力的直接的和背景性的因素时,美国学者着重评估人民解放军目前的能力及其发展轨迹,日益现代化的中国军队可能会对亚洲地区安全产生的影响,以及中国军事现代化的政策含义。沈大伟认为,影响中国军事现代化的不仅是台湾问题的军事方面,而且还有一些别的"背景性驱动因素"(即中国成为一个全球性大国的愿望、地区安全环境、美国在亚洲各地的军事存在,以及不断增长的能源需要等)和"直接的驱动因素"

①　[日]松村昌广:《在乐观与扩张之间摇摆美国眼中的中国威胁》,载[日]《世界周报》2006 年 3 月 7 日,转引自《参考资料》2006 年 3 月 27 日,第 26 页。

②　同上。

（即中国的军事预算、国内政治、军事学说与防务政策，以及军事——工业联合体系的影响等）①。

从中国这样地理位置、幅员、财富、国家利益及全球角色考量，中国军事现代化战略计划势在必行。沈大伟指出了影响中国军事现代化计划的驱动因素，即两个主要的类型："背景性的"和"直接的"。背景性的驱动因素包括中国国家安全环境中的一系列外部因素。它们影响着中国对威胁的认识、战略观点和应急计划。直接的驱动因素包括对中国来说具有较大内部意义的一系列财政、政治和技术因素。

关于中国军事现代化的背景性驱动因素，沈大伟提出五个方面的驱动因素。第一，台湾问题。中国大陆要阻止"台独"获得响应的威慑、强迫与攻击能力；第二，成为一个全球性大国的愿望，这个愿望在三个方面影响中国军事现代化的努力。军事外交，更多地参加联合国赞助的维和行动，加强军事透明度；第三，中国所面临的地区安全环境。中国与该地区大多数国家的关系从未像现在这样好，但潜在的动荡局势影响着军队的思维和现代化计划即"台独"的可能性，朝鲜核计划和朝鲜半岛出现动荡的可能性，对中日之间紧张政治关系的担忧以及中日领土和海洋争端；第四，美国在中国周边地区的军事存在。美国双边联盟的结构、不结盟的伙伴关系，中国周边地区的美军部署、美国官员和评论家所发表的有关言论都对中国的军事现代化计划产生了重大影响；第五，不断增加的能源需要。而与此同时，中国军事现代化的直接驱动因素包括军事预算、国内政治及其领导人对军队的看法以及军队的国防政策和作战理论②。有些美国学者认为，中国军队一直在稳定地实现现代化并在一些领域取得惊人的进展，但解放军要成为一支达到全球水准的一流军队仍有很长的路要走，切勿过分渲染中国的军事能力。必须承认，中国军事现代化进程的范围与速度虽然能够从外部减缓，但却无法加以制止。中国军队在本地区的影响力将稳步增强，从而改变亚洲

---

① David Shambaugh, "China's Military Modernization: Making Steady and Surprising Progress", in Ashley J. Tellis and Michael Wills (ed.), *Strategic Asia 2005-2006, Military Modernization in an Era of Uncertainty*, The National Bureau of Asia Research 2005.

② Ibid.

的力量对比①。可以肯定,随着中国国防力量的不断增强,美国会进一步关注中国军事现代化问题。

中国实现军事现代化是国际国内形势所需。经济全球化使中国与世界各国的经贸关系越来越密切,中国海外利益不断拓展,维护中国海外权益刻不容缓;国内"三股势力"活动猖獗,与境外恐怖主义组织沆瀣一气,经常制造事端。中共十八大报告提出,建设与中国国际地位相称、与国家安全和发展利益相适应的巩固国防和强大军队,是中国现代化建设的战略任务②。这是中国面临的安全形势提出的战略课题,是中国实现社会主义现代化的必然要求,是中国国防和军队建设的战略目标。当前,国际形势正在发生新的深刻复杂变化。和平、发展、合作的要求和呼声在上升,但围绕国际秩序、综合国力、地缘政治等的国际战略竞争和矛盾也在滋长,一些国家和地区动荡频繁,霸权主义、强权政治和新干涉主义有所上升,国际军事竞争依然激烈,安全威胁的综合性、复杂性、多变性日益明显。中国面临的生存安全问题和发展安全问题、传统安全威胁和非传统安全威胁相互交织,要求国防和军队现代化建设有一个大的发展③。这是基于中国面临的安全形势作出的重大战略判断。

中国始终维护中美两军关系发展的大局,2011 年 5 月 18 日,中国人民解放军总参谋长陈炳德在美国国防大学发表演讲时指出:建立与中美两国合作伙伴关系相顺应的军事关系,必须摆脱旧的思维定式,着眼时代发展,以全新的视角规划好中美两军关系的发展方向。他强调,新形势下中美军事关系应该具有以下基本特征:第一,尊重和照顾彼此核心利益与重大关切,而不是将自身的意志强加于对方。第二,增进战略互信、加强对话沟通,而不是彼此猜疑。第三,以增进共同利益为内在动力,而不是谋求单方面的竞争优势。④ 在谈到中国军事现代化问题时,陈炳德认为,美国是中国的榜样,中国从美国学

① David Shambaugh, "China's Military Modernization: Making Steady and Surprising Progress", op.cit.

② 胡锦涛:《坚定不移沿着中国特色社会主义道路前进 为全面建成小康社会而奋斗——在中国共产党第十八次全国代表大会上的报告》,载《人民日报》2012 年 11 月 9 日。

③ 同上。

④ 陈炳德:《认真落实中美两国元首重要共识,推动两国军事关系新发展》,载《人民日报》2011 年 5 月 19 日。

习了很多符合中国国情的经验,特别是在人才的培养方面。中国武器装备的确有所发展、有所提高,但中国军事现代化方面取得成绩最少的是信息化与网络建设,目前还处于初级阶段。中国的网络安全还很脆弱,中东局势动荡也影响了中国的网络安全。在谈到中美军事实力的差距时,陈炳德表示,现在中国海军建设的确取得了一些进步,但绝不像某些媒体所报道的那么夸张,中美海军之间仍然存在着很大的差距,就中国军队整体武器装备而言,与美国和世界其他先进国家相比,还有落后 20 多年的差距①。陈炳德指出,如果中国造新舰,经费上有困难,国际上有人造舆论渲染中国军力威胁。如果不造新舰,中国海军继续在亚丁湾打击海盗有困难,维护中国自身海洋权益也有困难②。这是对那些制造中国军事威胁论的人的有力回应。

构建中美新型军事关系有利于推动发展中美新型大国关系。从历史上看,新兴大国与守成大国之间容易陷入对抗"怪圈"。中美发展新型大国关系的难点之一,恰恰是化解由实力变化、态势变化带来的安全互疑,从而破解这一"怪圈"。构建中美新型军事关系将有效化解双方在军事与安全领域的相互疑惧,减少两军之间的误解误判,为两国关系互利共赢提供安全保障与力量基础;另外,中美新型军事关系也会对其他国家产生积极的示范作用,特别是有助于消除其他国家对中美对抗的担心,更有助于消除少数国家利用和"制造"中美矛盾以谋取一己私利的企图,从而对地区和平与稳定发挥积极作用。

为构建中美新型军事关系,中美两军需妥善处理分歧并管控危机。尽管两军关系发展总体呈现良好势头,但美台军事合作、特别是美对台售武,以及涉华歧视性法案和美军舰机长期在中国专属经济区进行抵近侦察等两军交往的固有障碍一直存在,对中国战略意图、军力发展的质疑时有出现,亚太地区一些第三方因素也在对中美构建新型军事关系形成干扰。处理分歧不仅需要双方加强沟通,相向而行,更需要避免误判,积极化解分歧危机③。

今天中美两军关系早已超出双边范畴,构建中美新型军事关系意义重大。首先它有利于开辟两国关系长期稳定的前景。防止两国在安全领域的

---

① 徐惠芬:《在军事现代化方面,美国是中国的榜样》,载《新闻晨报》2011 年 5 月 20 日。
② 同上。
③ 鹿音:《构建中美新型军事关系,行胜于言》,载《解放军报》2014 年 4 月 7 日。

冲突上升,避免在亚太地区形成美苏式冷战。其次,将有助于东亚热点问题大幅降温,为中国持续发展营造良好的周边安全环境。增进中美战略互信,既可减少两国因第三方因素走向冲突的风险,也有助于中国周边热点问题降温。最后,将弱化美国亚太双边联盟体系,为重塑地区安全架构打下良好基础。冷战后亚太地区经济快速发展,但在安全上变化不大,有些问题甚至更突出。其中一个重要原因,是覆盖整个地区的安全体系缺失,美国与日本、韩国、澳大利亚、菲律宾、泰国之间的"轴辐式"双边军事同盟占据主导地位。构建中美新型军事关系,将有助于重塑地区安全架构①。因此,为未来中美两军交往设置障碍的责任并不在中方。中国一贯重视中美两国在军事领域的互信和合作。中方本着"尊重、互信、对等、互惠"的原则和美方开展各领域的交流与合作。

第三节　中美战略困境

进入 21 世纪后,随着中国在亚洲的崛起速度加快,美国对中国实力增长担忧的不确定性逐渐加深,美国国内一些人越来越多地强调美国对华战略竞争因素。强调这些竞争因素首先通过美国的政策声明。其次通过扩大和改善美国同亚洲盟友和合作伙伴关系,特别与那些对中国长期抱有忧虑的国家加强安全合作的范围和质量。美国在亚洲的安全合作具有多种目的,但目前的重点是建立防止或劝阻中国通过强制外交扩大在该地区影响的机制②。美国还利用这些合作加强其盟友和合作伙伴抵抗中国影响的能力和信心。

一　中美战略对冲

战略对冲是指一个国家对目标国实施接触与制衡两种政策,实施对冲战略的目的在于减少未来不确定所带来的风险。一方面,实施对冲的国家将尝试与目标国进行接触(主要是经济领域),从而通过增强经济相互依赖关系和

---

① 尚文超、关泠:《中美新型军事关系步入快车道》,载《光明日报》2014 年 11 月 24 日

② Evan S. Medeiros, "Strategic Hedging and the Future of Asia-Pacific Stability", *The Washington Quarterly*, Vol.29(1), Winter 2005-2006, p.156.

双边外交合作,来推动双方的友好关系;另一方面,实施对冲的国家将与其他大国结成联盟对目标国进行防范和制衡,从而将目标国融入现有国际制度之中。国际关系中存在几种类型的对冲政策。第一类是互惠式对冲。如中美战略对冲,中美双方都积极推动经济领域的相互合作,而同时又在安全领域相互竞争。中美相互对冲反映了两个大国都意识到相互合作带来共同繁荣的重要性,但是双方又警惕彼此在安全领域可能给对方造成的威胁。第二类是双轨对冲。如东盟国家在处理与中国关系时所采取的政策。双轨对冲意味着采取务实的方式融合软制衡和接触的政策。一方面,双轨对冲强调与中国进行深层次的接触;另一方面也意味着东盟国家将采取软制衡,防范中国可能采取的改变现状的行为。软制衡的关键步骤是说服美国作为制衡中国地区影响的主要力量。第三类是双重对冲。如日本所扮演的角色,日本采取的双重政策,是依靠美国的联盟关系来应对军事上的潜在威胁,与此同时,在经济领域上构建多种伙伴关系,以应对潜在的经济威胁①。随着中国的崛起,亚洲国家不希望美国建立冷战式的反华军事条约,原因在于中国是他们最大的经贸伙伴。美国对华实施"对冲战略",其特点是,美国既和中国保持密切而积极的经贸关系,从而推动亚洲的和平与繁荣;同时,为应对中国崛起产生"负面影响",美国则联合印度和日本等盟友抑制中国②。

美国对中国奉行对冲战略充满着复杂性和危险性,如果台湾问题、中日东海争端等问题得不到有效控制,有可能导致逐步偏离目前相对平衡的状况,发生敌对冲突甚至军事冲突,以致走向彻底的战略对抗。造成这种潜在复杂性和危险性的原因在于美国对中国崛起的误判。美国对华战略对冲的两面性的根源,是新保守主义外交战略思想。美国外交政策的目标是为了美国的国家利益、为了战胜特定的威胁而传播民主③。"布什主义"从一个侧面把美国对华战略的双重取向表露无遗,即以民主发展为最高目标的新的融合政策,与防患于未然的军事围堵的完美结合。这是新保守主义的外交战略思想的体现。

---

① 黄黎洪:《韩国对中美的对冲战略分析》,载《理论探讨》2013 年第 1 期。
② 《美媒建议美对华实施"对冲战略"多与中国打交道》,载《环球时报》2010 年 11 月 16 日。
③ 俞正梁:《试论美国对华的对冲战略》,载《国际观察》2006 年第 1 期。

　　兰德公司的麦艾文长期从事中美战略对亚太政治格局影响的研究,在分析中美战略对冲时,他指出:"鉴于中国在亚洲安全和经济事务中所起的作用逐渐加强,美国又想保持其在该地区的优势地位,对方捉摸不定的意向、暗中竞争的战略和潜在的抑制政策迫使两国的决策者在安全问题上采取两面下注的对冲战略。为了达到对冲的目的,美国和中国奉行的政策一方面强调接触和一体化机制,另一方面又强调现实型的力量平衡,其形式是外国同亚洲国家的安全合作和国家军事现代化计划。"①

　　麦艾文认为,中美战略相互对冲(mutual hedging)的逻辑是可以理解的,因为它可以使华盛顿和北京各自维持相互之间和同亚洲其他国家之间广泛和互利的经济关系,同时又可以对不确定性和对方日益增长的安全担忧。对冲还有助于防止发生地缘政治对抗,这是另一个共同的核心利益②。麦艾文称,"美国和中国选择对冲战略很可能说明安全两难动态在一个全球化的世界正在起作用,这个全球化世界的特点是经济上相互依赖并且需要多边安全合作。这种对冲充满着复杂性和危险性,很可能会突然转向对抗和地区不稳定。这是一种微妙的力量平衡,要成为有效的和可持续的,就必须谨慎地处理中美关系中日益积聚的紧张、该地区各国对美国和中国对冲政策的反应以及各自国家的国内政治气候"③。麦艾文强调,在台湾地位问题上发生武装冲突的前景加深了这些挑战。

　　按照麦艾文的观点,"自冷战以来,一种以美国为中心的双边联盟和合作伙伴关系——比较常用的提法是毂辐状体系——为该地区带来了稳定和安全,促进了亚洲令人印象深刻的经济发展。现在,人们对这种结构的传统作用提出质疑。中国和日本同时重新崛起;印度在亚洲的排名位置正在上升;大多数东南亚国家本身也两面下注,跟中国和美国都保持积极的关系;经济和技术上的互相依赖在不断加强;以及该地区要求加强一体化和多边合作。在这种错综复杂的形势下,这种互相对冲是一种特别靠不住的交往模式。如果处理

　　① Evan S. Medeiros, "Strategic Hedging and the Future of Asia-Pacific Stability", *The Washington Quarterly*, Vol.29(1), winter 2005-2006, p.145.

　　② Ibid.

　　③ Ibid.

不慎,就可能破坏历史形成的美国在该地区的中心地位,疏远美国的盟友和安全合作伙伴,激化美国和中国之间的敌对竞争"①。

关于美国为什么要对中国实行对冲战略问题,麦艾文指出:"美国选择的应对办法是在安全问题上采取两面下注的对冲战略,对中国在亚洲的崛起采取既合作又竞争的政策,从而导致一种所谓的地缘政治保险战略。美国的做法把接触、束缚和抗衡机制结合在一起。美国政策的目的是把中国进一步束缚在现有的准则、规则和基本原则的国际体系中,通过双边和多边接触形成其不断变化的利益和价值观。可是,美国政策还包括隐含的竞争和潜在的强制政策,以阻止中国挑战目前的地区安全秩序并威慑中国不敢利用强制手段(或武力)寻求它,目前或未来在亚洲的经济或安全利益,比如收复台湾。"②

美国对冲战略基于有关中国目前的意向和美国在亚洲的利益的四种基本设想。第一种设想是,美国决策者似乎断定,维持在冷战期间和冷战之后确立的国际经济和安全规则、准则和基本原则的现状,符合当代中国的长期利益。对中国领导人来说,这些条件将像过去 25 年一样继续有利于国内经济发展、相对的政治稳定和"综合国力"的提升,要想在今后几十年里重新成为一个强国,所有这些都是中国所需要的③。

第二种设想是,中国对目前国际体系中的某些方面——诸如台湾的未定地位和美国的单级霸权地位——肯定是不满意的。许多中国人认为美国的外交政策是专断的、没有节制的和强制性的,这种趋势正在变得日益严重。中国的战略家们完全清楚,美国的强权手段可能会转向大陆。

第三种重要设想是,鉴于其在亚洲的多边竞争利益,在安全问题上采取两面下注的对冲战略是美国的最佳选择。抗衡和遏制中国——从而限制双边贸易和投资——的经济代价是非常高的。而且,由于美国在亚洲的盟友和合作伙伴不会支持这种高对抗性的做法,这样做会损害美国在亚洲的地位以及它

---

① Evan S. Medeiros, "Strategic Hedging and the Future of Asia-Pacific Stability", *The Washington Quarterly*, Vol.29(1), winter 2005–2006, p.146.

② Ibid., p.147.

③ Ibid.

在该地区的经济利益。①

第四种设想是，通过明确的外部力量调整和遏制政策同中国对抗，只会把它变成敌人，从而造成美国努力要避免的那种结果。②

关于美国如何与中国实行对冲战略，麦艾文认为，美国和西方国家自20世纪70年代中国开放以来就一直奉行接触和约束中国的政策。这些政策取得了很大的成功，因为中国外交政策从总体上反映以下事实：中国在符合自身利益的经济和安全问题上不同程度地接受了重要的国际规则、准则和基本原则，在这方面的利害关系日益增长，目前美国的政策是要防止在这方面出现倒退，鼓励中国的行为朝着好的方向进一步发展。麦艾文称，"美国亚洲政策在合作方面不那么明显但却同样重要的表现是，欢迎美国的盟国同中国改善双边关系并鼓励中国参与解决亚洲和其他地方的地区问题并为此作出贡献"③。

关于中国面对美国战略所采取的立场，麦艾文评价道，"中国作为一个正在崛起的国家选择一项对冲战略，这种做法在大国政治的历史上是不多见的。中国之所以采取对冲行动，源自其总的对外政策目标——在谋求有利于恢复其大国地位的经济发展的同时尽可能地扩大其影响、实力和行动自由。中国很自然地会设法尽量使其他国家阻止它追求这些目标的能力最小化。更具体

---

① Christopher Hill, "Emergence of China in the Asia-Pacific: Economic and Security Consequences for the U.S.", Testimony before the Senate Foreign Relations Committee, Subcommittee on East Asian and Pacific Affairs, June 7, 2005, (hereinafter Hill testimony). For an in-depth analysis of China as a status quo power, see Alastair Iain Johnston, "Is China a Status Quo Power", *International Security*, vol. 27, no.4, spring 2003, pp.5-56.

② Richard Armitage, "Insights into the World: China, the Emerging Power", *Daily Yomiuri*, August 14, 2005.

③ See, for example, Harry Harding, *A Fragile Relationship: The United States and China Since 1972*, Washington, D.C.: Brookings Institution Press, 1992; David Michael Lampton, *Same Bed Different Dreams: Managing U.S.-China Relations 1989-2000*, Berkeley, Calif.: University of California Press, 2001; Robert L.Suettinger, *Beyond Tiananmen: The Politics of U.S.-China Relations 1989-2000*, Washington, D.C.: Brookings Institution Press, 2003. On specific U.S.efforts to shape Chinese foreign policy, see Robert S.Ross, "Engagement in U.S.-China Policy", in *Engaging China*, eds.Alastair Iain Johnston and Robert S.Ross, New York: Routledge, 1999; Joseph S.Nye Jr., "East Asian Security: The Case for Deep Engagement", *Foreign Affairs*, vol.74, no.4, July/August 1995, pp.90-102; Evan S.Medeiros, "Strategic Hedging and the Future of Asia-Pacific Stability", *The Washington Quarterly* 29:1 winter (2005-2006), p.148 .

地说,北京的对冲战略的驱动力来自其国家安全环境的不确定性——特别是中美关系的不确定性。一方面,中国仍然倚重美国的市场、投资和技术,所以它需要同美国建立稳定的——即使不是亲密的——关系以确保经济发展和提高自己的综合国力。而敌对关系会影响同美国在亚洲的朋友和盟国的经济和政治互动,从而影响中国在该地区的抱负。这些情况综合在一起,使北京感到它在同华盛顿的关系很脆弱,因为同华盛顿利害攸关,而美国可能会跟中国翻脸"①。

麦艾文认为:"中国在稳定中美关系的同时,设法使美国限制其复兴和地区抱负的努力最小化。中国的对冲行为,跟美国的对冲行为一样,具有合作和竞争的两个方面。合作的方面包括中国采取行动稳定双边经济和安全紧张,避免同美国发生冲突并扩大合作领域。"麦艾文引用唐家璇的话说,"我们应该登高望远,看清中美关系的主流和时代的潮流,把握大局,着眼未来,扩大共识,发展合作"②。"9·11"事件为中美两国提供了一个难得的机会。中美扩大双边反恐和核不扩散合作,在解决朝鲜核危机方面发挥更加积极的作用。

关于中国对冲战略的竞争方面,麦艾文指出:"在地缘政治、经济事务、台湾和人权等问题上的尖锐分歧继续纠缠着中美关系,为中国对冲战略的竞争成分火上加油。中国的战术包括运用外交政策使华盛顿在地区遏制或压制中国的能力降低到最小,以及进行军事现代化,使中国获得必要时以武力成功收复台湾的能力,以及更重要的是,防止台湾和美国采取导致台湾同大陆正式地永久分离的步骤的威慑能力。"③

"中国通过它在亚洲的外交寻求建立一种地区环境,在这个环境中,美国对中国的遏制将会不受欢迎、行不通和有损于美国的国家利益。为了做到这

---

① Evan S. Medeiros, "Strategic Hedging and the Future of Asia-Pacific Stability", The Washington Quarterly, Vol.29(1), Winter, 2005-2006, p.153.

② Tang Jiaxuan, "Vigorously Promoting China-U.S.Constructive and Cooperative Relations in the New Century", address, Welcome Luncheon by National Committee on U.S.-China Relations and U.S.-China Business Council, July 27, 2005, Evan S.Medeiros, "Strategic Hedging and the Future of Asia-Pacific Stability", The Washington Quarterly, Vol.29(1), Winter, 2005-2006, p.154.

③ Evan S. Medeiros, "Strategic Hedging and the Future of Asia-Pacific Stability", The Washington Quarterly, Vol.29(1), Winter, 2005-2006, p.155.

一点,中国希望以非对抗的方式给美国在该地区反对中国的潜在行动设置障碍并提高美国这样做的代价。中国已经加强了它的双边外交和对多边组织的参与来发展双边外交和安全合作伙伴关系,并且在多国间创造有利于这种战略的规范和体系。"①

关于亚洲地区国家对中美战略对冲的反应,麦艾文称,"美国和中国要让它们的方法产生效果都需要合作伙伴的帮助。由于该地区大部分国家本身也都通过寻求同北京和华盛顿建立不同程度的积极关系在安全问题上采取两面下注的对冲战略,事情就变得尤其复杂。中国的挑战是,一边进行它反遏制的努力,同时又要避免任何被视为是破坏美国联盟的作用或将美国挤出该地区的行动。很多东南亚国家长期以来都对中国的地区抱负感到怀疑,并且中国似乎在与美国竞争的政策将加深这种历史造成的忧虑。中国的军事现代化,尽管从防务和解决台湾问题的角度看是合理的,已经增加了该地区对解放军最终目标以及地区稳定的含义的关注"②。

亚太地区一些国家长期以来一直相信美日联盟是一支遏制和保证的力量,但美国目前在对冲战略中采用的外部力量调整的行为具有破坏这种信念的危险。鉴于20世纪日本在亚洲残暴开拓殖民地的历史,美国增强日本外交和日本军事在该地区的作用的努力将会引起该地区的忧虑。日本不可能为美国在亚洲扮演类似英国为美国在欧洲扮演的角色。美国和日本的领导人必须拿出一种政治战略,以保护美国长期利益的一种保持稳定的方式提高日本在该地区的外交和军事形象。此外,人为操纵的民族主义是亚洲越来越普遍的现象。美国支持像日本那样的安全伙伴的努力可能会无意中助长这种危险的动态,但如何处理该地区的民族情绪是美国面临的难题。它可能会削弱日本潜在的领导作用,加剧地区间的紧张关系,并损害美国在

---

① For an outline of these motivations in Chinese foreign policy, see Avery Goldstein, *Rising to the Challenge: China's Grand Strategy and International Security*, Palo Alto, Calif.: Stanford University Press, 2005, See also Avery Goldstein, "China's Emerging Grand Strategy: A Neo-Bismarckian Turn?" in *International Relations Theory and the Asia-Pacific*, eds. G. John Ikenberry and Michael Mastanduno, New York: Columbia University Press, 2003, pp.57-106.

② Evan S. Medeiros, "Strategic Hedging and the Future of Asia-Pacific Stability", *The Washington Quarterly*, Vol.29(1), Winter, 2005-2006, p.157.

该地区的合法性①。

再以台湾问题为例,"在台湾问题上产生冲突的可能性加剧了到处弥漫的不确定性、越来越多的战略怀疑和造成双方目前的对冲战略的安全两难动态。双方对于台湾问题可能爆发冲突的关注以及双方采取相关军事计划和加强武力的做法,大大降低了两国评估对方战略意图的能力,并加强了做最坏打算的认识。这种情况损害了美国和中国的决策者维持有效的对冲战略所固有的平衡能力"。麦艾文认为,很多中国人认为,美国对台政策是美国遏制中国企图的核心。美国对台军售和同台湾进行军事交流寻求的是阻止重新统一,并迫使中国将宝贵的资源花在军事现代化上,从而破坏它复兴成为亚洲的大国。② 而美国认为,中国威胁使用武力对付台湾和强有力的军事现代化计划影响了美国对中国长期地区抱负的看法。美国国务卿鲍威尔 2002 年曾经说过,"中国是选择和平还是强制来解决它同台湾的分歧,将告诉我们有关中国寻求不仅同它的邻国、而且同我们结成什么种类的关系的大量信息"。换句话说,人们并不认为中国对付台湾的方式是它别具一格的处事方式,而是检验中国是一个正在崛起的"目标适度的"还是一个偏好强制外交和军事解决方式的"修正主义的"大国的一个重要试金石③。很显然,尽管亚太格局发生重大变化,美国仍然将台湾问题作为遏制中国和平崛起的重要战略目标。

二 美国遏制中国战略

在无政府状态的国际环境下,"安全是国家的最高目标。""国家只有在确保生存的条件下才能寻求和平、利益、权力等其他目标"④。今天的中国正致力于国内经济的发展、政治稳定,维护地区和周边安全。美国应当适当调整其全球及地区战略利益结构,在发展和加强与盟国合作关系的同时,接纳其他国

---

① Evan S. Medeiros, "Strategic Hedging and the Future of Asia-Pacific Stability", *The Washington Quarterly*, Vol.29(1), Winter, 2005-2006, p.157.

② Ibid., p.158.

③ Ibid., p.158.

④ Kenneth Waltz, *Theory of International Politics*, Reading, Mass.: Addision-Wesley, 1979, p.126.

家参与共同构建亚太国际秩序机制。同时,中国要通过自己的行为模式和明晰的战略谋划,打破所谓"大国悲剧的历史定律"①。现实的国际政治环境中,美国采取的是遏制中国的战略。

中国的崛起引起美国战略思想家们猜忌和担忧,美国"新美国安全中心"资深研究员罗伯特·卡普兰(Robert D.Kaplan)2005年6月在《大西洋月刊》上发表题为"我们如何对付中国"的文章,②卡普兰称:在不久的将来,中国将崛起成为世界强国,成为美国在经济和军事上的首要对手,比前苏联更难对付,美国将再次卷入类似"冷战"一样的对峙。因此,美国的军队需要将其重点从中东移到太平洋,并且要做好准备,构建与日本、澳大利亚、印度等国家的新型盟友关系,以制衡中国的强大。

卡普兰认为,中国必将作为一个大国重新崛起,这是不可阻挡的。只有采用类似于实用主义的方法,美国才能较好地应对中国的崛起。否则,21世纪的地球将会变成一个大战场。任何强国崛起或重新崛起时,它们都会倾向于过于自信——因此,国际事务也常常会面临巨大的动荡,中国也不例外。卡普兰推测:未来几年中,美国的重心将从中东相对移向太平洋——虽然这不是一个理想的表述方法——这一情形迫使下一位总统(不论他或她来自哪个政党)采取类似前共和党总统布什、福特、尼克松等所采取的对外政策。风险管理将成为一种主流意识形态。即使伊拉克最终成为一个成功的故事,但这种九死一生的成功也肯定是军方和外交界人士所再也不愿重复的成功——特别不能在亚洲重复,因为一次莽撞的军事冒险所造成的经济后果可能过于巨大。卡普兰在援引美国前助理国防部迈克尔·维克斯(Michael G.Vickers)的话时指出,"与中国人开仗很容易,有很多机会,不仅仅台湾问题,特别是当中国人

---

①　王辑思:《当代世界政治发展趋势与中国的全球角色》,载《北京大学学报》(哲学社会科学版)2009年第1期,第3页。所谓"大国悲剧的历史定律"指,大国崛起必定冲击世界秩序,引发国家冲突,霸权国和崛起国最终对立和冲突不可避免。

②　卡普兰是美国保守派人物,他发表许多关于国际问题的文章,其中不少直接是关注中国问题的,比较有影响的有:"The lesson of China and Iran",*the Atlantic Monthly* July 2009;"Don't Panic About China—Why We Should Embrace-Rather than fear-the Next Superpower",*the Atlantic Monthly*,January 2010;"The Geography of Chinese Power:How Far Can Beijing Reach on Land and at Sea?"*Foreign Affairs*,May/June 2010,etc。

正在整个太平洋区域发展潜艇和导弹能力的时候。但令人左右为难的问题是,如何结束这场战争?"①

　　卡普兰提醒美国应该意识到,在未来的几年甚至几十年中,中国与欧洲之间的伦理距离将在一定程度上拉近,特别因为中国当局越来越自我克制,而欧洲联盟则日益变成一个不太民主的超级国家,由布鲁塞尔的机构进行一种帝国式的管理。因此,有关美国不会再被卷入那种"愤世嫉俗"的实力政治游戏,美国能够推行一种主要以威尔逊总统的理想为基础的外交政策的想法只是一种幻想。美国将继续与中国周边的不同地区打交道,就像尼克松当年与那些苏联周边国家打交道一样②。关于北约与美国的关系,卡普兰认为,美国需要挽救北约。美国是北约的领导人——美国与日益强大的欧洲联盟处境不同,欧洲联盟一旦成为现实,它自己强大的防御力量将不可避免地成为一支强有力的地区力量,为了维持地区平衡,强大的欧盟甚至可能与中国结盟,共同对付美国。北约和独立的欧洲防御力量不可能同时发展。它们中只有一个能够得到发展——我们希望得到发展的是北约,这样欧洲才会成为我们与中国对抗时的一个军事优势,而不是一个拖累。

　　2010年春,卡普兰又在美国《外交》杂志上发表题为"中国权力的疆界:北京究竟向陆上、海上走多远"(The Geography of Chinese Power:How Far Can Beijing Reach on Land and at Sea?)的文章,该文指出:当一个国家变得强大,它就会不断地发掘新的需求。今天的中国正在巩固它的陆地疆界并开始向海上拓展。中国的外交政策的野心就像一个世纪前具有侵略性的美国,但出于完全不同的理由。中国不会对世界事务采取富有使命感的态度,而是寻求意识形态的扩展。在国际事务中推行道德价值是美国的目标,不是中国的目标。中国在海外的动机受保障其能源、金属、战略矿藏需求驱使,以便满足中国这个占世界人口1/5的大国日益高涨的生活水平的需求③。

---

　　①　Robert D.Kaplan,"How We Would Fight China",*The Atlantic Monthly*,Volume 295,No.5;June 2005,pp.49-64。迈克尔·维克斯目前任职于华盛顿战略与预算评估中心。

　　②　Ibid.

　　③　Robert D.Kaplan,"The Geography of China Power:How Far Can Beijing Reach on Land and at Sea",*Foreign Affairs*,May-June,2010,Vol.89,no.3,p.24.

　　卡普兰称,中国实际是一个极为现实的国家,它在向非洲所有能为其提供石油和矿藏的国家渗透。为了获取能源,中国甚至与像伊朗、缅甸、苏丹这些集权专制国家保持友好关系。中国正在向中亚、南亚、东南亚、东亚地区扩张。中国把新疆、西藏、内蒙古作为对中亚、南亚、外蒙古和俄罗斯等地扩张的桥梁。他污蔑"新疆、西藏是19世纪后中国对外扩张得来的",称:将来中国强大了,美国有必要考虑与俄罗斯结成战略联盟来制衡中国。中国正在发展海军,目的是通过向海外扩张来获取战略利益。中国海军力量虽然还很薄弱,但中国实行所谓的"第一岛链"战略:将朝鲜半岛、库页岛、日本、琉球岛、台湾、菲律宾、印度尼西亚、澳大利亚包括在内。中国与所有海上连接的国家都有岛屿和海域争端,目的是保障其海上资源①。

　　关于中国海军发展战略,卡普兰在文章中写道:"中国离对美国的航空母舰队构成直接的威胁和挑战还有一段很长的路要走。但是中国的目标是发展这样的能力,将美国航母、军舰阻拦在第一岛链之外。中国要构建大中华首先要考虑的是统一台湾。如果台湾回归中国,中国的海军不仅能在第一岛链作战,整个亚太地区将会出现新的军事多边②。卡普兰认为,大中华可能是政治型的、经济型的、或者在中亚地区、印度洋地区、东南亚地区、西太平洋地区的军事型的。他承认,目前中美关系要比冷战时期美苏关系稳定,但随着中国经济崛起、军事强大,中美关系必将出现紧张,美国这个西半球的超级大国一定要设法防止东半球出现一个新的超级大国。美国的一些军方人士也对中国加强海军实力表示担忧,他们告诫中国不应该挑战美国的海上霸权地位,他们不相信中国发展海军是为了保护中国的领海或航海通道安全,认为中国有自己的战略目标。

　　卡普兰的"我们如何对付中国"的文章发表后,立刻招来一些美国学者的异议,2005年6月13日美国前国务卿基辛格在《华盛顿邮报》发表原题为"遏制中国不会奏效"的文章,基辛格认为:中美关系目前呈现不明朗的状态。一方面,美国的共和党和民主党对中国的外交政策长期来看是一致的。从尼克

---

①　Robert D.Kaplan,"The Geography of China Power",op.cit.,p.37.

②　Ibid.,p.43.

松开始,七任总统都曾强调中美合作的重要性,虽然有些总统,如里根、克林顿和小布什在上任初期走过一些弯路,但后来都作出过"一个中国"的承诺。小布什在许多场合曾形容目前的中美关系是建交以来最好的时期①。另一方面,美国官员、国会议员和新闻媒体纷纷出言攻击中国,涉及汇率、军备等许多方面。不少人认为,中国崛起对美国的安全是一个巨大挑战。中国之崛起,乃至亚洲之崛起,将会在未来几十年使国际体系发生质的变化。世界事务的重心,三百年来第一次正由大西洋向太平洋转移,中国作为在亚洲发展最快的国家,正在用日益成熟的手段来维护其所认为的国家利益。

中国崛起所扮演的角色,常被人拿来和 20 世纪初的德意志帝国相比较,暗示一场战略冲突在所难免,提醒美国对此早做准备。这一假设不仅是错误的,而且是危险的。在 19 世纪的欧洲体制下,认为要想保住霸权,维护自身利益,最后都要诉诸武力,每个国家都认为通过一场战争才能使其战略地位得以提升。但在当今的全球化时代,只有鲁莽之辈才会这么想。大国间的战争就是一场灾难,只会导致两败俱伤,没有赢家②。军事帝国不会是中国要走的路。西方首屈一指的战略理论家克劳塞韦茨指出,备战的要领是不战而屈人之兵。中国正以此为目标,认真学习,韬光养晦,以求有所作为。在这样的逻辑下,中国几乎不可能走一条赢家通吃的危险之路。把中国同冷战时期的苏联相比亦不明智。苏联有帝国主义传统,从彼得大帝开始到第二次世界大战结束,俄国把疆土从莫斯科周边扩展至欧洲中心,中国目前的疆域则基本上已维持了 2000 年。俄罗斯帝国以武力来统治,中国的王朝则是以文化融合为手段,实力为后盾。③ 基辛格认为,这些都约束着美国两党,不敢在台湾海峡制造恶化局势。现在的任务是在谈判框架内解决台湾问题,而最近台湾三个主要政党中的两个与大陆展开接触,是个好的开始,看来以谈判减少台湾海峡的军事集结是可行的。

中国基于多方面的原因正寻求与美国合作,中美冷战对继续提高生活水平的中国来说具有灾难性的影响,但这并不意味着对于中国的破坏有益于美

---

① Henry Kissinger, "Contain China will not Work", *Washington Post*, June 13, 2005.

② Ibid.

③ Ibid.

国本身。美国不应让中国的下一代产生这样的看法:美国永远是一成不变地敌视中国。这不符合美国的利益。回顾中美关系发展历程,蓝普顿表示,中美两国关系不仅"悄悄"实现正常化,而且在很多方面已经接近于美国与法国、日本、韩国、墨西哥和土耳其等传统盟国关系的水平。但两国的战略分歧犹存,安全领域的合作也不稳定①。美国学者蓝普顿认为,"中美关系的演变就像一张'三脚凳',三条腿分别代表两国的安全、经济和文化关系。20世纪七八十年代,代表安全的凳腿长,代表经济和文化的凳腿短,中美关系不稳定。90年代,代表安全的凳腿被大幅度削短,而另外两条凳腿不断加长。'9·11'事件发生后,代表安全的凳腿又一次加长,但三条腿的长度和强度相当,中美关系较为稳定"②。

蓝普顿在文章中阐述,在"9·11"后,中美台湾问题、朝鲜问题,以及美国与法国、德国、土耳其、日本和韩国等传统盟国在反恐战争和防止大规模杀伤性武器等问题上的分歧,也使中美两国在安全领域的合作进一步加强。

中美两国在加强安全领域合作的同时,不断加深两国之间的经济和文化关系。全球化和相互依赖性使中美两国彼此间变得越来越重要,特别是在全球经济持续疲软的背景下。20世纪末,美国已经成为中国最大的出口市场,中国是美国第四大贸易伙伴。蓝普顿认为,信息技术领域是中美两国的相互依赖性不断增强的一个明证。美国在中国生产的信息技术产品越来越多。到2000年,中国已经成为全球第三大信息技术硬件生产商,仅落后于美国和日本。这种相互依赖性在美国社会和政府引起了一些争议,如美国应当怎样看待关键技术产品依赖中国进口,人员、技术和资本流动是否有利或有损于美国未来的经济竞争力等③。中国现行体制的政治社会统治能力为着眼点,对中国社会进行了深入的研究。他说,1949年新中国成立以后,中国的领导体制一直不断地发展统治手法,并对其进行了巧妙的运用。中国的现行体制比想象中要强韧,没那么容易破裂。中国是一个渐渐强大起来的国家。我们需要在意图和能力这两方面对中国的情况进行慎重的考量。

---

① Henry Kissinger, "Contain China will not Work", *Washington Post*, June 13, 2005.
② David M. Lampton, "The Stealth Normalization of US-China Relations", op.cit., pp.66-82.
③ Ibid.

三　中美关系中的台湾问题

回顾中美关系的历史,人们不难看出,台湾问题是中美关系中最重要、最敏感的核心问题,处理得不好可能颠覆整个中美关系。指导中美关系的中美三个联合公报的核心都是台湾问题,一个中国政策是中美关系的政治基础,即使两国关系经过了35年的发展,后冷战时期出现了许多新的情况,这一点也没有改变。台湾问题涉及中国的领土和主权完整,是中国的核心利益所在。美国对中国的最大疑虑是中国强大了如何运用其力量,担心一个崛起的中国会挑战美国在东亚和全球的地位。在这种情况下,对美国最有利的是让海峡两岸事实分离的局面长期存在下去,把台湾牌握在手中,以台制华①。

早在20世纪90年代,李登辉担任台湾地区领导人时,"台独"势力就成为威胁国家战略机遇期政治、经济发展的最大隐患。台湾当局的"去中国化"、包括所谓"正名"等运动引起海峡两岸人民的普遍担忧。2004年台湾岛内领导人选举,充分反映岛内政治各种力量之间的关系错综复杂。领导人选举原以为泛绿能够取胜,结果泛蓝获胜,而"立法院"选举,泛蓝却出乎意料惨败。美国是解决台湾问题的最大障碍,美国依据《台湾关系法》继续进行对台军售,阻挠中国实现和平统一,其战略意图十分清楚,美国不愿看到在亚洲出现一个强大崛起的中国。但"美国在全球军队部署吃紧的情况下,当然不希望两岸发生军事冲突,所以采取的是'预防外交'手段"②。与此同时,美国领导人多次在国际场合下坚持"一个中国"立场,布什总统甚至称陈水扁是"麻烦制造者"③。表明美国依然把发展与中国的政治经济关系当作其全球战略的重要因素,非到万不得已美国不会因台湾问题与中国发生正面冲突。

台湾海峡的对峙促使美国的中国学者们关注中国发展军事实力的研究。不少人的兴趣一直集中在中国如何发展和配置其军事力量以及它如何使用武

---

① 《台湾问题决定中美关系》,载香港《大公报》2010年2月21日。

② [美]《华盛顿观察》周刊,2004年12月15日,转引自《参考资料》2004年12月20日,第2页。所谓"预防外交"可以归结为2003年12月布什在温家宝总理访美时的"反对台湾片面改变现状"到鲍威尔2004年10月所说的"台湾不是主权独立的国家",表明美国的"抑制台独"的外交言论似乎有逐渐升温的趋势。

③ 《环球时报》2003年10月29日,第6版,转引自夏立平:《21世纪美国对华战略及其内在矛盾》,《美国问题研究》2005年,第127页。

力来支持其强制外交和遏制政策。美国的中国问题专家艾伦·惠廷指出,中国有意愿采取主动实现其政治目标,他还考察了中国采取遏制、强制外交、承担风险和风险管理的几种模式,并评估了未来中国使用武力反对"台独"的风险。[1] 普林斯顿大学政治学教授柯庆生(Thomas J. Christensen)得出结论说,当中国领导人认为扭转不利趋势的机会正在消失的时候就会使用武力。他认为,台湾地区不断发展的"独立"运动或许会导致那样一种形势,从而增加了中国在台湾海峡使用武力的可能性[2]。

陆伯彬等认为,中国不放弃使用武力来反对台湾当局,以迫使它们从推动台湾"独立"的立场上撤退。陆伯彬强调,中国对有效的核遏制及常规遏制的根源的理解,鼓励中国在面对美国"升级优势(escalation dominance)"及其对"台独"分子从事分裂活动时发出警告[3]。柯庆生通过研究中国对台湾海峡遏制政策后认为,中国挑战对手的决心和对其不对称能力的关注,也许会导致中国在遏制美国对台湾当局的支持方面过于乐观,从而形成台湾海峡的不稳定[4]。不少美国学者关注中国在遏制理论方面的研究及其对中国使用武力反对"台独"的意义。2004年台湾"立法委员"选举,台湾领导人陈水扁在选举前一个月不断抛出争议性议题——从改变高中历史教科书、改国旗、以"台湾"名义加入联合国,到2006年举行"先改"公投等,制造一系列风波。

关于"台独"的前景,美国台湾问题专家,乔治城大学外交学院教授唐耐心(Nancy Bernkopf Tucker)表示,"台湾当局正在鼓励岛内'台独'的趋势。但

---

[1] Thomas J. Christensen, "Windows and War: Trend Analysis and China's Use of Force", in Alastair Iain Johnston and Roberts S. Ross, (ed.), *New Directions in the Study of China's Foreign Policy*, 2006.

[2] Thomas J. Christensen, "Posing Problems without Catching up: China's Rise and Challenges for U.S. Security Policy", *Internationd Security*, Vol.25, No.4, 2001, pp.5–40.

[3] Robert S. Ross, "The 1995–1996 Taiwan Strait Confrontation: Coercion, Credibility, and Use of Force", *International Security*, Vol.25, No.2, Fall 2000; Robert S. Ross, "Comparative Deterrence: The Taiwan Strait and the Korean Peninsula", in Alastair Iain Johnston and Robert S. Ross, (ed.), *New Directions in the Study of China's Foreign Policy*, 2006.

[4] Thomas J. Christensen, "Posing Problems without Catching up: China's Rise and Challenges for U.S. Security Policy". op. cit. pp.5–40.

不论政府内部的人是怎么想的,(台独)都是不可能得逞的"①。在分析台湾岛内民族文化认同时,约翰·霍普金斯大学亚洲研究中心副主任戴维·布朗(David Brown)认为:"不同年龄层的台湾人对国家认同有不同的看法。大部分急欲独立的台湾人多是年纪较大的人,他们的希望是在有生之年能够看到台湾独立。反观台湾年轻的一辈,他们更乐于见到的是台湾与大陆之间能维持好的经贸关系,他们有更多的工作机会,也不排斥到大陆生活或退休。"②对于台湾领导人陈水扁搞以"台湾"名义加入联合国、2006年公投"宪改"等言论,唐耐心认为,台湾这个议题"一直都有可能为中美关系制造问题,现在尤其是如此。华盛顿已经被台湾的举动激怒,此时台湾不应误判形势,而是应审慎抉择"③。

担任布什政府第二任国务卿的康多莉扎·赖斯在处理海峡两岸关系问题上改变了她四年前任美国国家安全顾问时将中国作为"战略对手"而非"战略伙伴"的主张,赖斯采取其前任鲍威尔的务实方法,以避免破坏中美过去四年中大体良好的双边关系。此后,美国领导人多次在重大国际场合下声称"不改变一个中国的立场"但美国政府更强调"反对任何改变台海现状的企图"④,试图使两岸分裂永久化。不仅如此,包括总统在内的许多美国政府高级官员还对台湾的所谓"民主""自由"赞不绝口。2005年11月布什访日期间称台湾是"自由、民主、繁荣社会的样板"⑤。其目的不仅要在台海之间搞平衡战略,又要满足美国国内保守主义者的心理需求。从战略上讲,美国始终将台湾视为其在西太平洋的势力范围,美国保持在东亚的军事优势,有利于它与台湾在战略上相互得利。

对美国来说,"中国如何处理台湾问题是对一个崛起的中国的观察点";相反,对中国来说,"美国如何处理台湾问题将反映出美国如何对待一个崛起

① 《美学者看陈水扁的"选举语言"》,载[美]《华盛顿观察》周刊2004年12月1日,转引自《参考资料》2004年12月9日,第1页。

② 同上书,第2页。

③ 同上。

④ "White House Report,September 30:China/ Taiwan",the Bureau of International Information Programs,U.S.Department of State,*Washington File*,Oct. 3,2005,p.2.

⑤ "Remarks By the President in Kyoto,Japan",*Washington File*,Nov.17,2005,p.6.

的中国"。① 虽然美国对台政策受到两岸关系的影响,但是美国始终把遏制大陆对台动武作为首要目标,这个政策同美国维持现状相吻合。所以,美国对中国军事现代化十分敏感,将其视为改变台海现状的主要动因。2002 年秋美国的《核态势评估报告》中隐含着一旦台海发生战端,美国不排除使用核武器的可能。美国还试图将台湾纳入其战区导弹防御体系保护之下。这种核保护伞建成后,将大大降低中国战略核威慑应有的功能,因为迄今为止中国的核战略一直是以"最小量的威慑"为依据的②。从国家战略安全角度来看,美国导弹防御系统的研发是中国绝不能接受的。但中国无论如何不能卷入一场与美国史无前例的军备竞赛中,以偏离它的经济建设的战略中心任务,消耗十分宝贵的国力和资源。冷战时期的苏联和日本就是两个结局完全相反的例证③。中国的战略选择应该有多种可能性,其中包括随时准备面对的来自美国的"政治和军事上的敲诈勒索"。台湾问题虽然重要,但加快中国经济发展步伐,加强国防建设现代化,对于消除台海危机更具积极主动意义。

就美国国内政治讲,美国文化中的自由主义对台湾问题有很大制约,他们把中国的对台政策归结于领土要求,这也使得美国决策者的对台湾政策很难有所改变。当然,从公共政策视角考虑,美国总要衡量与长期分裂相关的以及与中国可能冲突的代价。美国兰德公司研究员麦艾文(Evan Medeiros)认为:"(美国)即使要阻止大陆使用武力,也并不意味美国反对统一。"④表明在这个问题上美国政界意见并非完全一致。

---

① 美国麻省理工学院政治学系助理教授傅泰林(Taylor Fravel)谈台海问题及中美关系,上海美国学会、上海美国研究所编《学会通讯》第 23 期,第 2 页。

② [德]维尔纳·克纳佩:《中国——未来的超级大国》,载[德]《欧洲安全》月刊 2005 年 5 月号,转引自《参考资料》2005 年 6 月 15 日,第 7 页。

③ 冷战期间苏联将国民生产总值中的 20% 用于研制和生产武器装备,其中包括核武器,经济崩溃是苏联解体的一个重要原因。而日本军费开支只占其 GDP 总量的 1%,日本取得了战后举世瞩目的经济发展。Alex Mintz & Steve Chan, *Defense, Welfare and Growth: Perspective and Evidence*, New York: Routledge, 1992; Richard J. Rich, *Nation, Strong Army: National Security and the Technological Transformation of Japan*, Ithaca: Cornell University Press, 1994; Joshua S. Goldstein, *International Relations*, p.245。

④ 美国兰德公司政治学研究员麦艾文:《谈台海问题及中美关系》,上海美国学会、上海美国研究所编《学会通讯》第 23 期,第 2 页。

美国卡耐基国际和平基金会的史文(Michael Swaine)长期关注台湾问题,关注台湾问题对中美关系的影响。史文认为,美国作为两岸对话的协调人,在一定程度上都不被双方所信任:北京视美国为不稳定的潜在敌意的霸权主义者,维持不战、不和、不统、不独的模糊现状是其分散和遏制中国战略的重要组成部分。因此,只有那些用于削弱"台独"势力的美方行为才是可以接受的。台北虽然将美国视为抵制中国压力的保护伞,但同时也担心美国是潜在的背叛者,可能会利用台湾来遏制或安抚北京。所以,台湾一方面寻求美国愈来愈多的政治和军事支持,另一方面拒绝华盛顿与北京试图就台湾的地位或最终命运达成任何"谅解"①。

针对中国和台湾,美国在威慑和安抚之间寻求如下最佳平衡。史文指出,对中国:向北京确保美国不会使用其超级大国力量来鼓励台湾独立,同时威慑北京的任何导致使用武力的错误判断。对台湾:向台湾确保美国不会允许违背台湾意愿的武力或强制手段,同时威慑台湾不要采取导致北京进一步走向用武力解决的单方面行动。美国花费更多的精力威慑中国使用武力:一是提高在危机时部署到台湾海峡的美国军力、速度和精确程度;二是加强美国的总体国防力量,为可能的与中国的大规模冲突做好准备;三是采取措施加强台湾的自我防卫能力。在政治领域,美国已采取越来越积极的做法威慑或反对改变(华盛顿所定义的)两岸现状的任何单边行动(如进一步不稳定化)②。

关于美国对台的武力保护政策,史文认为,在台湾问题上,中国若使用武力必将迫使美国作出反应,进而导致一场大的危机、甚至是中美对抗。就目前看来,短期内出现任何一种方案的可能性不大,主要有两点原因提供了强烈的激励来避免台海冲突。

第一,美国和中国必将为这样的冲突付出极其高昂的代价。毫无疑问一场严重的军事、政治危机不可避免。这样的危机可能会剧烈地、无法控制地恶化,因为各方都寻求解决、中立或避免真正的军事打击,并防御潜在的攻击。

---

① [美]史文:《非军事考虑:美国、中国和台湾的趋势和政策演进》,本文系作者为美国卡内基国际和平基金会与中国改革开放论坛合作主办的"防止和解决台海冲突"国际研讨会中递交的论文,2005年4月6日。

② 同上。

形势的危险性会大大增加，美国的军事行动将被中国领导人解读为对中国核武库的威胁，而需要有力的回应。进一步的危险在于台湾可能会采取导致危机恶化（不管是突发的还是事先设计好的）的行动。这种不断升级的危机将极大损害中美利益。破坏性的军事冲突会杀死几千万人并严重破坏两国经济。它还会导致亚洲出现新的冷战，并因此威胁到该地区的经济增长和稳定的中美利益。

第二，中国尤其具有强烈的理由来避免台海冲突，因为人们相信和平解决台湾问题显然有利于中国的利益①。史文称，在台湾问题上，中美关系不能恶化到美国被迫采取包围和对抗政策的地步。"9·11"事件之后美国战略目标发生转变，从将中国视为战略竞争对手的担忧，转变为与北京保持合作关系的迫切愿望，以及避免台海发生不必要的危机，以避免美国分散投入于反恐战争的精力。从中国的角度看，这一战略有力地给予反对任何一方单方面改变现状的行动的美国政治家们以巨大的可信度。然而，随着时间的推移，北京的安全战略及其避免与美国对抗的能力将面临更大的挑战，因为中国的国力和影响力不断增长，安全困境就逐渐显现。史文引用李侃如的话说，美国应该促成将两岸关系现状锁定20到30年的"协议框架"，这个协议将搁置有关台湾最终地位的问题，而"台独"问题和使用武力问题将退出谈判桌，在可信赖的承诺基础上集中发展建立信任的对话。按照李侃如的观点，美国应该通过施压、劝说，以及在北京和台北之间建立秘密联系通道等方式促成这样的协议。②

美国对外政策基础的意识形态保守主义者认为，只能依靠军事威慑才能阻止崛起的中国。目前有这种观点的人还未占上风。史文认为，美国不太可能采取什么新的台海政策。美国没有时间、偏好，也没有资源来探讨结果未知的重大政策转变。但我们不得不发问：在大陆和台湾现行政治、经济、社会和军事形势下，就目前的台海关系、美台关系以及中美关系看来，如果美国的政策仅仅意在维持一个模糊定义的（正在改变的）"现状"和威慑"最坏场景"

---

① ［美］史文：《非军事考虑：美国、中国和台湾的趋势和政策演进》，本文系作者为美国卡内基国际和平基金会与中国改革开放论坛合作主办的"防止和解决台海冲突"国际研讨会中提交的论文，2005年4月6日。

② 同上。

（即军事冲突），这能够促使台湾海峡的长期稳定吗？史文持怀疑态度。

　　在评估增强台海紧张局势和冲突的主要现象和政策因素时，史文认为，台海局势呈现的主要危险扎根于三个根本因素：第一，岛内政治和社会正从前国民党政府的"一个中国"立场转向实际上的"一中一台"立场，这体现在所有主要政党的政策中；第二，中国完全拒绝这样的转变，并发展军事、经济和政治能力威慑或防止台湾独立；第三，美国坚持认为台湾问题的任何解决方案必须以和平方式解决，且要得到海峡两岸人民的同意，并有可能进行干预（必要的话以武力干预）阻止中国逼迫台湾就范。①

　　针对当时"台独"势力的蔓延，唐耐心认为，"台湾当局正在鼓励岛内'台独'的趋势。但不论政府内部的人是怎么想的，（台独）都是不可能达成的"②。台湾这个议题"一直都有可能为中美关系制造问题，现在尤其是如此。不少美国学者称，华盛顿已经被台湾的举动激怒，此时台湾不应误判形势，而是应审慎抉择"③。在台湾问题上，中外有识之士清楚地认识到，提高国家的综合国力、保持国内政治稳定，以便能够在精心考量的安全战略意义上自行决定"何时"和"如何"实现国家的统一，而不必由外部来决定"是否"重新统一问题，这是对未来中国安全战略的严峻考验。通过保持经济的快速增长，加强两岸之间政治、经济和文化往来是解决台湾问题的内在动力。西方学者甚至认为，"自2001年（中国）加入世贸组织以来，台湾与大陆的贸易额继续增长，台湾对大陆的依赖不断加大，因此台湾当局担心，自身的主权有可能随着商品流动的大潮沉沦"④。

　　保持海峡两岸民众的互动，加强大陆与台湾的经贸往来，是维护台海地区和平与安宁重要途径。2002年台商赴大陆投资额累计达255亿美元，占台湾

---

　　①　［美］史文：《非军事考虑：美国、中国和台湾的趋势和政策演进》，本文系作者为美国卡内基国际和平基金会与中国改革开放论坛合作主办的"防止和解决台海冲突"国际研讨会中递交的论文，2005年4月6日。

　　②　*Washington Observer*, Weekly, Dec.1, 2004.

　　③　《美学者看陈水扁的"选举语言"》，载［美］《华盛顿观察》周刊2004年12月1日，转引自《参考资料》2004年12月9日，第2页。

　　④　［德］维尔纳·克纳佩：《中国——未来的超级大国？》，载《欧洲安全》2005年5月号，转引自《参考资料》2005年6月15日，第7页。

整个对外投资的 48·32%。① 截至 2008 年 11 月底,两岸贸易额累计达 8505 亿美元,截至 2008 年 11 月底,大陆累计共批准台商投资项目 77238 个,台商实际投资 474.7 亿美元②。中国问题专家,美国前驻华大使李洁明(James Roderick Lilley)认为,经济是促进海峡两岸关系的驱动力,台湾的投资和贸易是中国增长的重要组成部分,中国的市场对台湾的出口、制造业效益和财务来说是至关重要的。它们是全球供应链中成功的一环③。未来两岸经贸关系应该互动,鼓励大陆投资商到台湾投资,以促进两岸人民之间的互信和互爱,为和平统一创造有益的氛围。自 2005 年两岸春节包机直航谈判,到 11 月 4 日,两岸在台北签署海上直航、空中直航、两岸通邮和食品安全"四项协议",2008 年 12 月 12 日,两岸民众期待多年的海运直航、空运直航、直接通邮全面启动。这是两岸关系走向新的互动的一个良好开端。

在无政府状态的国际环境下,各国都会运用一切手段(包括硬实力和软实力)来捍卫他们的核心价值(core values),这种核心价值包括:国家的领土和主权完整,政治独立和经济发展。台湾问题涉及中国的核心价值问题,所以,中国必须竭尽全力维护国家领土和主权完整,《反分裂国家法》是体现中国核心价值的法律依据。美国应该认识到台湾问题的高度敏感性,采取务实态度,尽量避免两国因台湾问题走向对抗。目前台湾岛内民众呼声不断朝着有利于改善两岸关系的方向发展。进入 21 世纪以来,台湾政党领导人多次访问大陆,在一个中国认同、两岸"三通"等问题上与大陆方面取得广泛的一致,如果两岸关系继续出现良性互动,和平解决台湾问题的前景将是光明的,中美最终会摆脱台湾问题这个战略困境。

四　中美紧张关系原因分析

(1)中美两国异质性强、结构矛盾深,阻碍双方建立战略互信的因素集中

---

① 林璟、林其屏:《关于建立两岸更紧密经贸关系问题》,载《当代亚太》2004 年第 2 期,第 43—44 页。

② 《截至 2008 年 11 月大陆累计批准台商投资项目 77238 个》,2009 年 1 月 7 日,中国经济网 http://finance.ce.cn/macro/gdxw/200901/07/t20090107_14085718.shtml。

③ [美]李洁明:《美国的角色》,载《亚洲华尔街日报》2004 年 4 月 19 日,转引自《参考资料》2004 年 4 月 26 日,第 6 页。

在政治、军事、安全和台湾问题上：

政治上，中美意识形态分歧严重，美国对外推广民主的战略和中国维护政治安全的目标对撞。中国并非拒绝民主，相反还在积极推进有中国特色的政治体制改革，但鉴于美国采取的一系列行动，中国对美国政治渗透的担心是真实的①。

军事安全上，美国不断强化在亚太的前沿军事部署和同盟体系，频繁举行以中国为"假想敌"的联合军演，使中国面临巨大的安全压力。而中国适度增加军费、扩大防御半径和缩小与西方军事技术差距的努力，被美国解读为威胁其在西太平洋的主导权。不断加剧的"安全困境"成为煎熬两国战略耐心的篝火②。美国战略重心东移的基本态势已经形成，美国会把更多资源投入东亚地区，中国将面临更多战略压力③。中国周边地区成为中美两国博弈的重要战场。周边地区既是中国进一步寻求发展、走向世界的战略依托，也是美国遏制中国、维持全球霸权的重要支点。美国一方面继续加强在亚洲东部对中国形成的岛链封锁，积极强化与日本、韩国、菲律宾、泰国、新加坡、印度等国的同盟关系，并不断违反中美三个联合公报向台湾地区出售武器，围堵中国走向远洋的出海口；另一方面，通过反恐战争和军事合作，将军事触角逐渐深入中国背后，从西北和西南对中国形成包抄之势，限制中国势力扩张的空间。通过2001年的阿富汗战争，美国已经将军队牢牢地部署在中国西部。2003年开始，每三年一次的美蒙"可汗探索"军事演习，则是美军历史上第一次将军事触角伸向中国北方。蒙古国像一颗钉子钉在上海合作组织的中心地带。西南方向，美国继续加强与印度的军事合作，积极打造"美印军事同盟"，引导印度加入美国围堵中国的战略安排。虽然缅甸尚未成为美国的军事同盟国，但其政权在美国支持下的民主派不断发动的民主运动中已经岌岌可危④。

美国对台军售、或明或暗地推动台湾扩大国际空间、利用"台独"势力牵

---

① 张文宗：《关于建立中美战略互信的思考》，载《当代世界》2011年第2期，第15页。

② 同上。

③ 唐永胜：《构建新形势下中美关系的战略稳定》，载《国际关系学院学报》2012年第4期，第21页。

④ 梁亚滨：《从利益攸关方到战略再保证：霸权衰落下的中美关系》，载《当代亚太》2010年第3期，第27页。

制大陆和平统一的行径,严重侵害中国核心利益,成为中美战略猜疑的重要渊薮①。

冷战后中美在战略互信不足的条件下,能维持较低水平的战略稳定,既归因于中国"韬光养晦""斗而不破"的对美外交方针,也归因于美国对中国能力和意图的基本判断。美国外交和安全决策层的主流意见认为,作为潜在的战略竞争对手,中国有能力挑战美国的战略利益,但鉴于两国在经贸上的相互依赖,在地区和全球事务上的共同利益,对中国采取"两面下注",即"接触"加"防范"的战略最符合美国的利益。美国的目标是将中国塑造成美国主导的国际体系下的"负责任的利益攸关方"。小布什执政八年,中美关系在保持稳定的基础上得到很大改善,离不开"9·11"事件后美国在反恐问题上对中国的需求,但美国对华判断和战略目标并没有发生根本变化②。

与此同时,中美两国的结构性矛盾加深,未来两国的总体实力差距还会进一步缩小,两国利益的实质性碰撞还会加大,与之相伴的是美对华战略疑虑和防范心理进一步上升③。日渐崛起的中国越来越有能力让美国感受到对华政策的反作用力。这一国际政治力学上的变化加重了美国的战略焦虑和反弹,导致中美关系持续紧绷。以国际力量权势东移为标志的国际体系转型和中国崛起对美国战略优势带来的压力是根本。崛起的中国希望美国改变过去不合理的对华政策,希望美国尊重中国的核心利益,但美国并没有认识到调整政策的必要性和紧迫性,因此中美重大战略较量不可避免④。

而且,美国正面临着国内经济、政治复合型的难题,将会继续利用手里的各种霸权工具尤其是金融手段,通过影响中国的金融稳定等各种方式,促使国际资本流向美国,确保美国经济优先走出危机⑤。另外,中国大飞机等重要技术的突破性进展也会加剧美国对中美经贸关系竞争性的认知,在这种情况下,

---

① 张文宗:《关于建立中美战略互信的思考》,载《当代世界》2011年第2期,第15页。

② 同上。

③ 唐永胜:《构建新形势下中美关系的战略稳定》,载《国际关系学院学报》2012年第4期,第20页。

④ 张文宗:《关于建立中美战略互信的思考》,载《当代世界》2011年第2期,第16、17页。

⑤ 宋国有:《美国政府经济危机转嫁行为评析》,载《现代国际关系》2011年第5期。

两国经济领域的摩擦可能会更严重。据此分析,未来十年的中美关系还将面临困难局面①。

五　中美关系的地缘战略因素

"地缘政治"(geopolitics)是政治地理学中的重要流派,其基本内涵是,全球或地区政治格局的形成和发展受地理条件的影响、甚至制约。它根据各种地理要素和政治格局的地域形势,分析、预测世界或地区范围内战略态势和有关国家的政治行为②。而"地缘战略"一词具有更加浓厚的军事色彩,主要是指某个国家根据与其他国家之间的政治关系——或结盟、或中立、或敌对等——结合相应的自然地理条件而制定的军事安全战略。一个国家的地缘战略在很大程度上就是这个国家与他国之间的地缘政治关系在军事安全领域的体现③。

中国和美国的独特的地理位置和不同的地缘战略构成了中美地缘政治结构性矛盾,这个根本矛盾是新兴大国和霸权国对世界地缘政治格局支配权力需要与控制的矛盾。美国对中国的地缘遏制战略是其维护全球霸权的一部分,"全球霸权不能允许区域霸权的出现,当某个区域性强国开始挑战全球霸权国家在本地区的主导地位时,这个全球霸权国就会支持这个地区强国的对手,以维护这一地区的权力平衡,制约这个地区强国的发展"④。

美国著名中国问题专家布热津斯基在其出版的《大棋局》一书中列出欧亚大陆地缘战略国家和地缘政治支轴国家五个,对它们在欧亚大陆的地位、发展前景、政策走向以及同美国的利害关系——作出分析判断。在论述中国在美国对欧亚的战略中所处的关键性地位时布热津斯基指出,为保持并尽可量延长美国在欧亚亦即在世界的主导地位,美国要依靠西方的大欧洲民主桥头

①　唐永胜:《构建新形势下中美关系的战略稳定》,载《国际关系学院学报》2012 年第 4 期,第 21 页。

②　黄放:《什么是地缘政治学》,载《环球时报》2005 年 5 月 27 日第 6 版。

③　王伟男、周建明:《地缘政治中的中美关系与台湾问题》,载《台湾问题研究集刊》2005 年第 4 期。

④　秦亚青:《霸权体系与国际冲突——美国在国际武装冲突中的支持行为》,上海人民出版社 1999 年版,第 187—217 页。

堡和东方"必将成为地区主导大国"的大中华①。

布热津斯基认为,对美国的中长期欧亚地缘战略来说,同中国建立起合作伙伴关系是不可或缺的条件。美国应接受中国的影响和威信在亚太地区必然上升这一前景,还应看到美中在东北亚和中亚有共同的地缘政治利益。美中关系恶化会对整个亚太地区和美国的欧亚战略产生严重后果,因而应该尽力避免这一前景②。他称:"中华帝国在今天会被定为一个地区性大国。但是在中国的全盛时期,中国在全球没有可以与之匹敌的国家,这是指没有其他大国能够向中国的帝国地位挑战,甚至如果中国想进一步扩张的话,也不会有任何其他大国能抵挡中国的扩张。中国的体系是自成体系和自给自足的,它主要建立在得到认同的种族同一性的基础之上,对异族和地理上处于周边的附庸国,中央只比较有限地使用力量。"③

今天,随着中国的和平崛起,中国的国际影响力已大大增强,中国在亚太地区和整个国际事务中势必将发挥越来越重要的作用。布热津斯基指出:中国无疑是一个主要的地缘战略棋手。中国的各种选择已经开始影响亚洲的地缘政治力量分布,而它的经济发展势头必将使它有更强的物质实力和更大的雄心④。在布热津斯基看来,中国作为一个重要大国的兴起造成一个非常重要的地缘战略问题,最理想的结果是把一个正在实现民主化和自由市场的中国纳入更广泛的亚洲区域合作框架。"大中华"可能已在形成之中。任何阻止其出现的做法都会导致同中国发生激烈冲突。这种冲突会严重损害美日关系,因为远不能肯定日本是否会愿意跟随美国遏制中国。这种冲突还可能彻底改变东京对日本的地区作用的规定,甚至可能导致美国在远东的存在的终止⑤。布热津斯基承认,迁就中国也要付出代价。承认中国是一个地区大国不只是像赞成一个口号那么简单,这种地区的举足轻重地位必然会有实质性的内容。他认为:"作为成功地接纳中国参与世界事务的政策的一部分,美国

---

① ［美］兹比格纽·布热津斯基:《大棋局:美国的首要地位及其地缘战略》,第2页。
② 同上书,第3页。
③ 同上书,第21页。
④ 同上书,第60页。
⑤ 同上书,第71页。

应当同意中国有多大的势力范围,这个势力范围在哪儿? 作为一种让步,会不得不容许哪些目前在中国政治影响范围之外的地方落入重新崛起的天朝的范围?"①因此,布热津斯基强调,美国保持在韩国的存在成为一个十分重要的问题。如果美国撤离韩国,很难设想美日防务安排目前的形式不会改变,因为日本将不得不在军事上更加自立。

布热津斯基提出几种中国和周边大国结盟的可能性,第一,最大的潜在危险是中国与俄罗斯或许还有伊朗结成联盟,虽然出现这种意外情况的可能性微乎其微,为了防止出现这种情况,美国必须同时在欧亚大陆的西部、东部和南部边缘巧妙地施展地缘战略手段。第二,中—日轴心可能会带来一种在地理上比较有限、但潜在后果更为深远的挑战。这个轴心可能在美国失去在远东的地位和日本对世界的看法发生根本改变之后出现。联盟将把两个有非常巨大的生产能力民族连结在一起,并可能利用某种形式的"亚洲主义"作为联合反美的学说。布热津斯基认为,鉴于中日两国的近代历史经历,两国不可能在可预见的将来结成联盟。因为,有远见的美国远东政策肯定能阻止这种联盟的出现②。第三,地理位置驱使中国有兴趣与巴基斯坦结盟并在缅甸建立军事存在。这两个举措都把印度作为地缘战略的目标。中国与巴基斯坦密切的军事合作将增加印度的安全困境,并限制印度在南亚建立地区霸权从而成为中国的地缘政治对手的能力。第四,因历史因素而更为有力的地理因素,也决定了中国对朝鲜半岛的兴趣。一个重新统一的朝鲜半岛成为美国影响的延伸,这将是中国所不能容忍的。中国最起码会坚持一个重新统一的朝鲜半岛成为中国和日本之间一个不结盟的缓冲地带。布热津斯基称:中国还希望朝鲜对日本的历史积怨会自然而然地把朝鲜纳入中国的势力范围,但是,目前一个分裂的朝鲜半岛对中国最有利。

关于中国作为地区性大国的作用,布热津斯基认为,如果中国确实成为地区性主导国家和全球性大国,在今后1/4的世纪里,在地区内起主导作用并发挥作为一个全球性大国的潜在影响。随着中国的力量和威信的上升,富有的

---

① ［美］兹比格纽·布热津斯基:《大棋局:美国的首要地位及其地缘战略》,第72页。
② 同上书,第73页。

海外华人可能会越来越认同中国的雄心壮志。东南亚国家可能会认为,对中国的政治敏感问题和经济利益敬而重之是明智之举。同样,新的中亚国家越来越视中国为一个大国,而且它们的独立以及它们在中俄之间的缓冲作用对中国的利益极为重要①。

　　长期以来,中国与周边国家的关系坚持寻求一种避免同接壤的邻国发生任何严重冲突的地区地缘战略。布热津斯基指出:即使中国继续保持与巴基斯坦及缅甸密切的军事合作,中国也应避免同印度发生直接冲突。这种做法符合中国的利益。同样的考虑,也适合中国和东南亚国家的关系。尽管中国人单方面声称南中国海属于中国,但同时他们又加强同东南亚各国领导人的关系。美国地位在该地区任何削弱自然会加强中国对本地区的影响②。布热津斯基强调,最为重要的是,以和平方式加强中国在这一地区的地位将有助于中国寻求实现也许是古代战略家孙子早已确立的主要目标,即削弱美国在本地区的实力,以至于力量锐减的美国不得不需要把在地区内发挥主导作用的中国作为其盟友,并且最终把甚至需要具有全球实力的中国当作其伙伴。中国将会寻求并实现这一目标,但其方式,又要避免造成美日扩大安全联盟的防务范围,或者美国在本地区的实力被日本的实力所取代③。在布热津斯基看来,中国将设法防止美日加强和扩大它们之间的安全合作。中国对于1996年初美日暗中将安全合作的范围从狭义的"远东"扩大到更大范围的"亚太"尤为警惕。中国认为这不仅是对中国利益的直接威胁,而且会由此发展成一个由美国主宰的旨在遏制中国的亚洲安全体系。布热津斯基认为,未来,中国有可能下大气力煽动亚洲国家中仍然存在的对日本在亚太地区发挥重要军事作用的强烈害怕情绪,以便牵制美国和恐吓日本④。

　　布热津斯基关于中美两国应该避免冲突、寻求合作的观点确实体现中美两国共同利益所在。但他对中美可能发生的冲突以及导致冲突的原因的分析判断,显然是片面的。他认为,中国所以"把美国视为敌手",同美国对中国的

　　①　[美]兹比格纽·布热津斯基:《大棋局:美国的首要地位及其地缘战略》,第220页。
　　②　同上书,第224页。
　　③　同上书,第224—225页。
　　④　同上书,第225页。

国内政治有所保留以及美国和台湾有紧密的联系相关,这显然是不对的。中国不干涉美国的内政,不认为美国的政体发生什么变化事关中国的国家利益,不寻求在亚太地区损害美国的合法利益。美国在亚太地区的影响和作用是增强还是削弱,取决于美国的行为和政策是否有利于该地区的稳定和繁荣①。不过,布热津斯基认为,中国应该把留在亚太的美国看成天然盟友。美中关系恶化会对整个亚太地区和美国的欧亚战略产生严重后果,应该尽力避免这一前景,无疑对中美两国领导人来说是值得重视的忠告。事实上,中国领导人在各种不同场合都表示,中国希望并欢迎美国在亚太地区发挥建设性作用,也希望美国尊重中国的利益和关切,中国愿意同美国及亚太各国一道,共同建设一个更加稳定、发展的亚太地区。

① [美]兹比格纽·布热津斯基:《大棋局:美国的首要地位及其地缘战略》,见宋以敏:"卷首语",第4页。

第六章　国际秩序转变与中美
"新型大国关系"构建

在大国战略博弈问题上,美国现实主义国际问题专家们坚持"国际秩序通过权力均衡来维持",认为"均势"是一种有效的机制,强调通过建立联盟来阻止强权国家支配国际秩序。现实主义主张建立霸权稳定体系,以确立大国的强权地位。均势和霸权的内涵不同,前者的目的是防止一国主宰国际秩序;后者的前提是建立在对现存支配国的假设基础上的①。19世纪英国的全球称霸既是建立在强大海军实力基础上,也是由于英国巧妙地运用均势战略,阻止欧洲以及其他地区出现挑战国及挑战国联盟。冷战期间的美国也是均势与霸权战略并用且取得成效的国家。

传统概念上的安全同国际秩序相关联,从理论界定层面看,安全通常针对国家和共同体而言,而国际秩序适用于地区和全球层面。这两个概念逻辑上相互加强,如:"所有国家均感到安全的环境有利于国际秩序的稳定。"②自由主义强调国际法对国际秩序的影响。国际法具有制约国际秩序的某种功能,如"国际惯例"以及国际条约。由于国际关系的无政府状态,使国际法实施缺乏有效的执行机制,这就意味着国家只有在它愿意接受国际法制约的情况下才能证明它的有效性。国际组织在维护国际秩序中的作用日益凸显,无论国际组织是通过集体安全还是通过多边外交形式,体现在国际机构中的谈判、国家间互动规则有助于规范无政府状态的国际秩

---

① Alasdair Blair and Steven Curtis, *International Politics:An Introductory Guide*, Edinburgh University Press 2009, p.251.

② Ibid., p.250.

序①。当今,国际组织结构呈多样化趋势,政府间组织、非政府组织、跨国公司等构成当代国际政治中特定的行为体,它对国际秩序的维护起着平衡器作用。

在新的国际环境下,世界面临的所有威胁都只是表象,深层次的问题是国际失序。一些美国学者认为:"以负责任为基本原则构建新的国际秩序,首先需要美国实行新的外交政策,加大对国际制度建设的投入。"美国应"实施理智的领导权"②。

第一节　国际秩序转变下的中美亚太战略博弈

美国学者对中国崛起可能导致亚太地区国际秩序权力结构转变存在两种不同的观点。现实主义认为,"中国的崛起仍处在初级阶段,亚太地区国际秩序的权力结构转变的基础相对薄弱从而加深'安全困境'"③。自由制度主义和建构主义认为:"权力竞争不可避免要导致战争。而相互依存、国际机制规范化、国际关系社会化在亚太地区国际秩序变化中发挥重要作用。"④一些美国学者和政府官员把中国的崛起视为对现存国际秩序的挑战,他们认为,"中国崛起将会挑战现行国际秩序,成为改变现状国。中国的快速崛起将是对美

① Alasdair Blair and Steven Curtis, *International Politics: An Introductory Guide*, p.252.

② Bruce Jones, Carlos Pascual and Stephen John Stedman, *Power and Responsibility Building International Order in an Era of Transnational Threats*, Washington D.C.: Brookings Institution Press 2009, p.6.

③ Neorealist views are represented by Kenneth Waltz, *Theory of International Relations*, MA: Addison-Wesley, 1979; John Mearsheimer, *The Tragedy of Great Power Politics*, New York: Norton, 2001, pp.396 - 402; Evelyn Goh, "U.S. Strategic Relations with a Rising China", in Kevin J. Cooney and Yoichiro Sato, ed., *The Rise of China and International Security, America and Asia Respond*, London and New York: Routledge, 2009, p.60.

④ Michael E. Brown et al. eds. *The Rise of China*, Cambridge, MA: MIT Press, 2000; Richard Bernstein & Ross Munro, "The Coming Conflict with America", *Foreign Affairs*, 76 (2), March/April 1997, pp.18-32; Robert Ross, "Beijing as a Conservative Power", *Foreign Affairs*, 76 (2), pp.33-44; Alastair Iain Johnston, "Socialization in International Institutions: The ASEAN Way and International Relations Theory", in G. John Ikenberry and Michael Mastaduno, ed., *International Relations Theory and the Asia-Pacific*, New York: Columbia University Press, 2003.

国、日本及俄罗斯亚太战略利益的挑战"①。哈佛大学中国问题专家江忆恩认为,"由于中国在实力上与美国的差距,中国可能会选择根据自己在数量和地理位置上的优势,如在台海地区与美国争夺边缘地带控制权"②。

亚太地区国际秩序权力转变可能会出现三种战略选择:维持现状、谈判改变现状、权力转变。这三种战略选择很受关注,每一种选择都试图通过评估权力结构转移对地区安全的影响,以建立亚太地区新的地缘政治秩序。由于美国受金融危机的巨大打击,美国的战略信心下降,基于这种国际环境,中美两国在亚太地区的首要目标是确认维持现状的可行性,中美可以通过对话和谈判摆脱地区出现的安全困境,建立亚太地区新的地缘政治格局。西方国家担心,大国崛起势必要打破原来的权力平衡,中国崛起将改变亚太乃至世界其他地区国际秩序。不过,这种改变是个中长期的过程。尽管中国强调国内发展问题是战略首选,但中美利益冲突随着中国实力上升会日益明显,中美双方从长远战略利益出发,通过对话构建亚太地区国际秩序,中美在亚太地区可实现"等级性双重权力"(hierarchical duet)结构③。中美双方承认各自战略利益的现实,努力维持"等级性双重权力",朝着建立"安全共同体"(security community)目标方向发展,那么亚太地区国际秩序将会保持长期稳定,反之,亚太地区将会面临一个权力转变的不稳定环境,由中美任何一方支配亚太地区政治秩序。

一 维持现状:中美亚太安全战略选择之一

在亚太地区维持现状的战略选择的特点在于,承认亚太地区两个世界大国在国际秩序权力结构中的差距,促使两大国之间摒弃可能出现的权力之争。中国经济的稳步发展以及中国国内政治的稳定是维持亚太地区"等级性双重

---

① Denny Roy, "Rising China and US Interests: Inevitable vs. Contingent Hazards", *Orbis*, Winter 2003, pp.125-137; Evelyn Goh, "U.S. Strategic Relations with a Rising China", in Kevin J. Cooney and et al, eds., *The Rise of China and International Security, America and Asia Respond*, p.60.

② Alastair Iain Johnston, "Is China a Status Quo Power?" *International Security* 27 (4) (Spring 2003), pp.5-56.

③ Evelyn Goh, "U.S. Strategic Relations with a Rising China", in Kevin J. Cooney and et al, eds., *The Rise of China and International Security, America and Asia Respond*, p.61.

权力结构"的基本条件。维持现状包含承认美国在亚太地区的现有地位,美国主导下的地区格局不应受到挑战。

　　中国不断调整其亚太战略,以逐步适应与美国在该地区共存的环境。沈大伟认为,"中国的战略目标和对外政策正极力寻求避免与美国发生战略碰撞的空间。面对美国霸权、美国与东亚盟国的政治、军事合作,中国不断调整其对策,以逐步适应地区安全环境"①。在朝核问题上,中国并未因为与朝鲜的密切关系而激化与美国、韩国的对抗。而是充当积极的调解人,协调六方会谈中与美国的立场。而美国在东北亚地区通过强化美日联盟,制衡中国,防范俄罗斯的战略部署,使东北亚地区政治秩序凸显了美日联盟的优势地位,迫使中俄出于国家安全战略利益考虑,努力构建战略伙伴关系来应对美国霸权威胁。中俄关系的发展增强了中国地区"软平衡"(soft balance)优势。亚太地区政治秩序的重构受单极格局的制约和影响。亚太地区地缘政治力量的结构关系为超级大国扮演离岸制衡(offshore balancing)的角色提供战略回旋空间②。

　　尽管中国的国家安全还受到威胁,如台湾问题,但中国把解决国内改革与发展中存在的问题作为首要战略目标。按照西方学者的观点,中国既没有能力,也不可能建立起制衡美国的联盟,按照他们的逻辑,"中国是一个满足现状的国家"③。按照中美关系发展的逻辑,当今中美关系基本定位是,超级大国与新兴大国的合作与竞争关系。中国不挑战美国主导下的国际秩序,表明中国本身也在现行的国际秩序中获益。中国和平崛起引起一些西方国家的误解,事实上中国的崛起从根本上说是"经济、社会的发展,而不是谋求超级大国的战略崛起。中国对现存的国际秩序采取不挑战、不回避的立场,对于现行的国际机制和组织机构,中国并未谋求搭便车,而是按价购票,如加入 WTO"④。中国坚

① David Shambaugh,"China Engages Asia",*International Security*,29 (3),Winter 2004/5,pp.70-72,91.

② 邹函奇、刘彤:《美国东北亚政策的进攻性现实主义解读》,载《东北亚论坛》2008 年第 2 期,第 51 页。

③ Lanxin Xiang,"Washington's Misguided China Policy" and David Shambaugh,"China or America:Which is the Revisionist Power?" *Survival* 43 (3),Autumn 2001,pp.7-30.

④ Evelyn Goh,"U.S.Strategic Relations with a Rising China",in Kevin J.Cooney and et al,ed.,*The Rise of China and International Security*,*America and Asia Respond*,p.63.

持以现有的国际秩序作为国际合作与交流的前提,参与各种国际组织成员国的战略对话,通过中美之间业已建立起来的战略对话机制,维护两国的共同利益,维护地区的安全稳定。

认同是利益的基础。而制度是一系列相对稳定的认同与利益,或者是认同与利益"结构"①。美国哥伦比亚大学东亚研究院高级研究员金淳基指出:"中国并非要挑战当今的国际现状,相反,中国基本认同现行的国际秩序和规范,中国的行为证明中国已成为国际体系的维护者"②。按照"维持现状"模式,权力分配的影响是平衡的,中国是一个新兴大国,但它的实力至少在 20 年内没有强大到能挑战美国霸权的地步③。中美关系的发展演变正在从结构观念向行为领域转变。中国强调崛起时十分谨慎,通常以发展经济、推动地区合作为目标,其领导作用通常是可以被别国接受的外交和制度手段,从这个意义上看,中国的崛起是作为负责任大国维持地区安全现状行为。虽然与美国的利益发生冲突,但不是在权力和地位层面上,而是在外交和经济影响力方面与美国的合作与竞争。目标旨在稳定中国周边环境,构建政治、经济合作机制,以增强本国实力发展的动力。

二　通过对话改变现状:中美亚太安全战略选择之二

如果中美能在几十年内按照"维持现状"模式,保持双方在亚太安全问题不同层次上的主导作用,那将会出现亚太地区国际秩序由于中国崛起和美国继续保持其支配作用而逐渐朝着权力转变方向发展。如果中美双方都认同相互存在的重要性,亚太地区将会出现"对话改变现状"模式。届时,两大国相互协调、共同治理地区事务。谈判权力转变涉及国家意识和国家内部结构的关联,以及大国共存的安全意识。它区别于中美亚太维持现状战略,体现美国

①　Rob Farr and Serge Moscovici, ed, *Social Representations*, Cambridge: Cambridge University Press, 1984, pp.3-69; Alexander Wendt, "Anarchy is What States Make of It: The Social Construction of Power Politics", *International Organization*, 46 (2) Spring 1992, pp.391-425.

②　Samuel S.Kim, "China in World Politics", in Barry Buzan & Rosemary Foot, ed., *Does China Matter? Essays in Memory of Gerald Segal*, London: Routledge, 2004, p.51.

③　Evelyn Goh, "U.S.Strategic Relations with a Rising China", in Kevin J.Cooney and et al, ed., *The Rise of China and International Security, America and Asia Respond*, p.64.

霸权稳定下的"等级性双重权力"结构。自由主义和建构主义认同谈判改变国际秩序结构模式,他们认为"国际秩序中的权力是可以和平转变的"①。在中国不断缩短与美国的实力差距时,如何构建中美共同治理亚太地区安全新秩序值得探讨。19世纪欧洲的"大国一致"原则(1815至1854年拿破仑战争和克里米亚战争期间),其特征是大国之间基本接受在维持合作、防止战争的基础上的实力均衡。大国共同维持国际关系的基本准则,避免战争发生,共享经济利益,构建维护自身利益的价值观念,反对任何形式的改变领土现状,保护体系内成员国的根本利益,确保成员国之间相互尊重,运用危机管理机制来构建战后欧洲国际秩序②。大国一致原则从根本上讲,它涉及在治理国际秩序问题上,大国之间进行有效的协调,防止战争;从国际法角度上看,接受对现状的改变。但欧洲"大国一致"模式不适合亚太地区的权力结构转变模式③。中美在亚太地区的"等级性双重权力"至少涉及双方在该地区权力和影响力的四个方面:第一,潜在的利益(势力)范围;第二,维持权力分配现状;第三,权力如何运用;第四,冲突管理模式。

1.利益(势力)范围:大国权力一致的主要特征是在体系里每一方都要明确接受各自的势力范围。中美通过对话使国际秩序和平转变的一个重要目标是双方尊重各自在该地区的利益(势力)范围。美国中国问题研究专家陆伯彬(Robert Ross)指出,"亚太地区的地理和地缘政治环境使得中国成为现行大陆强国,美国作为支配性海洋大国符合亚太国际秩序的构建"。"这种势力范围划分可以维持地区安全长久化,因为美国和中国都有在各自的区域内相对于双方军事展开的防御性优势。"④由于其他地区性大国,如:俄罗斯向东扩展的能力有限,日本军事实力弱小而导致事实上亚太地区的两极格局。

---

①　Charles A.Kupchan,Emmanuel Adler,Jean-Marc Coicaud and Yuen Foong Khong,*Power in Transition:The Peaceful Change of International Order*,Tokyo:United Nations University Press,2001.

②　Robert Jervis,"From Balance to Concert:A Study of International Security Cooperation",*World Politics*,Vol.38,1985,pp.59-61;Robert Jervis,"A Political Science Perspective on the Balance of Power and the Concert",*American Historical Review*,Vol.97(3),June 1992,p.723.

③　Douglas T.Stuart,"Toward Concert in Asia",*Asian Survey* 37(3),March 1997,pp.229-244;Amitav Acharya,"A Concert of Asia?"*Survival* 4(3),Autumn 1999,pp.84-101.

④　Robert Ross,"The Geography of the Peace:East Asia in the Twenty-first Century",*International Security* 23(4),Spring 1999,pp.81-118.

2. 权力的分配:和平共处五项原则是中国坚持多边外交政策的基础。中国强调遵守当今国际关系准则,反对美国在亚太安全问题上绕开联合国干涉主权国家内政。中国经济、军事实力快速增长,引起美国等西方国家对中国战略目标的猜忌。因此,美国一直在加强与其亚太地区盟国的关系,尤其是与日本和澳大利亚的盟国关系。美国强调东亚地区对美国利益的重要性,把中国视为潜在的威胁,制订加强在该地区建立军事设施的计划,以克服距离远、军事设施单薄的不利因素①,进而维持地区权力分配的优势。

3. 权力的运用:在当今国际环境下,中美都认识到建立有效危机管理机制的重要性,避免像古巴导弹危机情势在亚太地区上演。今天,中美在亚太地区并未形成真正意义上安全困境,中国对亚太地区的经济影响力是否能转化为削弱美国和其盟国战略关系能力尚不明显。美国"中美经济和安全评估委员会"(the U.S.-China Economic and Security Review Commissions)的年度报告建议运用经济制裁手段迫使中国遵从 WTO 规则。而反对者人士认为:中国日益增长的经济实力正在不断影响当代国际政治经济秩序,中国和美国在世界各地的经济利益紧密相连。任何对中国的制裁同样损害美国及盟友的利益。美国很难找到制裁当今全球最大的贸易循环体中国的方法,美国除了强调国际机制和国际行为规范在中美战略对话中的重要性外,还试图运用政治经济影响力来平衡在亚太地区与中国的竞争。这就是所谓"共同约束"(co-binding)是自由主义国际秩序观的重要特征。普林斯顿大学教授约翰·伊肯伯利(G.John Ikenberry)认为,在亚太地区建立"共同约束"机制具有积极意义。第一次世界大战后的国联,第二次世界大战后的联合国都曾体现大国"共同约束"机制的功能②。蓝普顿强调,中美在台湾问题上可通过谈判达成

---

①　Department of Defense, *Quadrennial Defense Review*, 2001, www. defenselink. mil/pubs/qdr2001.pdf;"US may half forces in Germany",*Washington Post*,March 25,2004.

②　G.John Ikenberry,*Liberal Order and Imperial Ambition*,Cambridge:Polity Press,2006,p.92. 约翰·伊肯伯利,普林斯顿大学国际关系学教授,主要著作有:*Ater Victory:Institutions*,*Strategic Restraint*,*and the Rebuilding of Order After Major Wars*, Princeton University Press,2000;*Reinventing the Alliance:U.S.-Japan Security Partnership in an Era of Change* (with Takashi Inoguchi),Palgrave Macmillan,2003;*The Uese of Institutions:The U.S.*,*Japan*,*and Governance in East Asia* (with Takashi Inoguchi),Palgrave Macmillan,2007。

维护台海地区和平安全的共识,共同采取约束行动,阻止台湾宣布独立①。

4.冲突管理模式:后冷战时代,中美共同的安全利益包括,反恐合作、经贸合作、朝鲜半岛核问题;共同应对全球性问题,如气候变暖、能源问题、跨国犯罪、核不扩散等。但中美双边国内政治制约因素显而易见。中国民族主义者视美国为霸权主义或帝国主义的思维仍然存在,中国政府在民族主义问题上处于两难境地,因为,对中国来说首要的选择是民族统一。维持中美谈判建立亚太秩序最重要的定量是美国放弃干预中国台湾问题,如果这个目标实现,西方学者所谓"要求改变现状国"因素将完全消除。陆伯彬认为,中美通过谈判建立"等级性双重权力"结构有利于稳定亚太国际秩序。首先,中美决策精英具有高度战略思想,行政决策能力强,有助于构建互信机制。20世纪70年代初,毛周/尼克松基辛格谈判模式为当今中美关系机制化奠定了基础。其次,中美之间存在重大的共同利益,来自非传统安全的威胁是推动双边合作主要因素,也是双边启动合作程序的关键②。

国际政治是一个事件不断再现和重复的领域;在该领域中,政治行为大多具有规则性的必然规律。"与有助于建立压制,有时推翻一个共同体的外部原因相比,对它们的命运产生影响的内部原因具有无限的不确定性,更大模糊性,而且更加难把握"③。中美构建"等级性双重权力"机构符合中国国家利益,中国欢迎美国参与亚太地区事务的现实说明了这一点。中国领导人多次向美国表示:第一,中国不会挑战美国在亚太地区的存在,因为它有利于美国采取行动抑制日本重新走向军事大国的企图。第二,中国不会向周边邻国施加压力,强迫它们放弃与美国的利益合作。第三,中国积极参与亚太地区安全论坛及经济合作机制,不反对中美在亚太地区建立"等级性双重权力"结构。

亚太地区地缘政治秩序的转变很大程度上取决于未来中美两国的战略目

①　David M.Lampton,"China's Growing Power and Influence in Asia:Implications for US Policy", *Testimony before the US-China Economic and Security Review Commission*,February 13,2004.

②　Robert Ross, *Negotiating Cooperation:The United States and China, 1969 – 1989*, Stanford:Stanford University Press, 2005;Harry Harding, *A Fragile Relationships:The United States and China since 1972*, Washington DC:Brookings Institutions,1982.

③　*Letters on a Regicide Peace*, No.1,third paragraph works,ed.H.Rogers Holdsworth,1842,Vol. II,p.275.

标,取决于美国在亚太地区扮演的角色。一旦美国的全球霸权行为受到制约,美国会采取与中国及其盟国合作协商的态度,中美谈判达到的权力转变的可能性就会大大增加。如果中美保持稳定的战略对话机制,美国在亚太地区推行霸权稳定战略势必受到影响。由于中国已在当今世界几乎所有国际政治经济安全机制对话领域发挥积极作用,中国主导构建亚太地区安全合作机制的条件也已成熟,如"亚太地区论坛、东盟 10 加 3、东亚峰会、上合组织等。中国正在运用多边合作机制"作为构建亚太安全战略的基础"①。中国的发展是一个可预测性的稳定因素。

中美亚太最佳战略选择是同亚太各国一道,建立多边合作机制,朝着区域"安全共同体"(security community)方向发展。所谓"安全共同体",其特征是"成员国主要价值观的一致性和共同的反应性"。"而建立共同的沟通与交流是实现'安全共同体'的可靠路径。"②虽然中美两大国在亚太地区权力影响力的程度不同,区域集体安全结构次序很难界定,但东盟发展模式已在亚太地区产生巨大影响,区域安全对话机制已经开始进行。中美在台湾问题、朝核问题上已经达成相当多的共识。未来亚太地区"安全共同体"有可能朝着欧盟模式方向发展。当然,中美谈判构建亚太地区政治秩序"等级性双重权力"结构过程有可能因中美在台海、朝核问题上的僵局而引发危机,而中美冲突会导致其他国家在该地区的崛起,如印度、日本等。如果谈判过程破裂,亚太地区国际秩序权力结构会出现第三种选择模式。

三　权力转变:中美亚太安全战略选择之三

由于权力转变使现行霸权国美国和崛起国中国处于相互对立的位置上,

---

①　Yuan Jing-dong, "Regional Institutions and Comparative Security: Chinese Approaches and Policies", *Korean Journal of Defense Analysis* XIII (1), Autumn 2001, pp.263-294; Rosemary Font, "China in the ASEAN Regional Forum: Organizational Processes and Domestic Modes of Thought", *Asian Survey*, Vol.38 (5), pp.425-440; Tang Shiping, "The Future of the Shanghai Cooperation Organization", *IDSS Commentary*, October 2002; Evelyn Goh, "The ASEAN Regional Forum in United States East Asian Strategy", *Pacific Review*, 17 (1), 2004, pp.47-69.

②　Karl W. Deutsch and Sidney A. Burrell, et al., *Political Community and the North Atlantic Areas: International Organization in the light of Historical Experience*, Princeton: Princeton University Press, 1957, pp.5-6.

这种相对权力转变的环境在权力结构层面上是导致大国竞争、甚至冲突的根源。现行的霸权国强调维持秩序,而崛起大国试图改变现状,变革不合理的国际政治经济秩序。西方一种很有影响的观点认为,挑战国不仅要挑战霸权国的地位,还要改变现行国际规则与规范,最终的目标使自己成为新的超级大国①。

按照美国中国问题专家们的观点,权力转变可能导致三种结果。一是中国成功地挑战美国在这一地区的霸权地位,亚太地区权力结构变为中国主导下的秩序。二是亚太地区权力结构转变失败,伴随失败的结果是危机、冲突、美国霸权得到强化,中国有可能出现崩溃。三是改变美国亚太地区霸权支配国地位,亚太地区权力结构转变为一种新的两极权力平衡体系,实现"中美共治",中美两国共同对各自影响地区的冲突和危机进行遏制、威慑。

现实主义和新现实主义者们都是权力和平转变的悲观论者。罗伯特·吉尔平的霸权稳定理论称:"支配国际体系的守成霸权国与崛起大国由于实力和从属地位的不相称,从而陷入安全困境,只有通过战争才能解决。"②吉尔平认为:"受权力零和博弈驱使的国家不可能关注国际秩序中的权力(等级)规则和价值。国际关系历史发展进程中的事实说明,大多数权力转变都伴随着战争,而国际秩序的变革由军事对抗中的获胜方确定。"③

理论上讲,战争对于一个新霸权国在权力转变中获得支配地位不可或缺。大国强调运用安全手段的作用是不言而喻的。对于国家来说,那些被界定为重大利益的目标只有通过军事手段才能实现。这种在安全问题上目标和手段之间的困惑是不可避免的④。但历史上伴随权力转变的常常是崛起大国与衰弱大国之间的战争。20世纪上半叶,美国取代英国的霸权地位,世界上发生

①　A.F.K.Organski, *World Politics*, New York:Knopf,1958;A.F.K.Organski & Kugler, *The War Ledger*, Chicago:University of Chicago Press,1980;Paul Kennedy, *The Rise and Fall of the Great Power*, New York:Random House,1987.

②　Robert A.Gilpin, *War and Change in World Politics*, Cambridge:Cambridge University Press, 1981.

③　Ibid.

④　Bernard Brodie, *War and Politics*, New York:Macmillan,1973,chap.8.

的几场战争,均是在美国已经获得霸权地位以后的行为。其原因在于当时的特定情势,崛起的强国和衰退的霸权国承认实力与现状的不一致,不需要通过战争来进行权力转变①。

就权力转变的定量分析来看,挑战国所认知的权力类型和潜在能力,包括权力上升与下降的比例,通常以守成大国实力衰退作为主要参照系,"但权力不平衡与战争之间的关系仍然是重要的竞争关系"②。守成大国有可能在挑战国实力还没有达到最强时,决定发动一场预防性战争,击败竞争者。同时,历史上也存在"不满足现状的挑战国,在其实力达到守成霸权国实力之前企图挑战霸权国的地位"③。就当前中美关系现状看,权力转变理论无法预测双方谁会发动先发制人的战争。按照权力转变理论,霸权国实力通常在挑战国兴起时同时开始衰退。当今中美两国所处的情况不符合这一逻辑。美国今天的实力是历史上从来未出现过的,中国还需要数十年的时间才能赶上。历史上挑战国超过守成霸权国的情况在当今中美之间还不存在,除非美国经济立刻崩溃。权力转变的动力并非如此简单,权力转变的过程涉及的领域常常超越崛起国和守成霸权国的界限,也会出现多个崛起国不满现状的局面,同时进行权力挑战,成功的霸权国会在支持国而不是挑战国的行列中产生④。直接挑战国和守成霸权国之间竞争的成本是十分高昂的,而合作/竞争关系为守成霸权国与其支持国开启权力和平转变的成功路径⑤。基于上述因素考虑,在亚太地区权力转变中,关注第三方的崛起是十分重要的,比如,美国会竭力利

---

①　Charles A.Kupchan,Emmanuel Adler,Jean-Marc Coicaud and Yuen Foong Khong,*Power in Transition:The Peaceful Change of International Order*,2001.

②　Indra de Soysa,John O'Neal & Yong-Hee Park,"Testing Power Transition Theory Using Alternative Measure of National Capabilities",*Journal of Conflict Resolution*,41（4）,August 1997,pp.509-528.

③　Jack S.Levy,"Declining Power and the Preventive Motivation for War",*World Politics*,40（1）,October 1987,pp.82-107;A.F.K.Organski & Kugler,*The War Ledger*,pp.13-43.

④　Evelyn Goh,"U.S.Strategic Relations with a Rising China",in Kevin J.Cooney and et al,eds.,*The Rise of China and International Security*,*America and Asia Respond*,p.81.

⑤　Immanuel Wallenstein,*The Politics of the World Economy*,Cambridge:Cambridge University Press,1984;George Modelski,"The Long Cycle of Global Political and the Nation State",*Comparative Studies in Society and History*,Vol.20 1978,pp.214-235.

用日本来实现制衡中国的目的,当然,印度也可能成为为崛起的地区大国,使其成为中美冲突中潜在的分化者①。

大国的权力转变是一个复杂的过程,国际关系理论与外交实践之间存在不和谐。"难以预测安全领域内行为目标或行动规则。"②从根本上说,中国是否能成为主导亚太地区国际秩序权力转变的挑战国取决于两个变量。第一,中美之间潜在的权力平衡,是中国维持亚太地区国际秩序和平转变的权力基础。第二,当今亚太地区国际秩序取决于中国的战略目标和挑战美国的意志。然而,事实上,亚太地区短期内出现中美直接对抗的条件还不具备,不仅因为现存的挑战国家还不很强大;更重要的是中国作为经济全球化的积极参与者和受益者,对现存的国际政治经济秩序经历了一个重新认知逐渐适应的过程。中国正扮演国际规则的积极维护者。

新现实主义理论认为中美权力竞争有可能导致亚太地区国际秩序转变,亚太地区热点问题,如台湾问题、朝核问题是引发中美发生局部对抗或冲突的根源。但如果中美之间的非对称性对抗最终达到某种程度上平衡,亚太地区权力转变也会出现变化。美国中国问题专家柯庆生(Thomas Christensen)在谈到中美之间可能出现非对称性战争时,称:"如果中国领导人认为和平统一台湾比非和平解决代价更大,如果美国实际或潜在的伤亡过大,不得不提前从中美军事冲突中撤出,如果美国陷入世界其他地区冲突泥潭,或者如果中国领导人相信美国的地区盟友定会采取违背美国意愿的对策,他们就可能选择挑战美国的地位。"③美国高科技武器装备的强大威力在伊拉克、阿富汗战争中的充分展示,促使中国加快军事现代化步伐④。严峻的挑战使中国迅速调整自己的科技发展战略,力争夺取军事高科技发展的制高点。立足于打赢现代

---

① Evelyn Goh, "U.S.Strategic Relations with a Rising China", in Kevin J.Cooney and et al,ed., *The Rise of China and International Security*,*America and Asia Respond*,p.84.

② Martin Weight, *Diplomatic Investigation*,London:George Allen and Unwin,1966,pp.17—34.

③ Thomas Christensen,"Posing Problems without Catch Up", in Alastair Iain Johnson & Robert Ross,ed.,*Engaging China*:*The Management of an Emerging Power*,London:Routledge,1999,pp.5—40.

④ David Shambaugh,*Modernizing China's Military*:*Progress*,*Problems and Prospect*,Berkeley:University of California Press,2003;Li Nan,"China Views of the US War in Iraq:War Fight Lessons",*IDSS Commentary*,June 2003.

技术特别是高技术条件下的局部战争①。2007 年,中国中程导弹击落废弃卫星一事在美国引起广泛的关注,在西方学者看来,中国的崛起,不仅是对美国霸权稳定秩序的挑战,同时也会引起中国周边邻国,如俄罗斯、日本、韩国及东盟等国的不安。

为了亚太地区长期稳定,中美之间应通过对话建立合作机制关系架构。双方应寻求共同利益领域以及可能的合作和协调,设计出解决危机管理的程序。首先,维护亚太地区政治、经济秩序稳定,不仅有利于地区的和平与安宁,也有利于中国建立和平崛起的安全环境。其次,通过谈判对话来变革亚太地区政治秩序的权力结构,构建从两极权力结构到最终实现多边安全体系格局。最后,亚太地区国际秩序权力结构转变可能会导致守成超级大国和新兴崛起大国之间的竞争。而今天的中国正在遵循被国际社会普遍认同的规则和规范,它不仅有利于缓解中美两国在亚太地缘政治结构中出现的安全困境,也有利于中国在安全的国际环境下稳步地实现和平崛起。

冷战结束改变了中国的战略环境,也相应地改变了中国外交战略的研究议程。陆伯彬认为,"国际、国内环境的变化影响中国外交政策的制订,中国研究议程的演变发生在一个更大和持久的概念框架之中,这个框架就界定了中国外交政策研究,因而在该领域形成了一种变化与延续并存的局面"。美国研究中国问题的专家们把对后冷战时代中国外交政策的研究放在关注安全与对外经济政策的国内根源上。此外,他们也关心中国的民族主义、文化观念等对中国外交决策的影响。在研究中国地区政策方面,尽管新的研究议程的出现和对第一手资料有了更多的接触,但对中国外交政策的研究仍然存在一种内在的延续性,因为内在的议程(underlying agenda)与对任何国家外交政策进行研究的议程在特征上是一样的。这种延续性暗示,中国外交政策的根源与任何其他国家外交政策的根源没有什么不同。对于来自不同地区、拥有不同政治体制和文化、具备不同经济和军事能力的国家的外交政策研究而言,研究主题都包括国内政治、观念、国际环境、与大国和毗邻国家的关系、对武力和多边外交的使用等。这种内在的一致性表明了下列做法的潜在价值,即对

① 江泽民:《论国防和军队建设》,解放军出版社 2003 年版。

中国国际行为进行比较研究,把对中国外交政策的研究并入到国际政治这个更大的学科中去①。

中美战略关系受大国关系的影响。在当今这个变化的全球地缘政治秩序中,美国、欧盟和中国的互动将会确定未来国际特点。这三大力量在全球拥有的经济和军事实力以及规范和政治影响日益增大。美国中国问题专家沈大伟(David L.Shambaugh)认为,"鉴于当今世界舞台上的这三个主要角色总的经济、政治和战略分量,决策者和分析家们有必要对这个新战略三角之间的互动给予更多的关注"②。今天,美国的军事优势和实力无与伦比,欧盟的凝聚力、经济实力日益增长,中国在世界事务中的崛起是定义新的全球秩序的重要因素。在未来世界新秩序中,中国作为全球舞台上的一个日益重要的角色,将参与解决国际事务中越来越多的问题,如反恐、环境恶化和全球变暖、能源安全、国际犯罪、国际维和、防止核扩散、公共卫生和维持全球金融体制稳定等。

随着中国国际影响力的日益上升,中国在越来越多的卷入全球体系的同时,美国和欧洲正在应对各种全球挑战方面日益加强与中国的合作。美欧对华政策有许多异同。双方都希望加强中国在全球谈判中的地位,欢迎中国建设性地参与国际体系。双方都在中国履行《不扩散核武器条约》及世贸组织成员国的义务问题上有着共同持久的利益。双方都对中国的人权问题,法制建设问题说三道四。但是,对中国崛起的理解,欧美却有着重大的分歧。美国关注的是中国军事力量的增长及其对美国在东亚地区安全利益的影响。欧洲则更多的是从中国国内转变的角度来考虑中国的崛起。欧洲认为中国是一个正在转变之中的发展中大国,欧洲需要帮助中国成功完成内部过渡和改革③。许多欧洲人对美国单边主义、特别是先发制人理论感到不安,他们更认同建立多极的全球稳定体系,以便更好地维护欧洲自身的安全和经济利益。

从全球力量结构上看,中国与欧洲有不少共同之处。双方都主张,"应加

---

① 〔美〕陆伯彬:《从冷战到中国崛起:美国对中国外交政策研究的变化和延续》,载《世界经济与政治》2006 年第 10 期。

② David L.Shambaugh, " The New Strategic Triangle: US and European Reactions to China's Rise", *Washington Quarterly*, Vol.28,Issue/ Summer,2005.

③ Ibid.

强国家力量及欧盟、东盟和上海合作组织等地区性组织作用"。"使美国的力量和先发制人战略受到削弱和抗衡。"①除了对多极化问题看法一致外,欧盟和中国还对多边主义有着相似的看法。双方主张应加强联合国的作用,以此来制约单极和霸权行为,并且使其在应对全球各种挑战中起到主要作用。中国已经为全球和地区机构所接纳,并且参与到这些机构和组织中。而美国则藐视联合国,藐视东盟地区论坛这样一些地区性组织,认为这些组织是取不了什么实际成果的空谈场所,因为他们缺乏执行机制②。相反,欧盟和中国却比较认同那些通过取得共识和行使软实力来塑造规范行为的机构和组织。

这些结构上和观念上的不同是美欧在对华立场问题上产生分歧的原因所在,尤其是对一个"正在崛起的中国"的认知问题。美国更关注中国的崛起、中国日益增长的硬实力、中国军事力量的增长等对美国在东亚地区安全利益的影响,尤其是台湾问题。相反,国家安全问题并非是欧盟与中国关系中的一个特别问题。推动中欧关系发展的动力是商业、与日俱增的文化吸引力,以及建立一个更加平等和制度化的国际秩序的共同看法。不过,欧盟在全面发展对华关系问题上对美国仍然有所顾忌,在取消对华武器禁运问题上,欧盟正处在十字路口,中国《反分裂国家法》通过后,美国以此作为反对欧盟对华军售解禁的理由③。尽管法德等国坚持要求恢复对华武器出口,但多数欧洲国家不愿开罪美国,用他们自己的话说,既要在"外交上给中国一点面子"又要"避免与刚刚连任的布什政府立即发生冲突"④。

今天中美欧的战略三角关系,同冷战时期中美苏战略三角特点有很大区别。首先,欧洲与美国有共同的价值观念,双方的共同目标是"致力于促进世

---

① ［美］戴维·香博(沈大伟):《新战略三角:美欧对中国崛起的反应》,载《华盛顿季刊》2005 年夏季号,转引自《参考资料》2005 年 6 月 13 日,第 2 页。

② 同上。

③ 《彭定康论欧美关系》,载香港《信报》2005 年 6 月 7—8 日,转引自《参考资料》2005 年 6 月 17 日,第 15 页。

④ ［法］弗朗·戈德芒:《欧盟可能取消对华武器禁运》,载《耶鲁全球化》2004 年 12 月 6 日,转引自《参考资料》2004 年 12 月 10 日,第 4 页。

界范围内的民主、自由、人权以及建立法治国家"①。这是美欧盟友关系的基础,但欧盟的发展在一定程度上也在抵消美国的力量和政治影响。在对华政策和伊拉克战争等问题上,美欧之间的看法和目标有许多不同之处。其次,在美国看来,中国的崛起对美国构成独特的挑战。中美之间逐渐形成一种经济利益密不可分、战略对抗同时并存的关系模式。最后,欧洲与台湾的关系和美国大相径庭。因此,欧盟乐于发展对华关系,这种关系不受美国在亚洲所承担的那些"战略"和"安全责任"的影响。以上这些特点形成中美欧之间不断变化的关系,相互立场有时吻合,有时出现分歧。那么,欧洲在中美战略关系中间扮演什么角色? 法国《解放报》的文章这样指出:"假如欧洲对此毫不在意,就会形成一个新的两极格局,很可能由这两极来决定 21 世纪的世界游戏规则,到时候欧洲只能眼巴巴地袖手旁观。与美国人的价值观并不真正相同,与中国人的价值观更是相去甚远的欧洲人,可能会失去弘扬自身特点和阐述自己观点的机会。"②表明欧洲人积极参与构建未来世界格局的雄心。对中国来说,发展与欧洲国家的积极合作关系,处理和利用好中美欧三角关系,既可以遏制造成世界政治紧张局势的因素,也有利于激活不断减弱的中美战略关系的政治基础。

第二节　中美亚太战略合作意义

中美关系面临着不进则退、不合作就对抗的"战略十字路口"。为中美两国和亚太安全与繁荣计,中美确实有责任建立战略互信,稳定战略关系,合理管控战略竞争,避免陷入战略对抗的困局③。中美关系的历史表明,两国关系是由利益驱动的,中美之间日趋扩大的共同利益是两国关系保持稳定的根本

①　Joint Statement by the European Union and the United States:Working together to Promote Democracy and Support Freedom,the Rule of Law and Human Rights Worldwide,the Bureau of International Information Programs,U.S.Department of State,*Washington File* June 21,2005,p.21.

②　[法]《解放报》2005 年 5 月 17 日,转引自《参考资料》2005 年 6 月 10 日,第 8 页。

③　张文宗:《关于建立中美战略互信的思考》,载《当代世界》2011 年第 2 期,第 17 页。

保障,即"一个繁荣的中国对美国也有利"①。

中美双方有很强的相互依赖性。经贸上,两国早已互为第二大贸易伙伴,双边贸易额从建交当年不足 25 亿美元发展到 2011 年的 4466 亿美元,增长近 180 倍,2012 年有望突破 5000 亿美元②。金融上,据美国财政部数据,截至 2012 年 1 月中国拥有美国国债 1.16 万亿美元,占中国外汇储备总额(约 3.2 万亿美元)的 36%,占外国总共持有美国债(约 5.05 万亿美元)的 23%,占美国债总额(约 15.3 万亿美元)的 7.6%。两国虽未如媒体所言达到"金融恐怖平衡"的程度,却已形成深度相互依赖。政治上,从当年的"乒乓外交"、"秘密外交"、"密室外交"发展至今,已形成六十多种几乎无所不包的全方位对话机制网络,这在大国关系史上是空前的。尤其是两国开创的战略与经济对话机制,以及派生出的战略安全对话、亚太事务磋商、中东事务磋商等机制,成为稳定双方战略关系的重要平台。胡锦涛主席与奥巴马总统三年内会晤 11 次,也足以说明两国高层互动之频繁。安全上,双方的合作从朝核、伊核到南北苏丹问题,从西亚北非到中亚南亚,已覆盖几乎所有重大国际和地区问题。唯其涉及面广,所以不时充满矛盾和博弈,但诚如希拉里·克林顿所言,"中国和美国无法解决世界上所有的问题,但如果没有我们的合作,就很难解决任何问题"③。文化上,据美国国际教育学会年度报告,2010—2011 学年中国留美学生人数比上一学年增长 22%,总人数近 15.8 万人,中国连续第二年成为美国国际学生的最大来源国。同期,美国赴中国留学人数增长 2%,接近 1.4 万人。目前全美已有 48 个州设立了 81 所孔子学院和 299 个孔子课堂,美国成为全世界设立孔子学院和孔子课堂最多的国家。美国开设汉语课的公立大、中、小学超过 5000 所,学习汉语的学生突破 20 万。正是在这一大的背景下,两国元首推动成立中美人文交流高层磋商会议机制,将两国科教文体交流进行整合,

---

①　Hillary Clinton:"America's Pacific Centrury",*Foreign Policy*,2011(11).

②　习近平:《着眼长远,携手开创中美合作新局面——在中美经贸合作论坛开幕式上的演讲》,载《人民日报》2012 年 2 月 18 日。

③　"Remarks at U.S.-China Strategic and Economic Dialogue Opening Session,Hillary Rodham Clinton",US Department of State,May 3,2012,http://www.state.gov/secretary/rm/2012/05/189213.htm.

使人文交流同战略对话、经贸合作一起,成为支撑中美战略关系的三根重要支柱。一句话,中美关系过去 40 年向前推进的速度、深度和广度,超乎人们想象,开创人类先河①。

当代国际秩序演变呈现出许多新的特征,世界的整体联系和国际关系复杂性更加突出,世界越来越走向全球化、多极化、相互依赖和民主化。合作是当代国际关系的主流,中美作为大国特别是越来越多的全球性问题需要两国共同应对。

中美关系的基本框架未变,美国对华战略倚重也未发生根本改变。未来随着两国实力差距的缩小,两国利益需求将更趋于平衡,这也有利于中美关系的长期稳定发展。近年来,美国国内一些评估机构认为中国的行为越来越"自信",深感"一个更加自信的中国"似乎正在改变其韬光养晦外交、和平崛起战略和建设性合作方针,所以美国的主要目的之一是"打掉中国的傲慢"。其基本策略就是"示好"以拉住中国,更多转向全面"示强"以"压"住中国。通过这种"软的更软,硬的更硬"的政策,美国试图摸清中国的真正战略意图、掌握中国的战略底线②。美国"重返亚太"战略实施后,中国周边安全环境出现日益复杂的变化,原来以经济一体化为驱动的东亚安全格局出现波折和不稳定。但中国和平崛起无意挑战美国世界领导者地位,不寻求与美国进行战略对抗。和谐的周边关系是中国和平发展的基础和保障,因此处理好中美关系对于中国和平发展意义重大。

长期以来,中美关系之所以能够在起伏不定中实现螺旋上升,得益于两条重要经验。一是"斗而不破",即双方始终恪守底线,不因个别事件影响两国关系大局,因此总能柳暗花明、化险为夷、转危为安。二是"和而不同"。中美两国既没有因矛盾冲突而最终导致关系破裂,也没有因持续合作而丧失自我,相反,中国特色社会主义生命力越来越旺盛,甚至引发国际社会关于"中国模式"、"中国道路"的大讨论③。中国所走的发展道路与冷战时期的"苏联模

---

① 袁鹏:《关于构建中美新型大国关系的战略思考》,载《现代国际关系》2012 年第 10 期,第 1 页。

② 唐永胜:《构建新形势下中美关系的战略稳定》,载《国际关系学院学报》2012 年第 4 期,第 21 页。

③ 袁鹏:《关于构建中美新型大国关系的战略思考》,载《现代国际关系》2012 年第 10 期,第 3 页。

式"的完全不同,中国不寻求与美国对抗,迫使美国不得不考虑转换"西化分化"战略,不断调整对华政策思路应对中国崛起的重要原因。

国际秩序的发展演变影响中国的周边安全环境,也影响中美关系的发展,中美关系能否朝互利共赢的积极方向演进,则取决于两国领导层和战略研究部门对客观形势的准确把握,以及战略上的及时果断调整。双方认知路径一致、战略调整相向而行,无疑将推动两国关系顺利发展;反之,则有可能误判形势,导致中美关系出现危机。

中美关系是当今世界上最重要和最复杂的一对双边关系,它不仅对中美两国具有重要的战略意义,而且在改变和塑造亚太地区乃至世界秩序力量对比方面起着关键作用。当前,国际战略格局面临深刻调整,中国快速崛起成为考虑中美关系时必须予以重视的重要变量。历史上,任何一个大国的崛起都不是一帆风顺的,这就意味着与过去相比,中国在塑造未来中美关系的进程中将会面对更多的挑战,需要付出更多的努力。

中美之间既相互分歧,又相互需要,由此形成了一种既合作又竞争的特殊关系。既要实现自己的国家利益,又要推进中美关系稳定的发展,其关键就在于寻求和掌握这种合作与斗争的力度,把握中美关系的平衡点。中美关系的平衡点,也就是吸引与排斥、合作与斗争的结合点,就是斗争中不断合作、合作而不规避分歧的那一点①。把握好平衡点,中美关系就不会在风浪中倾覆,而是在风浪中不断前进。而要把握好平衡点,必须坚持以两手对两手的方针,辩证地处理合作和竞争、妥协和斗争的关系,不断积累战略主动,引导中美关系向着可持续方向发展。具体的目标是:

首先,从战略高度和长远角度看待两国在经贸、金融问题上的分歧,并以国际规则为依据处理争端,有助于继续发挥经贸关系作为中美战略互信"黏合剂"的作用②。中美在新能源、高铁、智能电网、民用航空等高新技术和产品领域具有广阔的合作空间。当前,中国正通过扩大内需减少对出口的依赖,通过扩大对美进口和投资缩小对美贸易顺差。

---

① 金钿:《国家安全论》,中国友谊出版公司 2002 年版,第 402 页。
② 张文宗:《关于建立中美战略互信的思考》,载《当代世界》2011 年第 2 期,第 17 页。

其次,中美就亚太和平共处与军事互信达成一定默契或协议,是中美战略互信的重要保证。目前,中美在亚太角力的态势如不加以控制,亚太地区,尤其是东亚很可能出现军备竞赛升级的危险。凭借优势军力和冷战期间形成的安全机制,美国认为自己有能力维持在东亚的安全主导权。但安全压力增大的中国如果作出反制,东亚地区安全困境则会加剧。实际上,中美在亚太的合作大于竞争,双方在维护地区和平、稳定和繁荣,防止大规模杀伤性武器扩散,推动亚太一体化和地区合作上拥有广泛的共同利益。中国对美国青睐的亚太一体化持更开放态度,更多从经济全球化而非地缘政治视角看待美国,同时着力缓和与周边国家的关系,有助于冲淡美国地缘战略的军事色彩。双方尤其应加强在朝核问题上的对话,确保半岛的和平、稳定与无核化。在军事互信方面,中国应通过对话,让美国了解中国的利益关切,阐明军事现代化和军事战略的意图,缓解美方疑虑①。

在政治战略互信方面,中美之间战略互信的缺失是两国关系不稳定的根源,王缉思和李侃如曾分别从中方和美方的角度阐述了各自的观点②。这种缺失既源于两国之间长期存在的结构性矛盾,也在于彼此之间因体制、思维方式、信息不对称等外在因素而形成的战略误判。美国决策层普遍认为,同政治体制和价值观完全不同的中国建立真正的战略互信是不可能的。这就预示着两国之间建立战略互信是一项非常艰巨的任务。近年来形势的发展证明了这种判断的正确性:中美之间虽经几十年的互动,战略互信远未培育出来,而战略互疑却日益加深。因此,未来构建中美战略互信需要新思路,可以更多地从减少彼此战略猜疑出发,具体来说可以重点在"战略保证"和"战略克制"两个方面实施。如果美方能改变从霸权心态和世界领导地位出发的惯性思维,真正对中国做出一项项十分具体的、实实在在的承诺,而且美国能在具体行动上真正做到尊重中国的核心利益,则中国可以与其就此议题展开谈判③。

在台湾问题上,随着两岸关系的不断改善和中美共同利益的不断拓展,台

---

① 张文宗:《关于建立中美战略互信的思考》,载《当代世界》2011年第2期,第18页。
② 王缉思、李侃如:《中美战略互疑:解析与应对》,北京大学国际战略研究中心2012年版。
③ 唐永胜:《构建新形势下中美关系的战略稳定》,载《国际关系学院学报》2012年第4期,第24页。

湾作为美国战略资产的价值实际上在萎缩。而随着中国国力的增强,中华民族实现祖国和平统一的愿望会更加强烈,对美国对台军售也更难以容忍。从中华民族复兴、亚太和平及稳定中美关系看,大陆和台湾应就建立两岸军事互信机制尽早沟通,从根本上拆除两岸军事对峙的引信①。

中美关系是 21 世纪最重要的双边关系,如何培育战略互信,构建两国战略稳定框架,在今后相当长一段时间内都是摆在两国决策者面前的大课题。崛起大国的复兴之路并不平坦,守成大国的"守业"任务也不轻松,双方的心理和利益调适都需要一个过程②。虽然中美双方面临着诸多矛盾,但在全球化深入发展,在和平与发展的主旋律高歌猛进的"地球村"时代,在中美两国利益深度交融、两国高层和民间全方位接触的今天,两国必须也有可能避免成为对手。具体的措施有:

第一,寻求新时期利益汇合点,并在共同利益基础上探索"共通价值",为中美"新型大国关系"奠定更坚实基础。中美关系发展的一条重要经验,就是牢牢把握并努力扩大共同利益,抓大放小、求同存异。中国应适应中美利益关系多层次、复杂交织的特点,以合作消解来自美国的战略压力,不断缩小美国霸权对中国安全与发展利益的损害③。20 世纪七八十年代,中美具有共同对付苏联的战略基础,冷战结束后依靠全球化时代经济相互依存,"9·11"事件后两国则拥有反恐合作与经贸合作"双引擎"。但随着美国淡化反恐、强化战略重心东移,中美不仅既有的反恐合作出现松动,而且还面临如何实现在亚太良性互动的战略考验;而双方几乎同步转变经济发展方式,则使得两国经贸关系互补性减弱、竞争性增强,合作面受阻、摩擦面加大。因此,如何尽快建立新的战略基础、寻求新的利益汇合点就显得格外紧迫。笔者认为,新时期的中美合作至少可在以下三方面着力。一是在当前国际体系大变革、大转型、大动荡时代,作为最大发达国家和最大发展中国家及西方大国和新兴大国的代表,中美应协力合作,重建符合两国利益、代表最广大国家需求、符合时代潮流的新

---

① 张文宗:《关于建立中美战略互信的思考》,载《当代世界》2011 年第 2 期,第 18 页。

② 同上。

③ 唐永胜:《构建新形势下中美关系的战略稳定》,载《国际关系学院学报》2012 年第 4 期,第 22 页。

的国际政治经济秩序。G20 的合作是个好的开端,海、空、天、网等"全球公域"国际规则的建构则提供潜在合作空间,而世界银行、IMF 等国际金融机制和体制的变革也有赖中美合作。二是与时俱进,完善新形势下中美经贸关系新格局。中国提出扩大内需、转变发展方式同美国强调出口倍增、制造业回归看似正在改变既有经贸关系格局,实则蕴含新的合作空间和发展机遇。三是着眼"共同问题",增进战略协调。两国一些既有共同利益虽有所减少,但面临的全球性和区域性共同问题却日益增多,诸如气候变化、能源短缺、人口变化、不扩散等,由"共同问题"牵引的战略协调不失为今后两国在战略安全领域合作的新增长点[①]。中美两国决策层应创新思维、突破禁区,努力探索形成"共通价值"。事实上,价值观是介乎意识形态与战略利益之间的中间地带,中美在政治价值观上有重大差异,但在非政治价值观方面仍有诸多相通之处,有待中美双方共同努力挖掘。很难想象单靠共同利益推动的大国关系能够持久稳定,探寻"共通价值"理应成为中美新型大国关系的应有之义。

第二,丰富两国交流渠道,释放人文交流和地方交流的能量,发挥两军交流的独特功效,为构建新型大国关系注入源头活水。中美建交至今,高层交往、政府间交流已非常成熟,立法机构的互动也日益频繁,但人文和地方交流的潜力还远未挖掘。中美人文交流高层磋商会议机制的建立并成功运行四轮,取得了中美战略与经济对话机制所难以奢求的众多具体成果,这充分说明,人文交流既因其低政治性而较少敏感,又因其符合两国人民利益而潜力无穷,可以大有作为。两军交流始终滞后于两国政治经济关系,已成中美关系的一大软肋。要构建新型大国关系,两军关系必须发挥更大作用,不仅要继续成为牵制美国反华言行的利器和杠杆,而且要充当推进两国关系的动力和平台。2012 年 2 月,时任中国国家副主席的习近平访问五角大楼期间强调"两军关系要服从于两国整体关系",指明了军事交流在新时期中美构建新型大国关系中的特殊作用[②]。另外,民间友好交往是推动中美关系持久发展的不竭动力。"国之交在于民相亲",中美关系发展归根结底要

---

① 袁鹏:《关于构建中美新型大国关系的战略思考》,载《现代国际关系》2012 年第 10 期,第 6、7 页。

② 同上书,第 7 页。

靠两国人民和各界人士广泛支持。实践证明,中美社会各界的交流与往来,有利于加深两国间的相互理解和友谊,有利于中美关系保持勃勃生机与活力①。

第三,在深化双边外交和发展多边外交基础上,推进"中美+X"三边外交,破解新时期中美关系发展的难题。当今中美关系的一个重要特点,是深受"第三方"因素掣肘或捆绑。这些"第三方"或为美盟国,或是中国友邦,有的与中国有主权领土争端,有的同中国有深厚历史友谊,且多处于中国周边敏感地带。长时期以来,中国外交强调"大国是关键"、"周边是首要",在中美关系与中邻关系间有所区分、分头推进。随着美国战略重心东移,美国因素已然深度卷入亚太地区,中、美、邻之间已成为必须始终联系起来加以考虑的有机整体。正如推进中美关系必须考虑日本、韩国因素一样,解决中菲、中越矛盾也不能不考虑美国因素。中、美、邻三方都想利用矛盾,但又都不愿在另两方间做非此即彼的选择。奥巴马政府目前大力运筹亚太小多边或三边外交,正是意图居中制衡、掌控局势。改革开放以来,中国成功深化了不同层次的双边关系,也大力拓展了多边外交,但三边外交仍着力不够②。巧妙开展三边外交指的是要重点经营中美印、中美日、中美俄和中美东盟等几组三边关系,加紧营造维护国家安全的统一战线,通过运筹借势以扭转不利态势和弥补自身力量的不足③。积极推动以"中美+X"为先导的三边外交,丰富双边与多边之外中国整体外交布局,谋求中美与中邻关系的良性互动、互利共赢,推动中美利益共同体的构建。

第四,继续韬光养晦,坚持苦练内功,是构建中美新型大国关系的根本。中国虽快速崛起,但离最终建成社会主义现代化强国还有相当距离;美国虽遭遇困境,但综合国力优势与复苏潜力依然巨大,中美实力差距近中期难以实质性缩小。这意味着,克服自满情绪、坚持韬光养晦仍是战略必须。其目的,仍

---

① 杨洁篪:《承前启后,继往开来开创中美建设性合作关系新局面》,载《求是》2009 年第 2 期,第 55 页。

② 袁鹏:《关于构建中美新型大国关系的战略思考》,载《现代国际关系》2012 年第 10 期,第 7 页。

③ 唐永胜:《构建新形势下中美关系的战略稳定》,载《国际关系学院学报》2012 年第 4 期,第 23 页。

是要通过苦练内功发展壮大自己。美苏冷战的历史经验告诉我们,随着大国之间有关对抗的各种"竞赛规则"逐步建立并完善起来,冷战越是到后期越是演变为一场对抗双方比试"内功"的竞争①。苏联及其东欧国家的最终解体,不仅仅是外部力量的和平演变,国内问题因素甚至是起主导作用。目前,美国正在收缩战线、深化变革以尽快脱困重振,欧盟亦在进行深层次体制性变革以图困中求变,俄罗斯坚守底线追求"伟大复兴",各大国几乎均在对内深化体制性变革、对外谋求战略性空间。在这轮全球性大变革、大调整浪潮中,中国只能乘势而上,否则便会"不进则退"。

最后,对美外交既需要大战略谋划,也需要细致推进,这是构建中美新型大国关系的重要保障。40年前,毛泽东、周恩来推动中美关系的正常化,主要基于对国际格局的大判断和大战略需求;1979年,邓小平推动中美建交,是为尽快改善国际环境,引进美国的资金、技术、人才,加速中国现代化建设②。如何在国际格局演变条件下发展可持续中美关系,这是中美两国决策者面临的重要战略选择。毛泽东和尼克松打开中美关系大门时,其最大贡献是能够超越眼前的问题而放眼未来。而实现这种超越,既是因为领导人的远见卓识,也是因为长期隔绝使得当时中美双方没有短期的日常问题,所有问题都是长远的和战略性的。今天的中美关系现实则既需要解决战略性问题,还需要处理纷繁复杂的日常问题。既要大深远,又要细深实。既要登高望远,还要脚踏实地,才能在当代国际秩序演变环境下,构建中美新型大国关系。

第三节　中美"新型大国关系"构建

一　奥巴马政府时期中美关系

奥巴马执政初年的2009年,中美关系之所以"高开高走",主要归因于金融危机后美国对中国的经济需求。中国持续购买美国国债,对美国走出危机

---

① 袁鹏:《关于构建中美新型大国关系的战略思考》,载《现代国际关系》2012年第10期,第7页。

② 同上书,第7、8页。

至关重要。中国在气候变化和新能源领域密切配合美方,也被视为重振美国经济的必由之路。为此,美国降低对中国人权的批评调门,积极回应中国对美元资产安全的关切,奥巴马总统推迟会见达赖,希望以此"讨好中国"。考虑到国际社会的关切和中美存在的分歧,中国拒绝了一些美国学者和战略家抛出的"中美共治"的"G2"构想,但中国与美国建立"积极合作全面"关系的愿望是真诚的。中国希望美国历史上首位黑人总统能在中美关系上创造历史,在事关中国核心利益的问题上"有所作为"。两国借奥巴马总统 2009 年 11 月访华之机发表《中美联合声明》。声明正式确立了两国建设积极合作全面关系的定位。仅从声明内容看,中美在建立战略互信的道路上迈出了可喜的一步①。

但国际政治,尤其是大国政治中的现实主义规则和国内政治的复杂性,远比两国高层的决策富有韧性。美国政治结构和社会系统利益多元、相互制衡的特点,决定了行政当局的政策必然要接受反对党和社会力量的"审议"。奥巴马访华后即遭到国内保守派的抨击,被指责"忽视人权"、"让步太多"、"一无所获"。美国决策层经反思后也认为,在美国经济已复苏的情况下,中国的金融支持对美国不再迫切,美国有必要利用自己在政治、军事和外交上的强势地位,重新确立对华政策主导权。在美国刻意强调"领导地位"和"没有衰落"的基调下,美国对华政策明显转硬②。美国在 2010 年 1 月宣布价值 64 亿美元的新一轮对台军售,是具有风向标意义的对华示强信号。中国坚决出台四项反制措施,但中国的"强硬"又让美国感到"错愕",反指中国"傲慢"。台湾问题是中美关系中最重要的问题之一,奥巴马不顾中国的强烈反对执意碰触这根最敏感的神经,无疑加深了中国对美国的战略猜忌③。

在美国"重返"亚太战略的指导下,美国借由中国与周边国家的领土争端,搬弄是非,借力打力。朝核问题及"天安"号事件和炮击延坪岛事件、"中日钓鱼岛撞船"事件、美国航母在中国近海的频繁军演,使东北亚成为中美地缘战略较量的角力场。一度沉寂的南海问题,也因美国的公开介入和美越高

---

① 张文宗:《关于建立中美战略互信的思考》,载《当代世界》2011 年第 2 期,第 15 页。
② 同上书,第 15、16 页。
③ 同上书,第 16 页。

调开展军事接触成为焦点。同时,围绕中国军队的新式武器研发、核战略和海洋战略调整、网络战和太空战能力提升等,美国国内掀起新一轮的"中国威胁论"。伴随着美国在亚太同盟体系和其他安全关系的加强,中国周边安全环境趋于恶化,中国与邻国的关系也不同程度地受到损害。美国围堵中国而造成的两国相互猜忌,极大损害了两国的战略互信①。

长期以来作为中美关系"黏合剂"和"压舱石"的经贸关系,也因美国的自私行为具有了战略博弈的特点。中美经贸关系的再平衡,即通过中国扩大内需和美国扩大出口来减少美国对华贸易逆差,进而降低美国赤字和债务的经济发展方式调整,本来是对两国都有利的事情。但美国迫于经济复苏缓慢、失业严重、党派恶斗的压力,将人民币汇率等经贸问题高度政治化。奥巴马政府多次强压人民币汇率在短期内"大幅、快速"地升值,这将给中国的出口行业带来巨大损失,引发大规模失业等严重的社会问题,是中国不能接受的。在向人民币施压的同时,美国推动"量化宽松"货币政策,凭借美元霸权转嫁危机,一些国会议员、学者和媒体更推波助澜,发表不负责任的言论。"挤掉中国崛起的泡沫"、"将中国列为汇率操纵国"、对中国商品"征收惩罚性关税"、利用国际机制"围剿"人民币等声音,在中国看来无疑是在进行经济和金融打压。另外,美国还对中国一度举起"碳关税"大棒,在大力振兴新能源产业的同时对中国的相关政策发起"301调查",在不放松对华高技术出口管制的同时对中国的自主创新政策横加指责。种种以双重标准解释世贸规则的行为,已超越单纯的贸易纠纷,而具有明显的战略贸易特点。中美在经贸、金融领域的摩擦,伴随着全球可能爆发贸易战和货币战的担忧,成为加深两国战略猜忌的催化剂。

此外,中美政治斗争和人权纠纷又因谷歌事件、奥巴马会见达赖等行为升级。在两国关系面临"历史岔口"的背景下,胡锦涛主席2011年1月对美国的国事访问,阻止了2010年以来两国关系螺旋形下滑的趋势,彰显出两国建立稳定战略关系的重要意义。同年1月19日发表的《中美联合声明》中,双方确立了两国关系的最新定位——"致力于共同努力建设相互尊重、互利共

---

① 张文宗:《关于建立中美战略互信的思考》,载《当代世界》2011年第2期,第16页。

赢的合作伙伴关系"。冷战后中美对两国关系的定位,从克林顿时期的"建设性战略伙伴关系",到布什时期的"战略竞争者"、"建设性合作关系"和"利益攸关方",再从奥巴马执政初年的"积极合作全面关系"到今天的"合作伙伴关系",既表明中美关系"竞合共存"、"复杂多变"的现实,也表明两国致力于管理和驾驭两国关系的战略决心①。

2011 年 1 月胡锦涛主席访美之后,构建中美新型大国关系不仅成为中国政府对新时期中美关系发展的新要求,而且得到奥巴马总统、克林顿国务卿等美国政要的积极呼应②。尤其是 2013 年 6 月 7 日习近平主席与奥巴马总统安纳伯格庄园会晤,为构建中美关系未来发展达成的重要共识,中美"新型大国关系"理念体现了中美两国不走历史上大国冲突老路、开创大国关系新模式的政治智慧和历史担当。

二　国际秩序转变与构建中美"新型大国关系"

构建"新型大国关系"是当代中国外交战略的重要议程。在国际格局发生复杂、深刻变化的进程中,中国秉持和平、合作理念,开辟一条不同以往的大国复兴图强的新路。"新型大国关系"理念并不是要设定一个守成大国与一个新兴大国如何解决他们之间的冲突的条件;以中美"新型大国关系"为例,中国既不主张构建一个有中国特色的两国集团;也不是要与美国平起平坐、搞"共治"或者"分治"③。习近平主席精辟地概括了构建"新型大国关系"的基本内涵,一是不冲突、不对抗。客观理性看待彼此战略意图,坚持做伙伴、不做对手;通过对话合作、而非对抗冲突的方式,妥善处理矛盾和分歧。二是相互尊重。尊重各自选择的社会制度和发展道路,尊重彼此核心利益和重大关切,求同存异,包容互鉴,共同进步。三是合作共赢。摒弃零和思维,在追求自身利益时兼顾对方利益,在寻求自身发展时促进共同发展,不断深化利益交融格

---

① 张文宗:《关于建立中美战略互信的思考》,载《当代世界》2011 年第 2 期,第 17 页。

② 袁鹏:《关于构建中美新型大国关系的战略思考》,载《现代国际关系》2012 年第 10 期,第 1 页。

③ [美]彼得·马蒂斯:《中国梦:一个意识形态支柱,非中美关系框架》,美国詹姆斯敦基金会网站 2013 年 6 月 7 日,转引自《参考资料》2013 年 6 月 13 日,第 10—11 页。

局①。他强调：中美双方应该坚持从大处着眼，把握构建新型大国关系总目标，认清两国共同利益远远大于分歧；不把自己的意志和模式强加于对方；应该善于管控矛盾和摩擦，坚持通过对话协商、以建设性方式增进理解、扩大共识②。

如何在当地国际秩序转变中构建中美"新型大国关系"，中美两国都面临机遇和挑战。

当代世界权力结构的转变很大程度上同中国及新兴大国崛起相关联。新兴大国在国际格局中地位的不断上升，使其在国际事务中的话语权日益加重。新兴大国地位上升促成新的全球竞争与合作态势。当今世界几乎所有重大国际问题，如：反恐、伊朗和朝鲜核问题、地球温室效应、金融和能源危机等事关全球安全和发展全局的关键问题，如果没有新兴大国参与，都难以得到解决。新兴大国日益成为维护和促进世界和平与发展的重要支柱和中坚力量。美国霸权地位的衰弱、包括中国在内的新兴大国整体崛起，不可避免地促使世界战略格局发生不利于美国单极支配而有利于多极化进程的变化③。国际秩序的转变体现了中、美、俄等大国关系的互动出现微妙而复杂的变化。在地缘政治和地缘经济仍然是推动国际秩序转变的重要性因素的同时，"地缘技术"将技术定位于历史推动力，与经济实力、军事同盟和外交治国才能置于同等地位。强大的创新可能通过快速商业化改变地缘经济优势，并通过战略部署和军事化产生重大地缘政治影响④。

多极化的国际格局促使中国周边安全环境发生巨大变化，中国和平崛起进程加快。2008 年金融危机爆发后，伴随着中国经济的快速发展与西方发达

　　①　《杨洁篪谈习近平与奥巴马安纳伯格庄园会晤成果》，载《人民日报》2013 年 6 月 9 日。

　　②　习近平：《努力构建中美新型大国关系——在第六轮中美战略与经济对话和第五轮中美人文交流高层磋商联合开幕上的致辞》，2014 年 7 月 9 日，载《人民日报》2014 年 7 月 10 日，第 2 版。

　　③　尹承德：《新兴大国的崛起与国际秩序的重构》，载《南京政治学院学报》2009 年第 1 期。

　　④　Marc Goodman, Parag Khanna, "The Power of Moore's Law in a World of Geo-technology", *The National Interests*, Jan-Feb.2013，"地缘技术"的发展在很大程度上依赖非国家行为体的参与，在推动技术发展并对其加以控制方面，国家行为体和非国家行为体之间将不只是合作关系，而会展开真正激烈的竞争。

国家整体陷入制度困境现象的突出对比,国际力量"东升西降"态势更加明显,中国 GDP 总量排名为亚洲第一,世界第二①。中国成为世界第二大经济体,取代了日本的地位,并挤掉美国成为亚太地区所有国家最大的贸易伙伴。伴随着美国在亚太的影响力持续下降、中国掌握亚太区域话语权的地位日益上升,美国和中国周边国家越来越感到快速崛起的中国给他们带来心理和现实的强大的压力。美国实施"重返亚洲"的战略部署后,奥巴马政府发动"中国攻势",强调"只有美国的强势介入和美国的领导才能确保亚太安全,并表示要确保美国不会因为预算压力而削弱在亚太的战略存在"②。美国插手南海问题,驻军澳大利亚达尔文港,与印度、新加坡、印尼、菲律宾、越南等国建立准军事关系,明确提出军事中心转向亚太。中美关系正是在这种合作与竞争并存的环境中不断发展,中美战略与经济对话模式不仅为构建两国关系制度化奠定基础,而且也为中美人文交流高层磋商机制的建立提供借鉴。习近平主席在谈到深化中美合作关系时指出:中美应该加快双边投资协定谈判,争取早日谈成一个高水平、双向平衡的协议,推进中美经济关系建设;应该深化两军对话,完善沟通和合作机制,推进中美军事关系建设;应该在双向和互利基础上加强对话合作,共同打击一切形式的恐怖主义;应该发挥各自优势、承担各自义务,共同应对气候变化这一全球性挑战;应该加强在重大国际和地区问题上的沟通和协调,为维护和促进世界和平、稳定、繁荣作出更大贡献③。

中美关系的稳步发展为中俄、中欧、中印关系的发展提供动力。大国关系的平衡发展使世界多极化趋势日益增强。大国之间各种"战略关系"、"伙伴关系"已成为冷战后多极化进程中政治经济互动关系的主要模式。美国意图建立以它为主导的单极体系,美国的目的没有实现,但它并没有放弃。"重返

---

① 国家统计局数据显示,2003 年至 2011 年,中国经济年均增长 10.7%,而同期世界经济的平均增速 3.9%。中国经济总量占世界经济总量的份额,从 2002 年的 4.4% 提高到 2011 年的 10% 左右;中国经济总量在世界的排序,从 2002 年的第 6 位,上升至 2010 年的第 2 位,2001 年依然保持这一位置,见《人民日报》2012 年 6 月 4 日。

② 朱峰:《奥巴马政府战略调整及其影响》,载《现代国际关系》2012 年第 1 期,第 9 页。

③ 习近平:《努力构建中美新型大国关系——在第六轮中美战略与经济对话和第五轮中美人文交流高层磋商联合开幕上的致辞》,2014 年 7 月 9 日,载《人民日报》2014 年 7 月 10 日,第 2 版。

亚太"体现了美国全球战略的特征,美国试图继续主导世界政治和安全格局。在这种环境下,提出构建"新型中美大国关系"具有重要的现实意义和战略意义,引起国际社会的普遍反响。美国前副国务卿詹姆斯·斯坦伯格和布鲁金斯学会高级研究员迈克尔·奥汉隆在他们的新书《战略安抚与决心——21世纪的中美关系》中称:中美要构建"新型大国关系"就必须制定一项新的方针,以避免老牌强国和新型强国之间时常会发生冲突的危险。两国世界性大国为21世纪建立的新的生存方式共同构建一个持续数十年的建设性和相当稳定的双边关系①。

在当代国际秩序转变进程中,中美加强双方外交和安全政策的内部协调;提高危机处理能力;扩大并深化两军之间的合作与战略对话,并使之制度化;在亚洲建立包括中美在内的经济和安全机构是构建中美"新型大国关系"的重要基础。这种新型关系不以冲突对抗为前提,而是强调合作和共赢。为了实现构建中美"新型大国关系"的目标,中美需促成最高领导人每年举行一至两次会晤,讨论双方关系的战略基础和相关政策;促进中美地方和社会层面的紧密结合;加强对第三方因素的管控;推进区域制度化建设②。除此之外,中美双方应扩展能彼此创造就业机会的企业的数量与规模,使中美经济上相互依存度进一步加强。

当代世界权力结构力量对比发生巨大变化,其动因主要在于:第一,世界变得越来越多极化,不仅体现在国家之间权力分配方面的多极化,而且是发展模式走向多极化。这就是为什么中国把"新型大国关系"置于"新型国际关系"这个含义更广的理念之下。第二,新兴国家地位上升;尤其是金砖国家在展现国际领导力方面正提出新的全球价值③。金砖国家已位列世界前15大经济体,即将成立属于自己的"新开发银行"。西方舆论认为,如果"金砖国家

---

①　[美]詹姆斯·斯坦伯格、迈克尔·奥汉隆:《战略安抚与决心——21世纪的中美关系》,普林斯顿大学出版社2014年版,转引自《参考资料》2014年10月22日,第3—16页。

②　David M.Lampton,"A New Type of Major-Power Relationship:Seeking a Durable Foundation for U.S.-China Ties",*Asia Policy*,No.16,July 2013.

③　Dani Rodrik,"What the World Needs From the BRICS,Project-Syndicate:A World of Ideas",April 10,2013,http://www.project-syndicate.org/commentary/the-brics-and-global-economic-leadership-by-dani-rodrik.

开发银行能成功运作,将改造世界金融,影响当代国际秩序"①。第三,非传统安全(能源、环境治理、气候变化、反恐、核不扩散、网络安全等)对当代国际关系影响的重要性正在大大的提升。构建中美"新型大国关系"正是当代国际政治格局权力转变特征的反映。

1.构建中美"新型大国关系"时代意义

随着习主席成功访美,构建中美"新型大国关系"一词已成为如何界定未来中美关系发展的重要标志。作为世界第一和第二大经济体、最大的发展中国家和最大的发达国家,中美能否在探索构建新型大国关系方面走出一条新路,关乎整个世界的和平与发展,涉及未来国际关系和国际体系的发展方向,具有重要的划时代意义。其重要性主要体现在四个方面:

第一,在当今这个相互依存的世界里,一荣俱荣、一损俱损已成为当今各国不得不面对的现实。中美积极构建新型大国关系,正是反映了这一时代背景,体现出大国相处之道在于摒弃猜忌防范的陈旧思维,确立增信释疑的合作机制,从避免冲突、战争的最低目标向追求合作共赢的更高要求调整②。美国把与中国建立积极和建设性关系看成是其亚洲"再平衡"的重要组成部分,强调:"美国欢迎并支持一个繁荣和成功的中国,一个为解决地区和全球问题作贡献的中国。"③习近平主席在访美时强调:"中美应该也可以走出一条不同于历史大国冲突的新路,共同努力构建新型大国关系,相互尊重,合作共赢,造福两国人民和世界人民。中美两国合作好了,就可以做世界稳定的压舱石、世界和平的助推器。"④

第二,中美构建新型大国关系具有关键引领效果,有助于推动国际治理体

---

① 《拉美社说金砖国家在动荡的世界中成为榜样承载更多希望》,《参考资料》2013年4月17日,第43页。

② 《中美构建新型大国关系具有划时代意义》,《光明日报》2013年6月8日。新型大国关系始于但不限于中美两国,中美新型关系的建设对各大国关系的发展也具有重要启示作用和借鉴意义。只要各方共同努力,就完全有可能在全球化和多极化时代走出一条和平共处、合作共赢之路。

③ Remarks by Secretary Hagel at the IISS Asia Security Summit, Shangri-La Hotel, Singapore, June 1, 2013, http://www.defense.gov/Transcripts/Transcript.aspx? TranscriptID=5251.

④ 习近平:《构建中美新型大国关系》,《习近平谈治国理政》,外文出版社2015年版,第279—281页。

系变革进程。大国关系在相当程度上决定着国际体系的走向,中国倡导的新型大国关系理念有利于引导国际秩序和体系朝着更加公正合理的方向发展。近年来,中美关系的战略意义和全球影响不断上升,两国在朝核、伊核、阿富汗等热点问题上开展对话合作,与国际社会共同应对国际金融危机、气候变化等问题,推动二十国集团峰会取得积极成果,推进国际体系建设和改革。中美构建新型大国关系的一个重要方面,就是通过平等对话增进双方在国际事务中的理解与沟通,加强在全球性问题上的协调与合作。

第三,建中美新型大国关系有利于中美双方根据互信互利原则,加强合作对话,扩大合作领域,丰富合作形式,完善合作机制,推动两国关系从冷战时期对付共同的苏联威胁到冷战结束以来寻求共同的利益的转换[①]。中美两国在亚太地区不同领域分别发挥领导作用,实现"双领导体制"不仅建立了中美两国在特定领域内优势互补的发展模式,也将在一定程度上确保亚太地区在未来相当长时期内的稳定与发展[②]。中美新型大国关系能否构建不但决定中美关系发展的未来,还将决定国际形势的发展和国际格局的形成。

第四,中美构建新型大国关系具有积极理论意义,有助于为传统国际关系理论提供新的经验。国际关系史上大国相争的历史记忆奠定了西方现实主义国际关系理论的基础,不少西方历史学家和理论家认为新兴大国必然挑战守成大国,守成大国必须遏制新兴大国,"大国政治悲剧"是历史的"铁律"[③]。而以合作共赢为核心的新型大国关系旨在维护国际体系的和平转型、超越新兴大国和守成大国必定冲突的"宿命",真正实现新型大国关系需要克服理论障碍、战略猜疑、利益冲突和政策分歧等困难[④]。对于不同政治制度、意识形态和发展模式的大国关系走向,西方政治理论更是从悲观的思维和角度予以解读。21 世纪全新的时代形势呼唤全新的国际关系理论。中美构建新型大

---

① 倪世雄:《发展长期健康稳定的新型大国关系》,载《当代世界与社会主义》2013 年第 3 期。

② 赵全胜:《中美关系和亚太地区的"双领导体制"》,载《美国研究》2012 年第 1 期。

③ 美国芝加哥大学政治学教授约翰·米尔斯海默(John Mearsheimer),美国"新安全研究中心"的罗伯特·卡普兰(Robert D.Kaplan),"布鲁金斯学会"的罗伯特·卡跟(Robert A.Kagan)等人都坚信这一理论。

④ 杨洁勉:《新型大国关系:理论、战略和政策建构》,载《国际问题研究》2013 年第 3 期。

国关系的努力,将提供大国关系良性发展的崭新实践,推动国际关系理论实现里程碑式的发展。

2. 构建中美新型大国关系面临挑战

当今的中美关系正日趋复杂,积极与消极因素交织并存的两面性更加突出。一方面,两国拥有广泛共同利益和广阔合作空间,经贸、能源、环保、人文等交流合作继续推进,双方并就朝鲜半岛问题及推动全球经济复苏、应对气候变化等加强了沟通与协调;但另一方面,构建中美"新型大国关系"出现各种主观和客观的消极因素。前不久,美国总统国家安全顾问汤姆·多尼隆(Tom Donilon)在"亚洲协会"发表题为"2013 年:美国和亚太"(The United States and the Asia Pacific in 2013)的演讲中,提及美国"亚洲再平衡"的五大战略支柱,除了与中国建立稳定、富有成效的建设性的关系外,其余都是对未来建构中美新型大国关系的考验。总体上讲面临五个方面挑战的考验:

第一,美国继续加强与日、韩、澳的盟友关系,称这是美国实施"亚洲再平衡"战略之基础,强调今天美国的同盟关系比以往任何时候都更为牢固。重申,在未来几年里,美国的军事力量中将有较大一部分部署在太平洋地区[①]。美国这一战略是导致中国与日本、菲律宾等的海洋领土争端更趋复杂的重要原因。美国在中日、中菲海洋争端中的实际立场暧昧不清、言行不一、偏袒日菲,影响中美构建"新型大国关系"的发展进程。

第二,美国借助"TPP"等协定,建立能够保持繁荣的亚洲区域经济结构。美国"始终将 TPP 设想成一个不断扩大的区域经济融合的平台。在奥巴马总统上任时,TPP 有 7 个伙伴国,此后又接纳了 4 个伙伴国:越南、马来西亚、加拿大和墨西哥。这 11 个国家每年的贸易总额合计达 1.4 万亿美元。TPP 的不断壮大已经朝着亚太经济合作组织建立一个覆盖整个地区的亚太自由贸易

---

① Tom Donilon,"The United States and the Asia Pacific in 2013", *The Asia Society*, New York, March 11,2013.根据多尼隆的演讲,到 2020 年,美国海军舰队的 60%将以太平洋地区为基础,美国空军在未来 5 年也会逐步将重心转到太平洋地区。美国正在加强陆军和海军陆战队的力量。五角大楼正在制定计划,为太平洋司令部优先配备我们最为现代化的军事能力,包括潜艇、F—22 和 F—35 等第五代战机和各种侦测平台。而且我们正与盟国合作,以在扩建雷达和导弹防御系统方面取得快速进展,为我们的盟国和整个亚太地区提供保护,以应对其面临的最紧迫威胁:朝鲜破坏稳定的危险行为,转引自《参考资料》2013 年 3 月 18 日,第 1—8 页。

区的愿景迈进了一大步"①。美国企图推进由"跨太平洋经济伙伴关系协定"（TPP）与"跨大西洋贸易投资伙伴关系协定"（TTIP）构成的"两洋双P大战略"，全面压制中国经济崛起的国际市场空间。

第三，中美存在结构性矛盾难以协调，美国波特兰州立大学教授梅尔·格托夫在他的《"新型"美中关系前途未卜》一文中提出构建中美新型大国关系面临的五方面障碍：第一，美中对国际责任的看法不同；第二，双方的自我认知不同。中国期望在与邻国关系中扮演重要角色，改革而非颠覆现有体系。美国则自认为在国际社会拥有独特地位，并有权利和责任就每个国家的内部政治事务发表意见；第三，两国仍无法克服冷战思维；第四，双方在沟通方面存在很多问题；第五，美中军力不平衡。为减少双边关系紧张、增强信任和扩大合作基础，美国应首先改变自己的军事规划，同时中美还应牵头为东北亚建立崭新的安全对话机制及一套能防止危险对抗事件的美中行为规范②。

第四，随着中国的崛起，国际秩序发生深刻的变化，美国对中国采取"接触加遏制"的政策组合，反映了中美关系利益的复杂性，在中美双边关系中，既有零和博弈性质的利益领域，又有正和博弈性质的利益领域③。美国政府一方面强调，建立稳定、富有成效和建设性的中美关系的重要性；另一方面，又在安全、网络及知识产权等领域制造麻烦。多尼隆甚至称，"美中关系具有并将继续具有合作与竞争的双重元素"④。他强调，网络安全问题已经成为对中美两国经济关系一个日益严重的挑战。美国和中国这样的大型经济体在确保互联网保持开放、互操作性、安全、可靠和稳定方面有着巨大的共同利益。在保护个人数据和通信、金融交易、重要基础设施或对创新和经济增长至关重要

---

① Tom Donilon，" The United States and the Asia Pacific in 2013"，*The Asia Society*，New York，March 11,2013.转引自《参考资料》2013 年 3 月 18 日，第1—8页。

② ［美］梅尔·格托夫：《"新型"美中关系前途未卜》，载香港《亚洲时报》2014 年 1 月 7 日。

③ 周方银：《中国崛起、东亚格局变迁与东亚秩序的发展方向》，载《当代亚太》2012 年第 5 期。

④ Tom Donilon，"The United States and the Asia Pacific in 2013"，*The Asia Society*，New York，March 11,2013,转引自《参考资料》2013 年 3 月 18 日，第1—8页。

的知识产权和商业秘密等方面,美中两国都面临着风险。美国媒体还在习近平主席访美前大肆炒作所谓"中国黑客威胁论",企图先发制人、对中国施压,而美国国防部部长哈格尔更是在新加坡香格里拉会议上公开责难中国政府与军方,美国的意图是独霸网络空间①。

第五,美国加强与东盟国家的战略合作关系,试图插手南海问题。多尼隆称,奥巴马政府自签署《东盟友好合作条约》以来,奥巴马总统每年都前往会晤东盟国家领导人——而且今后还会继续这样做。总统还决定每年都出席东亚峰会国家首脑会议,这与美国将东亚峰会提升为应对亚洲政治和安全问题的首要论坛的目标是一致的。他认为,资源丰富的南中国海和东中国海的领土纠纷显然将会考验这一地区的政治和安全架构。这类紧张局势对亚洲繁荣和平根基构成挑战,并且已经对全球经济造成损害。虽然美国在这一地区没有领土要求,而且对其他国家提出的要求不持立场,但美国坚决反对通过胁迫或使用武力来伸张领土要求。只有通过符合国际法的和平、协作、外交努力,才能达成持久的解决方案②。

构建中美"新型大国关系"不仅有利于中国维护并延长"重要战略机遇期",而且也有利于美国在金融危机之后的"痛定思痛"与"脱困疗伤",更有利于"后金融危机时代"国际体系的平稳过渡与"新陈代谢"。目前,针对中美"新型大国关系"面临的"四人挑战"的考验,中美双方将通过各种业已确立的对华渠道进行有效的沟通③。中美双方应该将挑战变为推动两国发展的动力,习近平主席指出:中美两国如何判断彼此战略意图,将直接影响双方采取什么样的政策、发展什么样的关系。不能在这个根本问题上犯错误,否则就会一错皆错。中国提出了"两个一百年"奋斗目标,正在努力实现中华民族伟大

---

① 陈向阳:《中美新型大国关系面临三大博弈》,载《人民论坛》2013年第18期。

② Tom Donilon, "The United States and the Asia Pacific in 2013", *The Asia Society*, New York, March 11, 2013, 转引自《参考资料》2013年3月18日,第1—8页。

③ 关于如何将新型大国关系的精神贯彻到中美关系的方方面面,习近平提出四点建议:一要提升对话互信新水平。二要开创务实合作新局面,美方应在放宽对华高技术产品出口限制等问题上采取积极步骤,推动两国贸易和投资结构朝着更加平衡的方向发展。三要建立大国互动新模式,双方应在朝鲜半岛局势、阿富汗等国际和地区热点问题上保持密切协调和配合,加强在网络安全、气候变化、太空安全等领域合作。四要探索管控分歧新办法,积极构建与中美新型大国关系相适应的新型军事关系。见《新华每日电讯》2013年6月10日第1版。

复兴的中国梦,比以往任何时候都更需要一个和平稳定的外部环境。中国人民珍爱和平,崇尚"和为贵",主张"己所不欲,勿施于人"。中国将坚定不移走和平发展道路,坚定奉行亲、诚、惠、容的周边外交理念,坚定致力于同本地区以及世界各国发展友好关系。① 中国独立自主的和平外交政策是保证中美构建新型大国关系的基石。

三　中美"新型大国关系"对当代国际关系的影响

构建新型大国关系,是一个新的理念和主张,符合人类社会发展趋势和国际社会共同利益。大国关系规定了国际体系的基本特性和总体状况。构建平等互信、包容互鉴、合作共赢的新型大国关系,对于推动建设持久和平、共同繁荣的和谐世界具有重要意义。

首先,冷战结束以来,世界多极化、经济全球化、文化多样化、社会信息化深入发展,不同制度、不同类型、不同发展阶段国家的相互依存和利益交融明显加深,人类社会在更高层面形成"你中有我、我中有你"的命运共同体,和平、发展、合作、共赢的理念日益深入人心。新兴大国群体性崛起,大国身份日趋多元化,传统大国的国际影响力相对下降。维护世界和平、应对和处理全球性问题,需要更多国家共同参与,尤其是大国携手合作和共同行动②。当今各国在应对全球经济危机,促进国际金融秩序改善,开发新能源、打击恐怖主义、维护地区安全和稳定等领域拥有越来越多的共同利益和广泛的合作空间,这是构建新型大国关系的内在动力,也是中美构建新型大国关系的基础。

其次,构建新型大国关系,需要通过和平方式完成相关国家相互认知和定位的变化与调整。这既无先例可循也无经验可鉴,成败的关键在于能否实现从"权力政治"向建立制度机制的"规则政治"的转变,在于各国,尤其是大国之间在相互磨合和博弈过程中能否共同遵守在国际社会初步达成共

---

①　习近平:《努力构建中美新型大国关系——在第六轮中美战略与经济对话和第五轮中美人文交流高层磋商联合开幕上的致辞》,2014 年 7 月 9 日,载《人民日报》2014 年 7 月 10 日,第 2 版。

②　李文:《构建新型大国关系》,载《人民日报》2013 年 6 月 4 日。

识的基本原则。中美之间要建立一种新型大国关系,"就应该通过共同理解两国关系的战略基础和积累适度、积极和渐进的步骤来实现。由于互不信任深深地植根于智力理论、官僚机构的认识和利益以及民众的忧虑之中,一系列积极、渐进的行动,而不是一个单一的转型倡议,将是最可行的前进道路"①。

从冷战时期形成的等级关系、依附关系和主从关系转变为公正平等、互利共赢的伙伴关系,构建新型大国关系的基础是平等互利。中美构建新型大国关系将为发展中俄、中印、中欧和中巴等大国关系提供经验。各国都享有平等参与国际事务的权利,都应恪守"平等、互利、互惠、双赢"的原则,同舟共济,权责共担。各国都应遵守联合国宪章的宗旨和原则,维护公平正义,根据是非曲直处理国际事务。任何国家都不能为实现自身利益最大化而修改规则,或实行双重标准。

构建新型大国关系,需要认可和包容世界多样性和多元化的现实,尊重各国的历史文化、价值观念、社会制度和发展模式,不以社会制度和意识形态的异同来决定亲疏、好恶;坚持求同基础上的竞相发展,反对追求单纯的权力均势与制衡;倡导"和平共处、合作安全、集体安全、共同安全",反对以结盟对抗寻求安全的行为②。

最后,构建新型大国关系,是一个先确立方向,再探索路径、充实内容和完善形式的长期过程,需要各国共同努力,不断增进理解、凝聚共识、深化合作。新型大国关系的构建不可能一蹴而就,但历史总是按照自己的规律向前发展。只要世界大国共同坚持这一正确方向,摒弃冷战思维,人类社会就充满希望。大国之间建设性的相互依存,是全球政治和经济稳定的重要基础。大国之间应致力于建立平等的战略合作伙伴关系,认可对方在全球事务中扮演的不可或缺的角色。

经济发展是国家的最高利益,中美之间应继续扩大经贸往来和经济合作。加强宏观经济政策协调,在两国经济发展过程中拓展合作,推动亚太地区和全

---

① David M.Lampton,"A New Type of Major-Power Relationship:Seeking a Durable Foundation for U.S.-China Ties",*Asia Policy*,No.16,July 2013.

② 李文:《构建新型大国关系》,载《人民日报》2013 年 6 月 4 日。

球经济强劲、可持续、平衡增长①。中美应以利益契合点区分轻重缓急,优先考虑和切实推进可扩大共同利益的合作,如继续深化经济、军事、人文等传统领域的合作,寻求网络安全、全球治理等新领域的合作;淡化、搁置人权、意识形态及政治体制等领域存在的矛盾与分歧。在不同方面和层面,中美之间的共同利益和分歧各不相同,应在考虑自身利益的同时兼顾相互关系的改善,将共同利益扩大、推广到不同层面和范围,将矛盾和分歧缩小、限定在特定层面和范围。

妥善处理分歧、有效管控分歧对于中美两国关系的稳定至关重要。中美两国间确实存在着相互竞争,对此双方要坦率地说清楚,深入交换意见,并进行相互调适,就是说,各自都要考虑和照顾对方的需求和关切。在这个过程中,彼此妥协是一个现实选择。在原则性问题上我们要坚持,但在一些非原则性问题上,只要不损害根本利益,适当的妥协也是必要的。中美关系过去的历史已证明了这一点。不过,过去的经验同样表明,两国之间可能会发生一些突发事件。因此,未雨绸缪,建立危机管控机制也是十分重要的,以尽可能缩小这些突发事件对中美关系的影响范围,缩短影响时间。②

中美关系不应被认为是零和博弈,基辛格指出:"繁荣强大的中国的出现本身也不应被假设为美国的战略失败。中美应当共同寻求界定其和平竞争的范围,并寻求建立太平洋共同体。两国需要致力于真正合作,找到沟通途径,并将自身想法告诉对方和全世界。中美面临迈向真诚合作抑或陷入国际对抗的重要抉择。"③

四　走出传统大国对抗老路,摒弃零和思维

中美关系是崛起国与霸权国之间的关系。百年来成功实现和平崛起或者

---

① 习近平:《构建中美新型大国关系》,《习近平谈治国理政》,外文出版社 2015 年版,第279—281 页。

② 陶文钊:《中美互利合作　管控分歧》,载《人民日报》2013 年 5 月 31 日。中美关系是一对既合作又竞争的关系,两国间既有重大的共同利益,又在一些问题上存在分歧,但总体上说,共同利益大于分歧,合作大于竞争。

③ Henry A.Kissinger,"The Future U.S.-China Relations,Conflict Is A Choice Not A Necessary", *Foreign Affairs*, March/April,2012.

和平发展的大国只有 20 世纪上半叶的美国以及下半叶的德、日。但是这些国家的共同点是与霸权国意识形态相近,美国与英国同属英语国,德、日则是美国保护下的盟友,且两国最终也未达到威胁美国地位的程度。相比之下,中美虽然意识形态、政治制度不同,但两国不仅没有全面对抗,而且还在多个领域有密切合作,迄今已近 1/4 个世纪。也就是说,中美第一次实现了意识形态不同的崛起国与霸权国长期和平共处、竞争与合作并存的局面。这是一种"新型大国关系"①。正如习近平主席所说的那样,"构建新型大国关系是双方在总结历史经验基础上,从两国国情和世界形势出发,共同作出的重大战略抉择,符合两国人民和各国人民根本利益,也体现了双方决心打破大国冲突对抗的传统规律、开创大国关系发展新模式的政治担当"②。

美国政界对传统大国政治模式——即一个崛起的大国和一个地位稳固的大国在某种程度上注定发生冲突持否定态度,认为"这样的结果没有任何注定的东西。它不是一个物理定律,而是领导人作出的导致大国对抗的一系列选择"。认为一个守成大国和一个新兴大国建立新型关系是双方,即美国和中国的责任③。美国中国问题专家兰普顿先生认为,中美共同的战略出发点需要美国和中国不是敌手,虽然竞争和分歧的领域会持续存在并且是自然的事情,但是合作收获大于冲突。战略上共同当务之急是,两个国家需要专注改革自己的国内制度,并且承受不起将对方视为敌手的这种痛苦的、代价巨大的和不必要的后果④。构建中美新型大国关系尤其强调合作的重要性,因为全球的经济、能源、环境和卫生所面临的挑战,有可能引发安全问题,其重要性甚至超过 20 世纪的传统安全问题。

与提升新型大国关系相比,维护当前较低水平的新型大国关系的任务更为迫切,也更为现实。在中美实力对比日渐接近的情况下,人们能够感到中国

---

① 达巍:《维护好中美低水平双边关系更迫切》,载《环球时报》2013 年 1 月 18 日。

② 习近平:《努力构建中美新型大国关系——在第六轮中美战略与经济对话和第五轮中美人文交流高层磋商联合开幕上的致辞》,2014 年 7 月 9 日,载《人民日报》2014 年 7 月 10 日,第 2 版。

③ David M.Lampton,"A New Type of Major-Power Relationship:Seeking a Durable Foundation for U.S.-China Ties",*Asia Policy*,No.16,July 2013.

④ Ibid.

与美国及周边部分国家关系的张力在加大。中美因为热点问题走向对抗甚至冲突的可能性明显上升。以中美关系当前的水平,双方与其奢谈建立彼此的"战略信任",不如脚踏实地考虑如何建立各自的战略信心。从宏观上说,美国要让中国安心,使中国确认美国并不寻求、也没有能力破坏中国的崛起。中国也要让美国安心,使美国确信中国不寻求、也没有能力挑战美国的霸权。在军事和安全领域,中美两国则要围绕热点问题澄清各自意图,理解对方信号,管控可能的危机。

中美战略与经济对话正在取得了积极的成效,但是由于各自的历史、冷战遗留的问题以及简单的地理位置,中美一直重视两国关系和彼此交往时出现的局部敏感问题。中美在朝核问题上的原则立场和总体目标是一致的,当务之急是要尽快恢复对话,中方愿与美方保持密切的对话与合作,但美国应该放弃敌视朝鲜政策,放弃制裁政策。

美国是世界唯一的超级大国,以全球领导者自居,当今国际社会许多规则和制度是以美国为首的西方国家建立起来,许多规则对发展中国家、新兴国家是不公平的。构建中美新型大国关系,美国应考虑中国到等新兴国家的利益关切,这是中美关系发展的基础。如:美国要充分尊重和认识到中国在台湾、钓鱼岛、南海问题上的原则立场,尊重中国维护国家主权和领土完整决心和意志。在中美经贸关系领域,美国应鼓励中国企业到美国投资,愿采取措施推动放宽高技术产品对华出口,加强同中国在经贸、能源等领域合作。加强在气候变化领域的协调与合作,通过两国气候变化工作组,推动气候变化领域的务实合作。双方同意共同并与其他国家合作,通过包括利用《蒙特利尔议定书》的专长和机制在内的多边方式,来逐步削减氢氟碳化物的生产和消费。美国还应努力提高中国在多边金融机构如国际货币基金组织和世界银行的权力和影响力,与美国欧洲平享权力[1]。在网络安全问题上,中美面临共同挑战。中美可设立两国网络工作组,加强对话、协调与合作,建立公正、民主、透明的互联网国际管理机制,构建和平、安全、开放、合作的网

_____

① [美]阿尔温德·苏布拉马尼安:《中美应该达成重大的妥协》,载[英]《金融时报》2013年6月6日,转引自《参考资料》2013年6月13日,第9—10页。

络空间。

当今世界,全球化、信息化使各国的联系更加紧密,各国相互依存和利益交融的程度前所未有,同时也面临层出不穷的各种挑战,任何国家都不能够独自应对,需要携手。基于此,中国提出在大国之间应该建立新型战略伙伴关系,当前也正在和一些国家积极构建这种关系,其中有发达国家,也有发展中国家。"中美新型战略关系,应该建立在平等互信、包容互建、合作共赢的基础上",中美"要走一条和传统大国冲突对抗的老路子不一样的新路子,要开放一条大国之间能够长期和平相处、合作共赢的符合时代要求的新路子"①。"新型大国关系"和"中国梦"一样,是中国与美国交往理念的重要内容②。"中国梦"增加了中国在国际社会中的"话语权";"新型大国关系"强调国际关系的"平等、互利、互惠、双赢的原则"③。中国提出构建"新型大国关系"不是要挑战现行的国际秩序,而是提出维护世界和平与稳定、促进合作与发展的新型国际关系准则,它完全符合世界各国的基本利益,是中国对构建公正合理的国际政治经济新秩序的重大贡献。

国际秩序是国家间建立和睦关系的一种理想化模式,是国家间友好共处的重要条件和规范行为的规章准则,是合理解决争端冲突、开展国际合作以求共同发展的有效手段和有序状态。国际社会各行为体围绕一定的目标,在利益基础之上相互作用、相互斗争而确立的国际行为规则和保障机制。构建中美新型大国关系正是这种规则和机制的保证。中美建立一种更为深入和更为制度化的关系,它根植于承认竞争的现实、合作的重要性以及竞争与合作并非互相排斥这一事实的战略框架。两国应借助由领导人定期直接会晤所推动的结构性议程构建双边合作机制,在亚太地区安全困境依然存在的国际环境下,构建"中美新型大国"关系具有重要而深远历史意义和现实意义。

---

① 《中美建新型大国关系　不走传统大国对抗老路》,载《京华时报》2013 年 5 月 30 日。

② 美国国务卿约翰·克里称:"'美国梦'和'中国梦'就是各国和人民建立伙伴关系、打造共同未来的梦想",强调中美"太平洋梦就是将我们强大的价值观转变为前所未有的安全、经济和社会合作。"John Kerry,Remarks on a 21th Century Pacific Partnership at Tokyo Institute of Technology,April 15,2013,Tokyo Japan,转引自《参考资料》2013 年 4 月 23 日,第 1—8 页。

③ ［美］彼得·马蒂斯:《中国梦:一个意识形态支柱,非中美关系框架》,美国詹姆斯敦基金会网站 2013 年 6 月 7 日,转引自《参考资料》2013 年 6 月 13 日,第 10—11 页。

结 束 语

进入 21 世纪以来,国际体系、国际秩序正在不断发生变化,中国和印度崛起为经济和政治大国,这种趋势加强了发展中国家在国际政治中的分量。伊朗已经崛起为中东的一个大国,具有讽刺意味的是,这部分原因普遍被认为是美国发动伊拉克战争、推翻萨达姆政权造成的①。全球气候变暖加上日益严重的能源危机,使得核能对更多国家来说越来越具有吸引力,但这又无疑增加了核武器扩散的危险。为了实施美国在中东地区的能源战略,美国以增加国内石油战略储备为由,使用军事力量保证外国石油稳定安全输往美国的重要性。虽然美国对伊战争是出于推翻萨达姆政权、在伊建立"民主"制度、反恐等多重动因,但其中主要动因是"为了控制伊丰富的石油资源"②。美国情报部门越来越意识到,"能源价格与环境问题、地缘政治和国际关系等互动会产生难以预料的结果,必须通盘考虑"③。当代国际体系正在转型,中国应利用有利时机拓宽自己的有效战略空间;中国的战略主要是融入和完善国际经济体系,参与推进国际体系转型,中国作为有影响的地区大国,正在承担与自己实力相称的国际责任④。

从"和平共处"、"和谐世界",到"中国梦"、构建"新型大国关系",中国对外战略的理论与实践经历了时代的变化,中国由国际体系、国际秩序的革命者和挑战者到国际体系、国际秩序的合作者和融入者的转变,由被动应对型的对

---

① Howard Lafranchi, "Despite Iraq discord, world eager for U.S.Diplomacy", *The Christian Science Monitor*, March 20, 2008.

② 夏立平:《当代国际体系与大国战略关系》,事实出版社 2008 年版,第 365 页。

③ [美]马修·伯罗斯、格雷戈里·特雷弗顿:《从战略角度看能源发展前景》,载[英]《生存》,2007 年秋季号,转引自《参考资料》2007 年 9 月 20 日,第 35 页。

④ 张幼文、黄仁伟等:《2006 中国国际地位报告》,人民出版社 2006 年版。

外战略到主动参与和进取型的方式转变,由过于理想主义的世界革命者到现实主义、建构主义的和谐世界新理念的转变。所有这些转变均是基于对国际形势、国际格局、国家实力、国际地位和国家利益的认知和评估,这是中国对外战略演变的系列动因①。

今天,中国正处在重要的战略机遇期,"和平与发展"将成为未来几十年国际体系的主导力量,中国是国际体系的主动参与者和建设者,从国际体系的边缘状态逐步走向核心部位,战略回旋空间将大大拓宽,随着全球化进程深入和非传统安全因素增多,国际体系对公共产品的需求不断增加。中国同拉丁美洲、非洲国家在反恐、能源、环保、疾病、移民等领域的合作正在取得明显的效果,同周边大国俄罗斯、印度、巴基斯坦等国的关系也朝着符合中国的和平发展、和谐世界战略的方向发展。21世纪世界的基本潮流是和平与发展、经济全球化和国际政治民主化。中国永远走和平发展道路,这是唯一正确的战略选择。2008年北京奥运会、2010年上海世博会为中国向世界展示中华文明提供极好机会,对提升中国的国际形象产生巨大的正面效益。

在当代国际秩序转变的环境下,国际社会越来依赖中国的政治影响力,就稳定亚太地区安全环境来讲,无论是朝核问题,还是伊朗核问题;从构建东亚经济共同体到建立亚洲基础设施投资银行;从加快湄公河地区综合开发到欢迎太平洋岛国搭中国经济发展的便车,仿佛业太地区离开中国就失去平衡的支柱②。中国给世界带来的震动引起学术界的思辩。中国的软实力外交与其全球战略布局是分不开的。运用软实力因素改善和发展中国与周边国家的关系,不仅有利于提升中国的国际形象,而且有利于构建和平稳定周边环境。一些西方学者指出:"中国软实力外交明显改变了它在亚洲乃至世界其他地区的形象,使它在国际舞台上变得更积极活跃而富有建设性。"③

中国提出"亲诚惠容"的周边外交理念,推进"东亚命运共同体"建设,提

---

①　周子善、陈坤林:《从和平共处到和谐世界——浅谈中国对外战略及思想模式的演变》,载《世界大变革与中国对外战略》,全国高校国际政治研究会第六届年会论文汇编,2008年,第625页。

②　颜欢等:《深化合作,搭乘中国发展快车》,载《人民日报》2014年11月23日。

③　Joshua Kurlantzic," China's Charm:Implications of Chinese Soft Power", *Policy Brief*, No. 47,June,2006,pp.1-2.

出具有时代意义的新安全观,倡导面向南亚、中亚、中东、欧洲、非洲的"一带一路"计划,不仅有利于稳定亚太地区和平和发展的安全环境,而且有利于推进国际关系民众化,推动全球化、多级化向纵深发展。未来国际格局不仅"世界多极化向前推进的态势不会改变",而且还意味着"美国作为全球唯一超级大国的时代已一去不复返"①。

中国走和平发展道路要借鉴历史上大国崛起的经验和教训。中国必须做出正确的战略选择,中国的崛起应该通过和平发展的方式来实现,是互利共赢而非扩张掠夺式的"和平崛起"②。中国作为世界性大国,对当代构建公正、合理的国际政治经济新秩序具有举足轻重的影响力,中国应追求在国际社会发挥与国力相适应的重要作用,使中国对外战略进一步合理、富有成效。以和平发展为前提,营造世界多极化的环境,以区域安全合作为动因,致力于增强主动性,以构建和谐世界环境为目标,中国对外战略越发理性、务实。中国同世界大国、地区性大国的关系不断走向成熟,机制化的双边、多边关系正逐渐形成。多元化、多纬度的对外战略促使中美关系、中欧关系、中俄关系、中日关系、中国与东盟等主要利益攸关方的关系呈现结构性合作与互动模式。当代国际体系正在转型,中国应利用有利时机拓宽自己的有效战略空间;中国的战略主要是融入和完善国际经济秩序,参与推进国际体系转型,中国作为有影响的地区大国,正在承担与自己实力相称的国际责任。

---

① ［俄］弗拉基米尔·斯科瑟列夫:《北京不再遵循传统——中国需要否认并非盟友,而是伙伴》,载［俄］《独立报》2014 年 12 月 2 日,转引自《参考资料》2014 年 12 月 5 日,第 16—17 页。

② 汪朝晖:《关于中国坚持走和平发展道路的分析》,载《世界大变革与中国对外战略》,全国高校国际政治研究会第六届年会论文汇编,2008 年,第 393 页。

主要参考文献

中文参考书

《马克思恩格斯全集》第1—35卷，人民出版社1995年版。

《毛泽东选集》，人民出版社1991年版。

《毛泽东外交文选》，中央文献出版社、世界知识出版社1995年版。

《邓小平文选》，人民出版社1993年、1994年版。

《江泽民文选》，人民出版社2006年版。

胡锦涛：《中国共产党十七大政治报告》，人民出版社2007年版。

胡锦涛：《中国共产党十八大政治报告》，人民出版社2012年版。

习近平：《习近平谈治国理政》，外文出版社2015年版。

温家宝：《政府工作报告》，人民出版社2008年版。

阎学通主编：《中国国家利益分析》，天津人民出版社1997年版。

陶文钊主编：《中美关系史》（三卷本），世界知识出版社2004年版。

熊志勇：《中美关系60年》，人民出版社2009年版。

孙哲主编：《亚太战略变局与中美新型大国关系》，时事出版社2012年版。

陆忠伟：《全球战略大格局——新世纪中国的国际环境》，时事出版社2000年版。

胡鞍钢主编：《中国大战略》，浙江人民出版社2003年版。

王逸舟：《全球化时代的国家安全》，上海人民出版社1999年版。

王逸舟：《全球政治与中国外交》，世界知识出版社2003年版。

李少军：《国际政治学概论》，上海人民出版社2011年版。

梁守德、陈岳、李义虎主编：《新型大国关系、国际秩序转型与中国外交新动向》，世界知识出版社2014年版。

吴心伯：《转型中的亚太地区秩序》，时事出版社2012年版。

吴心伯：《世事如棋局局新——21世纪初中美关系的新格局》，复旦大学出版社2011年版。

王缉思主编：《中国学者看世界（1）：国际秩序卷》，新世界出版社2007年版。

王缉思、李侃如：《中美战略互疑：解析与应对》，社会科学文献出版社2013年版。

［美］詹姆斯·多尔蒂、小罗伯特·普法尔茨格拉夫：《争论中的国际关系理论》（第五版），阎学通、陈寒溪等译，世界知识出版社2003年版。

［美］汉斯·摩根索：《国家间政治——为权力与和平而斗争》，杨岐鸣等译，商务印书馆1993年版。

[美]斯坦利·霍夫曼:《当代国际关系理论》,林伟成等译,中国社会科学出版社 1990年版。

[美]肯尼斯·华尔兹:《国际政治理论》,胡少华、王红缨译,中国人民公安大学出版社 1992 年版。

[美]罗伯特·基欧汉、约瑟夫·奈:《权力与相互依赖:转换中的世界政治》,林茂辉、段胜武、张星萍译,中国人民公安大学出版社 1992 年版。

[美]罗伯特·吉尔平:《国际关系的政治经济学》,杨宇光等译,经济科学出版社 1989年版。

[美]丹尼斯·缪勒:《公共选择》,杨春学译,中国社会科学出版社 1999 年版。

[美]罗伯特·吉尔平:《全球化政治经济学》,杨宇光、杨炯译,上海人民出版社 2003年版。

[美]约翰·米尔斯海默:《大国政治的悲剧》,王义桅、唐小松译,上海人民出版社2003 年版。

[美]马丁·阿尔布劳:《全球化时代:超越现代性之外的国家和社会》,高湘泽、冯玲译,商务印书馆 2001 年版。

[美]约翰·米勒-怀特、戴敏:《中美关系新战略:跨越零和博弈的中美双赢之路》,中信出版社 2008 年版。

[美]理查德·罗斯克兰斯著,顾国良主编:《力量与克制:中美关系的共同愿景》,社会科学文献出版社 2010 年版。

[美]塞缪尔·亨廷顿:《文明的冲突与世界秩序的重建》(修订版),周琪等译,新华出版社 2010 年版。

[美]兹比格涅夫·布热津斯基:《战略远见:美国与全球权力危机》,洪漫等译,新华出版社 2012 年版。

[美]沈大伟编:《纠缠的大国:中美关系的未来》,丁超、黄富慧、洪漫译,新华出版社2015 年版。

[美]安德鲁·S.埃里克森:《中国、美国与 21 世纪海权》,徐胜、范晓婷、王琦等译,海洋出版社 2014 年版。

[英]珍妮·克莱格:《中国的全球战略:走向一个多极世界》,葛雪蕾、洪漫、李莎译,新华出版社 2010 年版。

[日]高原明生、[日]园田茂人、[日]服部健治等编:《日中关系 40 年史》(1972～2012全四卷),社会科学文献出版社 2014 年版。

冯绍雷:《制度变迁与对外关系》,上海人民出版社 1998 年版。

苏长河:《全球公共问题与国际合作:一种制度的分析》,上海人民出版社 2000 年版。

樊勇明:《西方国际政治经济学》,上海人民出版社 2000 年版。

彭澎:《国际政治经济学》,社会科学文献出版社 2001 年版。

段霞:《间的拓展:邓小平国际战略思想研究》,首都经济贸易大学出版社 2004 年版。

门洪华:《构建中国大战略的框架——国家实力、战略观念与国际制度》,北京大学出版社 2005 年版。

夏立平:《中国国家安全与地缘政治》,中国社会科学出版社 2013 年版。

张贵洪等：《中美印三边关系研究》，时事出版社 2013 年版。

刘杰编：《金融危机下的国际秩序》，时事出版社 2009 年版。

刘慧编：《中国国家安全研究报告》（2014 年），社会科学文献出版社 2014 年版。

贾庆国、严军主编：《新型大国关系：机遇与挑战》，北京大学出版社 2015 年版。

杨毅主编：《国家安全战略理论》，时事出版社 2008 年版。

曹云华主编：《东南亚国家联盟：结构、运作与对外关系》，中国经济出版社 2010 年版。

张洁主编：《中国周边安全形势评估："一带一路"与周边战略》，社会科学文献出版社 2015 年版。

朱听昌主编：《中国周边安全环境与安全战略》，时事出版社 2002 年版。

秦亚青：《权力·制度·文化》，北京大学出版社 2005 年版。

曲星、钟龙彪：《当代中国外交》，中国人民大学出版社 2012 年版。

倪世雄等：《当代西方国际关系理论》，复旦大学出版社 2005 年版。

郑永年：《通往大国之路：中国与世界秩序的重塑》，东方出版社 2011 年版。

王公龙：《中国特色国际战略思想体系研究》，人民出版社 2012 年版。

刘江永、王新生：《战后日本政治思潮与中日关系》，人民出版社 2013 年版。

阎学通、齐皓：《中国与周边中等国家的关系》，社会科学文献出版社 2015 年版。

楚树龙、金威：《中国外交战略与政策》，时事出版社 2008 年版。

孙哲、刁大明、张旭东主编：《新型大国关系：中美协作新方略》，时事出版社 2013 年版。

陈志敏、肖佳灵、赵可金：《当代外交学》，北京大学出版社 2006 年版。

曹云华、唐翀：《新中国—东盟关系论》，世界知识出版社 2005 年版。

卢光盛：《中国和大陆东南亚国家经济关系研究》，社会科学文献出版社 2014 年版。

赵干城：《中印关系现状·趋势·应对》，时事出版社 2013 年版。

尹锡南：《印度中国观演变研究》，时事出版社 2014 年版。

郭树勇：《建构主义与国际政治》，长征出版社 2001 年版。

刘建飞、林晓光：《21 世纪初期的中美日战略关系》，中共中央党校出版社 2002 年版。

张小明：《中国周边安全环境分析》，中国国际广播出版社 2003 年版。

谢益显：《中国当代外交史：1949—2009》，中国青年出版社 2009 年版。

叶自成：《新中国外交思想：从毛泽东到邓小平——毛泽东、周恩来、邓小平外交思想比较研究》，北京大学出版社 2003 年版。

陈峰君、王传剑：《亚太大国与朝鲜半岛》，北京大学出版社 2002 年版。

魏志江：《"冷战"后中韩关系研究》，中山大学出版社 2009 年版。

方秀玉：《战后韩国外交与中国：理论与政策分析》，上海辞书出版社 2011 年版。

丁学良：《中国软实力与周边外交》，东方出版社 2014 年版。

谭吉华：《构建中欧新型大国关系研究》，光明日报出版社 2015 年版。

曾祥裕：《巴基斯坦对外政策研究：1980—1992》，四川出版集团、巴蜀书社 2010 年版。

齐鹏飞：《大国疆域：当代中国陆地边界问题述论》，中共党史出版社 2013 年版。

鞠海龙：《中国海权战略》，时事出版社 2010 年版。

郑海麟：《钓鱼岛列屿之历史与法理研究》，中华书局 2007 年版。

吴士存主编：《南海问题面面观》，时事出版社 2015 年版。

中文参考论文

戴超武：《国家利益概念的变化及其对国家安全和外交决策的影响》，《世界经济与政治》2000 年第 12 期。

章百家：《改变自己、影响世界》，《中国社会科学》2002 年第 1 期。

杨泽伟：《国际秩序与国家主权关系探析》，《西北政法学院学报》2004 年第 6 期。

阮宗泽：《从国际秩序转型看中国的和平发展》，《国际问题研究》2005 年第 3 期。

杨洁勉：《试论和谐世界理念与国际体系转型的互动》，《毛泽东邓小平理论研究》2007 年第 1 期。

达巍：《构建中美新型大国关系的路径选择》，《世界经济与政治》2013 年第 7 期。

颜旭、张文生：《利益拓展：国家利益维护的发展性取向》，《理论观察》2007 年第 3 期。

王鸿刚：《美国的亚太战略与中美关系的未来》，《现代国际关系》2011 年第 1 期。

傅梦孜：《中美关系发展的逻辑思考》，《美国研究》2011 年第 3 期。

赵全胜：《中美关系和亚太地区的"双领导体制"》，《美国研究》2012 年第 1 期。

凌胜利：《美国亚太联盟转型：在中美权力与信任之间》，《当代亚太》2012 年第 5 期。

袁鹏：《关于构建中美新型大国关系的战略思考》，《现代国际关系》2012 年第 5 期。

张文宗：《中美邻在东亚如何良性互动？》，《现代国际关系》2012 年第 10 期。

林宏宇：《G20 与 C2：博弈论视角下的中美战略关系构建》，《现代国际关系》2012 年第 12 期。

周方银：《中国崛起、东亚格局变迁与东亚秩序的发展方向》，《当代亚太》2012 年第 5 期。

袁征：《中美关系：在合作与竞争中前行》，《国际安全研究》2013 年第 1 期。

杨毅：《美国亚太联盟体系与中国周边战略》，《国际安全研究》2013 年第 3 期。

陈积敏：《奥巴马政府"亚太再平衡"战略与中美关系》，《亚非纵横》2013 年第 3 期。

张建：《试论中美新型大国关系的构建》，《国际关系研究》2013 年第 3 期。

杨洁勉：《新型大国关系：理论、战略和政策建构》，《国际问题研究》2013 年第 3 期。

倪世雄：《发展长期健康稳定的新型大国关系》，《当代世界与社会主义》2013 年第 3 期。

王文峰：《东北亚安全形势与中美战略关系评析》，《现代国际关系》2013 年第 6 期。

黄仁伟：《国际体系转型与中国和平发展道路》，《国际体系与中国的软力量》，时事出版社 2006 年版。

张蕴岭：《如何认识中国在亚太地区面临的国际环境》，《当代亚太》2003 年第 6 期。

任晓：《中美关系研究有待两个超越》，《国际问题研究》2007 年第 2 期。

徐坚：《构建中美新型大国关系的历史条件与主要问题》，《国际问题研究》2013 年第 2 期。

曹云华、徐善宝：《睦邻外交政策与中国——东盟关系》，《当代亚太》2004 年第 2 期。

喻常森：《中国—日本—东盟三角关系结构变化与东亚一体化前景》，《东南亚研究》2008 年第 5 期。

姜志达：《论新时期中国——东盟关系及其走向》，《国际问题研究》2010 年第 5 期。

刘阿明：《两面下注与行为调整——中国—东盟在南海问题上的互动模式研究》，《当代亚太》2011 年第 5 期。

欧阳欢子：《中国—东盟经贸关系的发展进程及前景》，《世界经济研究》2008 年第 9 期。

许利平、薛松：《冷战后印度与东盟关系：调整、发展与趋势》，《东南亚研究》2012 年第 1 期。

贺圣达：《东南亚地区战略格局与中国—东盟关系》，《东南亚南亚研究》2014 年第 1 期。

蔡鹏鸿：《美国南海政策剖析》，《现代国际关系》2009 年第 9 期。

吴大辉：《防范中的合作——俄罗斯关于中国和平崛起的心理图解》，《俄罗斯中亚东欧研究》2005 年第 5 期。

赵鸣文：《中俄关系进入新的历史发展时期》，《俄罗斯中亚东欧研究》2010 年第 1 期。

吕超：《中国确立东北亚安全环境的战略选择》，《世界经济与政治》2008 年第 7 期。

张铁军：《中国与东亚共同体构建》，《东北亚论坛》2006 年第 2 期。

黄凤志、吕平：《中国东北亚地缘政治安全探析》，《现代国际关系》2011 年第 6 期。

沈丁立：《发展新世纪中国与巴基斯坦的战略关系》，《南亚研究季刊》2011 年第 2 期。

赵干城：《南亚国际格局的塑造与中国的抉择》，《南亚研究》2010 年第 1 期。

马嬡：《冷战后印度南亚政策的变化》，《当代亚太》2004 年第 5 期。

吴永年：《论 21 世纪初中国与南亚国家的政治经贸关系》，《云南社会科学》2009 年第 1 期。

卫灵：《中印关系在中国外交战略中的地位及发展趋向分析》，《国际观察》2007 年第 3 期。

陶亮：《印度的印度洋战略与中印关系发展》，《南亚研究》2011 年第 3 期。

英文参考书

Alasdair Blair and Steven Curtis, *International Politics: An Introductory Guide*, Edinburgh University Press ,2009.

Bruce Jones, Carlos Pascual and Stephen John Stedman, *Power and Responsibility Building International Order in an Era of Transnational Threats*, Washington D.C.: Brookings Institution Press, 2009.

Claudia Kissling, *Civil Society and Nuclear Non-Proliferation: How Do States Respond?* Ashgate Publishing Company, 2008.

Henry Veltmeyer, *New Perspectives on Globalization and Antiglobalization*, Ashgate Publishing Company, 2008.

Neil T. Carter and Arthur P.L. Mol, ed., *Environmental Governance in China*, London and New York: Routledge, 2007.

Barry Buzan and Lene Hansen, *International Security*, Vol.1 to Vol.4, Los Angeles and London: Sage Publications ,2007.

Derek McDougall, *Asia Pacific in World Politics*, London: Lynne Rienner Publisher, Inc.2007.

Bates Gill, *Rising Star: China's New Security Diplomacy*, Washington D.C.: Brooking Institution Press, 2007.

Phil Williams, Donald M.Goldstein and Jay M.Shafritz Thomson, ed., *Classic Readings and Contemporary Debates International Relations*, Wadsworth, 2006.

Avery Goldstein, *Rising to the Challenge: China's Grand Strategy and International Security*, Stanford University Press, 2005.

Jeffrey W.Legro, *Rethinking the World: Great Powers Strategies and International Order*, Ithaca and London: Cornell University Press, 2005.

Robert Ross, *Negotiating Cooperation: The United States and China*, 1969–1989, Stanford: Stanford University Press, 2005.

Richard A.Falk, *The Declining World Order: America's Imperial Geopolitics*, Routledge, 2004.

W.Raymond Duncan, Barbara Jancar-Webster, Bob Switky, ed., *World Politics in the 21ˢᵗ Century*, Pearson Longman, 2004.

Melvin Gurtov and Van Ness, ed., *Confronting the Bush Doctrine: Critical Views from the Asia-Pacific*, New York: RoutledgeCurzon, 2004.

David Shambaugh, *Modernizing China's Military: Progress, Problems and Prospect*, Berkeley: University of California Press, 2003.

John J.Mearsheimer, *The Tragedy of Great Power Politics*, New York: W.W.Norton & Company, 2003.

David Shambaugh, *Modernizing China's Military: Progress, Problems and Prospect*, Berkeley: University of California Press, 2003.

Hedley Bull (author) Andrew Hurrell (forward), *The Anarchical Society; A Study of Order in World Politics*, New York: Columbia University Press, 2002.

Charles A.Kupchan, Emmanuel Adler, Jean-Marc Coicaud and Yuen Foong Khong, *Power in Transition: The Peaceful Change of International Order*, Tokyo: United Nations University Press, 2001.

Alexander Wendt, " *Social Theory of International Politics* ", Cambridge University Press, 1999.

David Held et al., *Global Transformation: Politics, Economics and Culture*, London: Polity Press, 1999.

Alastair Iain Johnson & Robert Ross, ed., *Engaging China: The Management of an Emerging Power*, London: Routledge, 1999.

Richar Bernstein and Ross Munroe, *The Coming Conflict with China*, New York: Alfred A.Knopf, 1997.

Gordon C.Schloming, *Power and Principle in International Affairs*, New York: Harcourt Brace Jovanovich Publishers, 1991.

Barry Buzan, *People, State and Fear: An Agenda fro International Security Studies in the Post-*

Cold War Era, New York: Harvester Wheatsheaf , 1991.

Gerrit Gong, *The Standard of Civilization in International Society*, Oxford: Oxford University Press, 1984.

Immanuel Wallenstein, *The Politics of the World Economy*, Cambridge: Cambridge University Press, 1984.

Harry Harding, *A Fragile Relationships: The United States and China since 1972*, Washington D.C.: Brookings Institutions, 1982.

Robert Gilpin, "*War and Change in World Politics*", Cambridge University Press, 1981.

Stanley Hoffman, *Primacy or World Order: American Foreign Policy since the Cold War*, New York: McGraw-Hill Book Company, 1978.

Stephen D. Krasner, *Defending the National Interest: Raw Materials Investments and US Foreign Policy*, Princeton, N.J.: Princeton University Press, 1978.

Joseph Frankel, *National Interest*, New York: Praeger Publishers, 1970.

John Fairbank, *The Chinese World Order: Traditional China's Foreign Relations* , Harvard University Press, 1968.

A.F.K.Organski, *World Politics*, New York: Knopf, 1958.

S.Mahmud Ali: *US-China relations in the "Asia-Pacific" century*, New York: Palgrave Macmillan, , 2008.

Suisheng Zhao: *China-US Relations Transformed: Perspectives and Strategic Interactions*, Kentucky: Routledge, 2009.

Warren I. Cohen: *America's Response to China: A History of Sino-American Relations*, New York: Columbia University Press, 2010.

Robert G.Sutter: *U.S.-Chinese Relations: Perilous Past, Pragmatic Present*, Lanham: Rowman & Littlefield Publishers, 2010.

Robert S.Ross: *US-China-EU Relations: Managing the New World Order*, Kentucky: Routledge, 2010.

Wu Xinbo: *New Landscape in Sino-U.S.Relations in the Early 21st Century*, Shanghai: Fudan University Press, 2011.

Aaron Friedberg, *A Contest for Supremacy: China, U.S. , and the Struggle for Mastery in Asia*, New York: Norton and Company, Inc. , 2011.

David L.Shambaugh: *Tangled Titans: The United States and China*, Lanham: Rowman & Littlefield, 2012.

Jeffrey A.Bader, *Obama and China's Rise: An Insider's Account of America's Asia Strategy*, Washington D.C.: Brookings Institution Press, 2013.

英文参考论文

Mingjiang Li, " Rising from Within: China's Search for a Multilateral World and Its Implications for Sino-US Relations", *Global Governance*, Vol.17 Issue 3, 2011.

Randall L.Schhweller, " After Unipolarity: China's Visions of International Order in an Era of U.S.Decline", *International Security*, Summer, 2011.

Thomas Bickford, "Uncertain Waters: Thinking about China's Emergence as a Maritime Power", *China Studies*, September, 2011.

Patrick Croninand Robert Kaplan, "Cooperation from Strength: U.S.China and South China Sea", *Center for A American Security*, 2012.

Michale Auslin, "The Incredible Shrinking Sino-U. S. Relationship", *The Wall Street Journal*, June 10, 2013.

Carl W.Baker, "Sino – US Relations, Regional Security, and Global Governance: The 12th US-China Dialogue", *Issues & Insights*, Vol.12, No.9, 2012.

Chu Shulong, Ying Chen and Hong Jianjun, "Two Pillars for Long-term Sino – U. S. Relations", *Contemporary International Relations*, 2013/3.

Conor M.Savoy and Xiaoqing Lu Boynton, "U.S. – China Parallel Development Assistance Goals: Building on Common Interests", *CSIS*, 2012.3.30.

Jae-kyung Park, "China-U.S.Relations in East Asia: strategic rivalry and Korea's choice", *CSIS*, 2013.4.

David M. Lampton, "A New Type of Major-Power Relationship: Seeking a Durable Foundation for U.S.–China Ties", *Asia Policy*, No.16, July 2013.

Zhu Feng, "Chinese Perspectives on the U. S. Role in Southeast Asia", *Southeast Asian Affairs*, Volume 2013.

Evan Braden Montgomery, "Competitive Strategies against Continental Powers: The Geopolitics of Sino-Indian-American Relations", *Journal of Strategic Studies*, Volume 36, Issue 1, 2013.

Hoang Anh Tuan, "The Fragile and Vulnerable Foundation of the Sino-US Relationship", Pacnet, *Pacific Forum CSIS*, July 15, 2013.

Sarah Norgrove, Chris Louie and Mary Willett, "China's response to the US in contemporary Asia", *Australian Strategic Policy Institute*, April 5, 2013.

Orrin Cooper and Qingxing Dong, "Bilateral Relations between China and the United States: Policy Prioritization with the ANP", *Journal of Systems Science and Systems Engineering*, Jun. 2013, Vol.22(2).